U0796600

1937-1949

中国战地摄影师

Chinese War Photographers

穿越历史的回声

中国摄影家协会 编

中国摄影出版社
China Photographic Publishing House

影像承载历史 瞬间感动世界

伴随着摄影术的诞生，影像成为人们记录时代抒写人生的独特媒介，也成为人类历史上最为传神的艺术篇章。中国地域辽阔，历史风云变幻。新中国摄影从战争年代萌生、发展、成长，是几代摄影人不懈奋斗、追求探索的历史。

回望往昔，我们不能忘记那些穿梭于硝烟中的战地摄影师们。他们中的许多人都献身在了战场，幸存者也相继离我们而去。如今，他们所拍摄的影像已成为极其宝贵的文化遗产，而与他们相关的记忆也正随着其亲人、战友们的年老过世而濒临遗失。

忧于思，急于心。中国摄影家协会在2007年召开的第七届全国摄影理论研讨会上，首次将摄影史研究列为研讨对象，挖掘影像史料、保存影像文本，撰写新中国的摄影史成为重中之重。2009年，在中国文联和国家有关部门的鼎力支持下，中国摄协启动了“中国珍藏新闻历史文献数字化集成工程”，着手请各方之人才、取专家之建议、积多年之资料，成口述之摄影史，出版了《透过硝烟的镜头——中国战地摄影师访谈》、《跨越时空——西藏摄影往事》。

摄影史涉及往事繁杂，非一时所能穷尽；摄影史相关人物众多，非一书所能包容。即将出版的《穿越历史的回声——中国战地摄影师》，其间所辑录的摄影家均已故去，他们的人生故事、精彩瞬间，由熟悉、研究他们的亲朋好友叙述传承，成为“口述历史”的另一种形式。“口述”这一独特的中国摄影历史保存方式之所以为“工程”所选择，是因为：它在历史发展的纵向坐标上，探寻时代变化的影像足迹；在历史截面的横向坐标上，汇聚了不同的视点。纵横交错、时空转换中，立体保存新中国影像历史的画卷。“口述影像历史”丛书将成为保存新中国摄影史生动、真实而又丰富的载体。

我们相信：新中国摄影史“不单是文化史的一部分，更是整个国家文化工程和历史文献的重要组成部分”，作为中国最有影响力的国家级摄影家协会，我们有责任也有义务担当起时代赋予的使命。

谨以此系列丛书向摄影前辈致敬！

目录

目录

失踪在抗日前线的战地记者

方大曾

失踪在抗日前线的战地记者
失踪在抗日前线的战地记者
失踪在抗日前线的战地记者
失踪在抗日前线的战地记者
失踪在抗日前线的战地记者
失踪在抗日前线的战地记者
失踪在抗日前线的战地记者

方者，刚正不阿也，小则还有谦逊之意，正是为人处世之道，我就要做一个正直的，于国于民有用的人。

——方大曾

失踪在抗日前线的战地记者

口述人：陈申 ／ 采访人：张洁 高初 ／ 撰稿人：张洁
时间：2010年6月21日 ／ 地点：《北京青年报》摄影棚

方大曾，又名方德曾，笔名小方。1912年7月13日出生于北平一个富裕开明的家庭。1924年起在北平市立一中就读，开始喜爱摄影。1930年考入中法大学经济系。"九一八"事变后在中法大学参加"反帝大同盟"并编写机关报。1935年"一二九"运动后参加"中华民族解放先锋队"，同年冬采访绥东战场。1936年夏到天津《大公报》求职，与范长江相识。是年11月底到河北唐山、昌黎等地采访冀东伪政府辖区，写成《冀东一瞥》，12月初赴绥远前线进行了43天的采访，拍摄了数百张照片，写成《绥东前线视察记》等战地通讯。1937年7月10日离家前往卢沟桥采访"七七"事变，7月28日在保定与范长江、陆诒、宋致泉相遇，开始担任上海《大公报》战地特派员。8月由平汉线转至山西在同蒲铁路沿线进行采访。9月30日从河北蠡县寄出《平汉北段的变化》一文后失踪，从此再无音讯。

绥东前线哨兵。1936年12月

二十五年生命，八百三十七张底片

记者：您第一次知道“小方”这个名字是什么时候？

陈申：我在1980年前后参加了中国摄影家协会组织的《中国摄影史》[注]编写组，我们在这个书里对一些历史人物进行研究和分析。最早知道“小方”应该是通过范长江[注]那篇文章《忆小方》。《中国摄影史》这本书在出版的时候提到了小方，但是在这本书里面关于他的描述只有一二百字。再早研究小方的，是摄影界的一个前辈，叫吴群，他曾经写过关于小方研究的文章。所以我当时是从他们那里知道的小方。

后来大概在1988年的时候，有一天，中国摄影家协会主持工作的一个领导来找我，他知道我是研究摄影史的，就说：“我带你去见一个人。”我说：“去见谁？”他说：“你跟我走吧。”就带我来到了协和胡同，见到了方澄敏大姐，也就是小方的妹妹，就是这么一个过程。

年轻时的方大曾

记者：这是您和方澄敏女士的第一次接触吗？

陈申：这是第一次，当时给她留下了我工作单位的地址。过了两三天，我在上班，传达室给我打电话，说：“你下来，有人找你。”我就下楼了，到传达室一看，方澄敏已经在传达室了，拿着一个箱子。这个小箱子，就是大家特别熟悉的，装着方大曾拍的八百多张底片的箱子。她说：“这些底片我就给你们了，你们拿去做研究。”还给我写了个条子，说“今天送上方大曾底片837张。”从这一天，这个小箱子跟这些底片，就放在我那儿，这是1988年的事情，大概放到2000年[注]。

记者：底片给您之后，您是怎么处理的？

陈申：我当时打开箱子一看，里面的底片已经简单整理了。方澄敏比方大曾小3岁，她以前是工商银行的一个职员，退休以后就把所有的精力都放在整理她哥哥方大曾的照片和事迹上面。她到北京图书馆（现在为国家图书馆）去查资料，然后把这些资料复印整理。

另外一个，她就死守方大曾的这一盒图片，把这些底片分门别类地整理。底片是用三四十年代照相馆的那种底片口袋装的，每一张都是粉红色的。分类以后，她用一根橡皮筋把它固定到一起，写了这是哪年到哪年什么时期。这样一共八百多张，基本上都是分类整理好的。

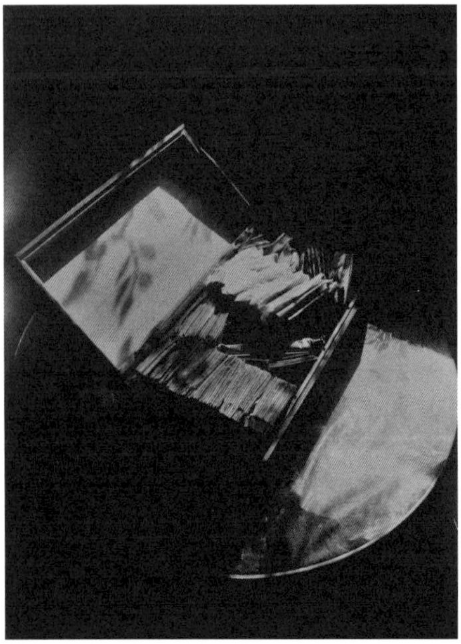

方大曾遗物

我看了一下，这里面的照片大概分为几类，也划分了这些照片的年代。方大曾是“卢沟桥事变”爆发以后，在1937年7月10日这一天离家到战场上去的。这些照片是他出发之前拍摄的一些照片。他真正在“卢沟桥事变”以后拍的照片，不在家里面保存，应该是在国家档案馆里保存，因为这一部分照片最后归到了新华社，归到了国家档案馆。

记者：就是说那些战地照片不在其中？

陈申：是“卢沟桥事变”后的那一部分照

[注]《中国摄影史》，中国摄影出版社，1987年版。

[注]范长江（1909—1970），生于四川内江。杰出的新闻记者，新闻家，社会活动家。写过大量出色的新闻报道，担任过新闻机构的领导工作，为全国的新闻事业作出很大贡献。

[注]方大曾留下的所有底片现已捐赠给国家博物馆。

㊟吴鹏（1948— ），中国摄影家协会理事，四月影会重要成员。1976年“四五运动”中拍摄了大量人民群众反对“四人帮”、悼念周总理的照片，后发起编辑画册《人民的悼念》。曾任中国摄影家协会展览部主任。

㊟阮义忠（1950— ），台湾宜兰人。台湾当代著名摄影家、学者。曾任职于《汉声》杂志，后创办《摄影家》杂志，出版了大量有影响力的摄影书籍。

移防

片。因为他当时给上海《大公报》和国际新闻社都提供照片，所以那一部分照片应该是在国家档案馆里。真正保存在方家的照片是1937年抗战以前的照片，800多张。我一看就觉得这照片这么好，这个人这么重要。说实话当时就有人说“方大曾这么重要的一个记者，为什么《中国摄影史》里面只写了一二百字？应该多去研究。”后来我就请一个朋友把这些底片印成样片，我自己出了几百块钱。800多张，每张有一个小照片。

记者：全部都印出来了？

陈申：对，全部都印出来了，这是第一步，首先印成样片。到了1989年的时候，我又把这些照片挑选一遍，挑了200多幅，这些照片我认为比较重要，各方面有代表性。我又找到我的一个同学吴鹏㊟，他当时在北京工艺美术出版社当社长。我让他看看这照片，他一看表示非常好，太重要了。他们出版社有一个很好的暗房，我就去放大，连放大带冲洗，很快，我一个人在暗房里面忙了大概半天的时间。放了两套，我给他一套，每套200多张。我后来写文章也好，做研究也好，都是从这200多张里面来选择。

后来到了1993年的时候，台湾的摄影家阮义忠㊟来了。在我家里，我就让他看，我说我现在研究方大曾，然后告诉他方大曾如何如何，让他看了800多张底片的样片。他一看觉得太好了，他说：“我能不能借走一些底片？”因为当时阮义忠在台湾已经办起了一个杂志，叫《摄影家》。他就想为方大曾出一个专辑，我觉得当然可以。但我说：“虽然底片在我手里，但我也做不了主，我带你到方大曾的妹妹家里去。”方家人非常好，很痛快，就写了一个条。因为阮义忠暗房技术非常好，他拿回台北以后就放12英寸的，放了两套，他自己留一套，给了我一套，他说这个要好好保存。

这里面还有一个插曲。他在那期杂志的前言里写了，“我借了50张底片，我把这50张底片就放在了身上。”当时他和他的太太回台北，飞机遇到了气流，急剧地颠簸。大家都很害怕，做好了最后的准备。阮义忠事后这样写道：“我就问我的太太，‘刚才遇到气流那一刹那，你想到的是什么？’我太太说，‘我想到我们的儿子，他还没有长大成人，如果飞机失事了，这个孩子将来怎么过呀？’太太反过来又问我，‘你刚才想到什么？’我说‘我想到的是我身上带的底片。因为方大曾在战场上失踪，不明不白。如果他死后，他的底片再遭不测的话，我觉得就太不公平了。’”注

记者：这个专辑出版后，反应怎样呢？

陈申：他回到台北以后，确实就出了个方大曾专辑，也就是《摄影家》的第十七辑。这个杂志出来以后影响挺大的。后来在1995年的时候，因为是抗日战争胜利50周年，也是反法西斯战争胜利50周年，应《北京晚报》画刊的约稿，我写了个关于方大曾的很小的文章。那一年为了《焦点》杂志的一个专刊，我还专门跑到方澄敏家做了录音采访。到2000年的时候，中央电视台《美术星空》又拍了一个专题片叫《寻找方大曾》。他们就沿着方大曾走过的路，这样走了一圈，采访了一些人，比如说在保定、在石家庄，他这个路线完全是按照当时范长江写《忆小方》提到的那个路线。

小方这些稿子基本都是在河北蠡县发出的，因为《大公报》把每次要他采访的各种经费通过邮局给他寄去，都是寄到保定。所以有人在采访中也说，估计小方是在一次日本敌机轰炸保定时遇难了。做了一圈采访以后，我们又想要访问各方面的相关的人，包括范长江的夫人沈谱，小方的大学同学等。还有采访跟小方有一点相似经历的记者，我觉得他们在思想上是有点一样的，比如像唐师曾，他说：“我欣赏的就两个摄影记者，一个人是罗伯特·卡帕，一个是方大曾。这两个人我太欣赏了，他们是用命来赌。”卡帕也说过，一个好的记者在前方真正赌的是什么呢？是在赌命。另外中国摄影出版社出版了叫《寻找方大曾》的一本小书，这本小书不是画册的形式，是一个字儿书的形式，把关于小方的各方面的研究基本上收全了。

2002年的时候我到四川出差，找到了四川摄影家协会的副主席刘光孝，由他从中牵线，在当时四川日报的协助下，七月份的时候在四川成都的美术馆用很大一个展厅举办了一个展览，挑出了方大曾120幅作品，放的都是在24英寸以上。这些照片现在还在方大曾的外甥张在璇注家，他可能有留下一套完整的照片。

记者：还有一个问题，就是他那八百多张底片，我觉得那么多年之后能保存下来非常不容易，特别是在“文革”期间。方澄敏女士她是怎么样保存底片的？

陈申：这些底片留在家里，基本上是封着。“文革”时，她应该还在工商银行上班，她就主动地把这些东西交给了单位的造反派，说：“这是我哥哥的东西。”因为里面有很多底片，是不允许存在的，比如说国民党军队的形象，有一部分是采访冀东伪政权注，还有一些旧社会老百姓的形象，这些都是要批判要销毁的东西。方澄敏就把这一个盒子都拿到单位，给了造反派。

造反派拿了这个就收下了，到了“文革”的后期，方澄敏去要这些照片，问那些照片还有没有。其实这位造反派也是群众，对这件事也不是很较真儿的，他说：“墙角有一些人家交来的，所谓‘四旧’的东西，就在那一堆里头，你去找吧。”后来她就去找，找到了。这些照片是用废纸包着的，盒子已经没有了。她就把这些照片拿回去了，很完好，就是没有盒子了。又过了些日子，有一次她到食堂去吃饭，卖饭票的管理员用的那盒子，她一看，这不是装照片的盒子吗？她就说，“这盒子应该是我们家的，我还有用，再给你拿一个盒子。”把这盒子又换回来了。

注“一想到那天，那种恐怖就鲜明地回来。在香港启德机场跑道上，飞机轮子已快触地了，可就在那时刻，飞机被巨大的台风掀了上来，一次次降落、一次次被掀起来，大家都知道此刻命已经交了出去……当飞机终于安全返降在广州机场时，我便问一直紧紧抓住我的太太，在你快完蛋的那一刻你想什么，太太说她想才几岁的儿子怎么办。而我老实地说我想的是，左胸口袋里的50张底片，我对不起作者小方，他这一生已经够倒霉，失踪了50年，这下子，岂不如同他又死了一次！”阮义忠：《方大曾专辑》，摄影家，1993（17）

注张在璇：方大曾外甥，曾先后在四川《凉山日报》、《四川日报》从事摄影工作。退休后的方澄敏也常将整理好的方大曾拍摄的底片寄到四川，请张在璇冲印放大。约在1996年，方澄敏从陈申处取回照片，并于1997年托人将底片从北京带到四川交给张在璇。

注即冀东防共自治政府，日本成立的傀儡政权之一，1935年11月25日由殷汝耕等人成立。

庆典

一心一意到前线去

记者：您能简要介绍一下方大曾的成长环境吗？

陈申：方大曾是1912年生人。我采访了方澄敏，知道了方家的历史。他们家是一个书香门第，祖籍是江苏无锡。祖父这一辈做一点小官，祖父给一个姓郭的人家入赘。后来到了方大曾父亲这一辈，在北洋政府做官，所以家境殷实。

记者：在当时的时代背景下他是如何走上摄影道路的？家人的态度如何？

陈申：因为他的父亲是现代官僚，方大曾在上中学的时候，就非常活跃，很进步。他上中法大学时念的是经济学。20世纪二三十年代在中国的发展史上是一个很重要的时期，一方面在经济上中国的近代工业有一定的发展，另一方面中国与国际的文化往来也逐渐增加。方大曾在这个时期很喜欢摄影。他的母亲读过书，很知书达礼，很开明，支持她的孩子到外面去活动。所以第一架照相机是他母亲给买的，花了3块大洋，应该不算便宜了。在旧小说的描写里，3块大洋就是一个警察全家一个月的生活费。他就用这架相机去拍照，也给一些杂志、报纸投稿。

他的另一架照相机应该是一台“禄莱福莱克斯”双反相机，这架照相机是他在1935年以后买的。据他的妹妹方澄敏说，他到了内蒙古，拍了一组照片叫《四子王旗的婚礼》，也就是一个蒙古王爷结婚时的场面。这是一组很好的民俗照片，也是我们通常说的人文照片。他拍了以后，把这一组照片寄给英国一个杂志，但是他的妹妹没有说这个杂志叫什么名字。杂志刊登了，就给他寄稿费来。他拿稿费买了这架“禄莱福莱克斯”，相当好的相机。

记者：这是他最后一台相机了吗？

陈申：我觉得应该是。我们知道“禄莱福莱克斯”是双镜头反光式的6×6的相机，但他的底片大部分是6×4.5的，也有一些6×6的，还有一点儿6×9的，大概就是这三种规格。6×4.5的底片最多，这是用120胶卷拍16张，图片质量非常好。他应该是把底片送到东安市场[注]里去冲洗，过去东安市场里面有一家洋行，他一般是在那边冲洗的，因为他用的底片口袋都是那家洋行的。

记者：我还看到一些资料，说他有很多底片都是他妹妹在家帮他冲洗整理的？

陈申：有这个记载，他自己家里有暗房，他自己在家里也冲洗，也有放大机什么的。我

[注]东安市场：1903年3月建立，位于北京东城区王府井大街，因临近东安门而得名，曾是内城最繁华的商业区。

王爷女儿的婚礼

在四川听张在璇说过，他小的时候好像也有这个暗房的印象。这个暗房是院子里的一个独立的小屋。小方上前线之后，他的东西原封没动。方澄敏后来还给我拿出过一个箱子，里面都是小方的东西。

记者：箱子里都有些什么？

陈申：《寻找方大曾》那本书封面上的那张有题字的照片，就是那次拿出来的。1935年的时候，方大曾带着钢盔，写着“母亲大人存念”的这张照片是他在绥远前线拍的。

记者：从他的经历中可以看出小方是个非常进步活跃的青年，您觉得哪些因素促使他积极投身于这些活动？

陈申：我在整理方大曾留下的底片的时候，看到有些底片显然不是方大曾自己拍的，比如说里面有延安陕北公学大门的照片。方大曾没有去过延安，这是肯定的，但是怎么会有这些照片呢？后来我就去查他的生平，查他参加活动的情况。我知道方大曾在青年会的时候，曾经请斯诺[注]放映过他到陕北去采访的照片的幻灯片。那么很可能这几张底片是翻拍斯诺的图片。如果说原片是斯诺拍摄的，那出现这几张图片就能有圆满解释了。这些图片在方大曾的木盒子里面放着，就说明方大曾在上学的时候思想非常进步，也了解一些边区的情况。我们知道斯诺是美国的记者，他到陕北去采访，到延安去采访，然后给国统区的人带去很多新的信息。

方大曾在北京基督教青年会看到过这些照片，所以我觉得这些对他很有影响，另外他在读中学和就读中法大学的时候都很积极，也编一些进步的杂志[注]，他也参加一些学生的进步活动。方澄敏曾经讲过，因为他长得很魁梧，个子高高的，脸庞也很大，鼻子也高，穿的都是那种很洋气，很时髦的衣服，比如像美国兵穿的那种衬衣、制服。有时候学生上街去游行，他就去拍照。警察要来干涉，要管，但警察不以为他是学生，看他那装束，看他那个头还以为是外国记者，就给他拽回来，“你躲开，你躲开，你别跟他们学生一块儿混。”他这一生很短暂，但是在他短短的生命当中，一直追求进步。

记者：我读到他失踪前的一个细节：卢沟桥事变后，他与范长江、陆诒[注]在前线碰到过，但是后来保定被炸了之后，范长江和陆诒先走了，他留在了那里。

陈申：是。

记者：这是为什么？

陈申：现在我们只能是猜测了。只能是说小方当时是一心一意地要到前线去，到最前沿，所以他就一直往西去了。他好像是跟范长江在保定分的手，然后他接着往西走。

记者：当时有猜测说，他跟着卫立煌[注]的部队。

陈申：这种情况是有，当时跟着部队走，这是最方便的。但是他的目的是什么？这是他的一种行为方式，一种工作的态度。

记者：他1937年7月10日离家之后，除了后来回去过一次取随身衣物之外，是不是他家人再也没有他的音讯了？

陈申：是。

记者：最后一次有人看到他是在什么时候？

陈申：据说最后有人看到他，是1937年的9月18日，在太原有一个纪念“九一八”的公众集会，有人看到方大曾在这个会场上出现。只是一个人这么说，这是一个独证。也没有其他

图书《寻找方大曾》封面

[注]埃德加·斯诺（Edgar Snow，1905—1972），美国著名记者、作家。1928年来华，任欧美几家报社驻华记者、通讯员。1936年6月他访问陕甘宁边区，写了大量通讯报道。

[注]方大曾在中法大学参加“反帝大同盟”，编写机关报《反帝新闻》。

[注]陆诒（1911—1997），字翼维。曾任重庆《新华日报》采访部主任，重庆《大公报》记者、上海《联合日报》、《联合晚报》和《时代日报》编委、采访部主任，《新闻日报》副总编辑。曾撰文《悼念抗战初期牺牲的小方》。

[注]卫立煌（1897—1960），安徽合肥人。国民党陆军二级上将，抗日爱国将领。抗战爆发后，任第14集团军总司令兼第一战区前敌总指挥。

的人说过再看到他。具体到他的家人，方澄敏讲过，当时她的姐姐一家在上海，每天她姐夫去上班都要在街上买一张《大公报》，目的就是看有没有小方的通讯。到了最后一次就是9月30日看到还有小方的通讯。再以后就没有了，他们家也不知道小方的音信了。

一种信念："以人为本"

记者：您看过他800多张照片，纵观全体，他取材的倾向性是什么？

陈申：我以前讲过，也写文章说过，他这些照片有几类，第一类是他上学时候的生活照片，还有一些接近于艺术照片，但是很少。比如他也拍过自己的裸体照片。还有比如到八达岭的学校春游这样的照片。还有一部分，就是他在去采访的路上取材的，这一部分很精彩，比如说他去百灵庙的路上，小店、摆渡、窑厂这种沿路老百姓的生活场景，这些照片非常好。还有一部分就是他到京西煤矿采访。有一张他在矿井上面，戴着安全帽，提着矿灯，那应该就是在京西煤矿采访时候的照片。第二类应该就是描述社会生活的，或者说底层百姓生活的一些照片。

还有一类底片也很多，比如刚才我说的百灵庙大捷，即绥远抗战[注]。在正面战场上国民

船夫

前线

党有几个仗打得很露脸，很漂亮。其中包括绥远抗战，台儿庄，这都是很著名的战役，对中国人民很有鼓舞作用。方大曾就去采访了国民党的军队，写了很多文章，写绥远所见。比如这些照片，我们可以看到中国防化兵的演习，中国军队缴获日伪军队汽车。还有老百姓因为太穷了，在扒战场上尸体的棉裤、棉袄，还要继续穿。国民党军队的士兵在战壕里面，前线的炮兵、骑兵、指挥部军官，这些照片里都能看得到。还有民俗生活的照片，比如拍摄蒙古贵族的婚礼，这是一组很好的照片，还有一些喇嘛的照片。再接下来一部分，就是冀东伪政权下的统治，比如什么大烟馆，还有很下等的妓院，那些地方他都采访过。

记者：范长江、陆诒都曾写过一些回忆小方的文章。您读他们笔下的小方有没有什么共同的印象？

陈申：这些印象，不是光从这些文章里体现的，因为我跟方澄敏有过多次的交谈，多数是从他的家人口中得到的印象。给我的印象，一个就是这个人是很活跃的，有很强的组织号召能力以及工作上的沟通能力，因为他的活动范围在上学的时候已经超出了校园，跟社会已经有了很多的接触，这是第一。第二，他跟家里面反而是不太说话的，这是他妹妹说的。他应该是有很强的生活自理能力，基本上是住校，后来上了前线，跟着军队就走了。如果他还

注 绥远抗战自1936年11月15日开始到12月19日结束，是中国绥远当局和日本支持的德王等蒙古分裂分子的一场局部战争，以中国晋绥军全胜而告终。整个战争中以百灵庙战斗影响最大，因而通常又被称为“百灵庙战役”或“百灵庙大捷”。

能够继续活下去，继续活动，而不是在1937年底就消失了，我觉得他的成就会更大，因为他仅仅25年的生命就留下那么多底片，干了那么多事情。在当时的新闻界，他已经有了很大的名声。大家争着看小方的文章和摄影报道。他如果活着，那肯定是一个很了不起的摄影家和记者。

记者：而且他从来没有学过摄影，是吧？

陈申：对，这是一种天才。

记者：从技术层面来说，他个人风格的鲜明之处是什么？

陈申：我们曾经为做专题片采访过唐师曾，他有很好的见解。他就说方大曾的片子尤其是在战场上的那些片子，应该是跟罗伯特·卡帕有很相似的风格，他们是同时代的。

我觉得一个就是近距离地拍照，到前线去，采访事情最核心的部分。作为新闻摄影采访，可以在外围，可以在中间这一环，也可以再接近一些采访，也可以采访它的核心，这可以有多种选择。我们看方大曾的片子，从绥远抗战这一组，从冀东伪政权这一组片，都可以看到他采访的目的地、目标总是事件的核心，就是发生新闻事件的地方，所以他采访的力度就很强。

他写作也是这样。为什么读者愿意看他的采访？因为他是战地采访，他是站在战争的最前沿、最核心的位置进行最快最真实的报道。所以老百姓爱看，他抓住了新闻摄影的这种真谛。我们看他的技术，刚才说像卡帕，也可能更像德国的埃里奇·萨洛蒙[注]，就是不去影响被拍摄者。也可以说他有一点像亨利·卡蒂埃·布列松[注]那种抓决定性瞬间的意识。在方大曾的照片里我们能看到最鲜明的印象是：画面真实，画面新鲜，画面难得。最后为了他的理想，方大曾付出了生命的代价。

记者：如果跳出技术的范畴，从人文人性的角度您个人认为他是一个什么样的人？

陈申：第一他是一个理想主义者，他可以不顾一切。为了他的信念，可以和别人做得不一样。为了什么信念呢？就是献身于新闻事业，献身于新闻摄影。我们看他25年的轨迹，就是这样，想得不是很多，就是为了一个信念。

另外他是一个关心社会的人。他所拍摄的这几类题材，都围绕着人。他每个画面里都有人，很少有空镜头的画面。我并不是说空镜头的画面就不行，他也拍，比如天津的中原百货公司的橱窗，里面放着日本生产的商品。在唐山的时候，他拍过卖抽大烟的烟具商店，都是一种很批判的眼光，实际他的主题也还是关心人关心社会的。这样看来，方大曾作为一个热血青年，他是一个有社会责任感的人。他看到了很多百姓生活中的问题，比如说他在煤矿采访，矿工背着煤篓从窑洞中爬上来，那个场面太残酷了，他能够注意到这些，能够拍摄这些，这里头充满了他的创作思想，并不是说一般地去表现，他是有很鲜明的立场的[注]。

我们再看当时那个时代，20世纪30年代，从摄影史上看，正好是在北京、上海、南京、广州这样一些大城市里，风花雪月的沙龙照片最多的年代之一。方大曾也是生活在这样一个年代，像郎静山[注]、陈万里[注]、刘半农[注]等等这样的摄影家出现了，他们就是拍肖像、拍静物、拍风光。方大曾跟他们的阶层一样，最早是中产阶级甚至是官僚阶级，本人是学生，知识分子出身。所以他跟那些人的出身是完全一样的，家庭背景也是一样的，那么为什么走了两条路？两个原因，一个原因也确确实实叫"时势造英雄"，他处在一个中国社会急剧动荡的一个年代，民族矛盾很激烈。所以稍微有一点儿良知的人都会去关心时势，不愿意做亡国

[注]埃里奇·萨洛蒙（Erich Salomon，1886—1944），德国新闻摄影家，堪的派摄影的创始者。1928年开始从事摄影，以自由撰稿人身份为欧美各国重要报刊提供照片。在拍摄时，凭借小型照相机的灵巧和大口径镜头的快速曝光能力，利用自然光，结合抢拍、偷拍的技巧，对新闻事件实施抓拍。1928年，他曾将照相机藏在公文包里偷拍了一桩著名的谋杀案庭审现场，发表后轰动整个德国，赢得了极大的声誉。

[注]亨利·卡蒂埃·布列松（Henri Cartier—Bresson，1908—2004），法国摄影大师，决定性瞬间理论的创立者和实践者，被誉为“现代新闻摄影之父”。

[注]在方大曾的战地报道《从集宁到陶林》里，他的照片对矿工寄予了无限的同情，在目睹了极其恶劣的劳动条件后，他写道：“这个世界简直不允许他们生存在光明中，我想，他们总会得到解放的吧。我这样企望着，我确信这不是幻想，因为有千百万的人正为人类的光明在工作，在努力，在斗争，奴隶们也要享受‘人类的生活了’！”

[注]郎静山（1892—1995），浙江兰溪人。中国早期的艺术摄影大师，以集锦摄影闻名，前后共1000多幅作品在世界沙龙影展中展出。

[注]陈万里（1892—1969），江苏吴县人，中国最早的摄影艺术家之一。提出摄影“造美”的论点，即在“极不美的境界中”，发现并“照成美”，把自然美创作成融入表现摄影者个性的艺术美，深入肯定摄影的审美功能。

[注]刘半农（1891—1934），江苏江阴人。“五四”时代文学革命运动中的一员勇将，我国著名文学家、诗人、语言学家，曾任北京大学教授，我国早期摄影艺术理论家。1927年写成《半农谈影》，是我国第一本研究摄影艺术的专著。

[注]出自方澄敏女士追忆哥哥方大曾的一篇文章《以身许国的新闻战士》。

奴。第二就是他的理想，他的信念。应该说从他早期的照片，都看不出一些拍摄风花雪月的迹象，都是纪实性的作品，而且是以反映社会生活、反映时局为题材的照片。他的作品中更多是一种人文摄影的倾向，完全是围绕着“以人为本”的这种思想。这是第二方面原因，也就是作者本人的这种信念。

再者就是他的目标，他可能一开始就希望成为一个既能拍照又能写作的优秀记者。他在上学的时候办过杂志。到了大学的时候，他拍摄的都是和新闻有关的题材。毕业以后，赶上时局动荡，抗战爆发，他就上前线了，然后在战场上失踪，我们说这叫“以身许国”[注]。为了他的信念，最后终结在战场上。我觉得跟他的个性，跟他的思想是有很大关系的。如果他还在，随着抗日战争，我们可以这样设想，他完全会走到革命的道路上去。

船夫

长城

纤夫

矿工

运送补给品

孩童

船夫

赶集

父与子

卖干草的人

纺织女工

搬运工

码头

示威群众

军队演习

军队演习

军人与百姓

附录：方大曾年表

1912年　生于北平。

1924年　就读于北平市立一中，开始喜爱摄影，用母亲给的7块大洋买了一架照相机。开始拍摄北京的古建筑、各种民俗和社会底层的苦难生活。

1929年　发起组织青少年摄影组织，创立“少年影社”，举行过公开展览。
自此，摄影从爱好逐渐发展成职业。

1930年　考入中法大学经济系。

1931年　在大学里参加“反帝大同盟”并参与编写机关报《反帝新闻》。

1932年　联合诗人方殷共同主编《少年先锋》。用自己手中的相机记录施虐者的残暴和同胞的顽强。

1934年　中法大学毕业。他得到了一架高级“禄莱福莱克斯”，那是用他发表在一家英国杂志的作品《四子王旗的婚礼》的稿费购买的。在北平基督教青年会任干事，以方德或小方署名在《世界知识》等刊物上发表文章。

1935年　转到天津基督教青年会工作，与吴寄寒、周勉之等人成立“中外新闻学社”，受聘北平基督教青年会少年部干事，“一二九”运动后，参加“中华民族解放先锋队”（简称“民先”）。是年采访绥东战场。

1936年　邀高尚红（北平青年会负责人）观看斯诺访问陕北延安革命根据地拍摄的照片。夏天到天津《大公报》求职，与著名记者范长江相识，经推荐任天津《大公报》记者。深入宛平、冀东、绥远前线等地采访。
11月8日，在北平写成《宛平之行》采访记。
11月23～28日，到河北唐山、昌黎等地采访冀东伪政府辖区；写成《冀东一瞥》。
12月4日，离开北平到绥远前线进行了长达43天的抗战初期著名的“绥远抗战”采访，拍摄了数百张照片，写成《绥东前线视察记》等战地通讯。

1937年　7月10日，离家前往卢沟桥采访“七七”事变。7月23日由北平寄出《卢沟桥抗战记》。

1937年　7月28日，在保定与范长江、陆诒、宋致泉相遇，开始担任上海《大公报》战地特派员。

1937年　8月，由平汉线转至山西在同蒲铁路沿线进行采访。

1937年　9月30日，从河北蠡县寄出《平汉北段的变化》一文，后失踪。

附录：忆小方 范长江

“明天我要到百灵庙去，如果走得早，我就不来看你了！”二年前在塞外著名的高寒地方——绥东平地泉的冬夜，黑黑一屋子的塞外冬装青年人，屋内发黄的烛光，被屋外如万顷波涛呼啸而来的狂风震撼得发闪，这位硕壮身躯，面庞红润，头发带黄的斯拉夫型的青年方大曾先生走来和我握手。

“到百灵庙去？”

“是的。”

“你怎样去法？” 因为从平地泉到百灵庙，在塞上冬天如果不是走归绥经武川的汽车路，那么一定要斜穿阴山，出草原，那是雄壮而艰苦的旅程，这位平时没有被人重视的朋友，今天却来这样一个壮举，我有点不明白他如何去法。一则恐怕他太过于理想，一则恐怕他准备不够，途中容易发生困难。

“骑马去。”坦然地回答。

“几个人一路？”

“还有一个马夫。”

“你带什么东西？”

“就是身上带的这一点。”

塞外的生活，我们多少经历过一些，总像他这样冬季孤身翻阴山，而且正是百灵庙战争之后。

从此被人叫为“小方”的方大曾先生，在我们朋友心里占据了很重要地位。因为联想起许多在绥远以前关于“方大曾”的印象。

大概二十五年的夏天，我在天津《大公报》的编辑部桌上看到一张“方大曾”的名片，据同事告诉我，是一个来交涉投稿机会的人。因为这样的事情很多，当然没有什么特别注意。以后不久，在天津《益世报》 的地方版上，看到有他的长篇通信——“张垣至大同”，他把察晋间的社会黑暗情形暴露不少。不过，一则他名气还不大，再则初写通讯，还没有引起很多人注意。从据绥远战争时同在绥远之中央社同业王华灼先生谈及，他因为那时采用小方的通信，报馆当局认为对于社会黑暗之指摘为不妥，因而解除了他的职务。

在报刊上，我们常常看到“小方”的作品，他对于题材的选择和对于时间性的谨严，都是引起朋友们注意的地方。绥远战争以后他更主要地以摄影记者姿态出现。

卢沟桥事变了，在卢沟桥长辛店保定一带，我们又常常碰头，他的工作情绪愈来愈高涨，身体也愈来愈结实。北方的夏季，他穿着短裤衬衣，自己带着他的小箱子行李，在平汉路前线不断的突击。他那诚挚、天真、勇敢、温和的性格，博得各方面的好感。

平津陷落之后，我回到了上海，后来接到他从北方来信说“我的家在北平陷落了！我还有许多摄影材料工具不能带出来，我现在成为无家可归的人了！我想找一家报馆作战地记者，请你为我代找一岗位。”

那时上海《大公报》正需要人，就请他担任平汉线工作，而以秋江任察哈尔，以溪映任绥东，他于是开始为上海《大公报》写通讯。

南口战争爆发之后，上海《大公报》令我赴察哈尔助秋江工作，以加强中央战场采访力量，与左翼之溪映，右翼之小方配合，总辖平绥平汉之战争消息。从察哈尔不守，我与秋江从察南退晋北，再转大同，仍冀主持中路战报。乃在大同突遇军邮友人陈虚舟先生，云小方已去绥东，使我大为惊异，盖不知其何故放弃右翼任务也。乃急电绥东请其返大同商工作。

小方至大同，与溪映同来，据云：系在保定闻八路军挺进热河，故赶去参加，到绥始知不确。并自承认单独行动之欠考虑。我们于是与秋江四人在轰炸中的大同城内商以后工作计划。战局紧急时，我们所住大同招待所在白日已无食物供给，我们经常在城墙边防空洞旁写文章。

大同吃紧时，我与小方先后到石家庄。当时协定溪映坚持绥远宁夏线，秋江支持同蒲线，而小方则仍挺进平汉线。

那时保定已万分吃紧，卫立煌将军所部三师增援南口落空，正与敌激战于永定河上游青白口一带。小方当时异常兴奋，他不只要到保定，而且更要到保定以北南口山脉中去。他带上充分的蓝墨水、稿纸和照相器材，急急由石家庄登上北去的列车，临别时，我说：“希望你能写一篇‘永定河上游的战争’！”他很平和坚定地对我说：“我一定有很好的成绩答复你！”

以后我就回到上海，果然他来了两篇通信，那时他是平汉前方唯一的记者，所以通信很生色。

随着平汉战局恶化，保定失守，我们就不知道了他的消息。他身边带的旅费有限，汇款也不知从哪里汇起。写信到邯郸邮局去问他的亲戚，回信说，小方到保定时，正值保定失守，他被迫退到保定东南的蠡县，在蠡县曾发出一信，以后就没有了下文。不过，在他由蠡县给信与他邯郸的亲戚时，明白提到：“我仍将由蠡县继续北上，达到长江原来给我的任务！”

以后石家庄陷落，太原失守，关于小方的踪迹，简直一点也打听不出来了。他的母亲，他的妹妹，他的女朋友，乃至关心他的朋友们都从我这里来打听消息，甚至于始终在山西战地的溪映也写信来问小方，在上海和在汉口，我曾会到千百个关心小方的人！

“我相信他不会有问题，因为他的机智，足以应付非常事变，他的才能也应该为中国新闻事业，中国民族解放事业，多尽些力量。”我自己也如所想，也如此答复他人。

但是去年保定战争之后今天已经快一年了。我们还看不到我们这位硕壮身躯红润面庞头发带黄斯拉夫型的青年新闻战士！

一九三八年九月十三日汉口

摘自《范长江文集》

附录：血战居庸关 方大曾

抢防南口

日军侵入平津后，二十九军驻防南口的只有两营步兵，第十三军汤恩伯部奉命抢防南口，于八月一日自绥东防次开拔东下，先头部队为八十九师王仲廉部，他们于三十日到达八达岭的青龙桥，次日抵南口。将士们离别绥东时，大家把自己所有的东西全部抛掉了，除了在战场上所需要的武器之外，别的什么也不带，以示决心。没有一个人的脑子里想到抗战以外的事。卢沟桥事件尚在和战不决时，官长们每把"和平"的消息报告兵士们的时候，他们全部不言不语地低下头去，最后听到自己要开拔的消息，每个人的精神又兴奋了。

北平美国使馆（应为领事馆）陆军参赞处随员Frank Dorn（窦尔恩），陪着一位美合众社记者白得恩氏，在八月四日这天由北平通过日军阵地到南口来。他们和我们新到的生力军谈话，那位美籍记者说："来到你们的阵地上，我是很大胆很放心的，但是我害怕到日军阵地去，因为我没有把握他们是否会危害我。"他说话间的表情，是显示着一方面为和平，为有理性，另一方则为凶恶野蛮和可怕。美国武官又诚恳地嘱告我们："日本的飞机不可怕，但是你们要小心一点大炮和坦克车。"他的见地确是很对，以后的战役中果然是如此。我们很感谢这两个"中国的友人"给我们的真挚的鼓励和忠告。

南口这地方，察哈尔军一点工事也没有做，有的只是民国十五年国民军与奉军作战时的战迹而已，不过若是说毫无工事也是不对的，军队驻过的地方多少总有驻过兵的模样罢了。原有的二十九军两营，调回察哈尔去，新的防地由新的兵士接下来，二十九军的下级官长士兵们，态度行为都非常好，临行时把当地的情形详细地告诉了接替他们的人，他们自己也不能了解为什么自己的官长要下撤退的命令。

南口警察局长是汉奸，当我们的队伍一到，他就逃跑了。

车站离南口山口有五里远，位置在南口的西南方向，车站的西面是铁路机厂，南面是一座小山头，叫龙虎台，我们在那里放置了两排人，为南口阵地之最前方，这是保卫车站的第一线。南口的两侧，凸出两座高峻的山峰，这是我们主力阵地的支点，五二九团团部设在这里，西侧的山峰叫做双岭口，东侧的叫做马鞍山。从马鞍山更往东去，沿着起伏的山头爬过去，距离十里路的光景，就是关沟岭，亦为军事上的要点，五二九团第二营到那里去布防。再由此往东五里路，就到得胜口，为南口左翼，在纬度上说，位置比南门要来得凹进一点，为通永宁城以达延庆的一条出路，敌人可以从这里抄过我们的后方，五三〇团的一营弟兄赶到那里去布防。他们的团部就设在得胜口里面的郭庄子，这样布置把南口正面的战线展开了三十里路之宽。担任最前方的为五二九和五三〇两团，担任补充的是五三三和五三四两团，他们在第二道线上作工事，八十九师的四团人，就全部放在南口山脉上了。

肉搏坦克车

八月八日，敌人的骑兵到得胜口去搜索，遇到我们的打击，就跑回去了，这是南口战役的发轫。

九日，南口正面的冲突爆发了，敌人的炮火猛烈得比我们的机关枪还要密，我们的前哨，首当其冲的是龙虎台阵地。我们的战士对于炮战有相当的认识，当敌人的炮火最猛烈之际，大家就离开了阵地，但这并不是说往后退的意思，而相反的是跑到阵地前面去。炮火之下敌人是不会冲锋的，因为如果那样做，他们自己的步兵不是也就同样被自己的炮弹打死在别人的阵地上了吗？我们的人即跑到阵地前面，炮火空空落在没有人的龙虎台上，等到晚间炮火停止，大家又回来，我们所以能这样安全地躲避炮火，得到高粱地的帮助很大。

敌人作战的公式，为先用炮火轰毁你的阵地，然后派少数骑兵来搜索，继之为坦克车及装甲车的冲锋。至于步兵，简直就没有和我们见面的勇气，两方面的士气比较起来，实在不可同日而语。比如这次炮轰龙虎台之后，一队骑兵来到搜索，但是他不敢进来，只停在山坡下面，很滑稽地向着我们阵地喊："喂！有人没有？"我们的弟兄都隐蔽在山头上，大家觉得非常好笑，一个弟兄忍不住回答了一声："没有人！"这个不合逻辑的答复，也不知他是故意和敌人开玩笑呢，还是因为精神过于紧张而不加思考地说出来呢？不管怎么样吧，敌人一听到有人声，吓得拨转马头就跑，拚命地飞奔回去了！

第二天，敌人向南口全面总攻，龙虎台是我们的一个凸出点，所以不能不把那里的部队撤下来，车站和机厂的放弃，是我们早即预料着的事情，我们先在机厂内布置了许多火油，于队伍撤入南口山头之后即由炮位调准了它把火油引着，于是著名的南口机厂即付之一炬了。专门行驶于南口康庄间爬山的七辆重力机车，亦早即开入山中，后来在战况最严重的时间，我们也把它毁掉了，与长城的工程齐名的八达岭山洞，亦遭破坏。

十二日早晨，三十多辆坦克车驶入了南口。应验了美国武官给我们的忠告，坦克车简直是"铁怪"，三英寸厚的钢壳，什么也打不透它，重炮打中了它，最多不过打一个翻身，然后它又会自己把自己调整过来继续行驶。只要有一道山沟，它就沿隙而上，怎么奈何它呢？办法是有的，第七连连长带着两排人跳出阵地冲向坦克车去，他们冲到这"铁怪"的跟前，铁怪自然少不了有好多窗口以备里面的人向外射击之用，于是大家就不顾一切地攀上前去，把手榴弹往窗口里丢，用手枪伸进去打，以血肉和钢铁搏斗，铁怪不支了，居然败走，并且其中的六辆因为里面的人全都死了，所以就成了我们的战利品，两排勇敢的健儿虽然死了一半，但我们终于获得胜利，坦克车没有人能驾驶，而又没有那样大的炸弹或地雷能将它毁掉，结果这六辆宝贵的玩艺儿，在我们阵地里放了两天，终归又被敌人用新的坦克车拖了回去。

新的长城

敌人的作战，除了凭依机械化的利器之外，就再没其他可以仰仗了，他们的坦克车里装载着步兵，直冲入山口，然后方出来企图冲锋。但是我们的阵地位置很好，总是居高临下的，当我们喊一声"杀"的时间，他们又赶忙跑进坦克车，门关得牢牢的。有一次我们七个兵士在山上巡行，恰遇着十个敌人在老远的山坡上偷进，一定是来做侦察工作的，我们偷偷地追上相隔一个手榴弹抛掷距离以外的地方，遭遇了。我们的手榴弹一掷，虽然投不着敌人，但是那十个小子立刻跪了下来，把枪举起，没有出息地投降了。我们是不杀俘虏的，反之我们还尽可能地把日本军阀侵略中国，而以日本民众为炮灰的大意讲给他们听，并且送回他们去。有一个俘虏，告诉了我们指示日本飞机何处为自己的阵地的标志，后来在南口迂回线上我们就用了这办法，果然敌机就向标志所示的地方投下了一些子弹和一封信，内容写着叫他自己的兵士节用子弹，并谓后方运输非常困难等，彼时的情况是日本已入重山叠岭中，他们的接济都须以飞机来输送。

从十三日起，敌人的炮火更烈，他们把重炮每四个一行地排成三行纵队，四围用坦克车圈起来，以防我们的进袭。一圈一圈地向着南口战线摆列起来，从早到晚不停地施放。我们的工事都是临时掘的，当不起重炮的轰击，兵士们每两个人为一单位，在山石上掘成一个小小的隐蔽洞，反正你的炮打上，也只能打掉我们两个人。每一平方英尺的地方都有炮弹落过，他们企图将整个的山打平。进南口的路途上，都是一步一弹，目的是击响我们的地雷，然后可以进袭我们的阵地。每天都有二十架以上的飞机在空中威胁着，但是飞机的力量与作用几乎等于零，没有一个人怕它。十三军的将士们真了不得！他们奉到的命令就是死守阵地，但是这里何来阵地？一些临时工事亦被炮火轰平，居庸关从今以后再也不会看到它的模样了，有的只是由我们忠勇的抗日将士的血肉所筑成的一座新的关口！

“铁汉”之泪

三昼夜得不到水喝，马鞍山上，第四连全体只剩下一个弟兄，但是他还沉着地把守阵地而不稍退，直到我们补充上去的生力军到达了，才把他接下来。一个机关枪连的班长，他指挥把这架枪接过来，继续着干，一不小心，他顺山坡跌滚下去了，但机关枪却仍旧抱在怀里。他再爬上来，敌人已到面前，他凭空手把一个日本军官的指挥刀夺下来，立即还手砍去，第一下砍到对方的钢盔上，第二下才把敌人弄死。

前面的人快牺牲完了，五三三、五三四两团补充上去。

敌人没有肉搏作战的能力。只要是面对面，他们十回有十一回是要吃亏的。有一次我们十几个人，把敌人几百名骑兵全部歼灭了，他们只仗着大炮。我们也并非没有炮，但是炮弹缺乏，只要放出一炮，他就会对准着你的炮位回敬一百炮。在火线上，许多人的耳膜震破了，枪声根本就被埋没了，说话尽管说，但是谁也没有本事去听到对方的言语，千万的人都变成了聋子。

兵士们好像是“凶神下界”一样，这样激烈的情势，谁也没有表露丝毫动摇的情绪，每个人都理智的相信自己，相信队伍，并且相信命令。在从前内战的时代，兵士们拿起了枪，往往是满不理会的瞎放乱放。但是如今呢？谁都知道仔细瞄准。不浪费子弹，并没有官长去嘱咐他们，却全是出于自动的本能。

王仲廉师长，他有强壮的体魄，高大的身量，黑而坚实的脸，师部设在居庸关山洞里，一辆火车作了办公厅，他本人和两位旅长四位团长，都在前线指挥，炮弹曾把他的头打伤了，若不是还有一个钢盔戴在头上，就不堪设想了。战争剥夺了他的睡眠的权利，又瘦又黑表现着他是一个为国效劳的忠勇的将官。

从南口到居庸关有十五里路，八十九师一共只有四团人，战至二十日，已不足一团，王仲廉在居庸关把余剩的部队集合起来，再向侵入南口之日军反攻，士气绝未稍馁，当夜又夺回来三个山头。汤恩伯曾苦笑着说：“残兵镇守居庸关！”所以自军事观点立论，居庸正面之将士，当已无愧于军人对国家应有之职守了。

一九三七年九月七日补记于大同

团结起来为繁荣摄影事业而奋斗

石少华

团结起来为繁荣摄影事业而奋斗
团结起来为繁荣摄影事业而奋斗
团结起来为繁荣摄影事业而奋斗
团结起来为繁荣摄影事业而奋斗
团结起来为繁荣摄影事业而奋斗
团结起来为繁荣摄影事业而奋斗

抗日战争时期，摄影工作所以能得到很大发展，另一个重要的原因是摄影工作者深入生活、深入实际、联系群众、依靠群众，以一个普通劳动者和战斗员的身份参加实际斗争，对生活和斗争有较深刻的体会。

——石少华

团结起来为繁荣摄影事业而奋斗

口述人：石志民（石少华之子） 陈勃（石少华战友）／ 采访人：高初 张向荣 ／ 撰稿人：张向荣
时间、地点：2010年1月7日于北京木樨地石志民家中　2010年1月19日于北京黄亭子新华社干休所

石少华（1918—1998），广东番禺人。1932年起在广州岭南大学附属初中和高中读书。1938年春赴延安，先后进入陕北公学、抗日军政大学学习。同年10月加入中国共产党。1939年9月随抗大总校迁往华北敌后，历任记者团摄影记者、冀中军区政治部宣传部摄影组长、摄影科科长。1943年任晋察冀军区晋察冀画报社副主任。1948年任《华北画报》副主任。中华人民共和国成立后，任中央新闻摄影局副秘书长兼新闻摄影处处长。1952年4月任新华通讯社新闻摄影部主任。1956年任中国摄影学会主席。1959年8月任新华社副社长兼摄影部主任。1969年4月在中国共产党第九次全国代表大会上当选为中央候补委员。1970年任国务院文化组秘书长。1973年在中国共产党第十次全国代表大会上继续当选为中央候补委员。1979年11月任新华社副社长、党组成员。1981年兼任新华出版社社长。1982年后，任中国老年摄影家协会主席。是中国摄影家协会第一、二、四届主席，第三届全国文联委员，第三、四届全国政协委员。主要作品有《水上雁翎队》、《民兵埋设地雷》、《地道战》等。1998年6月30日在北京逝世。

大同保卫战中的炮兵阵地。
1946年

天下兴亡

记者：石少华老先生（以下简称石老）成长在什么样的家庭里？

石志民：我的曾祖父是一个商人，家境到我爷爷这一辈开始走下坡路，但整个家境还算是比较殷实。我爷爷去世比较早，父亲就一直跟着他的二哥一起生活。父亲的二哥就喜欢摄影，受他的影响，父亲在上中学时就对摄影有了非常大的兴趣。

他在广州岭南大学西关分校附中读书期间，受到中国共产党地下组织的一些影响。当时的广东，在全国来讲算是思想比较开放、比较活跃的地区。这就培养了他比较朴素的爱国思想。

记者：那么是不是可以说石老接触摄影和当时这种思想趋势也有关系？

石志民：接触摄影和思想趋势，应该说是两个方面。他的摄影爱好和进步思想之间未必有直接关联。不是说因为他思想进步，才开始喜好摄影；也不是说学了摄影，就追求思想进步。

我父亲喜欢摄影，同时又受到进步思想的影响。而中国也恰恰到了一个民族危难的时期，这使得他的这个爱好变成一个特长，最后变成保家卫国的武器。

青年时代的石少华（家属提供）

记者：石老既然已经接受了从初中到高中一个很完整的中学教育，而且还是岭南大学的附属学校，那他为什么没有去上学，而是投奔延安了呢？

石志民：他最早拿起相机的时候，可能跟大多数艺术青年一样，是对摄影本身的兴趣。但当抗日战争爆发，国家到了一个生死存亡关头，他就投奔了延安。当时不光是他，还有很多进步学生，他们的想法就是"天下兴亡，匹夫有责"。国家民族的生死存亡关系着每一人的命运。

记者：他为什么没有去重庆找国民政府？当时的国民政府毕竟是合法政府，而他为什么要去延安呢，这中间是不是有什么故事？

石志民：当时的国民党确实是合法政府。但当时的政府存在着低效腐败，对日政策存在着过多妥协，与当时的民族救亡运动存在着比较严重的对立。这是当时很多进步学生选择延安的重要原因。

记者：在抗日军政大学学习的1938—1939年中，他的摄影创作是怎样的情况，有哪些作品比较经典？

石志民：我父亲在延安拍摄了大量的照片。他拍摄的，现留存下来的延安时期照片至少有上百张。他留给抗日军政大学的底片，有500张左右。但现在真正署石少华名字的照片，不超过3张。他到延安时带了一台相机，有四五十个卷。他去的时候，是新四军八路军驻香港办事处主任廖承志[注]写的介绍信。我父亲跟潘汉年的内弟一起去的延安。潘汉年当时是香港商学会会长，他的内弟家里也比较有钱。他们去的时候，西装革履，带着相机，一副富家子弟的打扮。一路走过来呢，也没引起人怀疑。他要穿得很破，还弄个相机，到不了延安恐怕就被抓起来了。

我父亲大约在1938年3月到达延安，当时恰好国际青联代表团访问延安，他就拍了一批东西。因为拍得比较好，到9、10月份就被专门抽调出来，准备抗大成立三周年纪念日。组织还找了一个上海青年给他当助手，专门负责暗房放大和冲洗胶卷。从1938年10月到翌年5月的半

[注]廖承志（1908—1983）：广东惠阳县陈江人。1924年加入中国国民党，1928年8月加入中国共产党。1942年5月被国民党逮捕，在狱中进行了英勇斗争。1946年1月根据国共双方的"双十协定"被释出狱。后任新华通讯社社长、中共中央宣传部副部长。解放后任中央统战部副部长、国务院侨办主任、人大常委会副委员长等职。

年时间里，我父亲拍摄了抗大的学习、训练和生活，中央领导人的活动，军民生活，陕北公学、鲁迅艺术学院、马列学院等兄弟单位的活动和延安风光等内容的照片。1939年6月，延安在庆祝抗大成立3周年的时候，举办了一个摄影展览，这个展览共有照片160张左右，其中有100多张照片是我父亲拍摄的。这个展览是在八路军最艰苦的年代举办的，它给当年的延安人留下了很深刻的印象。直到1962年，毛主席还能回忆起《毛泽东与小八路》的拍摄情景，还向我父亲问起这张照片为什么没有署名。

展览搞完后，父亲被选派到抗大的高级军事政治研究队深造。深造结束后，1939年9月，

毛泽东与两个小八路谈话。
延安，1939年

抗大一分校迁往晋察冀根据地，他被任命为“抗大记者团先遣队”摄影记者，就这样离开了延安。

离开延安时，我父亲把四五百张底片和一批照片都留在了延安，亲手交给了抗大四大队政治部主任刘鼎。1946年张家口解放后，刘鼎到晋察冀画报社找到我父亲，他以内疚的心情向我父亲致歉。刘鼎说，他知道底片的珍贵，特用一个铁盒子装着，随身携带。一次过封锁线时，由于敌人的炮火猛烈，战马受惊跑掉了，放在马背上的铁盒子，连同他的一些衣物，也一并丢失了。刘鼎还说：展出的照片已保存下来，并翻了底片，留在延安了。

那些照片有些至今仍然没有署名，有的已经被署上了别人的名字。由于照片的底片都散落了，确认归属就有一定难度。父亲当时是摄影圈里级别最高的领导，为了避免因权力而影响到作品归属的真实性，他就没有去辨识和认领这批照片。

记者：但是有些相片后来明确了，比如《毛主席和小八路》这张。

石志民：对。毛主席在接见他时还专门问过这张照片。1962年毛主席请他到家里做客的时候，问他，“那张照片怎么没署名啊？”父亲就把事情简单讲了一下。主席说，“我记得那是你拍的啊。”主席对这张相片拍摄的情形记忆比较深，所以后来就署上了石少华摄影。毕竟在边区，有时连饭都吃不上，搞个展览是很大的事，的确能给人留下深刻的印象。80年代初，有一个“摄影理论权威”到处说石少华是冒名顶替，《毛泽东与小八路》根本不是他拍的。我父亲对此十分不屑，未着一字。1986年我父亲与其中的一个小八路的不期而遇，令这种说法不攻自破。

军民合作修滩造田。1939年

白洋淀上的猎人。1942年

照片背后的故事

记者：石老是否和您谈过，在抗战期间他去华北拍摄雁翎队的这段经历？

石志民：他第一次拍雁翎队应该是在1942年“五一‘大扫荡’”注期间，那是他第一次进入白洋淀。当时日军对晋察冀，尤其是冀中进行了一次规模非常大的“扫荡”，八路军的损失是非常惨重的。父亲正在冀中办第四期摄影训练队，很多人都被打散了，好在人员伤亡不大。我父亲在“扫荡”结束后又把摄训班的人重新集合起来。晋察冀的火线剧社，不但完全被打散了，伤亡也比较严重。程子华政委注责成我父亲把火线剧社的失散人员找回来。当时火线剧社的很多人已经负了伤，行动十分不便。为了安全起见，就把这些伤病员转移到白洋淀里面。正是这次机会，父亲才第一次接触到白洋淀的人，包括雁翎队。

所谓雁翎队，就是白洋淀上这些靠打鱼、打大雁为生的人，把那些打大雁的枪集结起来，在淀子里边和日本人缠斗。父亲离开之前，就跟雁翎队队长说，“等你们打了胜仗，我一定回来（拍更多的东西）”。从此前前后后，他一共去了6次注，也参加过他们的战斗，包括打伏击等。亲眼看到他们从小到大，成长为正规军。

记者：关于地道战和地雷战，您能谈谈石老当时在拍摄这两个题材时候的一些故事吗？

石志民：他拍这个题材，首要的动机在于当时冀中军区的生存本身就是一个奇迹。为

注“五一‘大扫荡’”：1942年5月1日，侵华日军纠集日伪军五万余人，在空军的配合下，出动坦克、汽车几百辆，由其华北驻屯军司令冈村宁次亲自指挥，对我冀中军民发动了空前残酷、空前野蛮的“铁壁合围”式的大“扫荡”。

注程子华（1905—1991），山西运城人，1925年参加革命，1926年6月加入中国共产党。1937年9月起任第二战区战地总动员委员会党团书记兼人民武装部部长、中共中央北方局委员、北方分局委员、北方分局宣传部部长。1939年1月任冀中军区政委，后兼冀中区党委书记，坚持了平原游击战争，领导冀中军民粉碎了日寇的“五一大‘扫荡’”，巩固了冀中抗日根据地，编写了《冀中平原上的民兵斗争》，倡导地道战。

注参看石少华回忆录《六进白洋淀》。

民兵在敌人的必经之路埋地雷。1943年

什么呢？打游击，在山区有山地做依托，易守难攻。但冀中是平原，面对着日军的强大兵力，能生存下来非常困难。但他们创造了地道战，不但能守，甚至能攻。所以这也成为奇迹，甚至在世界战争史上也是很神奇的。抗日的队伍在平原能够生存，地道战是很重要的一种战术。

父亲到冀中去了几次，但是，在地道拍照片很困难。别的人也试着拍过，但结果都不太理想。因为地道里不像现在有电，有这个灯那个灯。当年只能靠镁光粉。要用烟头点镁光粉。点着了，每拍一张，整个地道里便会硝烟弥漫。要拍下一张就要等烟散去，也就是说你一点着了，赶紧拍，最多按两张。能够把这些相片留下来，对当时的地道战是一个很好的记录。现在很多地道已经塌陷，更多的已经不复存在。

这几张里边比较有意思的，就是美国人杜伦在地道中这张。

记者：这张相片背后的故事，据说一直延续到今天？

石志民：对，这个杜伦上尉是1944年美军派往延安的军事观察组的一个成员，也是美国战略情报办公室的一个成员。美国战略情报办公室就是美国中央情报局的前身。他们的职责，一个是收集共产党的情报以作出国家评估，看美国能否与中国共产党合作。另外一个重要的任务是通过中共收集日本军队的情报。

杜伦是1944年12月到晋察冀的，我父亲是陪同他到晋察冀进行实地考察的主要成员之一。因为一个外国人在晋察冀地区活动是非常显眼的，八路军带他到冀中参观地道战的时候，就让他打扮成新娘坐在轿子里。但日本人已经得到有美国人在晋察冀的情报，杜伦还是被汉奸发现了。汉奸通过信鸽通知了日本人，日军就来偷袭。日军知道有美国人在村里，就想活捉这个美国人。他们在村子里进行拉网式的搜查，搜到这间屋子的时候，发现了杜伦在慌乱中落在炕上的相机和笔记本。房东老大娘没来得及跑下去，被抓住了。日军问她是不是有美国人在这儿，她说不知道。日军就把相机和笔记本拿出来，老大娘没话说了。日军又问注卡萝尔•卡特 (Carolle J.Carter)：《延安使命：1944—1947美军观察延安963天》，世界知识出版社，2004年

她地道口在哪，她不肯说。不说就打，打也不说。不说就剁掉大娘的一个指头再逼问，最后大娘被剁了四根指头。

日军到处搜，终于找到了一个地道口。他们派人下去，这个人还没有踩到地就被打死了，别的人再也不敢下去。当时九分区魏司令员的爱人也抱着小孩躲在地道里面。地面上，日军又是挖地道又是放毒气，小孩就给吓哭了。他妈妈怕暴露了大家，就给这小孩喂奶，小孩还是哭啊，她就捂得很紧。最后小孩就给捂死了。我父亲拍这张照片的时候呢，就是小孩在哭的时候，当时杜伦的神情非常紧张，我父亲在这个时刻按下了快门。

后来折腾了将近一天，八路军得到消息赶来救援。日军原本是小部队奔袭，也怕八路军的大部队，就赶快跑了，这才把杜伦救出来。杜伦上来以后说，过去光听说八路军打仗，但也有很多人说八路军不打仗，这次看到的证明了这是真刀真枪的打仗！

他上去后看到不肯与日军合作的老大娘被打得遍体鳞伤，很受感动；等他看到魏司令员的妻子流着眼泪，怀抱着已经断气的婴儿走出地道的时候，他沉默了。此外，整个的事件中还牺牲了一个民兵和一个老大爷。这件事情的真实性，在几个亲历者的不同回忆录中得到了印证。

但在美国，从来没人听说过有这件事儿。我到美国以后，曾经想采访这个杜伦。但不知道他的英文名字究竟是什么，找了半天也对不上。杜伦的中文名字就有三种。后来经过了周邓燕的很多考证，尤其是《延安使命》这本书被翻译到国内后，我们才找到了这个线索。延安使团里到过晋察冀的，就那么几个人，最后确实找到这个人了，但也发现这位杜伦在离开晋察冀的第二年就自杀了。

这件事非常蹊跷，也很令人吃惊。但更让我们吃惊的，是《延安使命》的作者卡特注说，“你们讲的那个故事，是不存在的。”为什么呢？卡特研究延安使团差不多17年，她采访过延安使团所有活着的人，看过大量的照片和文字资料，进行过大量的采访和研究。但是她非常肯定地说，为保护杜伦而牺牲了人的事情是不存在。

杜伦上尉到冀中视察，临行前在军区住房门前留影。1944年

杜伦上尉在冀中平原遭到日本军队搜捕，被当地老百姓藏进地道中。1944年

记者：那么您是如何回应卡特的呢？

石志民：我们认为，第一，杜伦是情报工作者，他不可能不汇报他在晋察冀的遭遇；第二，杜伦是一个博物学家，他在20世纪30年代到西藏时，不光采集过大量的标本，还有十分详尽的日记。他是一个有记日记习惯的人。他到晋察冀不可能既不做记录，也不作汇报，也不写报告。但这一段的日记和记录统统看不到了。

卡特是一位严谨的学者，我相信她不会隐瞒任何她所知道的史实。美国一些半官方网站上记载杜伦是在日本军队的轰炸中身亡的。杜伦自杀的信息就是她提供的。她认为有人因保护杜伦而牺牲的事情是假的，应该不外乎两个原因。一是西方学者对宣传的概念十分反感，“宣传”这个词是一个非常负面的词语。一件事情，如果被认定为“宣传”，你就死定了，你的声音就会受到排斥和屏蔽。她的《延安使命》被翻译成中文的时候，被删改了很多，而且没有经过她的同意。这加深了她对中国媒体可信度的怀疑。其二，卡特是20世纪70年代以后开始对延安使团进行研究的。此时距杜伦自杀已有近30年之久。延安使团中的许多人都主张与中共建立关系，给共产党军队一定的支持。但是，这些建议与美国而后占了上风的反共政策是背道而驰的。延安使团的成员都没有很好的下场。使团中有的成员甚至被送上了军事法庭，最后虽被无罪释放，但仕途和军队生涯无疾而终。在这种情况下，杜伦自杀的原因被忽略，被有意或无意地回避也是可以理解的。

这样，多方面原因综合起来，这张相片背后的故事，就从真实变为卡特眼中的“宣传”。但这一事件的存在是无疑的。除了我父亲亲眼所见并拍摄了照片，同时全程陪杜伦的高存信[注]是当时的作战参谋，他写过一篇很翔实的文章。保定电视台拍摄的纪录片《瞬间》中对事件亲历者的采访，也证实了事件的真实性。杜伦为什么会自杀？他的自杀与他在晋察冀的经历或美国的反共政策是否有联系？我希望，将来有学者找到问题的答案。

记者：石老对这个事情，看法是什么？他有没有跟你提起过？

石志民：我父亲跟我谈起过此事。他把杜伦看作曾在同一个地道中经历过生死洗礼的国际友人。他也挺想知道，杜伦后来在干什么，是不是活得很好。他绝对想不到杜伦在1946年就自杀了。

记者：石老此前在冀中培训的时候，他的拍摄经历和办社训班的组织状况，您有什么印象吗？我听说了一个小故事，是吕正操[注]用小米和枪把他换回去的。

石志民：那时候办班也是不得已。当时八路军部队中懂摄影的人十分少。他们不光器材非常缺乏，而且信息的缺乏更是不可想象的。那会儿，他们能够把显影的药剂配齐，把胶卷搞足，那就很了不起了。我认识的一些晋察冀的老摄影人，有的一年只能拍两个卷。黎枫[注]说：“我是你爸一张胶卷教出来的学生。”其实，刚开始学习时连胶卷都舍不得使，把火柴盒烫一个眼儿，后面放一张相纸当底片，拿这种自制的小孔成像相机学习摄影，等掌握得差不多了才舍得用真胶卷去拍。而且，不是说一个人给你一个卷去拍，而是几个人拍一个卷。他从1940年到1948年的8年中，先后在冀中军区、晋察冀军区、华北军区办摄影训练班（队）共9期，学员总数超过240人。他们有的是从第一线调来的战士，也有从地方选拔的骨干，还有帮助兄弟单位培养的干部。他们一手拿枪，一手拿相机。当时的条件十分艰苦也十分简陋。日军对根据地封锁得很厉害，当时使用的教材基本都是自己编印的。

1939年9月，我父亲从延安随罗瑞卿[注]和抗大一分校到晋察冀。途经冀中时，冀中军区司

[注]高存信（1915—1996），辽宁开原市人，1938年参加八路军。解放战争时任华北军区特种兵部队司令，解放后任炮兵学院副院长、院长，解放军炮兵副司令员等职。

[注]吕正操（1904—2009），辽宁省海城人，开国上将。抗日战争爆发后，根据中共第五十三军工作委员会指示率部开赴冀中，改编为冀中人民自卫军，任司令员。1938年5月至1943年秋任冀中军区司令员兼八路军第三纵队司令员。

[注]黎枫（1929—），河北人，1945年参军，进入抗大学习，同年被招入冀中军区摄影班。

[注]罗瑞卿（1906—1978），四川省南充市舞凤乡人，中国人民解放军十大大将之一。他参加过长征，在抗日战争时期主持过抗日大学的工作。

晋察冀军区司令员杨成武与美军观察组成员杜伦上尉合影。

石少华主持冀中军区摄影训练班。

令员吕正操听说我父亲是摄影师，就非要把他留下来。罗瑞卿不干，就故意给吕正操出了一个难题。他说："你拿2万斤小米，200条枪我就跟你换。"当时部队弹药奇缺，战士是食不果腹，这几乎是无法达到的条件。最后吕正操通过讨价还价，用2万斤小米和20条步枪的代价把我父亲留在了冀中。

记者：1943年，石老来到《晋察冀画报》担任副主任。当时的主任是沙飞，他们两个人还是广东老乡。他俩之间合作的那些事情，您有了解吗？

石志民：在晋察冀大部分人讲河北话，你讲广东话人家听不懂，不能讲家乡话的滋味不是很好受的。所以他俩只要碰在一起，譬如其中一个人外出采访归来，两个人连饭都不吃。

行进中的八路军。1944年

先是叽里呱啦猛聊一通，聊痛快了再去做别的。

他们两个关系非常好。沙飞比我父亲大，父亲把他当兄长。沙飞是一个非常真挚的人，艺术气质也很强。他又是一个性情中人，敢爱敢恨。当然他也有弱点，比如说方法简单等等，但丝毫不妨碍他的可爱。很多《晋察冀画报》的老人对我说，沙飞如果觉得你工作没有做好，马上会臭骂你一顿。但是看到你做好了，马上会过去拥抱你，就是这么一个人。

记者：石老跟沙飞是在《晋察冀画报》时候认识的，还是以前就认识？他们两个之间在摄影上有过什么切磋，或者交流的记录吗？

石志民：他俩是在1940年认识的。当时我父亲在冀中军区担任摄影科长，沙飞在晋察冀军区担任摄影科科长。他们彼此心存敬意，但这两个地区相距较远，且为平汉铁路所隔，铁路两侧是大片的敌占区和无数座碉堡、据点；日军警戒森严，只有在夜间才能相机通过。

1943年晋察冀北岳区的历时3个月的反“扫荡”中，沙飞为抢救底片双脚被冻伤。石少华（左），罗光达（右）到沙飞疗伤的白求恩和平医院看望沙飞。赵银德摄

1940年深冬，我父亲借冀中军区摄训队第一、第二两期相继结业，第三期尚未集中的间隙，穿过平汉铁路封锁线，一天一夜赶了150里路程去看沙飞。他俩一见如故，第一因为都是广东人，老乡的感觉比较亲切；另外，在走上革命道路的方式和想法上又十分接近；第三，在摄影上有很多共同语言。所以他们两个人惺惺相惜，相见恨晚。在那之前，我父亲已经在冀中办了两期摄影学习班，培养了不少人。但是沙飞最早是靠师傅带徒弟的方式来培养人才，沙飞马上说这种方式好，要在晋察冀推广。而沙飞想办《晋察冀画报》的想法，也马上得到我父亲的赞同。两个人互相欣赏，你欣赏我，我欣赏你。他们这一生都相互欣赏，相互惦记着，即使是沙飞去世后，我父亲也怀念他。

记者：石老对沙飞之死是怎么看的？

石志民：沙飞是1950年去世的。当时沙飞已经患有比较严重的精神疾病，他怀疑为他治病的日本医生津泽胜是特务，把那个日本医生打死了。这就造成很大的一个事件，日本反战同盟抗议，很多医生、护士都罢工了。我父亲和《晋察冀画报》的所有人都为沙飞求情，要求从宽处理。但这件事已经成为晋察冀军区中的“国际事件”，任何人都无力回天。最后沙飞被秘密处决了。据《晋察冀画报》的摄影师孟昭瑞讲，当我父亲向《晋察冀画报》的同事传达这个处理结果时，文件还没有读完，自己就忍不住号啕大哭。

在《晋察冀画报》期间，沙飞是主任，我父亲是副主任。沙飞主要负责画报的稿件，我父亲主要负责培训。沙飞住院以后，父亲必须两手都要抓起来。沙飞出事后，他想尽了一切办法。沙飞是他的兄长，是他的生死之交。解放以后，沙飞毕竟是被中共处决的人员，有的人尽量避嫌，但我父亲从来没有。为了防止不了解情况的人对沙飞的子女另眼看待，我父亲主动当他们的监护人，遇到政审一类的事情时，父亲就给他们写烈士的证明材料。他不但没有封存沙飞的照片，而且继续使用沙飞的笔名发表沙飞的照片。这个在现在看来不足称道的小事，在政治斗争十分激烈的年代，还是有一定政治风险的。”文化大革命“开始后，“包庇沙飞”就成了他的罪名之一，但他无怨无悔。他认为这是他义不容辞的责任。

乘车西进。张家口，1945年

有重点地“抓拍”

记者：我们现在看到石老的作品，大都是解放后拍摄的，有很多是他出国访问的作品。这是不是意味着他的摄影在解放后有了新的变化呢？您能不能从一组摄影专题和他过去的摄影风格做出一些演变性的观察。

石志民：解放以后，他先后到新闻摄影局、新华社，然后又成立中国摄影协会等等。长期在领导岗位，日常拍摄的机会少了，反而出国访问拍摄的机会比在国内采访的机会要多。但这些出访的摄影，还不特别说明问题。当然，也能说明一些问题，毕竟这些作品是我们考察他们作为摄影师一面的直接材料之一。对他来讲，他领导职务并不是他的选择，也许他更愿意只当摄影师。他们一直在做领导工作，但并不眷恋权利。即使在摄影领域，他也不会拉一个山头或形成一股势力去排挤别人。所以，当出国的时候，压力会小一点，能自由地拍一些东西。但是前后变化能有多大？好比他这组在非洲拍的作品，总体来讲还是属于原来那种追求美、强调抓拍、讲究构图的风格。

这里有两个问题。一个是政治话题，一个是美学话题，如果抛开政治话题，单纯就美学话题来说，我觉得他并没有一种苛求的倾向，譬如“摆拍”，他没有。就我的所见所闻，我并不觉得他认为有的作品更认同，有的作品是“被迫”的。即使必须要适合一定的政治环境，但是也并没有过多的压制、摆拍等，至少我在我父亲那里没有看到这个。

但我觉得这是两方面，一方面是当时的政治环境，尤其是1957年“反右”以后，政治环境相对险恶。这不是摄影界本身的问题，其他单位也是。后来我进新华社的时候，受的第一个教育就是，“摄影记者是党的耳目喉舌”，非常简单，非常明确。所以，有些作品的发表是你的职责和任务。另一方面，作为政治刊物所发表的东西，本身没有多大选择余地。这是宣传，中央有一个统一的宣传口径，尤其是党报上发表的作品跟你平常拍东西是有所不同

渤海之滨。1944年

雁翎队在冰封的淀上集合。1944年

的，甚至探讨理论也是两回事。党报都是有指导性的，新华社、《人民日报》、《解放军报》、解放军画报，都是党的喉舌、标杆。这些作品的确是被挑选的，也只有被挑选才能够发表，但是这跟他的拍摄是两回事。在当时的情况下，以官方领导的身份出访外国并不能说明他们就摆脱了什么，或者就得到了在国内所没有的“自由拍摄”的时间；而且，我们也很难用量化的真诚度来衡量他们在国外拍摄的作品和他们的战争年代作品。我认为，这种比较避免不了带着今天对两个时期的政治、文化环境的理解来解读这些作品，而这些理解同时又是多样化的。

记者：我们再以石老拍摄的白洋淀的作品为例，您认为，个体的、新闻的、宣传的要素是如何在他身上协调的呢？

石志民：在当时，他做这件事不像今天我们回头把白洋淀看做一个纪实、一种宣传，或者一种艺术等等。对于他来讲，想法起初非常简单。他早年到延安是去抗战的，不是抱着做摄影师的目的去的。他首先是战士，他要保卫自己的国家、自己的民族。只是因为他在摄影上的特长让他拿的不是枪，而是一个相机。战斗慢慢使他见识到，摄影师可能甚至比你拿一杆枪起的作用更大。尤其在中国农村，在八路军里面，很多战士根本就没有见过相机。当他觉得自己的照片能上报纸，这是非常大的一件事，这就鼓舞着很多人拼命杀敌。等上了报纸，把报纸邮回家给爹妈看一看，这是非常光宗耀祖的事，对不对？所以，战士的想法都是非常朴素的，他们看待这个战争，是保卫自己的家园、自己的国家和民族；同时，又希望自己的照片能放在展览上、报纸上、画报上。为这拼命都值了。现在回头想一想，新四军、八路军最后能取得胜利，成立新中国，这是一个奇迹。在创造奇迹的过程中，摄影起了很大的作用，起到了很正面的一个鼓舞人、团结人的作用。

记者：红色摄影师从战争年代走来，建国后著名的关于“摆拍”和“抓拍”的讨论，是否也与他们这种经历有关呢？石老是主张哪一种拍摄方式？

石志民：在我看来，在他的一生中一直比较提倡抓拍。而且，尤其他早期拍的东西，抓拍的更多。但是，当我们看这一段摄影史的时候，要把这研究透，现在还缺少足够的史料。

好比我父亲的摄影生涯，也包括别人，他们的思想尤其是对摄影的看法，对摄影理论的理解，是不是有很大的转变？有看法的巨变？我觉得资料还是不够。我所能看到的，他们还是有自己的想法：一方面希望建立一个体系，另一方面也有很多挣扎。比如说他主张抓拍。但实际上五十年代初，苏联是我们主要学习的一个榜样。塔斯社[注]就把摆拍作为一种经验、一个样板引进到中国来。苏联老大哥，肯定是中国学习的榜样，因为这是成功的经验和模式。这些观念来到中国后，有正面的也有负面的影响；有你值得学习的，也有跟你以前的想法相冲突的地方。所以，他们这一代人很多东西都是在探索、在挣扎。

还是说摆拍和抓拍，都谈了几十年了。一直没有获得一个很好的平衡，得到解决。

记者：这个问题，最早是不是可以追溯到延安时期？

石志民：延安时期反而不是特别的明显，似乎我感觉是没有。在抗日战争和解放战争时期，对摄影艺术化的倾向，就是说如何拍得更艺术，更美，这些观念反而有。当然，延安时

[注]塔斯社，是俄罗斯国家通讯社。外文简称 ITAR-TASS。前身是1917年11月18日成立的俄国彼得格勒通讯社。1918年与全俄中央执行委员会所属的新闻局合并，命名为俄罗斯通讯社，简称罗斯塔。1925年7月10日改名塔斯社。总社设在莫斯科。对外用俄、英、法、西班牙、葡萄牙、德、意、阿拉伯8 种文字发稿，向115个国家和地区的新闻机构或商务代表处提供新闻或经济信息。

民主选举新村长。1941年

八路军开进张家口。1945年

期对摄影的组织加工和艺术化的问题，也一直没有真正很好地从理论上给解决。所以，到1950年以后，这个矛盾就比较突出了。再加上新中国成立后，国家就把摄影也纳入到国家的宣传体系里边，将其意识形态化了。

我父亲始终还是比较主张抓拍的，另外，他的抓拍是属于有重点地拍。不是说像今天端着相机扫街，看到什么拍什么，哪怕拍五张、六张、七张，总能找到一张好的。他是有重点，去发现好的东西，拍出最好的场景，抓住最好的时机。

◀ 正在站岗放哨的冀中根据地儿童团员。1940年

冀中肃清强敌。1941年

八路军骑兵部队。1941年

工间学习。1941年

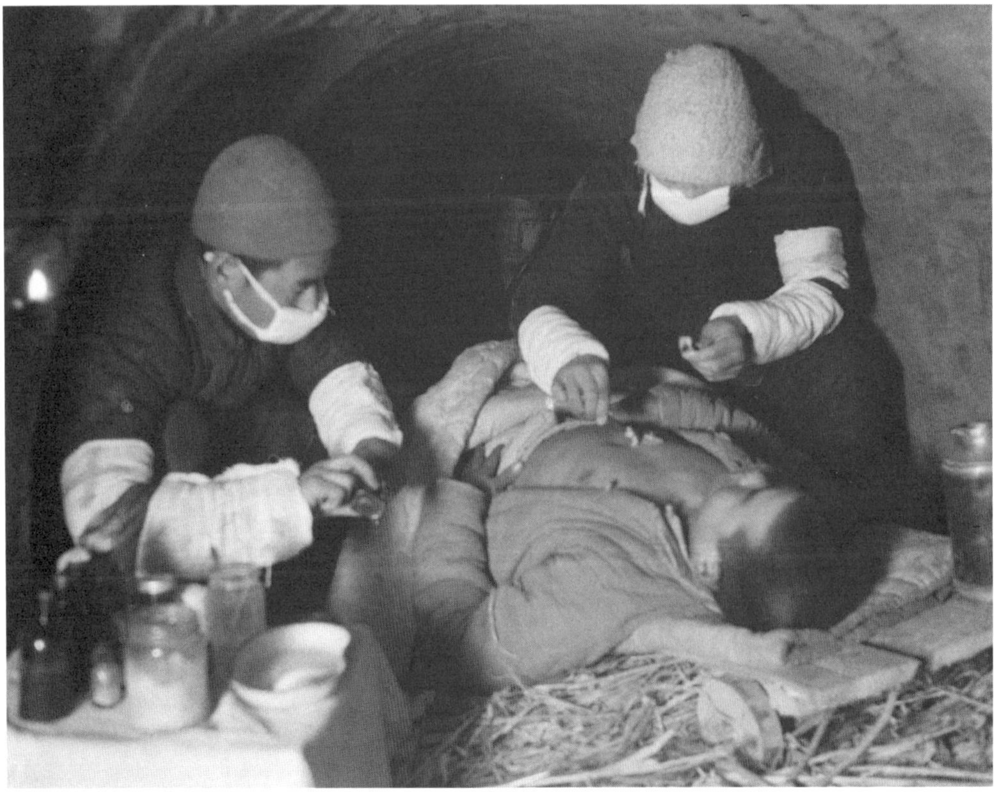

地道战。1942年

在地下卫生所给伤员换药。
河北冉庄，1943年

村民通过家中的地道口把物品藏进地道里。1943年

地道口。1943年

民兵从地道转入地面工事伏击敌人。1944年

在地道交叉口的游击队员。1944年

游击队员由地道转上房顶。1944年

大生产运动中的八路军。1944年

晋察冀边区的游击队员在打仗之余进行生产。河北阜平，1943年

妇女缝军衣。1944年

晋察冀边区的游击队员在打仗之余耕种田地。1943年

跋涉于海滨的洼地。1944年

渤海上的八路军部队。1944年

守卫祖国领海。1944年

跨过草原。1944年

冀中八路军乘船从文安洼登船向渤海进发。1944年

在人迹罕至的渤海之滨早炊。1944年

老百姓欢迎八路军入城。
1944年

解放冀中地区。1944年

宣传队。张家口，1946年

八路军与苏联红军在张北胜利会师。1945年

八路军某部攻进张家口车站。1945年

平绥铁路职工修复怀来大桥。张家口，1945年

怀来前线的炮兵阵地。1946年

炮兵部队。1947年

开国大典上朱德总司令在天安门广场阅兵。1949年

开国大典上接受检阅的解放军部队。1949年

开国大典上接受检阅的解放军部队。1949年

附录：石少华年表

1918年　出生于香港。

1923年　随父母回广州定居。

1932年　就读于广州岭南大学西关分校附中和岭南大学附属高中。业余从事摄影。

1938年　1月，奔赴延安，先后在陕北公学、抗日军政大学学习并从事摄影工作。拍摄反映国际青联访问延安、抗大建校三周年纪念活动等大量作品。

1939年　抗大迁往华北抗日根据地时担任记者团摄影记者。后任冀中军区摄影组长。

1940年　在冀中开办摄影训练队，培训摄影干部。

1941—1942年　任冀中军区摄影科科长。通过举办摄影训练班培训学员百余人。

1943—1947年　任《晋察冀画报》社副主任。

1948年　任《华北画报》社副主任，主持《华北画报》工作。

1949—1950年　任国家新闻总署新闻摄影局副秘书长兼摄影处处长。筹备出版《人民画报》并任编委。筹建中国图片社。组织抗美援朝的摄影报道工作。

1952年　4月任新华社新闻摄影部主任。

1955年　参加筹备全国摄影艺术展览。受聘北京大学讲授摄影课。

1956年　筹建成立了中国第一个全国性摄影团体——中国摄影学会，任第一届、第二届主席。

1959年　参与大型画册《中国》的摄影组织工作，并主持画册的编辑工作。8月任新华通讯社副社长兼摄影部主任。

1960年　8月出席中国摄影家学会第二次会员代表大会，并在会上发表工作报告。

1962年　在北京举办个人作品展览，展出1940—1961年拍摄的部分作品154幅。受毛主席接见。

1969年　4月在中国共产党第九次代表大会上当选为中央候补委员。

1970年　任国务院文化组秘书长。

1979年　11月任新华社副社长、党组成员。

1981年　筹建新华出版社，兼任社长。

1984年　筹建并成立了中国老年摄影学会，任会长。

1985年　在中国摄影家协会第四届代表大会上再次被选为协会主席。在广州举办《石少华摄影作品展览》，展出作品110幅。出席第三届全国摄影理论年会。

1986年　获得国际摄影艺术联合会颁发的〝国际影联荣誉杰出活动家〞荣衔。

1989年　出版《摄影理论与实践》。

1998年　6月30日在北京逝世。

高处不胜寒

记者：石老的这些行为，在“文革”时一定让他吃过不少苦头吧？您对石老在“文革”十年的记忆是怎样的？

石志民：“文革初”期，我父亲的头衔是“中国摄影界最大的走资本主义道路当权派”，“摄影界最大的反动学术权威”。他被斗得很厉害，在两年中被批斗了将近两百次，被抄过三次家，曾被绑架到北京体育学院解剖室，曾被造反派用包着胶皮的铁棍几乎毒打致死。是摄影圈被批斗最厉害的人之一。他的罪状是“鼓吹人情味，人类之爱”，“包庇蔡俊三、薛子江和张印泉等坏人”，“鼓吹不要阶级性的新闻摄影真实性”。

最近，我十分要好的朋友七月对我讲：“我父亲一直不赞成我与你交往。原因有两点：第一，他听摄影界的人说陈正青夫妇是被你父亲害死的，而陈正青是他非常要好的朋友；其二，你父亲是江青的摄影老师，也是“文化大革命”时期江青的帮凶。”我朋友的父亲是文化界资深的领导人，他所得到的信息来自于70年代末摄影界当权者的汇报。

第一个问题：害死陈正青的人也是批斗我父亲的人。

“文化大革命”开始的时候，我父亲是新华社副社长兼摄影部主任，是“摄影界最大的走资本主义道路当权派”，是摄影部的头号批斗对象。陈正青是摄影部副主任，他的夫人何慧是摄影部国际组组长，曾经陪同我父亲出国访问。他们是仅次于我父亲的批斗对象，也是知情者。他们不但要在我父亲被批斗时做陪斗，而且要检查交代自己的问题，被逼迫揭发检举我父亲的“反革命罪行”。陈正青夫妇均是大家出身，是摄影部的才子才女。陈正青是一个刚烈正直的人，他们无法忍受人格上所受到的凌辱，在1966年8月27日双双自杀。听到这个消息，我们全家都十分悲痛，也十分震惊。我甚至担心父亲也会挺不住。他说：“我不会。”就是这三个字，令他在日后的近两年时间中，比陈正青叔叔多承受了一百五十次以上的批斗。我相信，散布我父亲害死陈正青夫妇的人一定是有意而为之，甚至是转嫁罪责。我父亲被解放是在陈正青夫妇离世两年之后，我父亲当时的处境甚至比陈正青夫妇更险恶。

第二个问题：我父亲是江青的摄影老师，但他不是江青的帮凶，而且是江青的对头。

我父亲曾在他的回忆文章中谈到他成为江青摄影老师的经过：“1961年夏，江青想学习摄影，托人转达了这个愿望。我委婉地推辞了。不知怎么，让毛主席他老人家知道了。一天上午，他请我去中南海。车子一直开到毛主席住所丰泽园的后院，也就是菊香书屋。毛主席见我到了，亲切地同我握手，招呼我在沙发上坐下。毛主席说：这次请你来，有事相求。不是照相，而是和照相有关。又说：江青身体不好，有病，不能从事紧张的工作。医生建议她休养，从事一些轻松的活动，调剂一下神经。她想学习摄影，我用稿费替她买了照相机。她过去搞过艺术工作，学摄影是有基础的。她想拜你为师，学习这方面的技术。我是支持她学习的。多学习一些知识，总是好的么。说到这里，他停顿了一下，看着我，说：看在我的面子上，你就收下她吧！”

在“文化大革命”开始的头两年中，我父亲并没有因为是江青的老师而少受皮肉之苦。他被江青想起，可能是因为样板戏的拍摄遇到了难题。我父亲刚刚被解放的时候，江青对他确实是尊重有加。1968年十一国庆节，我父亲参加天安门城楼上的活动迟到了。他刚一到，江青马上热情地迎上去，不但以老师相称，而且马上叫摄影师过来拍合影。拍合影的时候一定要让我父亲站在中间，江青、张春桥、姚文元和王洪文分列两边，我父亲不肯都不行。我看到过当时拍摄的两张照片，其中第一张我父亲是站在最中间的。这绝对不符合中国政坛的站位规则，更何况是与主席夫人在一起（中国图片档案馆一定有这张照片的存档）。这种尊重，实际也间接地反映了当时江青对我父亲的期待值。然而，我父亲很快就令她失望了。

1970年3月，国务院文化组经毛主席批准成立。文化组行政上归国务院领导，思想上归中央政治局（文革小组）领导。文化组由吴德任组长，刘贤权任副组长，我父亲任秘书长。于会泳、浩亮和刘庆棠是文化组普通成员。70年初夏，社会上流传着一个顺口溜："罗马尼亚电影搂搂抱抱；朝鲜电影哭哭笑笑；中国电影新闻简报。"我父亲把老百姓的不满报告给了周总理，总理说："目前电影就放映那几部，群众的意见应重视，开放点好，你们认真选一选，报告给我们考虑。"而后，我父亲在文化组传达了周总理的指示，并决定由负责电影的文化组成员狄福才负责选片。7月21日由刘贤权签字，以文化组的名义上报周总理，抄送江青、张春桥、姚文元，建议在国内恢复发行《渡江侦察记》和《智取华山》。于会泳在暗中将此事报告给江青，"四人帮"认为这次抓住了周总理的把柄，是一次整总理的好机会。几天以后，张春桥、江青要求周总理召集文化组开会。总理出席并主持了会议。张春桥首先发难，他气势汹汹地要抓后台。我父亲说："没有后台，原因是人民群众对目前放映的影片数量太少不满意。对这矛盾如不正确对待，我认为是不对的。所以我们想：如果从封存的几百部影片中选择其中较好的开放一部分，是解决当前矛盾的合适办法之一。我们把建议向领导报告请示，领导同意就放映，不同意就不放映。"这次表态，是我父亲对"四人帮"的一次公开挑战。以后，文化组中以我父亲为首的阵营和以于会泳为首的阵营开始了半公开的角力，吴德和刘贤权是我父亲的暗中支持者。1973年1月20日，　在文化组办公室请吴德转给江青的检讨报告上，我父亲回应了江青对文化组办公室的批评，主动承担了对于会泳等人支持不够的责任。1月21日江青在检讨报告上批注："总理：他们不批不揭林彪反革命修正主义路线的罪行，不'首先批林'，是不能解决问题的。不要头痛医头，脚痛医脚。应下决心批林揭林，才能分清是非，划清界限。以上意见妥否，请总理批示。"同年稍后，于会泳被任命为文化组副组长。1974年，于会泳等人对我父亲从暗中打小报告转为明目张胆地贴大字报。74年下半年，我父亲主动辞去了文化组的职务。1975年1月，于会泳登上了文化部部长的宝座。

我父亲在新华社的情况也可通过几封其他人写给"四人帮"的信的摘抄略见一斑：

曾是新华社摄影部专案组成员的赵庭栋1974年2月18日给江青的信中说："据说当专案组同志追问材料来源时，戴xx哭了好几天，最后交代说，他们整理江青同志的黑材料其内容是石少华同志提供的。"

1976年4月9日，新华社核心组的三名重要成员朱穆之、穆青和李琴因写信给毛主席告江青的状而被停职审查。朱穆之被停职以后，我父亲成了新华社核心组唯一副组长。

田牧1976年5月12日给姚文元的信中说："社核心小组一部分成员，态度仍然暧昧，明批暗保，应付中央。……这种思想表现最明显的是石少华同志，当文元××一再指出新华社的要害问题后，少华同志对朱穆之等三同志告江青××状的事，在社核心小组连续召开的五次会议上，他均不表态，许多同志感到奇怪。只是在中央要求把社核心小组成员的发言都登简报后，他才勉强写了一个文字表态，进行应付。”

新华社核心小组成员郭全有1976年5月22日给姚文元的信中说：“四月下旬，国内部谷峰同志向核心小组揭发了朱等三人整江青同志材料问题，信一开头就写了核心小组与此事无关的几位同志的名字，石看后，批示‘穆之、穆青同志阅’，后被解力夫、赵棣生同志扣住。我认为，石少华同志的上述情况，是立场、态度和感情问题。”郭并建议，让排名最后的副社长谢力夫主持全面工作。1976年5月31日，中央决定由谢力夫出任新华社核心小组副组长，主持新华社的全面工作。

新华社国际部李长久1976年6月2日写给姚文元的信中说：“据揭发，新华社在起草停止展出带有邓小平形象的照片的通知的同时，图片社夜以继日地赶印了大批带有邓小平形象的照片，并且以处理为名降价出售。特别严重的是，天安门广场反革命政治事件发生的前两天，即四月三日，图片社大楼外边挂出了‘悼念敬爱的周总理’的巨大横幅。据说，这个横幅原拟送到天安门广场去的，经过‘谈判’后挂在图片社大楼外边的。此横幅挂出后，吸引了很多过路人的围观。石少华同志是完全了解此事的。”

江青被审判的时候，其中一个罪名就是在毛主席病重的时候向毛主席要钱。她向毛主席要钱的一个原因是要付账给中国图片社。江青在“文化大革命”中三次筹备搞个人影展都被毛主席制止了。决定不搞展览，但放大照片的费用要交，我父亲让杜修贤去向江青要制作照片的费用。近一万元的制作费，江青自己拿不出来，只好去向主席去要。

我父亲如果是江青的帮凶，会这样做吗？

为了把中国的摄影搞好

记者：您小的时候，有没有石老拍相片的印象？当时是种什么样的感觉？

石志民：我小的时候，你说我对他有多崇拜，那真的没有。为什么呢？因为在当时，想法很简单。一个小孩什么也不懂，可能比较羡慕一个科学家，甚至一个解放军，你比如沙飞的儿子王达理，他是空军的军官，大盖帽一戴，这种形象在小孩心里反而觉得特棒。对于摄影呢，尤其是搞新闻摄影的，我在当时没有特别大的感觉。有人说他拍得好，但我自己不知道到底好在哪儿。甚至怀疑别人的夸奖是因为他的官比别人大。当时我并不羡慕摄影师，我从没有想过自己长大一定要成为一个摄影师，最起码不是我的第一选择。

记者：现在回头来看这种想法，您会有什么样的感觉？

石志民：当时比较幼稚。实际上来讲，过去大家所谈的摄影，似乎都把“艺术摄影”看做是最高标准。只要摄影拍得好一点，就变成艺术了。其实对摄影本质的东西不是特别了解。比如广告，在相当长的一段时间里，国内没有广告。当我出国后，看国外有些拍得特别好的广告片，会觉得这拍得真是很了不起。其实呢，这些只是一种对摄影技术技巧要求比较高、装饰性比较强的门类。我当时把“美”看得很重。那时候对艺术，对摄影并不真正了解。随着我对摄影了解更深，对我父亲的作品有了重新的认识。

记者：您小的时候，石老应该也给您拍过相片吧？有没有您特别喜欢，或者印象特别深的？

石志民：拍过，但拍得不是特别多。这有两点，一方面，他是领导，做摄影圈的领导，他有比较好的摄影条件，但是他不愿意带头拍家人啊，小孩啊什么的，恐怕比较避讳。尤其在我比较懂事以后，他给我拍的照片恐怕比其他有相机的人家拍得还要少。但另一方面，我长大一点儿，16岁过生日的时候，他正好从苏联出差回来，送了一个相机给我做生日礼物。从那以后，家里人的照片，反而是我拍得比较多。

记者：您后来长期在美国从事摄影工作，那您的个人生涯有多少是受石老的影响？或者说他给你什么样的影响？

石志民：应该说，他影响了我的一生。在我小的时候，我并没有真的想成为摄影师。我喜欢摄影的时候，也只把它作为众多个人爱好中的一种，从来没想过这会成为我个人的职业。但是"文化大革命"的时候，我给我妹妹拍过一张照片，惹出事端来了。

最早我自己并没有特别在意这张照片，但看过这张照片的齐观山和郑景康叔叔都非常喜欢。我妹妹当时3岁左右，穿着一件碎花的中式小夹袄站在军事博物馆门前。她有点儿害羞，头略歪，手掐着衣角。图片显现出一个小女孩天真、羞涩的自然状态。后来齐观山叔叔还帮着放大了两张8×10的相片。"文革"的时候抄家，这张照片被抄。我妈妈说这不是石少华拍的，是我儿子拍的。造反派根本不信这张照片出自于十几岁的小孩之手，仍然抄走了。后来这张相片还成为我父亲假公济私的"黑照片"被批判过。

我的家庭里，很多东西都跟摄影联系在一起。父亲被批斗了，家被抄了好几次，我给妹妹拍的照片还给父亲惹了祸。我当时下决心，再也不碰照相机。1967年11月到黑龙江生产建设兵团去以前，我把自己以前拍的照片都烧掉了。在黄亭子新华社宿舍后边的锅炉房，我打开锅炉的炉门，看着锅炉中的烈火，把底片一张张，一条条地扔进炉火中，看着它们在熊熊的火焰中跳跃、挣扎、消失。那是一种生死相隔的诀别。我走的时候没带相机，此生此世再也不想碰它了。

但到了1976年，尤其是"四五事件"以后，我因为曾在小会上骂江青，组织纪念周总理的活动，被定为黑龙江合江地区重点审查对象，被监视盯梢，被发配到中苏边境荒无人烟的重沼泽地去"劳动锻炼"。这对我个人的冲击是比较大的。那以前，我喜欢唯美的东西，追求艺术的东西，强调抑恶扬善。在那种孤独与挣扎之中，主要用诗来宣泄和表达自己的愤懑。突然有一天，我问自己，为什么不用摄影来表达自己的情感呢？然后就开始尝试，把摄影当作宣泄自己感情的一个手段。从那开始，算我摄影上一个非常大的转变吧。我父亲是在抗日战争刚刚爆发，中华民族处于危难时期拿起了他的相机。"天下兴亡，匹夫有责"的思想传统对我还是有相当影响的。

1991年我在纽约建立了一个以拍摄时装为主的摄影工作室。即使拍摄对细节表现要求很高的时装广告，我仍然坚持采取抓拍方式，尽力捕捉运动过程中的美妙瞬间，而不是通过摆布来追寻矫揉造作的"完美"。这种拍摄方式与父亲在启蒙时期对我的影响是分不开的。

记者：我知道您这些年一直在关注中国摄影史，对石老在这个历史中，您会给出怎样的定位？

石志民：我认为我父亲是中国一名重要的摄影师，也是新中国摄影事业的开拓者、探索者和实践者。在艰苦的战争年代，他培养了一批中国战地摄影记者；在险恶的政治环境中，他带着镣铐跳舞，继续推动了中国摄影事业的发展。他尽力了。

团结起来为繁荣摄影艺术创作而奋斗

记者：您是建国之后才认识石少华的，能谈一下你们结识的经过吗？

陈勃：石少华当时是《华北画报》的负责人，全国刚解放的时候，我在那儿见过他。我当时在全国总工会工作。1949年，全总承办了一次“亚澳工会代表会议”，还搞了一个大型的图片展览。搞完展览后剩下了很多资料，如果丢掉的话很可惜，我就突发奇想，编一本画册行不行？请示了领导，当时是李立三，领导也赞同。我当时才24岁，什么也不懂，但是凭着那么一股热情，又对摄影很有兴趣，就开始编《中国工人画刊》。这个时候才跟石少华有了一些联系。他当时去了新闻摄影局，我在全总，他们人手不够，借我去帮忙，就跟摄影局的人包括石少华慢慢地熟起来了。

石少华最初就给我一种很深谋远虑的印象，要把摄影界的一批人都团结起来。后来新闻摄影局一分为三，一部分组建新华社摄影部，一部分组建《人民画报》，还有一部分归到人民美术出版社。在这个过程中，石少华就把全国摄影方面的人都搜罗来了，包括《东北画报》的齐观山等人，《晋察冀画报》的袁克忠等人，还有《华北画报》的，甚至连国统区、归国华侨中搞摄影的一些党外人士也团结进来，比如萧三的夫人叶华。于是整个摄影界就活跃起来了，石少华能够把四面八方的人都团结起来搞这个事业，这个功绩是很大的。

1955年，由新闻摄影局等几个单位联合搞了一次中国摄影艺术展览，效果很好，影响很大。展览结束后，就有成立中国摄影协会的呼声。石少华、郑景康等人就把这个情况反映给中国文联秘书长阳翰笙，文联也支持。就先搞了一个筹备组织，由石少华担任筹备小组组长。我当时已经担任《工人日报》摄影组组长，就以这个身份也参加了筹备。当时《人民画报》的蔡尚雄、《解放军画报》的高帆等一批人都来参加筹备。1956年12月底召开成立大会，有104个代表，也就是摄影协会的第一批会员。协会的意义是什么呢？是正式把以前国统区和解放区的摄影家真正团结起来了。石少华在会上做了一个叫《团结起来为繁荣摄影艺术创作而奋斗》的报告，说协会有四大任务，大概是繁荣摄影创作、发展摄影艺术理论、培养年轻的摄影力量、进行国际摄影交流。

1957年，我正式进入协会工作。那时候协会的最高领导机构是代表大会，代表大会闭幕期间是理事会，理事会闭幕期间是常务理事会。理事会一年开一次，常务理事会每周开一次，石少华亲自主持。当时做了很多工作，比如全国影展在“文革”前就举办了九届。出了《中国摄影》、《大众摄影》等杂志。石少华往往亲自指导，一线指挥。那时候协会的工作，不像现在有时候疙疙瘩瘩的，而是有问题大家讨论，集思广益。

石少华当时还担任新华社摄影部主任，除了摄影部日常工作外，每周还要去摄影协会开会，真是勤勤恳恳。

记者：“文革”开始后，石老是如何工作的？

陈勃：石少华当时是国务院文化组的秘书长。1972年，临近毛主席在延安文艺座谈会的讲话30周年期间，石少华想组织一次摄影展，人手不够，就把我借调过来。“文革”期间我被审查，关在干校一直到1971年。算是解放了，就又和石少华共事。我是摄影协会第一个从干校回来工作的。所以，我回来后也遭遇过风言风语，好像是因为我陈勃出来了才导致别人都回不来。其实根本不是的，是石少华要我到新华社摄影部搞这个影展。1972年5月23日，影展正式开幕，展了40来天吧，观众踊跃得不得了。因为那时除了样板戏外没有什么文化活动，所以开幕后热烈非凡。

以此为契机，石少华就汇报给周总理，总理同意成立了两个办公室：全国美展办公室和全国影展办公室。我当全国影展办公室主任，主要任务就是每年5月23日举办一次全国影展。从此我们每年办一次影展，每次反响都很好。这中间，石少华跟吴印咸起了很重要的领导作用，因为他俩都是国务院文化组的成员，又都跟摄影有关系，他们负责审查影展。当然，影展还要通过文化小组其他成员审查，众所周知，文化小组里有造反派。当时是1974、1975年，“四人帮”也还在台上。石少华和吴老他们是总理这一方面的人，其他有些成员是和“四人帮”有关系的人。所以，有些照片在审查后被要求调整，也不是什么太了不起的问题。

记者：也有人说江青很赏识石少华？

陈勃：应该说很多人都赏识他。我举一个例子，有一次很晚了，石少华突然让我过去找他。去了以后，杜修贤也在，就说：“咱们的首长忽然心血来潮要办摄影个展，你看怎么办？”他的首长就是江青啊。少华对我说：“考虑考虑怎么办？”我觉得，她既然要办那就办吧，也不可能说不让她办。我们商量后，让杜修贤去把她的底片整理好拿过来，我负责在中国图片社把它放大，展览场地也是我负责去找，最后我找到了中央民委的萨空了，他在民族文化宫找了个地方。总之最后都弄好了，而且连一两米大的照片都弄好了。突然有一天杜修贤找石少华，石少华又把我找去。杜修贤说：“咱们首长又不办了。”后来粉碎“四人帮”后我才知道是毛主席不让她办。但当时，照片已经放大了怎么办呢？石少华和杜修贤最后还是让江青自己负责，钱让她自己付了。

所以，不管谁赏识他，他对摄影事业忠心耿耿，任劳任怨。我还没有看到一个人像他这样执著、上心。后来批“四人帮”，摄影部和摄影协会有一些人就认为石少华是“四人帮”的人，我陈勃也是“四人帮”的人。其实根本不是那么回事，我们跟“四人帮”没有任何具体的关系。据我知道，石少华更主要是听总理的话，按总理具体的吩咐做事情。总理有什么指示给文化组的时候，也经常找石少华。少华听总理的话，他是总理的人。

记者：另外，听说在“文革”期间，石少华也为中国图片社做了些事情，详情是怎样的？

陈勃：当时尼克松访华，结束的时候，外国记者拍的彩色片都要拿到国外去冲洗。周总理知道后问新华社的记者，说：“为什么他们的都拿出去呢？为什么不在国内冲洗？”因为那时候咱们很多东西保密，总理是担心把秘密泄露出去。新华社说：“中国不能冲洗，没有这套设备。”总理说：“设备应该搞。”最后这个担子就又落在新华社和石少华身上了。少华就考虑，要借总理讲话的精神把中国图片社重新建设一下，一是给图片社建个大楼，二是进口新设备。1973年初，大楼已经开始建了。同年，我还带了新华社的一个考察团到西德考察购买设备。这可以说是中国第一次引进国外的先进摄影设备，而这些少华花了很多的心血。

记者：好，那么您能给建国后石少华的摄影生涯给一个总体的评价吗？

陈勃：他对事业忠心耿耿。他高血压很厉害，但仍然夜以继日地工作。不管是工作日或者休息日，也不论多晚，他随时都有可能让我去他家商量工作，他也是12点前几乎没有睡过觉。我和他本人除了工作关系，从来没有个人问题上的牵涉。比如说逢年过节，我从来没有到他家里去过，我去只有谈工作，更没有什么送礼这一套东西。1998年他病了，我本来想去看看他，结果我也突然心肌梗塞，住了3个月院，等我出院那一天，是1998年的6月30号，恰好那一天少华去世了。我没有去看望他，心里非常难过。

通过刚才几件事情，石少华从摄影部的组建、中国摄影协会的筹备成立，到全国影展期间的工作，一直到重新建立中国图片社，这几项工作他居功甚伟。我觉得，尽管石少华在工作上有这样那样的缺点，但是中国摄影界不能忘记他的功绩，他的作用是无可替代的。

附录：六进白洋淀 石少华

“雁翎队”是抗日战争时期白洋淀渔民组织起来的一支抗日武装，又称水上游击队。他们在党的领导下，以独特的斗争方式活跃在白洋淀一带，使日本侵略军屡屡受挫，闻风丧胆。它在晋察冀地区威名远播，是人民战争史中富有传奇色彩的事例。

为了报道这支神奇的队伍，拍摄他们英勇打击侵略者的斗争事迹，我曾几度进入白洋淀采访，同这一方水、一乡人结下了深厚的情谊。

我第一次去白洋淀是1942年的秋天。

冀中抗日根据地，位于北平、天津、石家庄的腹地，日军把它看作心腹之患，眼中之钉。1942年5月1日，日军在华北派遣军司令官冈村宁次的指挥下，调集主力5万多人，以步兵为主，坦克、骑兵、空军配合，向冀中平原发动了大“扫荡”，企图一举消灭战斗在冀中平原的八路军主力部队，以确保北平、天津、石家庄，以及平汉、津浦铁路的安全。日军对根据地人民实行烧光、杀光、抢光的“三光”政策，斗争环境十分残酷。冀中人民称之为“五一‘大扫荡’”。4月初，冀中军区汇集了北平、天津、石家庄、保定的情报，日军大量向这些大据点集结，这是日军对抗日根据地进行“扫荡”的征兆。5月初是冀中大平原麦收的时节，日军习惯在这时进行武装抢粮。于是军区和地方，都加紧进行反“扫荡”的准备工作。

为了避开敌人的锋芒，待机消灭敌人，军区主力陆续撤至冀中平原的外围，冀中腹地只留下地方的县大队、区小队同日军周旋。

当时我担任冀中军区政治部摄影科科长。为了培养部队的宣传力量，我们组织了摄影训练队，由我兼任队长和教员。正在第四期训练队学习期间，为了完成培训计划，军区同意由我带领摄影训练队暂时离开军区，到安平县南、北郝村一带，依靠地方政府和群众，继续完成培训任务。

4月下旬，冀中军区政治部宣传部张仁槐部长到北郝村看望我们。他传达了军区的指示：这次反“扫荡”，日军的兵力比我们原来的估计大，反“扫荡”的时间要比过去长，大家要在思想上有足够的准备。你们到地方之后，火线剧社、前线报社也都先后到了地方。军区最近将转移到外线去，以后由七军分区、九军分区负责同你们联系。这时，三位战士送进来三箱手榴弹、十多支手枪和一些子弹。张部长说：这是军区送给你们防身自卫用的，我马上也到主力团去，同他们一起进行反“扫荡”斗争。仁槐同志的话尽管讲得很平静，但我隐约感觉到这次反“扫荡”的艰巨性。

雁翎队在芦苇中伏击包运船。1943年

我们到了村口，相互亲切地握别了。想不到这次分手竟成为永诀，张仁槐同志

白洋淀的妇女。1943年

在“五一”反“扫荡”中不幸牺牲了。

日军从1942年5月1日开始，对冀中抗日根据地进行了残酷的大“扫荡”。开始是分片进攻，继而进行大片的反复拉网式进攻。日军把所有的招数都用尽了，但都遭遇不上我主力团；有时遇上了，相互激战到天黑，八路军突然消失在夜幕中。5月过去了，6月又过去了，日军被迫改变了战略战术，在广阔的冀中平原上到处建岗楼据点，据点大者进驻一个连的兵力100多人，小者进驻一个排30多人。这样5万多日军主力，就化整为零，孤立在冀中人民的汪洋大海之中。

8月的冀中，广袤的平原上到处是密密的青纱帐。日军的气焰日渐低落下去，游击战士们却借着这天然屏障乘机活跃起来。摄影训练队在残酷的斗争中，终于完成了训练任务。当时80多位学员，由我写信签名，分别介绍回原单位，一半是分配回地方，一半分配回部队。他们几人为一组，分别去找自己的单位，当然这是很艰苦的工作，好在他们大都是本地人，对冀中的情况比较熟悉。摄影训练队的学员分配完毕后，我和摄影科的同志，向乡亲们告别，回到十八团去，待机再回到军区去。当时每个主力团都配备有无线电台，可以随时同军区、军分区通电报。我写了份电报给军区，内容大意是：第四期摄影训练队已经结业，学员已分别分配回原部队和地方工作。我和摄影科同志计划日内回军区。有何新的指示，请电复。　第二天的下午，接到冀中军区程子华政委的复电，大意如下：火线剧社在“五一”反“扫荡”中遭日军的伏击，苏路社长和十多位队员牺牲，有十多位队员已回到军区，指导员解杰和21名队员下落不明。所以少华同志仍留冀中，设法寻找以上人员，带领他们回军区。此事已电告九军分区和七军分区，协助你的工作。同意对第四期摄影训练队和摄影科的安排意见。我同十八团团长和政委一起商量，决定我和刘克己同志一同回到北郝村，去完成军区给予的新任务。到达北郝村，我和刘克己仍先到张老大娘的家里。

经过耐心的寻觅和调查，终于在深泽县境内王克、王瑜姐弟家里找到火线剧社指导员解杰。他是在突围中腿部和脸部负了重伤，由队员王杰救出，送到自己家中养伤的。我见到解杰同志时，他的伤虽然好多了，但走路仍困难。我把程子华政委来电的大意告诉了他，他很激动。于是我们研究如何寻找其他失散的队员。经过一个多月的努力，终于探明了十多位同志的下落，他们都分别隐蔽在老乡的家中。

不久，九军分区的两位侦察员来见我，说九军分区接到军区的电报后，派民运科科长负责此事。经过认真的调查，已找到十位火线剧社失散的队员，现在他们都已集中起来。拟把这十位同志送到白洋淀去，那里较安全。他们在白洋淀等候你们，待全部汇集后再分批越过平汉铁路返回军区去。

9月下旬，我和火线剧社的同志终于到达了白洋淀。深夜，我们走上白洋淀高高的堤岸，在夜色中可以听见划船的水声，隐约可见几艘小木船从对面的芦苇丛中向我们靠近。我们相继坐稳后，木船又鱼贯地悄悄地向淀的中心划去。

坐在我身边的九军分区民运科李科长说：白洋淀内没有敌情，日军暂时还不敢在白洋淀内建立据点。至于将来就很难说了。

天色逐渐发白了，晨雾慢慢散去，我发现木船在一条很宽的水道上向前划去，这条水道与城市的大马路相似，水道两旁都长着高大茂密的芦苇，野水鸭在芦苇丛中自由地游来游去。李科长对我说：我们到白洋淀里的大王庄宿营，让同志们休息一周，然后过路西去。他面向着我，似是征求我的意见。我点头说，同意你们的安排，让大家休息几天很有必要。李科长会意地笑了笑。

雁翎队在荷花淀上开会。1943年

大约40分钟之后，船靠岸了。这是一座小岛，上面有村庄。后来才知道，白洋淀内像这样的村庄，有30多个，相互间有距离七里的，十多里的不等。白洋淀居民靠木船作交通工具，家家户户都有自己的木船。这里的男女老少几乎都有着熟练地驾驶木船的本领。

我们分别住在老乡家里。乡民们热情好客，淳朴坦诚，他们的抗日救国热情很高涨，对日军的侵华暴行十分痛恨，人民都组织起来了。白洋淀各村庄都建立了抗日政权，也有妇救会、小学等。

大王庄离大淀较近，我乘船向大淀驶去。大淀水面开阔，可以看到打雁人乘着鹰排（小船）用鸟枪和大抬杆（火药枪）打雁。他们赤条条地坐在船上，阳光辉映着他们黑油油的肌肤，更显出几分健硕和潇洒。他们的水上功夫也极佳。我值此机会，拍摄了他们用鸟枪、大抬杆打雁的照片。我心里想，如果日军侵入白洋淀，在这些勇敢、熟练的打雁人面前，将死无葬身之地了。

白洋淀面积366平方公里，淀的周围连接安新、高阳、雄县、容城、任丘等县，其中百分之九十以上淀面在安新县境内。安新西距保定45公里，东距天津153公里，船可以从白洋淀直通天津、保定。

白洋淀的水域辽阔，由93个大小淀组成，水生资源十分丰富，淀中盛产鲤鱼、青虾、河蟹、元鱼，淀中的菱角、莲藕、芡实等水产品远近闻名；野鸭、大雁、鸪丁、水鸡、田螺、田鸡等运到天津、保定、北平等城市都成为抢手货。淀区芦苇素有"金条"之喻，成席年产500万片。白洋淀的妇女，心灵手巧，人人都是织席能手。因此白洋淀人民的生活水平是比较富裕的，社会秩序也较安定。

李科长告诉我：安新县的武装斗争是较好的，县有县大队，各个区都有区小队，不过他们都在白洋淀外的平原作战，他们的战斗力也较强。早在1939年，白洋淀就成立了雁翎队，但可惜白洋淀尚无敌情，有时只好配合县大队、区三小队去靠近淀边的陆上作战，但他们的特长是水上作战，所以没能发挥他们的优势。

我说：他们的优势会有机会发挥的。如果日军把战火烧进白洋淀，我一定会再进白洋淀，同雁翎队一起战斗，为他们的胜利拍摄照片。

李科长高兴地站起身来，伸出手说：说话算话，欢迎你再来。我也伸出手来，相互热烈地紧紧地握着。

7天过去了，我们告别了美丽的白洋淀，在武工队的掩护下，越过敌人沿途设置的岗楼，越过平汉铁路的封锁线，顺利地回到了冀中军区。

1943年春，我从军区的作战简报上，看到了雁翎队在白洋淀英勇打击日本侵略军的消息。采访他们的愿望猛烈燃烧起来。于是我决心再进白洋淀，同雁翎队队员一起同吃同住同战斗，用照相机记录下他们英勇战斗的事迹。

我把以上想法向军区领导汇报了，他们都同意、支持我的想法，并请前来汇报工作的九军分区司令员、老红军魏洪亮同志陪我一起去冀中。

我们到了冀中平原，魏洪亮同志在安新县境内，把我介绍给安新县委的赵书记，请他负责领我到雁翎队去。临别时魏洪亮同志对我说：一个半月之后，我请你到九军分区来，看看平原上的斗争新情况。我表示同意。

在赵书记和两位战士的陪同下，小木船把我带到了荷花淀。荷花淀是一个大淀，以数千亩荷花而得名。它的前面是一片广阔的水面，背后和两侧，都长着又高又密的芦苇丛。木船隐蔽在芦苇丛中，外面是很难发现的。日军的汽船如果贸然闯入，就走不动了，因为苇丛下的水生植物，会把汽船的螺旋桨死死缠住，使它进退不得。雁翎队的大本营就设在这个安全的小岛上。当时他们正在这里部署作战计划和进行训练。

老赵领我上了雁翎队队长郑少臣的船，并介绍我们相互认识，同时说明我将同雁翎队共同生活、战斗一段时间，目的是拍摄他们和日军斗争的照片。郑队长很高兴，表示欢迎。

我坐在船头上，看见远处水面上露出十多根芦苇杆，迅速地向我们这边漂来。站在我旁边的一位战士说：这是雁翎队员在练习集体潜泳，这本领对袭击敌人的水运船，或从水上接近敌人岗楼，都是必需的。说着他随手把靠近船边的一支芦苇杆向上一拔，一位黝黑而健壮的青年战士即刻钻出水面。原来这支芦苇管是他们潜泳时作呼吸用的。接着，后面又漂来了一片片荷叶，仔细一看，原来每片荷叶下面都藏着一个战士。他们把枪托出水面，全身泡在水下，从容自如地游动，宛如一群蛟龙。我心里想，他们的水性真棒！

郑队长在我旁边坐下，他说：我们集中了两天，干部讨论最近的作战方案，战士们在练兵，我们傍晚即分散回村庄。雁翎队眼下有30多人。自从鬼子进入白洋淀后，要求参军的青壮年很多，由于装备有限，我们只能挑选最精干的，等我们再打几个胜仗，枪支多了，队伍再壮大。

冰上雁翎队。1944年

随后郑队长领我到各班，同大家见面，雁翎队的队员都很年轻健壮，每班有正副班长，队员10名，他们的装备大都是日本造三八式步枪，都挂有手榴弹袋，侦察员和班长配备有日制手枪。

晚上我们到寨南村宿营。老百姓对雁翎队都十分熟识热情，大家都像一家人一样。聊天时，老大爷、老大娘一声又一声的夸赞自己的子弟兵，称呼为“我们的雁翎队”。年轻人对雁翎队更是又敬爱又佩服。

从此，我随雁翎队在白洋淀上南征北战，时而袭击敌人的岗楼，时而火烧淀上的粮点，时而伏击日军的运输船，拍摄了大量珍贵的照片。

冰上雁翎队。1944年

一个半月过得真快，魏洪亮同志派来的侦察员果然如期来到了。我不得不同雁翎队的战友们告别了。

到达九军分区后，魏司令员派人陪我采访冀中的地道战，又随二十八团拔了敌人的一个岗楼，打了两次胜仗。冀中平原的形势变了，八路军在战场上声威大振，日军龟缩在岗楼据点内不敢出来。他们兵力分散，处于一口口被我军消灭中。

转眼一个月了，我同魏洪亮同志商量，我认为1943年是白洋淀重要的一年，我想第三次进入白洋淀，抓紧拍摄更多的照片，机不可失，时不再来。魏洪亮同志赞成我的看法，支持我再进白洋淀。于是我请他派人把我已拍摄过的胶卷送回军区，同时向分区摄影组要了一批胶卷。

当我回到雁翎队时，雁翎队的指战员都十分高兴，他们没想到我们这样快又见面了。一个月来，雁翎队的队伍扩大了，增加了两个班，武器也比过去增多了，仗愈打愈大。白洋淀群众普遍地传唱着这样的歌谣：”1943年哪，环境大改变，白洋淀的岗楼端了多一半，子弟兵们多勇敢……”

由于深入生活，我和雁翎队战士们共同经历了血与火的考验，对他们的爱憎有了更深刻的了解，对白洋淀的地理环境和拍摄时机有了更好的把握，所以拍摄起照片来也更加理想。这次见到雁翎队的侦察员赵波、于得水等人，他们都是20岁左右的精干小伙子。群众提起雁翎队的侦察员，都不禁眉飞色舞，翘起大拇指，甚至流传着许多传奇式的故事。他们在群众的掩护下，神出鬼没地进出日军的据点，处决罪大恶极、人民痛恨的汉奸。他们侦察来的情报大都十分准确，所以雁翎队每次出击，都能获得预期的胜利。这期间，平汉铁路已为我军民破坏，火车通不了，日军的大量军需品更多依赖白洋淀到天津或保定，但在白洋淀的水道上，经常遭到雁翎队的伏击，所以日军把木船改为汽船，重要的军用运输都成群结队，增派武装护船。当时雁翎队的武器装备虽然大有改善，但打击钢铁制成的汽船仍感火力不足，于是他们巧妙地起用大抬杆。日军为这些土枪土炮的威力，吓破了胆。大抬杆为雁翎队立下了汗马功劳。

秋天到了，军分区派人送来冀中军区的电报，谓"有要事，务必速回军区"。军令如山。于是我告别了雁翎队，告别了白洋淀，赶回到军区。原来是晋察冀军区调我到晋察冀画报社任副社长。

1944年夏末，我接受新的采访任务再次到冀中平原，首先随津南支队的武工队，越过津浦铁路，到天津近郊活动，接着又随津南支队的一个大队，到渤海边一带采访。然后从文南洼乘船直奔白洋淀。

刚巧这时雁翎队从水上配合二十四团，攻克白洋淀的赵北口。赵北口是日军在白洋淀边的一个大据点，也是从天津到白洋淀到保定的水上转运码头。我赶到时战斗已结束了，二十四团的领导建议我去赵北口郊区看看，那里有清朝皇帝的行宫，系康熙所建，后由乾隆加以扩建，它是白洋淀周围的名胜古迹之一。可惜日军在此驻了军，行宫遭到很大破坏。当我们离开行宫到了赵北口，我即同二十四团告别，乘渔船去雁翎队。在战火中，雁翎队又壮大了，在群众中威望极高。我借这短暂的停留机会，又继续拍摄了一些照片。这是我第四次进入白洋淀了。

当我回到晋察冀画报社的第二天，沙飞同志告诉我，程子华副政委来电话，请你到司令部找他。

晋察冀军区一直是由聂荣臻同志任司令员兼政委，现在聂荣臻同志去了延安，所以他的工作暂由副政委程子华代理。

程子华同志很详细地问及天津郊区和渤海边的情况，我都一一汇报了，最后才问及白洋淀的近况。我把白洋淀的近况，特别是看到赵北口郊区的清代行宫的破坏情况汇报了。程副政委马上请秘书前来，口授了一封电报，大意是：据石少华汇报，赵北口郊区的清代行宫，遭到日军严重损坏，请通知驻军和地方政府对行宫要妥为保护和管理。请通令全军和各级政府，凡已解放的地方，所有文物古迹，都不准破坏，要严加保护和管理。电报是发给冀中军区和冀中行署的。

抗战中来华的美国史迪威将军，对中国共产党领导的八路军、新四军，在日军占领的敌后方所建立的抗日根据地及其伟大战绩，甚为佩服，经过美国政府的批准，派了美军观察组到延安考察。美军观察组在延安进行一段工作后，又派观察组成员几人到晋察冀边区考察。他们对冀中平原抗日游击战很重视，同时对冀中地道战、白洋淀的雁翎队十分感兴趣，于是派杜伦中尉亲自到冀中平原考察。晋察冀军区经过反复考虑，派军区作战处负责人高存信领队，并派我和翻译陪同。我们由定县境内通过平汉铁路，到达冀中军区。冀中军区的第二任司令员杨成武出面欢迎，介绍冀中目前的战斗形势。杜伦中尉在冀中考察地道战近三周，在赴白洋淀的途中，在九军分区所在地遭到日军骑兵大队突袭，幸而大家钻进了地道，坚持了一天，后来日军发现我主力团赶来即撤离了。由于杜伦在匆忙中把照相机套丢在老乡的炕上，身份已暴露，为了安全计，军区命令我们立即送他返回晋察冀军区。至于白洋淀冬季的战斗生活照片由我负

冬季练兵。1944年

责拍摄。于是我第五次进入白洋淀。

冰上雁翎队。1944年

部队派两位侦察员送我到白洋淀护堤边，遇见雁翎队派来领路的队员，他俩见到我，十分亲热，我们曾在一起生活战斗过。我请两位同来的侦察员回部队，他们很有礼貌地说：不行，团首长交给我们的任务是，一直陪你完成了任务，再陪你到武工队才行。我尊重他俩的意见。这时正是严冬季节，白洋淀的水面已全都冻结成厚厚的冰层。雁翎队队员告诉我：冰是很结实的，在上面行走很安全，我们须步行近20里，才能到达雁翎队的宿营地。于是一位队员在前面领路，我们几位跟在他后面前进。我们脚下一平如镜，不断发出清脆的叮叮当当的声音，这是冰层下水在流动，冰块相互撞击发出的声响。当我们走了10来里远，前面遇到一条5米多宽的人工河，队员告诉说：这是为了防止敌人的步兵、骑兵、坦克偷袭的工事。接着，拐了一个弯，前面又有一条2米多宽的冰桥，过了冰桥之后，看见有几位民兵从一个高大的冰堆后面出来。他们身上都背着武器和破冰的工具，举手同我们打招呼。领路的队员回头告诉我们，这是在冰桥值班的民兵，如果发现敌情，民兵会把冰桥挖掉，若是情况紧急，就用炸药炸毁。冰堆是民兵向对岸射击的掩体，民兵的武器都是我们打运输船和拔据点时缴获的，我们用不了这样多，就发给民兵使用。我问在我旁边的队员：你们的机枪手老史现在怎样，很好吗?队员回答说：现在我们缴获的轻机关枪多了，每个班都配备了一挺歪把子，老史现在当上机枪手的教练了。他真不赖，已培养出20多名机枪手，他现在摆弄重机枪了!我们走过一段路，前面又是一条人工河。这样遇着好几条。每条人工河的冰桥位置都在不同方向，变化多端，走进里面像进入了八卦阵。看来，雁翎队在战争中已日益成熟了。我们再走了八九里，终于到了一个村庄，这是雁翎队的指挥部。一位30岁左右的指挥员前来欢迎我们。队员介绍说，这是我们的政委，队长不在家，外出执行任务去了。我心里明白，雁翎队又扩大了，所以设了政委。

在用晚饭的时候，政委介绍说：雁翎队现在已扩大至12个班，和一个侦察组，编成3个排，侦察组仍直属队部领导。现值冬季，白洋淀已不能行船，所以用雪橇。这家伙在冰上速度每小时可走60里，最高速度可达到近百里，能越过人工河。现在白洋淀的日军据点已全部拔除，只剩下靠近堤边的几个大据点，鬼子像兔子的尾巴，不会长了。军分区准备明年春天，一举把这几个大据点一个一个地拔掉。这几个大据点，大都面向白洋淀，背靠大平原，所以需要陆地、水上配合作战。我们的队长正在军分区，出席讨论明年春天的作战部署。侦察员们都全部出去搜集情况了。雁翎队现在正进行冬季练兵，为明年的战斗作好准备。

第二天清早，我到冰地上观察，看见雁翎队员们正在冰天雪地里乘坐雪橇练习行军、进攻、伏击、防御，这些演习都很精彩，很有特色，我再看白洋淀冬天的景色和环境，都是我过去没有见到的。于是我把其中精彩的场面拍摄下来，然后同雁翎队告别，离开了白洋淀。

我回到晋察冀军区，首先去找董越千同志，他当时是军区联络处的处长，我们这次去冀中，是由联络处主管的，所以应首先向他报到。当我走到董越千的办公室附近，就遇见了我们的警卫员赵银德和王清江，赵银德牵着沙飞乘坐的骑骡，王清江牵着我乘坐的战马，我们相见很高兴。赵银德说，沙主任在里边等候你。

进门后，我分别同董越千、沙飞亲切地握了手，董招呼我坐下。我笑问沙飞，你怎么知道我到这里的？沙飞说：这叫神机妙算。说完后高兴地笑起来。董越千接着说：近来杜伦、程副政委都来询问你的情况。我们打了电报给冀中军区，昨天上午收到冀中军区的来电，说你完成任务后，已离开了白洋淀，由武工队护送过平汉铁路。我们把你要走的路程算计了一下，估计你在今天晚饭前到达，刚巧老沙来电话，我把情况告诉他，叫他在画报社等候你。但他果断地说，你会先到联络处来。他猜对了。早听上级说，你两位配合得很默契，这次我亲眼看到啦。

我把在白洋淀的工作情况向两位汇报了。沙飞说：这样处理对，我赞成。我问越千，杜伦从冀中回来后怎样？这次遇险后，大家对他很担心。越千说：杜伦回来后情绪特别好，对冀中平原印象很好，特别对他遭敌人包围，钻进地道一段，讲得有声有色，他说如果不遇这次的突然遭遇，对地道战不会有如此深刻的印象。他还说，在危急的时刻，你还给他拍摄了照片，这张照片他带回美国后，一定十分珍贵地保存起来。

沙飞提议我们回画报社去。董要留我们共进晚餐，后来看看表，时间还早，下午4点，因此同意沙飞的意见。大家握手告别。

董越千是北平的大学生，平型关大捷后，他由北平地下党介绍，去五台山参加了八路军。他的英文很好，他夫妇同沙飞交情特别好。

我们上了马，边走边谈。沙飞说，美军观察组索要不少照片，我们已加班给他们放大了。现在就等你带回的这最后一批胶卷了。

我问沙飞脚伤（他在“五一”反“扫荡”中负伤）痊愈后，最近情况怎样？他说没有后遗症，但走起远路来，会感到不舒服。我告诉他，冀中军区要求给他们一二套白洋淀雁翎队的放大照片去展览。沙飞同意了，并说最近即可编辑放大送去。

我军作战受伤的战士在白洋淀芦苇中修养。1944年

走了20里，我们回到了画报社驻地。大家相见，感到分外亲切。

我第六次进入白洋淀，是1945年的春天，抗战胜利前夕。这时白洋淀周围所有大小据点、岗楼已完全拔掉，冀中平原上亦是这样。这时，八路军的活动范围更加大了。

冀中军区的驻地在河间县和白洋淀之间，我暂住在冀中军区政治部。我对军区副政委兼政治部主任王奇才说：我明天想去白洋淀一趟，不用派人送了，我和警卫员两人去就可以了。他表示同意。

进入白洋淀，到处都洋溢着一片欢乐和

祥和的气氛，湖面上到处都能看到打雁和捕鱼的人们，载着鱼鹰的木船在淀上自由来往。

我们乘着小舟前行，不时遇到一些熟人。一位老大爷叫着：老石，你来了。我认出他是老乡张大爷。我叫声：张大爷你好！他请我上他的渔船，兴奋地告诉我：日本鬼子被赶出白洋淀了，渔家的生活又红火起来了。我问雁翎队现在驻在哪里？他说：白洋淀的鬼子都赶走了，雁翎队同周围的县大队、区小队，组成为一个正规团。当然是自愿的，家庭劳动力有困难的可以不去，最后他们大部分都去了，只有很少一部分人回家劳动去，我的小儿子也自愿去了，我和老伴都支持他去。

大淀的风很大，我们谈了一会就告别了。

晚上，我回到王奇才同志处，把在白洋淀中所见所闻告诉他。他说，有这回事，由于冀中平原内的日军已肃清，现在五个军分区都在练兵，准备大反攻，县大队、区小队的民兵都由各军分区集中编成团。雁翎队属安新县，军事上属第九军分区统一领导。他们了解情况。建议你到九军分区去详细了解一下，九军分区现在驻在安新城外。

第二天我去了九军分区。侯参谋领我到练兵场去参观。我告诉他，我要拍摄照片，请事先不要通知团部，更不要让战士们知道，只让团里一位熟悉情况的同志陪同就可以了。侯参谋按照以上意见办了。

宽阔的练兵场上，我看见战士们都穿上新的八路军黄色制服，头上戴着缴获的钢盔，军容整齐威武。陪同的同志用手指点说：原雁翎队就在那里，原安新的三小队（即雁翎队的编制）就在那里。

顺着他的手望过去，我看见了雁翎队员们矫健熟悉的身影。我很激动。阳光照耀着练兵场，照耀着他们神情专注、苦练杀敌本领的雄姿，显得那么英武。我急忙趋前，拍摄了他们练兵的镜头。有些雁翎队员认出我来，但军纪严明，大家只能用眼神相互招呼，当然内心是愉快的。这些普通的渔民，成长为勇敢的抗日游击队的战士，如今又进入八路军的正规部队。他们走过的道路，不就是人民战争发展史的生动的缩影么！晚上，魏洪亮司令员到宿舍找我，我们相见，心里都十分兴奋。他说，晋察冀画报社把你拍摄的雁翎队照片送给军分区一套，我反复看了几遍，非常喜欢。我让摄影组送到白洋淀去展出，白洋淀的群众也很喜爱，大大鼓舞了士气。谢谢你在战火中拍摄了这些照片，它的意义是重大的。我说，离开你们和白洋淀人民的支持，我是难以拍摄这些照片的，应该谢谢你们。

水上游击队。1944年

回到冀中军区，办完了事，我就同大家告别。带着深深的眷恋之情，我又乘船去白洋淀转了一圈，最后，才恋恋不舍地离开了白洋淀。

对我个人来说，六进白洋淀早已成为过去。但是，在那场捍卫祖国、打击外来侵略者的正义战争中，中国人民谱写了可歌可泣

雁翎队在冰封的淀上集合。1944年

的英雄篇章。白洋淀人民机智、勇敢地与日本侵略者进行战斗的伟大瞬间被记录下来，成为历史的见证。

五十多年过去了，每当我回忆起在白洋淀采访的情景，心情便久久不能平静。我们中华民族是伟大的民族，古今中外一切外来侵略者，在她面前终将自取灭亡。

选自《摄影文史》1995年第5期

附录：风雨十年

——回忆与沙飞同志共同战斗的日子　石少华

这一次我在阜平只停留了两天，而第一天晚上，就与沙飞畅谈了一个通宵。沙飞谈吐风趣，经历曲折，同时又长我几岁；同他交谈总使我感到一种难得的轻松和新鲜，一路上的疲劳早被忘得干干净净。直到鸡鸣村角的时候，睡眼惺忪的小通讯员白连生才从门外探进一个脑袋，满脸不高兴地打断了我们："天快亮了，你们该睡一睡了。"我刚要解释，沙飞却抢先一步："好好好，睡觉睡觉。"然后他又冲我努嘴，使个眼色，压低了声音说："这小鬼可认真呢，弄不好明天还要去告咱们一状。算了，睡一会儿吧。"

黎明时分是宁静的，然而这里的宁静与冀中完全不同。冀中处于一种长期的游击环境，敌人在黎明前往往是最活跃的，因此那宁静中总是包含着更多的紧张和难以预料的敌情，有时黎明就意味着战斗；晋察冀山区的黎明才是真正宁静的，它给人一种切实的安全感。可惜，在冀中养成的习惯已经使我无心领略这种乐趣了，起床号刚一响，我立刻下意识地从炕上坐起来，穿上军装。沙飞也起了床，一面穿衣服一面开玩笑："刚闭上眼睛，还没来得及睡又睁开了。"接着他又对我说："你是远方来客，再睡一会儿嘛。"

我也随着沙飞的口气说："还是起来的好，免得刚睁开的眼睛又闭上。"话音没落，两个人都忍不住哈哈大笑。

整理好被褥，通讯员白连生和李正义已经送来洗脸水。这时，大街上传来整齐的跑步声，时远时近，间杂着铿锵顿挫的口令。沙飞告诉我，这是军区直属队和警卫部队在出操，天天如此。我从1939年离开延安到冀中，现在对这种正规的军旅生活简直都有些生疏了，因此一切都使我感到那么亲切，恨不得立刻就能投身其中，重温那生疏了的感觉。沙飞显然看出了我的心思，乐呵呵地说："别急嘛，只要你不打瞌睡，这两天我舍命陪君子，吃过早饭就领你去各处转转。不过，"他诡秘地挤挤眼睛，"今天晚上可别想睡觉，咱们的话还没说完呢！"

吃早饭的时候，罗光达同志前来告辞，说是有任务外出，大概第二天才能回来。我们匆匆地道别。早饭后，由沙飞和赵烈陪我去摄影科的暗房参观。

暗房设在一间老百姓的平房里，几扇窗户都用黑布蒙面的棉被遮掩得严严实实。屋外的院子中央，露天放着一个长方形的木架，架子周围也用黑色的棉被密

军调部三人小组在张家口停留后继续飞往大同视察（图中摄影师是沙飞）。1946年

封，内行的人一眼看上去，便会想到那是放大照片用的简易暗室。但是当时农村没有电，所以这暗室的顶部并不安装电灯泡，而只是留有一个小窗口，让阳光从这里直射进去，作为代替电灯泡的自然光源。暗室正面开有两个洞口，连接着两只黑色的套袖；放大照片时，就是从这里把手伸进去操作的。为了在操作时能看见暗室内部的情况，进光的洞口旁边还开着一扇精巧的小窗，上面蒙着红色的玻璃，用起来十分方便。

据赵烈介绍说，这暗室的前身是白求恩大夫赠送给摄影科的一架放大机，后来经沙飞悉心设计，改装成现在这个样子。白求恩大夫生前曾来摄影科参观，对摄影科同志们的艰苦奋斗精神非常钦佩；同时沙飞又亲自为他拍过不少精彩的照片。因此，他在临终前把自己心爱的放大机和照相机分赠给摄影科和沙飞本人。这两件东西是白求恩大夫最珍爱的三件物品之一。另一件东西是一架行军床，他在遗嘱中指定送给了聂荣臻司令员。白求恩大夫的礼物使摄影科的同志们受到了莫大的鼓舞，同时在那种极端困难的物质条件下也确实起到了不小的作用。沙飞后来一直把白求恩大夫赠送的相机带在身边，1950年以后又传给他的儿子大力，现在由中国摄影家协会收藏。

我去参观的时候，杨国治同志正好在放大照片。他把几张刚刚定过影的照片拿给我看，于是我们一边翻着这些照片，一边随便地交谈起来。不一会儿，摄影科的其他同志听说我来参观，也纷纷聚集到院子里。沙飞把大家都召进一间大屋子，热情地为我介绍了一番，然后让我跟大家谈谈冀中军区的摄影科以及摄影工作在冀中的开展情况。

到底是同行，尽管我们都是初次见面，但是你一句我一句地谈得很热闹。同志们对冀中的情况都很关心，提了不少问题；我也尽自己所知，一一进行了回答。

时间过得好快，一晃就到了中午。吃午饭的时候，政治部来电话通知沙飞去开会。他好像有些遗憾，放下电话后半开玩笑地说：”唉，又是开会。今天下午不能陪你了，身不由己啊。”说着又拿出资料员刚送来的一纸袋照片，递给我：”一会儿你抽空看看，提点意见，总不能让你白来一趟嘛。”

晋察冀军区在当时是我军摄影工作开展得最广泛、最深入的地方，摄影科的同志们在沙飞的培养和帮助下，已经能拍出具有一定水平的照片；但是沙飞从不自高自大，而是谦虚谨慎，随时随地都在征求别人的意见，甚至也听取外行的批评。对于这一点，我第一次见到沙飞的时候就留下了深刻的印象。他要人家提意见，绝不是什么礼节性的客套，而是真正出于艺术家的严谨和虚怀若谷。

沙飞正要走，赵烈双手捧着一个大碗进门来。”不抽烟的同志们！”他故意冲着沙飞说，”咱们来品尝品尝阜平大红枣吧！”

“这么说，没我的份儿？”沙飞瞪起眼睛问。

“哪能呢？”赵烈把大碗送到沙飞面前，”只要你三天不抽烟，这碗枣全是你的，我和少华同志一个也不吃，怎么样？”

“你们还是留着吃吧。”沙飞假装懊丧地说，”这阜平大烟叶跟我有缘分，我不找它，它还得找我呢！”

此文节选自石少华近10万字的回忆文章《风雨十年——回忆与沙飞同志共同战斗的日子》

用相机记录新四军

用相机记录新四军
用相机记录新四军
用相机记录新四军
用相机记录新四军
用相机记录新四军
用相机记录新四军

叶挺

用相机记录新四军

日本帝国主义屠杀我们的人民，我要把这些活生生的历史记载下来，编辑出版，以扩大抗日战争的影响。

——叶挺

用相机记录新四军

口述人：叶正大（叶挺长子）／ 采访人：张硕　高初 ／ 撰稿人：张硕
时间：2010年7月7日　2010年7月9日 ／ 地点：北京三〇四医院

叶挺，1896年出生于广东归善（今惠阳）一个农民家庭。早年追随孙中山参加革命。1924年被派赴苏联东方劳动者共产主义大学和红军学校中国班学习。同年10月加入中国社会主义青年团，12月转入中国共产党。1925年9月回国，参与组建以共产党员为骨干的第四军独立团，任团长。在北伐战争中，屡建战功，被誉为“北伐名将”，所部被称为“叶挺独立团”。南昌起义时，任前敌总指挥。广州起义时，担任总司令。抗日战争爆发后，出任新四军军长。1941年1月皖南事变后为国民党政府扣押。抗日战争胜利后，经中共中央营救，于1946年3月4日获释。4月8日，由重庆赴延安途中飞机失事，在山西兴县黑茶山遇难，时年50岁。

叶挺将军是著名的摄影爱好者，他随身携带一台莱卡相机，拍摄了不少历史文献照片，还拍摄许多描绘祖国大好河山的艺术照片。他也用相机记录了新四军的革命历史和战地情况。

我軍正規化的建

周恩来在安徽云岭新四军军部作报告。1939年2月

将军摄影家：摄影是记录也是武器

青年时期的叶挺

记者：叶挺是从什么时候开始喜欢上摄影的？

叶正大：开始的时候是别人给他照，因为我爸当军人当了一辈子，他参与领导了八一南昌起义，南昌起义以后他就与国民党彻底决裂了。决裂以后，我们家在上海住了大概两三个月，然后我们一家子就搬回澳门了。

在澳门，我们可以比较安全地生活下去了。因为他是个军人，所以他有时候搞炸药的实验，同时有空的时候也学习照相。就是在那个时候，他就慢慢学会照相了。

记者：叶挺一共使用过多少部相机？您知道是什么型号吗？

叶正大：我记忆中当时他起码先后有过两台以上的相机，当然不是一下子同时拥有两台相机。第一部在澳门，我们在澳门的照片就是用这台相机拍的。当时我小，好像两三岁，所以那个时候没有记忆，印象不太深刻。我几个月大的时候，整个家都搬到澳门去了。在澳门照的图片一会儿给你看。现在我能收集到的我爸给我照的最早的照片大概是我四五岁的时候。四五岁也不记什么事情，起码是八九岁才可以。

记者：沈克尼在《将军与德国照相机》一文中曾提到"抗日战争中，我八路军和新四军也有不少首长使用莱卡相机，诸如叶剑英和叶挺"。叶挺用过莱卡相机吗？

叶正大：你说的什么德国莱卡相机，我估计是我爸使用的最后一台相机。我前面说两部以上，因为有些照片是别人给他照的，别人给他照的和他自己照的不太一样，所以从照片上看不好判断。

记者：这台莱卡相机的来历您知道吗？

叶正大：据我了解，这是我爸在新四军的时候使用的最后一台相机，当时，我爸为了记录新四军实际的情况，他就要他的副官梅文鼎到香港去买，胶卷也是从香港买回来的。当时

叶挺与邓子恢（右七）等赴江北途中所摄。1939年4月

周恩来在新四军军部作报告。1939年2月

没有数码相机，只能用使用胶卷的相机，照了以后，还是通过梅叔的关系，让他到香港去洗，洗了以后回来就变成真实的纪录。

当时还从香港买回来一个拐杖。那个拐杖实际上就是一个手杖，有些人说里面有刀、有枪，都是不对的。它实际有一个把儿，那个把儿是两面分开的，下面就是一个拐杖，但是它可以打开，后面一根支柱就支在了地下，就等于一个小凳子支持一下，累了的时候可以支持靠一靠，当时军队行军的时候，这个很有用。一台相机，一个手杖，都是从香港买回来的。

记者：关于这台相机后来的去向有两种说法，一是说因为生活窘迫而变卖了，另一说是为缓解狱中同志的生活困境卖掉的，这两种说法哪种更准确？或者还有其他原因？具体的时间您还记得吗？

叶正大：1943年我们全家搬到了桂林，我爸爸因为皖南事变被国民党囚禁，囚禁以后，蒋介石就把他软禁到桂林去了。郊外有一座观音山，观音山那里我回去看过，现在变成了工厂，这都是后来了。当时观音山当中有一条公路，观音山房子的墙都是竹子编的，两层，再糊点儿泥，下面都是土。大概有三四排房子，我们家人就安置在那些竹房里住着，他们国民党每个月给我们两三担米，我们就靠这个生活。

后来周总理指示，通过地下党组织给了我们一些钱，让我们家还有当时一起在桂林的何香凝注女士一家，组织一个农场。因为我们两家都要生活，除了国民党给的一点米儿之外，没有其他什么吃的东西了，后来因为没钱用，就把相机卖掉了。所以说，相机就基本上是“吃”掉了，卖掉以后就没了，父亲后来也不照相了。

记者：相机卖掉以后，叶挺有没有觉得很可惜，或者他很想再有一台相机接着拍照，他表露出过这样的愿望吗？

叶正大：没有，因为他是囚徒了，所以相机对他来讲，就没用了，我们家被囚禁以后，对国民党特务最痛恨。我爸爸当着特务的面叫他们：“狗，你滚！”他们也死皮赖脸地无所谓，他完成他的任务，他的任务就是每天看我们家在干什么。

注何香凝（1878—1972年），号双清楼主，她是国民党领袖廖仲恺的伴侣，无产阶级革命家廖承志的母亲。何香凝是中国民主革命的先驱，著名的国民党左派，民革主要创始人之一，妇女运动的领袖，画坛杰出的美术家。她早年追随孙中山，是同盟会的第一位女会员；她坚持孙中山的三大政策，真诚地同中国共产党合作；她发动妇女参加革命，为国内革命战争、抗日战争做出了卓越贡献。

记者：刚才您说正在整理叶挺的照片，照片大概分成几个类别，一是军事题材，拍摄的主要是战争，一是途经一些地方时拍摄的祖国风光，还有他给周围的一些同事、战友，比如说给周恩来总理拍的很多照片，最后就是您的家庭，他拍了很多家庭的照片。这几类题材里给您印象最深的是哪一类？

叶正大：我爸爸留下了1000多张照片，在这些照片中我印象最深刻的就是军事斗争的，因为我爸是个军人，一直到死他都是军人。

那个时候有1000多张照片，我们整理出来以后，没有在家里保存，直接交给军博，全部都交了，由他们来保存。因为照片四五十年一般都会褪色，同时也容易烧毁，冯玉祥注将军就是因为电影片烧了，把他烧死了，这是他大女儿给我讲的。照片在家里保存，总是要坏的，军博的保存条件更好。

军博在1993年还是1994年办了一个叶挺将军照片展览，开始在北京，后来还到上海等地展览。

记者：那您现在要给我们展示的这些照片是从哪里来的？

叶正大：我爸爸他拍的照片，当时没有计算机，没有硬盘，什么都没有，都是胶卷，这些胶卷，我们全交给军博了，军博把它们复制成光盘，用光盘保存。另外我还在整理旧物时找到一些我妈妈原来给我写的信、寄给我的照片之类的，我也全扫描到硬盘里了，有什么需要就给拿出来看看。

记者：为什么给叶挺的照片做电子化、系统的整理？

叶正大：在家里我正在整理，因为今年9月澳门特区政府要恢复我爸爸在澳门的故居，开一个纪念馆，他们需要一些资料。

很小的时候我的家搬到澳门，搬到澳门以后，我爸就买了一个房子注。后来在解放初期，我弟弟，老二叶正明，得了肺病，没有钱怎么办，最后就把澳门那个房子给卖了，卖了房子给弟弟治病，就像爸爸那台相机一样。因为当时是解放初期，医疗保险什么的都没有，

注 冯玉祥（1882—1948年），著名的抗日爱国将领，安徽巢县人，原名基善，字焕章。1931年“九一八”事变后，他积极主张抗日，数次致电南京政府，反对蒋介石的对日消极和不抵抗政策。1933年5月，在张家口正式组建察哈尔民众抗日同盟军，任总司令。1948年冯玉祥加入民革，任中央常委。同年响应中国共产党的号召，回国参加新政治协商会议筹备工作，途经黑海，因轮船失火遇难。

注 关于叶挺将军买房子一说，叶挺将军的女儿叶剑眉在《叶挺将军在澳门生活的日子》一文中有不同的说法，文中提到：该处是叶挺全家一起生活时间最长的地方，即贾伯乐提督街76号，这里原是叶剑眉外公的房产，后来送给了叶剑眉的母亲，即李秀文女士。

叶剑英（左一）、林伯渠（右一）在重庆南温泉。1939年秋

新四军卫生训练班——种牛痘。1939年

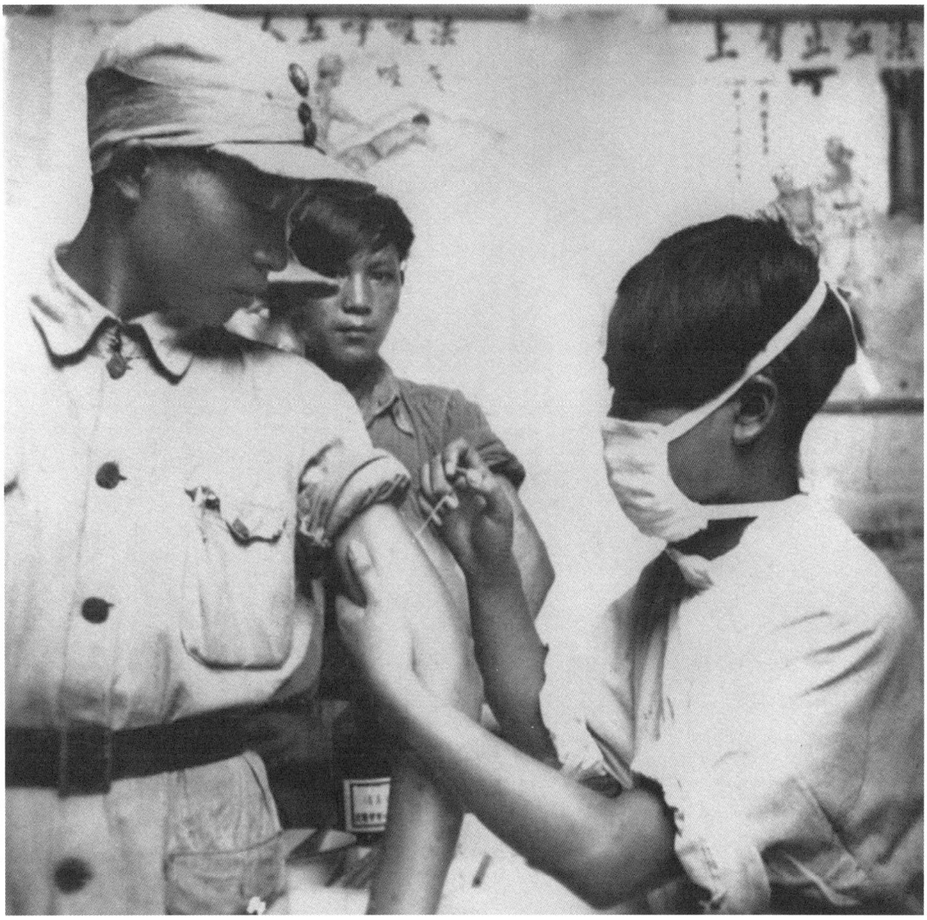

那个时候医保制度很不完善。

那个房子当时卖给了马万祺先生，后来他又捐出来，给妇联办成了一个托儿所，上个月澳门政府决定把托儿所搬出来，再恢复我爸的故居，现在就需要我们亲属帮助他们，故居怎么恢复，怎么处理……所以好多资料我要给他们办。

记者：在您看来，叶挺留下了1000多张照片，他拍摄作品数量最多是在什么时候？

叶正大：新四军那个时代。因为皖南事变以后，他被囚禁，所以就没有拍照的需要了，再说拍照也不可能。

记者：就我们掌握的资料来看，总是能在叶挺将军的照片中看到一种向上的情绪，微笑的人，还有一些美丽的景色，拍摄这些是不是与他的个性有关系？

叶正大：也可能是他比较乐观，也可能是他很难受，需要拍一些阳光的东西来冲淡这种难受的情绪。战士有微笑的也有难受的，微笑是高兴，高兴的对立面就是难受，这个事情总是一对一对矛盾的。我爸爸给周总理拍的照片中就有那么一张。另外还有叶剑英叶帅拿着他的相机给我爸照的也反映了这种情绪。

记者：两个人互相拍的那张。

叶正大：哎，是的。但是那个时候要有一台相机就很难，特别是在根据地，因为那个时候是打仗嘛，是吧！

记者：陈赓[注]、张爱萍都是摄影家，与他们相比，叶挺摄影的特点是什么？

新四军卫生员训练班。1939年

注陈赓（1903－1961年）1926年赴苏联学习。1927年回国参加南昌起义。土地革命时期，历任中国工农红军团长、师长等职。参加了长征。抗日战争时期，历任八路军一二九师旅长，太岳纵队司令员等职。解放战争时期，历任纵队司令员，兵团司令员兼政委等职。解放后，历任西南军区副司令员兼云南军区司令员，中国人民志愿军副司令员，军事工程学院院长兼政委，解放军副总参谋长，国防部副部长等职。

注李文在《叶挺将军的黑白艺术人生》一文中说：通过叶挺纪念馆的何馆长介绍及查阅相关资料，记者了解到，叶挺年轻时就喜欢摄影，曾买过一台120照相机练习拍照。1931年回澳门居住后，又从香港买了全套暗房器材，在自己家中布置暗房，学习冲洗胶卷、放大制作等技术。

注1938年秋，“上海煤业救护队”到皖南，参加新四军，其中有一个队员田经纬，原是上海美丰绸厂工人，会照相，周于昆副参谋长就留他在司令部，要他担任摄影工作，并建立了摄影室，由他负责。1939年3月，摄影室增加了女同志陈菁，她从小帮助哥哥做暗房工作。

摄影室的任务有两项，一是用图片对外宣传新四军在前方作战的胜利情况，批驳国民党散布的所谓“新四军游而不击”的谰言；一是为新四军排级以上的干部摄半身像，贴干部登记卡。红军时代的老同志，从前线来军部开会，都要拍摄纪念照，而军部规定，摄影室不许为私人拍照，于是周子昆1939年秋在摄影室内设立合作社，私人拍照和冲印照片都要入股。叶挺、项英和陈毅等都在合作社入了股。

为了提高摄影室、合作社的暗房工艺水平，叶挺亲自到摄影室，同大家谈冲卷技术，还亲自教陈菁学摄影，给她讲如何取景、如何构图、如何突出主体。美国记者史沫特莱，1938年在皖南军部教导队第八队住过一段时间，她又写文章又拍照。她拍摄的底片就是摄影室给洗印的，她还从摄影室选一些照片寄到国外发表。史沫特莱在新四军军部采访的时候，上海英文《大美画报》记者白恩登也在新四军军部拍了不少照片，发表在1939年《大美画报》2卷10期及3卷6期上。

叶正大：我爸爸的摄影和他们相比，最突出的特点是宣传新四军。我爸不在了，张爱萍同志后来又拍了很多照片，我爸就是在新四军前期那一段时间照得比较多。

记者：叶挺教过你们怎么拍照吗？比如说告诉你们怎么使用相机或者怎么冲洗胶卷？

叶正大：没有。对他来讲，某一个阶段或者在新四军阶段，不管他愿意也好，不愿意也好，因为打仗他需要把战事记录下来。我爸是很细心的一个人，有些时候他会把照片冲印出来，之后在照片后面再写上几个字。这些照片我看过，我认得出那些字，都是他的字。他有空的时候，就愿意把这些记录下来。

记者：我看到一些资料说，叶挺在家里就自制了简易暗房？注

叶正大：没有，家里没有，这个不准确。他的照片全是拿到香港去洗的。

记者：叶挺曾经在新四军建立的一个摄影合作公社入股，这个事情您知道吗？

叶正大：我不敢说没有，但我也没有听他提起过。注

记者：您能给我们讲讲您知道的叶挺这些照片背后的故事吗？

叶正大：譬如说我爸我妈最后在去延安前，在重庆放出来的那个照片，那是我爸最后一张照片。和我爸合影的是工人运动的始创人邓发注同志和扬眉注。那时我爸刚被放出来，邓发

同志从华北去重庆开会，他当时带着相机，就一起拍了这张照片。

记者：叶挺的照片在当时的现实意义是什么？

叶正大：现在是和平年代，那个年代是战争年代，战争是一个很残酷的斗争。从战争的角度来讲，当时相机就是一个武器，在当时战争的环境记录下战士的表现。当时新四军分为四个支队，后来又分为七个师，部队互相之间，除了一些同志以外，其他的不好联系，是分割的。战争，我刚才说是很残酷的，所以照相对我父亲来讲不是一个艺术，是一个记录当时实际情况的武器、手段，记录了当时我们部队的情况。这些照片有些是别人照的，有些是他自己照的。

现在是和平时期了，你可以回想当时是什么情况，当时战争年代是逼出来的，不管你愿意也好，不愿意也好，照相就是一个当时情况的真实记录，把当时实实在在的战争情况再表现给后人，咱们就可以看清楚。摄影不仅仅是我爸爸的消遣和业余爱好，而且是战争的需要。战争的环境底下照相是宣传新四军的武器、手段、工具。

记者：叶挺的照片在今天的历史意义是什么？

叶正大：战争与和平年代拍照最大的分别就是和平年代摄影可以算是一种艺术，相片是一个艺术品，但是战争摄影是一种真实的记录，照相机是战争必须的武器。

后来1990年代初军博给我爸爸办摄影展，好多新四军的老战士回来看，有相当一批人认出照片上的人物是他自己的年轻时代，特别有些男同志当时在修械厂，在照片上找到了自己，女同志们有些是护士，也看着了她们年轻时候在医疗队的照片。

记者：大家看到这些照片非常激动，是吧？

叶正大：对。

他的脾气还是有点“军阀主义”的

记者：叶挺在桂林软禁期间的生活很艰苦，您能谈谈具体的情况吗？

叶正大：我们在那里，前面是个坟地，我们家为了生活，养了四五只鸡，坟地里有些虫子，鸡就吃那个。然后养了四五头猪，把小猪买回来以后养大，养大以后宰了就去卖。之后买了几头山羊，后来越养越多了，早晨起来我和我几个弟弟就帮我爸爸把羊赶上山去。坟地对面有公路，过了公路以后有一所学校，我和我几个弟弟一块儿都在那个地方学习，下课回来我们就和爸爸一块去河里拔水草。水草拔回来就弄一个大锅，把水草切成一段一段的，放在大锅里面熬，熬的时候再加糠，熬了以后喂猪，有时候还给猪吃酒糟。本地老百姓到了“春肥”再杀猪，这也是当时我妈跟老百姓学来的，杀了猪以后把猪毛拔掉，到市场上去卖，就靠这些来生活。

记者：就是说叶挺身上还是有劳动人民的本色的，他一直都很擅长做这些劳动吗？

叶正大：每个地方老百姓都有自己的生活方式，同时有自己的谋生之道，所以要多向老百姓学习，那时候我们党也是走群众路线。举个例子来讲，比如养羊，白天把羊群赶到观音山上面去了，但是晚上羊一定会回来，为什么回来呢？当时也是我爸跟老百姓学来的。山上有蛇，上山赶羊的时候，拿一根竹子，看到蛇时，蛇也怕人，它的头一抬起来你就扫它，一下手就把蛇的脖子扫断了。扫断以后把它拿回来，把南方的竹筒子当中开一个洞，放点儿盐水进去，然后把蛇塞到竹筒子里面，上面拿个塞子一堵，放在房子旁边一两个月，蛇在里面

注 邓发（1906–1946），1926年夏加入中国共产党。广州起义失败后转赴香港搞地下工作。1931年夏，任中央局委员、中央工农民主政府委员、中华苏维埃共和国国家保卫局局长，并参加了长征。长征结束后，在陕北任粮食部长。1937年抗战爆发，任八路军新疆办事处主任。1946年4月8日，邓发、王若飞、秦邦宪、叶挺等同志在重庆乘飞机返延安途中，在晋西北兴县黑茶山不幸失事遇难。

注 叶扬眉：叶挺的小女儿

就发酵了。打开筒，羊每天就喝这种水。羊喝了蛇盐水以后，羊毛长得锃亮锃亮的。盐水就像鸦片烟一样，羊没有这个就不回来，它就喜欢喝这个水。把竹房子旁边放上三四个筒子，五六十只羊就是这样养出来的，它朝着盐水回来，回来喝完水就睡觉，第二天再把它赶到山上去，吃山上的草。

记者：过去的时候，叶挺给您的家人，妈妈和兄弟姐妹，拍了很多照片，拍照的时候通常是怎么样的一个情景，孩子们都喜欢拍照吗？

叶正大：都是爸爸下命令，他说："现在照相了，孩子们都来！"他一说来照，大伙都来了。谁不听爸爸的话呢，是吧？

他是个军人，他的脾气还是有点"军阀主义"的，真的。我大概六七岁的时候，他在家里搞金鱼池，他浴缸里面养了很多金鱼，有一天我不知怎么把他的浴缸给打破了，他把门一关，举起家里那个鸡毛掸子就打我的屁股，打得真疼。所以我说我爸有点儿"军阀主义"。

记者：在您的印象里他经常这样教训您一下吗？

叶正大：很少，但是被打一次，你记得一辈子。另外呢，他是个军人，在家里和我们经常做捉迷藏的游戏。我们家是临街的，在十字路口当中，有一次他竟然敢爬上那个二层的窗户外面去了，下面就是街，我们就怎么找也找不到，找了一上午，最后他从窗户进来了。反正各种事儿都有，有高兴的也有难受的。

记者：您的妈妈支持叶挺拍照片吗？

叶正大：支持支持。注

记者：叶挺还有什么其他的爱好吗？

叶正大：在澳门，我印象很深刻的，第一个是他在楼上摆弄炸药。他是工兵出身，有一次一下子烧起来，一脸全黑了，吓人。另外一个，他喜欢养鸽子，就把二楼的厕所改成一个养鸽子的房间，厕所一出来是个天井，从天井一飞就飞到三楼上。有一段时间他喜欢养金鱼。因为那个时候他没有事情可做。

记者：关于叶挺空难的原因，您现在是否掌握了一些新的资料？

叶正大：最后一次见到我爸爸是在桂林，在观音山住了一年多。我们一家一下少了四口人。当时是国民党头目出的主意，让我妈从重庆坐飞机，那个时候我的弟弟还有妹妹都在延安上学，就让妹妹扬眉，还有老九，只有1岁多，抱在手上的，还没取名呢，一起坐军调部的飞机回延安。飞行当中要到西安加油，加油的时候，特务做了手脚，做了手脚以后再飞往延安。飞机在延安机场没有下来，当时下着蒙蒙细雨，但是飞机是能落地的，却飞向了黑茶山注。空难唯一有一条，我们认为是国民党头目制造了一个惨案，害了20位同志。注他们可以说是被国民党偷偷害死的，这个事情后来我写了一篇文章，你可以看看。注

记者：您是如何得知空难的消息的？之后您的经历是怎样的？

叶正大：当时我在广州，是从报纸上知道父母遇难的消息的。我那时候中学刚毕业，特务总是跟着我。后来在周总理的关怀下，通过当时的军调处执行部，从广州到了北平，又从北平转到张家口，从张家口步行去了延安，跟着毛主席图书馆到瓦窑堡工作了两个多月。1947年就去了哈尔滨，1948年去了苏联。

记者：去了苏联后，您选择了空军航空专业，是出于什么样的考虑？

叶正大：当时新中国没有自己的航空业，这是大局，同时也是因为我爸我妈的空难。

注 在《叶挺：将军摄影家》一文中，叶挺的二儿子叶正明回忆说：1938年，叶挺虽然是一军之长，但生活并不宽裕，我妈妈李秀文出阁前是东莞的名门闺秀，出嫁时带来了一批嫁妆，于是，妈妈卖了一些首饰，这一年和爸爸一起在香港买了一台德国产的135莱卡相机。打那以后，不管战事多忙，他都把相机带在身边，拍摄了许多战地照片。

注 黑茶山位于山西省吕梁市兴县，属于吕梁山脉。1946年4月8日，黑茶山大雾弥漫，一架迷途的飞机不幸撞山，顿时火光四射，飞机被撞成了碎片，机上乘坐的王若飞、博古(秦邦宪)、叶挺、邓发、黄齐生、李少华、黄晓庄等13人与4名美国机组人员全部遇难，酿成了震惊中外的空难事件。

注 该处表述有误，根据了解，黑茶山空难遇难人员共17人。

注 这篇文章为《周恩来总理和我的一次谈话》，据文中记述：周伯伯（周恩来）动情地说："你爸英年早逝，牺牲时才50岁，你们要继承他的遗志，努力学习，坚持革命。关于你爸爸的坐机为什么会失事，过去是说浓雾中撞山失事。今天我可以告诉你们，肯定是有人做了手脚，机上的乘客全是我们的人，其中还有我们党的王若飞、秦邦宪、邓发那样的重要负责同志，当然还有你们的父亲叶挺同志。国民党关了他5年，出狱的第二天就给党中央写报告要加入共产党，这就触犯了蒋介石。蒋介石是什么人？我跟他打交道已有好长时间了，可以说对他的个性我基本了解。这个人除掉政敌无所不用其极。他利用特务在飞机仪表上做点手脚很容易。当时延安只下点小雨，飞机已到延安上空，我们已听到飞机的声音了，为什么一转眼就飞向黑茶山？这不是国民党特务做了手脚又是什么！"

记者：您当时作为家里的长子，一下子出现突如其来的灾难后，照顾弟妹的责任就更重了吧？

叶正大：要照顾弟妹，但是特务跟得太紧了，总是搞破坏。

“我和弟弟也喜欢摄影”

记者：您的家庭中还有其他人也喜欢摄影吗？

叶正大：我喜欢摄影，还有一个弟弟叶华明，他也喜欢摄影，我今年83岁了，他也70多了，还有个弟弟叶正光，他喜欢不喜欢我就不知道了。我知道叶华明喜欢，因为我们一起在苏联学习的时候，我们就都很喜欢摄影。

为什么我说我对摄影感兴趣呢？我在苏联学习期间，那个时候因为新中国还没有建立，我们去的时候莫斯科还有国民党大使馆，我们就不能在莫斯科逗留，一到莫斯科，苏联的党代表就把我们送到离莫斯科400公里远的一个纺织厂，在那有一个国际儿童院，国际儿童院里面有很多中国的小孩子。

留学生口袋里的钱并不多，开始的时候300多卢布一个月，除了吃饭、买点书以外，也没剩下什么钱，喜欢摄影也没有这个经济条件。但是后来我遇到一个好机会，那个时候中国刚刚解放，1949年新中国成立。苏联当时不是拍了一部电影叫《青年近卫军》吗，但是当时在莫斯科没人懂得现代汉语，当时的苏联只有什么汉学家，汉学家只能读懂文言文，他们就找汉学家把它翻译成文言文。

1949年的暑假，苏联的党代表找我们，让我们利用假期到莫斯科去翻译《青年近卫军》，本来我们说我们是来学习的不想干这个，但又不敢拒绝。因为我们这些留学生懂得现代汉语，我们过去一看全是文言文，我们说不行，就重新给它翻译成白话，翻译以后还要给电影配音，编导就教你应该怎么对口形。所以，你看第一版的《青年近卫军》南腔北调都有，陕北的同志比较多，我，加我弟弟还是俩广东人。

两个月过去，这个工作结束以后，社会主义啊，你工作了他给你钱。那个时候给了我1000多卢布，我就买了一个相机。

从那个时候开始有了点钱，我暑假没事了就照相。放暑假回来，叶华明跟我要相机，我就给他了，所以我知道后来他也照相。

记者：对摄影的喜爱和父亲的影响有关系吗？

叶正大：没有，我没有想过这个问题。

记者：现在您用的是什么相机？

叶正大：我有三台相机。一台是佳能的，大的单反，用了两三年，我又配了广角镜头，花了1万多。光是一台相机本身不值钱，当时就是七八千块，配只普通镜头，就花了1万多块钱。后来我想配一只远望的长焦镜头，我一查，太贵，要1万多，经济上承受不起，我不愿意花这个钱，所以去年我就买了一台索尼的小数码的长焦相机，这是二手货。

记者：您从哪儿淘到的二手货呢？

叶正大：广州有一个二手货的淘宝市场，星期六、日开放。但是当时我对索尼相机没调查，买了以后，才发现没有给我配光盘，没有给我配数据线，什么都没有，光是一台相机。一用连电脑都连不上。索尼用的是记忆棒，我一看，索尼霸道，收钱收很多，但是它做垄

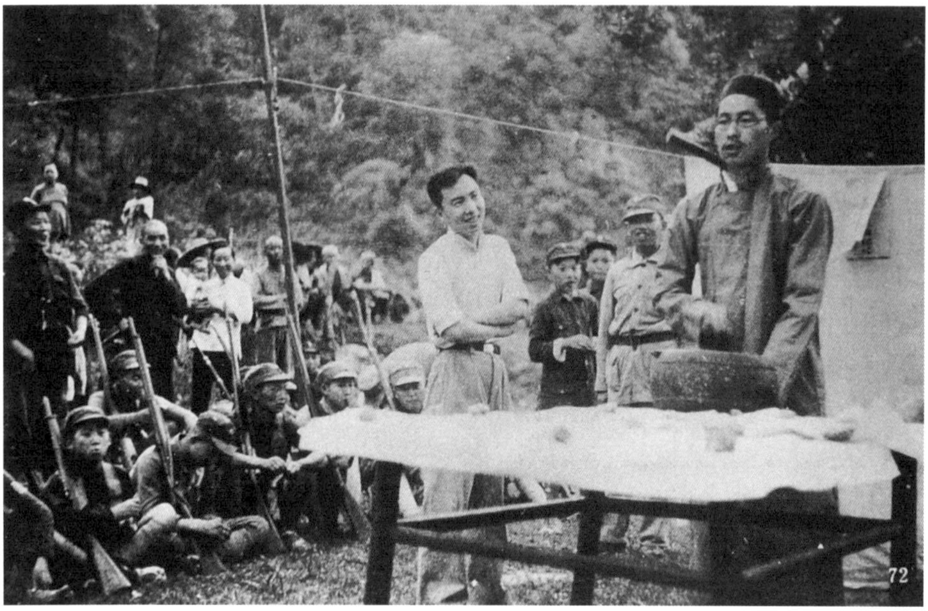

新四军战地服务团为战士们表演节目。

断，配件全是专用的，收费很高，我慢慢给它配起来，又花了很多钱。后来我想通了，就不要它了，我就又买了一台佳能的长焦的卡片机，这个挺好，卡什么的全通用。现在最常用的也是这个相机。我在《电脑报》上看到，去年开始，索尼的产品也开始兼容了，出的数码产品双卡，一个记忆棒一个SD卡。所以，脱离了市场，脱离了大众的需要，费销比很低，慢慢地市场就丢失了。打仗是非常残酷的、要命的，市场也是你死我活的斗争。

记者：和冲洗胶片的那个时代比，数码相机和传统相机您更喜欢那种？

叶正大：胶片是落后的，数码相机是先进的。

记者：您自己会冲洗照片吗？

叶正大：胶卷的我会。现在我家里有打印机，可以用打印机洗照片。

记者：看某些报道说您是一位"数码潮人"，像您这个年龄的人，恐怕懂得的电脑知识不会太多，这个生活的小侧面反映出您积极的生活态度，那么您是如何保持与时俱进的呢？

叶正大：学习再学习，落后就得挨打。

战绩展览。1940年

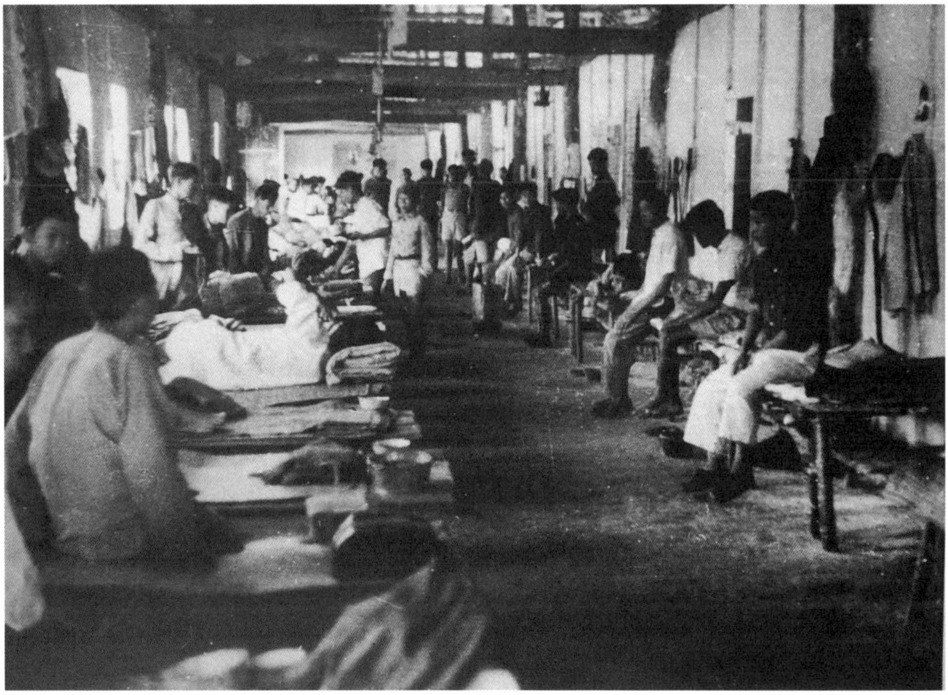

泾县南堡村的新四军
后方医院。1939年

菲律宾归国华侨青年组
的军乐队，全套乐器均
菲律宾爱国华侨赠送
1939年秋

“宁作沙场鬼，勿做亡
奴”的标语。1939年10

日军大举进攻新四军，泾县县城及周围村庄遭日机狂轰滥炸。1939年10月

骑兵驯马过河。1940年

叶挺在新四军参谋会议上作题为《现代战争的性质特点与指挥》的报告，阐述参谋工作的重要性。右为新四军副参谋长周子昆。1939年3月（田经纬摄影）

叶挺与新四军政治部副主任邓子恢、新四军第五支队司令员罗炳辉、新四军司令部参谋处处长赖傅珠等从皖南到江北，主持成立新四军江北指挥部。图为叶挺策马赴江北途中。1939年4月

附录：叶挺年表

1896年　生于广东归善（今惠阳）。

1919年　追随孙中山革命，在福建漳州加入建国粤军，并加入中国国民党。

1924年　在苏联东方劳动者共产主义大学和红军学校学习。加入中国共产主义青年团，同年12月加入中国共产党。

1925年　回国任国民革命军第四军参谋处处长，旋调任第四军独立团任团长。

1926年　5月，率部北伐，担任先遣队，从肇庆、新会出发，向湖南前线挺进，讨伐吴佩孚。1927年任第二十五师副师长，第十一军第二十四师师长，兼任第十一军副军长。

1927年　8月1日与周恩来、贺龙、朱德、刘伯承等领导南昌起义，任前敌总指挥兼第十一军军长。

1927年　12月11日，叶挺从香港回到广州领导广州起义，出任工农红军总司令。

1928年　广州起义失败后经香港、马来西亚、日本至苏联。由于先后受到李立三、王明的无端指责而决定退出共产党，加入由国民党左派邓演达、陈友仁、宋庆龄发起组织的“第三党”。先后流亡德国、法国等地，以翻译德文文章为生。

1932年　到澳门隐居。

1933年　11月到福州帮助蔡廷锴、蒋光鼐等人在“福建事变”后成立“中华共和国人民革命政府”。

1934年　在香港加入李济深、陈铭枢等组织的以抗日为主旨的中华民族革命同盟。

1938年　任国民革命军新编第四军军长，被授予国民革命军中将军衔。成立了军部摄影室，对外宣传新四军在前方作战取得的胜利，为新四军排级以上干部建立照片档案。

1941年　1月皖南事变中被国民党关押。

1946年　3月4日获释。4月8日，在由重庆赴延安途中飞机失事，在山西兴县黑茶山遇难。

附录：叶挺将军的精湛摄影作品

吴群

"北伐名将"叶挺，是我国卓越的军事家和我军的创建者之一。同时他又是一位真正的摄影艺术家和新四军的战地摄影记者。

叶挺年轻时就喜欢摄影，买过一台120照相机练习拍照。1931年在澳门定居后，又从香港买了全套暗房器材，在自己家中布置暗房，实习、研究冲洗胶卷、放大制作等技术，很快成为一名业余摄影行家。但叶挺真正投身于我党我军的摄影艺术创作行列，并在战地纪实摄影方面大显身手，是在1938年至1940年，他出任新四军军长后的这三年里。

叶挺出任新四军军长后，对组建军部的摄影工作机构极为重视，他让副参谋长周子昆物色、调集人员，成立军部摄影室和服务社，并尽快开展各项摄影业务。为了提高军部摄影室、服务社人员的业务素质，叶挺还多次亲临摄影室当教练和辅导员，同大家谈冲卷、印放技术，还亲自教陈菁学摄影，给她讲怎样取景构图，如何突出主体。叶挺不仅自购摄影器材武装自己，在前线或后方都无比奋勇地取景拍照，还重视对外宣传发稿，计划编印一本摄影集。新四军老战士马宁在一篇文章中写道："凡是在新四军军部工作过的同志，都记得军长那架相机吧？军长凡是出门是必带的。他带着它，走进农民的茅屋，访贫问苦；带着它，走进战士的营地，促膝谈心。""军长还创设了随军摄影服务社，他摄下了新四军在江南敌后的辉煌战绩，寄到国内外发表，扩大抗日必胜的影响。"叶挺的二儿叶正明回忆说：1938年，叶挺任新四军军长后，"虽然是一军之长，但生活并不宽裕，我妈妈李秀文出阁前是东莞的名门闺秀，出嫁时带来了一批嫁妆，于是，这一年她和爸爸一起在香港买了一架德国产135莱卡相机。打那之后，不管战事多忙，他都把相机带在身边，拍摄了许多战地照片。有次爸爸到上海为新四军筹款，住在霞飞路公寓，正遇日本飞机轰炸，成群的炸弹就在身边呼啸爆炸，闸北成了一片火海。爸爸不顾个人安危，站在阳台上举起照相机，拍下了侵略者的罪行。" 军部的同志们记得：在泾县战役时，敌人炮火正猛，叶挺突然站起来拿着相机拍照。警卫员见状急忙把他拉倒，叶挺大发其火。曾在军部工作的画家赖少其回忆说："我1939年10月到皖南参加新四军，叶军长即把自己所拍战地照片拿给我看，说想编一本《新四军》摄影集，送香港印刷，交宋庆龄、史沫特莱作为海外宣传品，为新四军筹集经费和医药，同时也为了粉碎顽固派对新四军所谓'游而不击'的造谣污蔑。"很遗憾，叶军长编《新四军》摄影集的计划未能实现，但值得庆幸的是当年他所拍的许多战地照片大部分没有遗失，被有关单位及其亲属珍藏起来了。

如今叶挺将军的摄影遗作，在各地的博物馆、纪念馆和档案馆和资料室里都有若干收藏，并时常被展览会选中展出。如解放军画报社资料室，除收藏了叶挺所拍的一些新四军照片外，还保存着叶挺军长兴建的"新四军军部摄影室暗房内景"照片，现已成为我军摄影史料之一。又如在上海虹口公园的鲁迅纪念馆里，展出一幅"1939年重庆进步文艺工作者举行鲁迅逝世三周年纪念大会外景"照片，署名"叶挺"，这证明他当年去重庆开会，也是相机不离手，随时在摄影。1985年7月，中国新闻学会等单位在北京举办"华东抗日、解放战争摄影展览"，在第一部分"新四军和华中抗日根据地"中，也展出了叶挺军长所拍的几幅珍贵照片。近两年，叶正明代表全家将长期保存的叶挺摄影遗作1800幅，全部捐献给军事博物馆，使军博成为我国收藏叶挺摄影作品最多、最全的一个博物馆。据叶正明介绍：1951年他回到广州多宝路外婆家，在一个抽屉里发现一批用牛皮袋包得很好的照片和底片，照片背面还有叶挺亲笔写的说明，显然这是叶挺当年选编《新四军》摄影集时留下的部分原稿。如《邓子恢在作报告》，照片背面题写："在汤池，邓主任在九团团部作报告"。《军事训练》，照片背面题写："在庐江，八团一部练习国技"。《人代牛耕》，照片背面题写："人代牛耕，牛给敌人抢去了，在西港冲"。《卖床》，照片背面题写："旧床拿出来卖，房屋给敌弹毁了。在合肥附近"。由此可见，当年他取材拍照多么深入实际，深入群众，选编图片又是多么认真，细致，负责呵！

叶挺将军的大量摄影遗作，在分散保存40多年后，才被人们集中整理汇编向世人隆重推出举行两次公开的个人影展，现将两次展览的实况分述如下：

第一次是1986年8月10日，在广东深圳特区举办的"叶挺风光摄影作品展览"。展品800余幅，是广东惠阳叶挺故居纪念馆和深圳市博物馆联合整理、提供的。《深圳特区报》在一O五一期配合个展编发了《叶挺风光摄影作品选》专刊，除发表其风光摄影佳作8幅外，还刊出江式高写的述评：《祖国在他心中——叶挺将军风光摄影作品欣赏》。上海《文汇报》在当年8月8日一版，以《既是军事家，又是摄影艺术家，叶挺摄影遗作理出八百多张》为题，为这次影展发了"专讯"，并着重评介说："叶挺的风光摄影大都取材于皖南山区和江浙一带鱼米之乡的美丽景色，其中一部分黄山照片，尤见其艺术功底。叶挺在用光、取景构图上可说是独具匠心。在明暗、虚实、远近，疏密等对比关系的运用上，也极为明确和强烈。"这些照片凝聚着作者对祖国大好河山的无限深情，那行云、流水、青山、翠竹无不显示着中华民族的高雅情操；那挺立的青松，昂首的巨石，正体现了将军本人挺拔超群的气魄和坚韧不拔的伟大性格。

第二次是1988年4月8日，军事博物馆举办的"叶挺将军摄影作品展览"。这个展览是应许多新四军老战士的要求，根据徐向前元帅和总政领导同志的意见，为纪念叶挺同志遇难42周年举办的。徐向前元帅为展览题词："北伐名将叶挺彪炳史册"。聂荣臻元帅送来了他42年前悼念叶挺同志的挽诗作为追思。展出照片约400幅，分为"抗战奔走呼号的各界人士"，"驰骋大江南北的新四军"，"苦难勤奋的江南人民"，及作者的"工作和生活"四部分。绝大多数是叶挺1938年至1940年任新四军军长期间所摄。展期一个月，观众十分踊跃。展出期间，各大报刊纷纷为影展发消息，写述评，并选刊叶挺所摄的部分精彩作品。如《文物天地》在1988年第4期封二，以"叶挺将军摄影作品"为题，集中发表了《周恩来在云岭》，《陈毅、粟裕在云岭》、《叶剑英在重庆》、《林伯渠在重庆》等5幅珍贵的历史人物活动照片，在24页至27页，又刊出叶挺任军长期间在皖南所摄的《菲律宾归国华侨组成的军乐队》，《胜利品展览会》，《心声》，《云岭修械所》、《军爱民》、《民拥军》、《日军轰炸后的城镇之一》、《行军途中》等13幅纪实照片。上海《文汇报》在《周末》副刊336期，选登了叶挺摄的《黄山》，并以"将军的摄影艺术"为题，发表影展述评说："叶挺将军的摄影作品，从内容到形式，都有自己独到的风格和韵彩，有很强的感染力。"展厅的留言簿上，写着许多观众，以及行家发自肺腑的感慨。许多外国友人怀着对将军的仰慕而来，有位巴基斯坦海军军官说："将军的摄影艺术，是中国军人的骄傲！"《解放军报》在1988年4月16日第四版，选登了叶挺将军的3幅摄影作品：《新四军五位女医生》，《新四军战地服务团儿童团之一部》，《练兵场上》，并刊出徐肖冰（中国摄影家协会副主席）写的《博大的胸怀高尚的情操——观"叶挺将军摄影作品展览"有感》述评，文章指出：叶挺"学识渊博，深深地通晓摄影艺术的真谛。他的作品从内容到形式，都表明了他是一位真正的摄影家。那真实、自然、朴素的画面，那浓郁强烈的现场气氛和由此所表现出来的时代气息，无不体现着纪实摄影的风采。这是摄影艺术和革命史实完美的结合。这样的作品，是具有艺术和历史双重价值的。我们感到骄傲和自豪的是，在我国摄影工作者队伍中，曾经有过这样一位杰出的人物，一位叱咤风云的将军。对他的摄影作品和艺术风格，我们要认真地进行研究，以丰富和完善我国革命战争时期的摄影艺术宝库。"

齐观山

十六岁的战地记者

十六岁的战地记者

有些人对照片的政治性、思想性有片面的了解，机械地要求所有照片都符合当前的重要政治任务。既然在绘画当中，山水、静物能够存在，并受到了人民的欢迎，为什么摄影就不能？

——齐观山

十六岁的战地记者

口述人：孙桂琴（齐观山夫人）王纯德（齐观山战友）／ 采访人：张宇 高初 ／ 撰稿人：张宇
时间、地点：2009年12月于北京紫竹院孙桂琴家中　2010年10月于北京黄亭子新华社干休所

齐观山（1925—1969），河北平山县人，1939年参加革命，1941年成为战地记者。曾冒险深入到“无人区”采访。抗战胜利后他随军到东北，采访东北解放战争全过程，并在“四平保卫战”和“锦州战役”中两度负伤，之后他又参加了“平津战役”。战争年代他一直战斗在第一线，包括用相机记录了冀热辽敌后军民抗日斗争。

中华人民共和国成立后，他被任命为第一位负责中央新闻的专职摄影记者。自1949年起，他走遍全国，拍摄政治、经济、文化、军事和各族人民生活等领域的重要新闻。他的作品《斗地主》被评为20世纪华人经典摄影作品。1959年他历时3个月重走长征路不幸身染重病，1969年病逝，年仅44岁。

齐观山2006年被追评为“摄影大师”。1964年上海人民美术出版社出版《齐观山摄影作品选集》，2006年中央文献出版社出版《非常史录——齐观山摄影作品选集》。

在秋季攻势中，我军
在伊通河附近行军。
1947年

参加革命

记者：齐观山14岁参加革命，这时他正是一个少年，他参加革命，有没有一些契机或诱因？

孙桂琴：根据我的了解，他的出生地就是他的老家河北省平山县，平山县是晋察冀边区的一个很重要的地方，咱们八路军去以前，那里什么样我不知道，八路军去以后，那里是晋察冀边区的政治经济文化中心。这当然引起了日本人的注意。就在他参加革命前后，日本鬼子在这里发动了一次大屠杀，用刺刀在平山县挑死500多人。由此可以想象，当时的平山县有多恐怖，当地老百姓又多么痛恨日本侵略者，当时无论是老人还是小孩没有不恨日本兵的。齐观山的堂兄就被日本鬼子扔井里了，后来堂兄一家和我们一直有联系，从这个层面上说，那时候民族仇恨是第一位的，而且小孩也都愿意去当兵打日本鬼子解恨，这是大的背景。

记者：当时他的家庭情况是怎样的？

孙桂琴：他们家算是当地相对富裕的家庭。他是家里的独子，齐观山14岁的时候，父母张罗着给他安排介绍对象，然后准备成婚。齐观山坚决反对父母的安排，就悄悄离家出走了，他当时直接跑到晋察冀军区参加了八路军。他离家以后，父亲找到了部队，为了哄他回家，父亲答应不再逼他成亲，想做什么都顺着他，可齐观山执意不回。如果仅仅是婚姻问题，也不至于，他就是想参加革命，从此誓死不回头，当兵去了。因为他读过书，有点文化，部队领导也非常喜欢他，再有当时的八路军里有文化的人不是很多，部队也愿意留下他。当然家里面也有导火索了，比如说婚姻问题什么的，父亲做主包办婚姻，他不愿意。

真正做战地记者时他16岁

记者：这么小的年龄，到部队能做什么？

孙桂琴：他读过书，在当时算是有点文化的。当兵以后他在部队就做排版工人，还做过宣传队员。至于别的，我就不知道了。1941年的时候，齐观山入了党。恰逢晋察冀的摄影训练班开办，组织上就把他送进去参加了。

记者：他有没有讲过摄影训练班学习的情况？

孙桂琴：提过一些。我只知道办班是沙飞，学习条件很不好，学习条件现在看来的确难以想象。只有两部相机，他和战友们就轮流使用。在当时的战争背景下，他们不可能长时间学习，所以很快就开始工作了，真正做战地记者时他16岁。

记者：一面学习成长，一面要应对日军的“扫荡”，这和战场有什么区别吗？

孙桂琴：在晋察冀边区工作的那个阶段，究竟在哪个单位我不记得了，这是他自己跟我说的，有一次他出去采购，可能是采购摄影器材还是什么，结果遭遇了日本兵，然后就是老乡掩护他，他躺在炕上装病人，老乡在地上摆了好多大便什么的，整个屋子里都有味。日本兵搜来的时候，只是探探头就走了。靠老乡掩护，他躲过了一场灾难。要是被逮住就没命了，那是肯定的。

冀东塞外民兵在深山丛林中阻击日军进犯。1942年

独闯冀东“无人区”

记者：齐观山掌握摄影技术后，在冀东地区拍摄了一些反映子弟兵在艰苦条件下坚持抗战的摄影作品，您能讲讲他当时的拍摄经历吗？

孙桂琴：他去的“无人区”应该是在盘山，现在盘山挺有名的，是个风景区。齐观山去的时候是19岁，他的这一段经历，我是从李连英那里知道的。因为齐观山去“无人区”的时候，在李连英家住过 段时间，后来和他们一家人一直有联系。我曾经向李连英了解去“无人区”的情况，李莲英告诉我，说齐观山去“无人区”就是一个人。什么叫“无人区”呢？就是日本鬼子把好几个村的人，都集中在一个地方，集中在一个村里，叫“人圈”。然后日本重兵把守，周围都拦好了，这些人不准出去，剩下的大片区域就没有人了，这样的地区叫无人区。日本人就是用这种方法隔断老百姓和八路军的联系。那么齐观山去无人区肯定是相当危险，用李莲英的话说就是“能不能回来都不知道”。

现在我们不是能看到”无人区“的几张照片嘛。我当年为齐观山编画册的时候，曾经跟咱们抗日战争纪念馆电话联系过，我问那里还有没有无人区的照片，我想参考点资料，得到的答复是没有。那我就不知道别的地方是不是还有，反正反映“无人区”的照片很少。后

战斗在热河省南部“无人区”组图一。1944年

战斗在热河省南部“无人
组图二。1944年

在冀热辽抗日根据地，八路军利用战斗间隙，一边加强军事训练，一边开展农业生产。1944年

来，中国照片档案馆的馆长跟我讲，齐观山拍的这两张照片，是他们那里反映“无人区”的唯一的两张照片。当时是这么跟我说的。

记者：我们手里有这两张照片，其中最著名的一张是《战斗在冀东古长城一带的八路军战士靠吃炒米、野菜坚持抗日战争》。在“无人区”拍摄，意味着极有可能和日本兵短兵交接，甚至面对面的交锋，他是如何成功走进又走出的呢？

孙桂琴：这个他没说过，我无从知晓。我自己也在想他是怎么跟部队接应上的，我想，危险肯定是要遇到的，具体是怎样的情形，就真不知道了。还有一点是可以肯定的，他在这里拍下了大量反映抗日军民战斗和生活的照片，这其中有八路军指战员，有在“无人区”坚持工作的地方干部们，也有不屈的百姓们。可惜的是，很多照片都没能留存下来，所以现在我们看到的这些照片更显得弥足珍贵。

《东北画报》的首席记者

记者：这之后就是抗战胜利了，齐观山和罗光达等人随军转战东北，筹建了《东北画报》，我们知道，《东北画报》创建初期，您也开始在这里学习工作，能不能给我们谈一下当时的情形？

孙桂琴：他是跟部队到东北的，中间的过程我就不怎么清楚了，反正他参加了《东北画报》的筹建。他算《冀热辽画报》的，筹备期间，他什么都做。然后他就是首席记者，这些是朱丹告诉我的，他去世以后，我去看过朱丹，朱丹当时是美术学院院长。

朱丹跟我说了齐观山在《东北画报》工作的情况，他说齐观山老去部队，老在前线活动，所以部队的那些领导都认识他，都管他叫小齐，因为当时很年轻，朱丹还夸他工作做得好，不爱说话爱动脑子。

帮助年轻的记者齐观山也非常耐心，战争的情况下怎么过封锁线，怎么拍摄之类的他都跟年轻的记者讲。反正朱丹是对他的工作挺满意的。在东北期间，从1945年到1949年这四五年的时间，东北解放战争全过程他都参加了，1948年我在《东北画报》参加工作时，就知道他老出差，见不着他人。

他在四平保卫战和锦州战役中两次负伤，我还有他的照片，有他负伤的照片，但是我现在找不到了。

记者：您提到的《东北画报》的筹建工作，都包括哪些呢？

孙桂琴：可能最多的还是组织架构和人才培养吧。罗光达是《东北画报》第一任社长，朱丹是第二任，那个时候《东北画报》人才济济，还有著名画家张仃、古元和著名摄影家郑景康、陈正青等，可谓阵容强大。《东北画报》创办后，先后组织了多次培训工作，也从东北吸收了一些刚毕业的大学生和中学生，培养了不少人才。

记者：培训工作都培训哪些内容，负责教学生的老师又有哪些？

孙桂琴：摄影班、美术班都有，像罗光达，齐观山也都会给大家讲课。我那个时候报的就是美术班，华君武，张仃他们都给我们讲过课。当时《东北画报》培养人才，意愿是很强烈的，就是革命需要，摄影记者不够，就组织宣传队的一些小孩来学习，他们学习完之后，再散布到全国去。

记者：一般是培训多长时间呢？

刚从日寇统治下解放的本溪矿工。这是较好的装束，有的矿工光着身子、披着麻袋片下矿井。1945年

孙桂琴：我参加的美术训练班，一个班大概二十来个人吧，摄影训练班人多，一般都是五六十人，大家在一起学习，三个月就毕业了。我记得他们那个摄影训练班里头，好像有李继禄、吕相友等，我这个人不细心，好多我记不得了，他们后来都分到部队上了，差不多各个地方都有。

记者：您说，齐观山参加了解放东北的全过程，其中有不少拍摄和战斗的经历，能谈谈么？

孙桂琴：不是每场战斗他都参加了，我说的是大的战役。这一段我了解的不是很多，我想王纯德应该了解得多一点。

历经生死，全程记录东北解放

记者：您和齐观山在东北共事，您还记得当时的一些情况吗？

王纯德：刚来到东北，他就没闲着。我印象比较深的是，他拍的本溪地区的矿工照片，很震撼人。本溪煤资源非常丰富，日军占领这里之后进行超量的开采，推行要煤不要人的"人肉开采"政策。齐观山深入矿区后，了解了矿工们的生活情况，得知当时他们吃不饱、穿不暖，生了病只能自生自灭，有的人甚至还没有咽气就被扔进了万人坑。有些人曾试图逃跑，但被抓住就活活扔进炼人炉里烧死。他听后非常沉默。他能做些什么呢？采访结束时，

他希望给矿工们照一张相，大家同意了。为了照相上报纸，矿工们都穿上自己最好的衣服，就是这些最好的装束，仍然让人目不忍睹，我们从照片上能看出来，衣服已经磨烂了，棉絮全都露在外面。矿工们站在阳光下，脸上的表情很沉重，没有一丝笑意。

记者：我们从能收集到的齐观山的作品看，齐观山在《东北画报》这一时期，拍摄了大量记录东北解放全程的珍贵影像资料，这其中有没有什么特别的故事？

王纯德：最精彩的当属四平攻坚战和攻打义县。

记者：我们知道，作为战略据点，蒋介石对四平的守城工作格外重视，想攻下来，真的绝非易事。

王纯德：的确是非常难。当地老百姓流传着这样一句话：四平，四平，非“平”四回不行。在四平攻坚战的一场战斗中，我俩正好一起搭档。当时，国民党军在封锁线上埋了许多地雷，只要地雷一响，机关枪马上就会扫射过来，非常危险。为了保护我的安全，齐观山便说：“我先过。”他走在前面，让我顺着他走过的路线走。结果我一着急，踩到了一个地雷，地雷爆炸了。齐观山转过头来大喊：“趴下！趴下！”这时，国民党军机关枪开始朝这边扫射，我赶紧趴在了地上。两三分钟后，齐观山冲我喊：“快跑！”然后我们一口气跑过了封锁线。过了封锁线后一看，他的背包上已经被打了十几个弹洞，真是有惊无险。

第二天，我俩在铁路附近采访时，被我们部队的一位团长发现了。这位团长又急又怒，说这里太危险了，叫我们不要乱跑，并派人将我俩送到了附近的地堡里。我们一进地堡，就看到好几名记者都在这儿，全是被强行送回来的。以前采访战斗，虽然部队干部也怕记者们受伤，但从没像这次一样集体采取强制行动，可见战斗激烈到了什么程度。

记者：你俩在一起还参加过什么战斗？

▶ 在四平攻坚战中，我军察觉这个水塔里有敌军埋伏的眼线，当即用火力强攻，使敌人从水塔里钻出来投降。1947年

四平攻坚战时，在耶稣教堂巷战中完成突击任务的我军某部二十团六连机枪组。1947年

四平攻坚战后，我军战士开战评会。1947年

在四平攻坚战中，我军破坏了敌人的永久性防御工事。这是在击毁的敌机上欢呼。1947年

在四平攻坚战中立功的功臣单位。1947年

王纯德：四平之后，辽沈战役全面打响。东北人民野战军先后攻克河北省的昌黎、北戴河和辽宁省的绥中、兴城，切断了辽西走廊，包围了锦州、义县。接下来的首要任务就是攻打义县，以形成对战略枢纽锦州的合围，对国民党军队形成"关门打狗"之势。这次打义县，也是我俩作为一线记者跟随部队采访。从行军到巷战，再到解救被关押的民众，我们一路拍下来，记录了最全面的义县战况。

记者：深入一线采访，齐观山都随身携带什么装备？

王纯德：好像是一台蔡斯相机吧，那时他23岁，已经是团级干部了。除了相机，腰里还别着一把用来防身的手枪。一旦上了战场，就什么都不怕了，我们都是一个心思，只是一心想把眼前的情景拍下来。

镜头记录平津战役

记者：东北解放后，野战军立即挺进华北，我们在收集到的作品中，也看到了齐观山这一时期的作品。

孙桂琴：东北解放战争完了就是平津战役。他先到的天津。平津战役的过程我主要是听孙田园讲的，因为当时我是编辑部的，我也不了解他们采访的过程。根据孙田园讲，采访平

东北解放区进行大规模土改运动。1947年

放下武器的傅作义部队的官兵参加了游行队伍，市民夹道欢迎。1947年

津战役时，他们有两次遇险，一次是他们从天津往北平转移的时候，国民党的一些散兵游勇和他们路上相遇，往他们车上扔手榴弹。

齐观山非常机警，对方把手榴弹一拿他立马就看到了，他就嚷："快，手榴弹"，紧接着那个手榴弹就飞到他们车上来了。飞到车上掉在一个战士的脚下，然后另一个战士眼疾手快，马上抓起来就扔出去了，结果手榴弹在半空就爆炸了，所以这一次如果不是他发现早，他们一车人都完了，这是一次遇险。还有一次就是到了北平以后，这一段是齐观山讲给我听的，高帆也跟我讲过。在北平外围郊区的时候，他和高帆一起，他们以为当时和平谈判已经差不多了，就想进城拍照去，结果路上就遇到国民党兵了。齐观山就诈国民党兵，说我们是解放军派来谈判和平解放的事，带我们去见你们首长。

遇见士兵你不拿这个话来吓唬，他们随便开一枪两人就完了，士兵也被他俩的阵势唬住了，就带他们去见军官，后来见了个军官，也不知道是多大的官，齐观山就说真话了，说我们是解放军的摄影记者什么的，那当官的他心里明白，知道谈判快结束了，就等着要撤退了，所以不敢对他们怎么不好，还比较客气地把士兵没收的相机还给他们，客客气气地把他们送走了。我这里就有他们当时拍的照片，画面有两个国民党的兵，耀武扬威地走着，我觉得这张照片是非常宝贵的，上哪找去都没有，就他俩拍了。

附录：齐观山年表

1925年 生于河北平山

1939年 参加八路军。做过排版工人和宣传员。

1941年 因为读过书文采好，所以组织决定把他培养成一个新闻工作者。进入晋察冀军区政治部摄影训练队学习，受教于著名摄影家沙飞，成为战地摄影记者，同年加入中国共产党。

1942年 受组织派遣，到冀热辽根据地参与创办《冀热辽画报》。

1942年 第一次独闯冀东"无人区"采访。

1943年 被派往冀东从事摄影工作，在极端残酷和困难的环境条件下坚持斗争，在深入前线采访时，两次负伤。拍下了《冀热辽抗日根据地的地方干部冒险在日寇制造的"无人区"坚持工作》等照片。

1944年 第二次独闯冀东"无人区"采访。拍下了《人间地狱》、《逃出"人圈"投八路》等作品。

1945年 奉命前往冀热辽军区，参与组建《冀热辽画报》。

8月，随军在辽宁本溪采访，拍摄了一系列反映矿工生活的作品。

9月，《冀热辽画报》社随军来到沈阳。

11月，画报社被正式命名为《东北画报》社，齐观山成为《东北画报》的首席记者和采访科副科长。负责东北战场的主要报道工作。

1947年 采访四平保卫战，拍摄了《爆破英雄李广正》、《钻出水塔投降》、《占领四平机场》等作品。

1948年 辽沈战役打响后，随军采访义县战役，拍摄了《东北野战军首长在辽沈战役前线》等作品。

11月9日，随东北野战军转战华北战场，投入"平津战役"的采访。

1949年 2月3日随着解放军先遣部队进入北平，拍摄了《古都北平展开历史新页》等摄影纪实作品。

4月，作为《东北画报》的骨干被调到了北京，先后担任了中国摄影局记者室副主任和主任。

1950年 进入中南海给领袖拍照。

春天，采访北京郊区土地改革，拍摄了《斗地主》。

1951年至1954年 拍摄几届国庆盛典及"五一"节的检阅仪式。

1951年 在中南海怀仁堂拍摄了《宋庆龄接受斯大林国际和平奖》。

1952年 担任新华社摄影部中央记者组组长，负责报道党中央和毛泽东重大国事活动的专职记者。

1954年 2月全国政协第一届委员会第四次会议期间，拍摄了《毛泽东主席、周恩来副主席、李维汉秘书长在开幕式上》等作品。

9月，第一届全国人民代表大会期间，进行了全程拍摄。拍摄了《毛主席在第一次全国人民代表大会上投票》等作品。

1956年 离开中央新闻组，前去福建前线采访。拍摄过农村风貌；踏着红军的足迹，历时3个月重走长征路拍摄长征路上各个名胜的风光美景；还到边疆少数民族地区采访。

1959年 为庆祝新中国成立10周年，反映新中国成立第一个十年的变化，由国务院外办组织编撰《中国》画册。接受任务后，带领一名年轻记者到西南地区采访。

1959年到1969年　由于身体不好不能远行，在北京钻研风光摄影，拍摄了《公园里》、《北海白塔》、《北海之冬》、《鸭》等作品。

1964年 出版《齐观山摄影作品选集》。

1969年 在北京逝世。

红墙摄影师 “就一张”

记者：中华人民共和国成立后，齐观山有一个“就一张”的美誉，这个称号是怎么来的？

孙桂琴：1951年，齐观山拍了一张宋庆龄领取斯大林国际和平奖的照片，就是这一张，成了他最经典的作品之一。这张照片发表后，社里的编辑黎航[注]问他：“你拍了几张？”他答：“就一张。”黎航心想：”好家伙！真是艺高人胆大。”从那以后，“就一张”便叫开了。

他的“就一张”的美誉，也不是白来的，那是他长期以来积累的经验。比如说，拍朱德，他就总结出来一套经验，就是朱德讲话的时候，一说“同志们”，这个时候就可以拍，拍得还很传神。如果选在其他时刻，很有可能朱老总的眼睛是眯着的。还有就是他有一次跟我讲，他说毛主席的动作，有伟人气度，你比如说转身，有时候咱们把头一回，多快啊，毛主席从来不，他整个身体动，慢慢地转过去，气度稳重啊。

记者：专门负责中央新闻的拍摄，齐观山有更多机会为当时的领导人拍照。风光的背后，想必他也付出了常人难以想象的艰辛？

孙桂琴：当时给他的具体任务就是负责拍摄领袖的活动，中央新闻。反正我知道主要的就他一个人，什么事他都得去，生活极不规律，这一点我印象非常深刻，他老得去，当时这个担子可想而知是非常重。他完成中央新闻的拍摄任务，实在是太不容易了，怎么不容易呢，你看当时的条件，他的交通工具就是一个，三轮摩托，老百姓叫电驴子，当时北京很冷，大冬天就坐那个来回去，跑这跑那的，他很快就得气管炎了。

这还是小事，最重要的是器材，胶片他们当时叫软片包，每一卷都是拉一张拍一张，不是自动上片的，照明就是闪光灯泡。

你想靠这种器材抢新闻怎么抢啊，所以他真是被逼无奈，就是想各种办法来应付这种不好办的局面。比如有些精彩场面，就是一刹那的事情，一刹那这个人的表情都变了，所以说这一张就要特别准确，抓得也是时候，技术也不能出问题。蒋齐生的文章里就说齐观山，说他每临大事有静气，他就非常的平静。

当然也出过事，给毛主席拍照的时候，闪光灯泡爆炸过，不过那也不赖他，那是灯泡质量问题，这个有很多文字材料都提到了。有一点你们不知道，只有我知道，他告诉我了，他说罗瑞卿找他谈话，后来又到单位上了解情况，知道是怎么一回事后，就没有影响他后来的工作，但在当时那一场虚惊也的确够呛。

记者：齐观山经历这件事，对他本人有什么影响么？

孙桂琴：没有。他工作起来使我感受最深的，就是他的镇定，这点按他的年龄，按他的经历是很不容易的，你想毛主席出场，那是震动非常大的，走到哪里老百姓都是前呼后拥的，喊口号的。好像就有一个记者，有一次被派去工作，结果见了主席非常兴奋，竟然激动得都没按快门。所以这种场面，他能镇定是很不容易的，他年纪也不大，也就20多岁。

记者：除了镇定，您认为作为一名出色的摄影记者，齐观山还有什么过人之处吗？

孙桂琴：有一张照片很能说明问题。这张照片就是毛主席和人民代表在一起，画面上，

[注]黎航（1927—），江西清江县人。1949年5月参加中国人民解放军，在第二野战军新华社分社做随军记者，参加了解放大西南的采访报道，后转业任贵州分社摄影记者，上调北京后，历任新华社摄影部摄影记者，摄影部国际编辑室主任编辑。1988年离休后任《大众摄影》杂志编辑；1993年后任中国老摄影记者联谊会副会长。他长期负责编辑《新闻摄影》。

人民代表把主席围在中间。这张照片他跟我讲了，他为什么跟我说，是我问他了，因为1964年上海美术馆给他出了一本画册，我参与编辑了。看到这张照片我就问他，我说这张照片你怎么拍的。他说他拍的时候，正赶上人民代表大会散会，大家都往外走，毛主席也往外走，这不就好多人，大家表情什么的都挺好的，他就觉得应该表现毛泽东和人民群众的关系，他说"我觉得当时的画面挺好的，但是没有制高点，我赶忙拉过来一把椅子，顺手按下了快门"。

这就是我要说的，他有新闻敏感性，他能想到这一点，怎么样表现毛泽东和人民群众在一起。这张照片还说明什么呢，一般拍领袖都是要么镜头平对着，要么就是从下往上，这张完全是居高临下的，镜头冲下拍，说明他很大胆，再有就是他也在不断寻求变化。

总的来讲他的片子有自己的风格，但是具体构图啊、取材啊、角度之类的老有变化。再讲他的作品《斗地主》，这张照片，他拍的时候自己就意识到了，感觉这张照片可以，回家就跟我说了。他说今天有个场面挺不错的，那农民挺瘦，那地主挺胖。他说这个画面一目了然，一看就知道怎么回事。这张照片现在以我的看法从构图上来讲，它就是一幅油画的构图，美术作品的构图。

他的许多照片都有美术构图的感觉，说明他有一定的美术修养，他不会画画，但是我们家里有很多书，关于美术美学的书，说明他看了，所以他的画面经得起推敲，随便按快门没多大章法的片子他没有。这点很不容易。

1956年他从拍领袖这个岗位主动撤下来了，当时我不知道，他也没跟我说，后来我发现了就问你怎么不去了，他说应该让大伙都锻炼锻炼，这证明他这个人不狭隘，不是看到这个岗位挺好，就一直占着。当时他的名气可真不小，他名气大到什么程度呢？我们《人民画报》社的记者出去采访回来跟我开玩笑，要哪天找个机会跟齐观山拍个合影去。就是齐观山本人出去拍照，人家都问，"你认识不认识齐观山呢，你见过他吗？"

记者：从这个岗位上退下来，他应该能放松不少？

孙桂琴：退下来以后他就放眼四海了，他就东西南北跑，特别值得回味的就是他采访了荣毅仁和梅兰芳。采访荣毅仁，也说明他的新闻敏感性。采访荣毅仁我是听曹兴华讲的。当时曹兴华在上海，齐观山去上海采访工商业社会主义改造，他就跟曹新华说，"我看中央还会有进一步的举措，就是公私合营。"有了这个想法，他就看准了上海的资本家荣毅仁，并果断做决定采访荣毅仁，工作、生活包括家庭什么的，后来果然公私合营，很多报纸特别是上海的报纸都采用他的这组片子。还有就是采访、拍摄梅兰芳，他这个人喜欢看京剧，他这点也传染给我，因为他老要看京剧我就跟他一起去。

这个说明他对艺术的兴趣还比较广，喜欢看京剧、喜欢看电影，所以他拍梅兰芳。我觉得他特别可贵的是，他拍了梅兰芳在后台指导年轻演员的照片。他很多采访和拍摄不是就事论事，采访什么就采访什么，然后别人休息他就休息去了，我发现他的许多照片都是休息时候拍的。你看，毛主席和何香凝的照片就是他们休息的时候拍的，不然哪能有那个场面？还有毛泽东和雷洁琼的照片，这两个人都笑得特别有趣，那张也是，不是休息也不会有那样的场面，休息散场他同样也能做文章，说明他用心了。给我的启发就是干什么事情，你如果不把心血用上好不了。

对生死非常泰然

记者：您在开始提到齐观山病了十年，我们想了解，这十年他是怎样的一种状态，生活中的齐观山是怎样的。

孙桂琴：平时在家里，我们两人生活极其简单，我呢看书，他也是看书，他买了很多能帮助他提高业务的书，也有不少美术书。他也没说他是不是爱看，但是我感觉他是为了提高自己的业务水平。

记者：阅读之外呢，他还有没有其他爱好？

孙桂琴：就是我说的看戏、看电影。看京剧有一个有意思的事，当时我们两个，1951年开第一次全国劳动模范战斗英雄代表会议，他也是记者，我也是记者，我这记者就不如他呀。

记者：为什么不如他？

孙桂琴：比如说梅兰芳演出的时候，可能票不够分了，我没有，他有，他是一个大记者，我是小的。他有我没有，那怎么办呢？我也想看，他也想看，我们就合计了一下，一人一半，他先进去看，出来把票给我，我俩这么看的梅兰芳演出。

记者：生病期间，齐观山还会出去拍摄么？

孙桂琴：他是退下来后，重走长征路的时候得病的，他绝对是在这次工作中染上的病，因为协和医院的大夫跟我说，北京地区没有这么严重的肝炎，他各项指标都达到顶点，这一病就十年。所以这里我要谈一谈他对疾病的态度。十年不短啊。一开始当然是治疗，疗养什么，领导也很照顾，各种条件能用都用上了。

大概是效果不大，他索性就上班了，真正采访身体不好也没法去，他有的时候就自己出去拍，北京一带的风光，北海白塔之类的，包括什么小鸭子他都拍，他就说给自己找活干。他也和朋友们在一起交流，他和张印泉[注]啊，薛子江啊，都有交流的，他们都是很好的朋友。还有一个就是向蔡顺泰同志学修相机，蔡顺泰这个人很好，技术非常精通的，什么相机他拿过来都能修，那个活很累。蔡师傅有一次跟我说，"我绝对不让我孩子干这事，太累了，还伤眼睛。"是这么一个活，齐观山就跟他学。所以各种相机他全都摸了。我想他大概也存一个心眼，实在不行就修相机，我这么想，他倒是没说。

他学修相机，自己也特别爱护相机，像命根子一样。那时候的相机不像现在，还有个套，他就自己做套，一针一线地缝，缝完了，连相机套都擦得干干净净的。连我用相机，都要管他借。你可以看出来，他对照相机爱护到什么程度。

我感觉他的健康状况日积月累是受影响的。当时就以为他偶然得病，实际上不是，他长期的紧张疲劳，然后得不到很好的休息，生活不规律，对他的健康起的作用不好。但是他工作从来没有懈怠过，从来没有，病了以后也是一样。

他去世前两个月，实在不行又住院了。住院期间有两件事情我觉得他也是很不简单的，一个是肝病到了后期是非常疼的，剧痛，他从来没哼出一声来，他就拿手指头敲墙，忍受不了他就用这个来分散。

我要去给他找医生，他不干，他说这么多病人你老去麻烦人家干吗。这是一个，再有一个就是当时肝病病人挺多的，有的他认识，就说哪哪有好大夫，他就请到医院来，悄悄地帮

[注]张印泉(1901—1971)，我国著名摄影家，曾任中国文学艺术界联合会全国委员会委员和中国摄影家学会副主席、《中国摄影》编委，新华通讯社新闻摄影部研究员等职。

别的病人诊断。我问咱们要不要请人，他说咱们是组织上送进来的。他比较守规矩，要搁现在的人来看，这不是傻瓜嘛，可他就很自然，他对生死非常泰然。

记者：最后，您对他有一个什么样的评价。

孙桂琴：他这一辈子吧，短暂，但是很有价值，很有意义。我这个人不愿意说违心的话，我说的全是真实情况，是我的真正感受。我很感谢你们再度采访我，这样促使我更好地回忆了他，也说明我过去对他还有认识不到的地方，在你们的启发下，我更好地回忆了他，我很感谢命运让我遇见了他。

他使我有了很大的幸福，但是也有很大的痛苦，他那么早就离开了，他去世的时候我们有两个孩子，一个14岁，一个17岁，我当时心里就想，我得为孩子活着，别人的孩子父母双全，我的孩子没有了父亲，那就绝对不能再没有了母亲。

让世界知道共产党有照相机

让世界知道共产党有照相机

让世界知道共产党有照相机
让世界知道共产党有照相机
让世界知道共产党有照相机
让世界知道共产党有照相机
让世界知道共产党有照相机

苏静

让世界知道共产党有照相机

1933年第四次反“围剿”斗争中，红军缴获了一批机枪，但在部队中没有人会使用，于是便让国民党军俘虏任教员，举办机枪训练班。朱德对训练班极为重视，在机枪训练班开学的时候，朱德亲临讲话，我拍摄了《朱德总司令在机枪训练班上讲话》这张照片。后因国民党对苏区的严密封锁，不能及时地送出冲洗，直到1935年1月，红军长征到达遵义后，才在一家照相馆里冲洗出来。

——苏静

让世界知道共产党有照相机

口述人：郝世保（苏静战友）苏晓晴（苏静之女）／ 采访人：洪丹阳 高初 郑祎宁 ／ 撰稿人：郑祎宁
时间：2010年7月10日 ／ 地点：苏州市平江路中张家巷

苏静（1910—1997），福建省海澄（今龙海县）县人。无产阶级革命家，中国人民解放军高级将领。1930年在缅甸华侨小学任教时学会摄影。1932年，回国参加县游击队，同年转入红军第一军团，1935年加入中国共产党。1933年在江西红军一军团司令部任参谋时，开始拍摄战斗新闻照片，参加万里长征到达陕北后任侦察科科长，继续从事业余摄影活动。1937年抗日战争爆发后，任八路军115师侦察科科长，在著名的平型关大战和石太线广阳战斗、晋西午城战斗中进行了火线采访，拍摄了一批战斗性艺术性兼优的摄影佳作。1938年春在晋西举办了边区最早的一期摄影训练班。抗战胜利后到东北民主联军工作，1949年在中南军区任作战部部长时，参加组织拍摄《中国人民的胜利》大型纪录影片。1952年调解放军总部工作，曾任中国人民解放军总参谋部军务部部长，中华人民共和国计划委员会副主任。1955年授中将军衔。1997年11月28日在北京病逝，享年87岁。

◀八路军115师在隰县午城、井沟等地歼敌2000余人，缴获汽车80余辆。1939年3月

"全世界都知道了共产党有照相机"

记者：郝先生您好，我知道苏静是您摄影道路上的老师。

郝世保：对。

记者：您是怎么认识苏静的？

郝世保：我认识苏静是在1937年抗日战争爆发以后。苏静同志也在山西、甘肃、宁夏几个地区活动，离我家很近。1937年，他过了黄河就到我家里来了。平型关战役时我15岁，正式当兵，以后就跟随部队转来转去，最后是到苏静那里学照相。那个时候聂荣臻同志讲过一句话，他说"以后每打一次仗都要留一张照片，打一次仗就要有一张照片。"这是说将来作为历史资料。

记者：您是苏静的得意弟子，您还记得他上摄影课时的情景么[注]？

郝世保：当时他教八个学生，八个都是有单位的。教学结束之后，他们都会回到单位里去，很快这行他们就都不干了。他们有的在地方党支部还有部队里当连队干部、营团干部了。我没有别的单位就留在师部当摄影员。

记者：苏静具体教您一些什么？

郝世保：那个时候没什么东西教，就用木头板搞一堆沙子，分成三堆当作教学道具，一堆沙子就等于是一种药。三种药分别要抓多少，就抓沙子来练习。最后按这样子配起来，在茶缸子里装一点温水，第一种药先放进去用开水浇，浇到彻底化了再把第二种药放进去，再浇，化掉了以后放第三种药。放第二种药的时候就不需要很复杂了，放得多也可以放得少也可以。我就在遇见苏静的地方练习这个东西。

记者：那您跟苏静学了多长时间的摄影？

郝世保：我跟苏静学摄影的时间是比较长的。苏静以后晋升为参谋处长，我一直还跟着他，他到哪个地方我跟到哪个地方，从山西到山东。[注]

记者：从山西到山东，您和苏静有多少年的时间在一起？

郝世保：我和苏静在一起的时间有10年左右。

记者：长征的时候苏静还有另外一位红军将领拍过照片，您知道长征期间苏静都拍一些什么样的照片呢？

郝世保：那个时候拍照片条件很差，他也没有拍很多照片。那个时候有一张照片比较有影响。

记者：《朱德总司令在机枪训练班上的讲话》？

郝世保：对。

记者：您了解这张照片拍摄的故事吗？

郝世保：这张照片的胶卷当时不能冲洗，就把它拿着，到了甘肃，又到了西安，后期工作是到西安去完成。这个照片冲出来以后邮到延安，就成为我们中国红军最早的一张照片了。

这个照片后来被送到政治部，毛主席看了感到很惊奇，说："哎，中国共产党还有相机啊？"这张照片后来还传到了欧洲、美洲，于是全世界都知道了共产党有照相机。

记者：关于苏静的摄影，您还有没有其他印象比较深刻的事情？

郝世保：苏静同志这个人打仗有一套自己的办法。当时有一条公路叫咸榆公路[注]，是靠

[注]《解放区摄影活动大事记》：1938年3月，八路军115师在晋西孝义休整时，苏静抓住时机开办了一期摄影训练班，这是边区最早举办的第一个摄训班。学员十几人，学时1个多月，主要为军事侦察工作的需要。

[注]《解放区摄影活动大事记》：1938年12月，115师主力部队由山西挺进山东。苏静与郝世保开创了山东抗日根据地的摄影工作。

[注]1939年，陕甘宁边区政府修通咸榆公路延安至延川段，咸榆公路全线贯通。

着山的一条公路，保卫延安就靠这一条公路。他经常到这个地方去看一看，思考敌人会怎么样攻打延安。苏静就在这个路上划个范围，其实就是路面两端系两条绳子，数他圈出的范围里面的马蹄印子：马蹄印多了就说明敌人计划进攻延安；马蹄子少了就说明敌军仅仅是来侦察。当时要在公路上进行实地侦查就需要照相。

那个时候照相机不是一般的重，一个木头箱子，里边放一个牛皮做的箱子。在这个箱子里边放一个照相机，十斤半重，里边放几个胶片，一个片夹盒子正反面只能够装两张片子，两个片夹只能够照四个片子。这个片子可以上下拍，可以左右拍。

我那个时候就背着这个照相机，估计苏静要在哪里侦查，就在那个地方先把绳系上，以便拍马蹄印子的照片。

记者：您有没有帮苏静拍过照片？

郝世保：他是我的老师，他走到哪里我就跟到哪里，拍照片都在一起。他拍了以后我就帮他冲洗。

记者：那您有没有给他拍过照片？

郝世保：当时有，现在找不着了。因为都是用胶卷拍的，胶卷是领的，一卷照16张。我本来想多拍一点，但那个时候环境艰苦、物资短缺，我就把这个照相机里边用纸板把胶卷两边割掉一点，这样本来可以拍8张的现在能拍16张。

记者：那他有没有给您拍过什么照片？

郝世保：那个时候他不给我拍，开始的时候我也不给他拍。一直到1952年，我去北京他家里去看他，那一次才给他拍一张照片，以前的时候都不给拍私人照片的。

记者：不允许？

郝世保：不是不允许，当时物资短缺，拿红军的胶片拍个人的东西，那是思想不对头了。

记者：那时候那些相机、胶卷都是哪儿来的？

郝世保：基本上是缴获敌人的。

记者：那他有没有跟您讲一讲他早年的一些经历。

郝世保：在那个时期俺俩什么话都讲，他也讲过他曾经去缅甸，但是说得少；一般都从当兵的这一段讲，讲他怎么长征，过雪山、过草地，怎样到延安。他说得比较多的是过草地这一段，草地上面是草，下面是十多米深的水，草覆在水上面。过草地是长征里比较惊险的。

记者：他有没有告诉您他怎么在缅甸学的摄影？

郝世保：这个我就不太了解情况了。缅甸那个时候也不分国界，和我们就隔着一条河，老百姓也就跑过来跑过去。

工作和生活分得很清楚

记者：那您觉得苏静在生活中是一个什么样的人？

郝世保：苏静为什么叫静呢？林彪说：“你不讲话，很冷静，就叫苏静吧。”他本名叫苏孝顺，他在家里的时候对父母亲很孝顺。

记者：您跟他在一起的时候，他也不怎么说话？

郝世保：他不太多讲话的。

记者：可是您是他的学生，他也很少和您交流么？

郝世保：苏静将军把工作和生活分得很清楚。聊天时他就专门聊天，工作时就专门谈工作。

记者：您刚刚提到1952年拍的是一个什么样的照片？

郝世保：我到他家里头去看他，我说想给你拍一张照片，他就同意了。因为没有闪光灯，我就想把椅子搬到屋子外面去，他家的小孩不同意，说外面冷。我说不行，还是非要到外面去拍。

他自己同意了，我们就把椅子搬到外面给他拍了一张，马上再把他抬回去，这是1952年拍照的情况。

记者：照片现在找不到了？

郝世保：这个照片找不到了。他病故的时候我给他拍过一张照片，我专门从南京赶到北京。我先到他家里去看一下，然后到八宝山。他就躺在一个床上，一个板子的床，我把他的军帽放在他的头旁边给他拍了一张照片。

记者：我们现在能找到的有关苏静的摄影的资料特别少，他的子女也都不了解苏静的情况。您跟他在一起十年的时间，能不能为我们提供一点线索？

郝世保：现在找不到了。

一腔热血就想回来报效祖国

记者：您好！我们知道苏静是在缅甸学的摄影，那他最早是怎么去的缅甸呢？

苏晓晴：这个要讲就远了。姓苏的也是客家人，是从河南，被流放到福建去的。我父亲的童年是和他的祖父度过的。我父亲4岁时，他的父亲就去缅甸谋生了。我父亲的祖父是农民，除了种田之外，还买了一条小船，去厦门做草木灰和粪肥的生意，来贴补家用。因为我们家祖先曾经有在朝廷做过官，所以特别提倡后代求学。我们宗祠里留有30多亩田地作为“书田”，专门用来奖励求学的后人，能考上秀才的可以分一份祖上留下来的田地。我父亲的祖父，认为书田很重要，一个是他一辈子没文化，吃了不少亏，另外能有田对一个农民来说是非常重要的，养家糊口的。可是到我爷爷呢，就不好好学习。太爷爷对他多次管教，实在不管用，最后是把他打出家门，他就到缅甸求生去了，所以就留下了我父亲还有我父亲的祖父在家里。太爷爷为了让父亲努力读书，挣到“书田”，非常辛勤地劳动。父亲小学毕业以后，家里不惜花费高额的学费，送他到漳州的省立八中读书。我爷爷去缅甸以后，中间回来，大家都以为他发了财，其实他在那边也是做一些小生意，没挣什么钱，还是借了钱回来的。

父亲去缅甸的时间大概是1930年。那个时候我爷爷已经从缅甸回来了。父亲初中毕业本来是在小学当老师的，1930年又去漳州第二师范深造。在学校里面父亲就参与学生运动。结果就有一个领导学生运动的同学，姓叶的，被国民党逮捕之后，就招供了另外一个学生运动的领导。警察抓捕学生的事情闹得很大，我父亲就被推举为学生代表，去营救他们。然后他们就组织了示威，被国民党当局注意到了。父亲就赶紧跑回海澄老家。回家之后和家人商量，决定和他父亲一起去缅甸避难。当时还是父亲的祖母，还有继母一起抵押了田契换钱给他们当路费。去缅甸的路程不是一帆风顺，先到香港，再到新加坡。在新加坡的时候已经没有钱了，父亲找一个同学借了钱，从马来西亚最后到缅甸首都仰光附近的英迈镇。到了英迈，我爸爸就在附近找了一份工作，当老师教学生。这个学校好像一到六年级都是他一个人教。当然工资也比较高，很快他就把借的钱和盘缠都还清了。

他在学校里住，有一个开照相馆的人，是同乡，没地方住，我爸爸就很热心地让他来住，两个人也变成了朋友。他就跟他学习了照相和洗相、冲相这些技术，同时还学了做像章的技术，就是把人的照片做成一个像章，可以戴在胸前。

记者：当时在去缅甸之前，他已经接触了进步思想？您能谈谈他在漳州的学习经历吗？

苏晓晴：在初中的时候，我父亲就开始接触进步的思想。因为那时候漳州还是闽南经济、文化的中心之一，很多进步思想传进来。他就可以看些《新青年》《向导》这样的革命刊物，还经常看上海创造社出版的《洪水》月刊。1926年他还加入了中共的外围组织——反帝大同盟。在大同盟内，他认识了漳州地区领导学生运动的王占春等人，还去听邓子恢等党的领导人的演讲。

记者：后来在缅甸参加过地下党组织吗？

苏晓晴：应该没有，他没有提起过。后来他听到国内形势，发生了九一八事变，也是因为年轻，20出头，一腔热血就还是想回来报效祖国，所以他又很快于1932年回到国内了。当时他和他父亲在缅甸生活不错，工作赚的钱很多，但是他还是回来了，是自己一个人回来的。

记者：回国之后怎样走上革命道路的？

苏晓晴：回到国内，父亲先回家，知道国民党当局还在注意他，就到厦门。在厦门找到了他以前教的两个学生，苏精诚[注]和苏梦梅，想跟他们在厦门想开一个照相馆，在一个公园附近。买了一点设备，置了一点东西。在厦门住了一段时间后，就和漳州地区学生运动的领导人王占春恢复了联系，后来听说1932年4月红军都打到漳州了[注]，好多漳州的一些有钱的或者是当警察的跑到厦门去了，然后就认出他。当年他任教时的教导主任苏孝恭，还跟我父亲说不能回去了，照相馆已经暴露了。等他回去看的时候，照相馆已经被抄了，他的学生苏梦梅不幸被捕。这样他又回到漳州，1932年他先组织了游击队，有40多名队员，30多条枪，毕竟还是个小的武装力量，后来他们加入当地的红三军第十九团和红四军第二十八团，帮助他们当闽南语翻译、带路、发传单、贴标语。

记者：这个游击队是独立的，还是后面再编到地方的党组织里面？

苏晓晴：主要是做一些党的外围工作，帮红军翻译，贴标语。当时还有一些匪患，他们帮农民保护自己的财产。后来是因为游击队里面出了一个意外事故。游击队里面有一小部分太江人，因家属受到土匪威胁而反叛，并与来袭的土匪里应外合，攻打游击队。苏静和苏精诚带领剩下的20多名队员撤到海澄县，后来又转移到石码镇。1932年4月份的时候，王占春将苏静和苏精诚领导的游击队编入红军第三团，从此父亲就加入了红军。所以后来就编入红军队伍里面了。

记者：那他是怎样到当时在瑞金的党中央？

苏晓晴：打漳州的时候，我父亲才参军，经过邓子恢[注]介绍，见到罗荣桓，罗荣桓见到他们，称他们为“文化人”，先征求他们的工作意愿，再帮他们分具体的工作。和他一起去的有一个叫苏精诚的，我爸爸想做军事工作，苏精诚想做政治工作，然后就按他们自己的意愿分配了。罗荣桓大加赞赏他们，觉得“年轻人大有前途”。后来我父亲一直在司令部，最初是搞侦查工作，就是在部队前面了解敌情，他因为有一点文化，再加上做事很认真，他画的地图，领导认为比较好看，所以以后就是一直让他在画红一军团的行军路线图。

记者：包括长征期间？

[注]苏精诚（1912—1941），福建海澄人。1932年组织游击队，并率队参加中国工农红军。同年加入中国共产党，历任宣传队长、敌工科长、宣传科长等职。1937年抗日战争爆发后，任八路军115师团教育股长，参加平型关战斗。1941年1月28日，在山西韩壁战斗中牺牲。

[注]1932年4月，漳州战役，土地革命战争时期，中央红军东路军对驻守福建省龙岩、漳州地区国民党军进行的进攻战役，国共内战中中共第三次反围剿战争后的一次战役。

[注]邓子恢（1896—1972），福建龙岩人。无产阶级革命家、政治家，农业工作的卓越领导人，闽西革命根据地和苏区的主要创建者和卓越的领导人之一，历经抗日战争和解放战争。解放后曾任中共中央农村工作部部长、国务院副总理、全国政协副主席等职。

朱德总司令在机枪训练班上的讲话。1933年

苏晓晴：长征期间每天都是他带人侦查并画的路线图。

记者：长征期间绘图工作是他做得最多的工作？

苏晓晴：是的。当时他就每天在大部队休息的时候，还要带几个侦查员去前方调查好次日行军的路线、下一站宿营点，绘制路线图之后再给首长审阅，等油印下发到各部队的时候，几乎是下半夜了，也没睡几个小时，又要再随着部队出发，特别辛苦。

记者：也是在这个时候，苏静得到毛主席、林彪的认可？

苏晓晴：因为他绘图很细心，解决了红一军团和后续部队的道路选择问题。后来1935年的时候，红军改编[注]，林彪就和我父亲交代，每天的行军路线要和毛主席汇报。毛主席就会很详细地问我父亲：到天水有多远，到兰州要多少天，等等。我父亲就只好尽自己所能回答。后来毛主席知道距离太远的地方很难调查清楚，还安慰我父亲不要着急，有些情况慢慢会知道的。

记者：长征之前，他还有一幅照片是拍朱总司令的？

苏晓晴：第四次"反围剿"的时候，红一军团在大龙坪战斗中缴获一批轻机枪，部队战士们都不会用，就搞了一个训练班。开学这一天，红一方面总司令朱德、军团长林彪、政治委员聂荣臻、参谋长徐彦刚都出席了开学典礼。那张照片是朱老总在训练班上讲话的时候，我父亲拍的。拍完以后朱老总说多洗几张给他。因为当时拍完很快开始长征了，我爸爸就没办法冲洗，到了瑞金才冲出底片，冲出来没条件洗，然后到了长征结束，到了陕西三原县[注]才洗出来。

这张照片保留下来挺不容易的，因为当时底片很有限，大概一共才6张底片，其他照片具体我就不太清楚了，反正看见最多的就是这一张。

记者：当时他用的相机是怎么来的？

苏晓晴：也是缴获来的，是1933年在红一军团参加第四次反围剿，缴获了一台德国造的

注 1935年9月，红一方面军第一、三军突破腊子口后，改称为中国工农红军陕甘支队，第一军编为第一纵队。

注 三原县，隶属陕西省咸阳市，地处关中平原中部。

120型照相机。这台相机先交到军团总部，后来首长听说我父亲学过照相，就把相机给他保管了。

记者：那长征期间还有其他的照片吗？

苏晓晴：长征中间，他没舍得扔照相机，一直背下来，每天画的地图他也都留下来。可是很不幸的是抗日战争，在山东陆房[注]，他和司令部被日本鬼子给包围了。在这个突围中间，他有一些图片还有当时很多底片照片都藏到下水道。结果后来下大雨，等大家再回去找的时候，已经被水冲走了，那是一个很大的损失，是他觉得很遗憾的。他能背下来和留下来的，军事科学院可能有100多张，历史博物馆也有一些。

记者：那苏静的摄影主要还是集中在红军时期比较多？就是底片遗失了对吧？

苏晓晴：抗日战争期间，遗失了一些，保留下的也就是这些，可能还会更多一点。有一些个人照片里有别人的，我估计就都送给别人了，因为他不太给自己照，都给别人照。

记者：对，给领导人照的相好像留得也不多吧？

苏晓晴：对，他们自己照的都给他们自己保管了。

记者：然后他和领导人的合影也不多。

苏晓晴：他合影几乎没有，包括他接触最密切的领导（林彪、聂荣臻、周恩来）都没有。他认为自己就是一个普通的工作人员，把自己定位定得很准确。从不抢拍个人镜头。

记者：苏静在山东方面呢？

苏晓晴：他在山西办的摄影学习班。在晋西，有一段时间是修整期。到山东北，他还编

[注]陆房突围，1938年5月11、12日，八路军115师一部在山东省陆房周围山区突破日伪军包围的战斗。此次战斗，日伪军伤亡大佐联队长以下1300余人，围歼八路军的企图完全失败；八路军伤亡200余人，胜利地突出重围，为坚持泰西根据地，打开山东抗战局面保存了骨干力量。

红军在中央苏区（福建省属）准备长征。1934年7月

辑了很多书，把苏联等国外的一些军史书编辑成册，编了二三十本，保存下来的也有将近二十本；然后办了一个摄影学习班，教包括拍照和暗室怎么冲洗这些，最简单的培训，后来就把照相机交给了郝世保。

红小鬼歌舞队。1935年夏

红一军团五一运动会组照
——运动会会场。1937年5月

红一军团五一运动会组照
——跳远。1937年5月

红一军团五一运动会组照
——跨越障碍。1937年5月

红一军团五一运动会组照
——翻杠子。1937年5月

黄河之畔，改编东渡出师抗日。1937年8月

平型关大战中的我军机枪阵地。1937年9月

晋中昔阳县，广阳战斗前沿阵地。1937年11月

八路军115师在隰县午城、井沟等地歼敌2000余人，缴获汽车80余辆。1939年3月

附录：苏静年表

1910年　生于福建省海澄（今龙海县）县。

1930年　在缅甸华侨小学任教时学会摄影。

1932年　回国参加县游击队，同年转入红军第一军团。

1933年　在江西红军一军团司令部任参谋时，开始拍摄战斗新闻照片，参加万里长征到达陕北后任侦察科科长，继续从事业余摄影活动。

1935年　加入中国共产党。

1937年　抗日战争爆发后，任八路军115师侦察科科长，在著名的平型关大战和石太线广阳战斗、晋西午城战斗中，拍摄了一批战斗性艺术性兼优的摄影佳作。

1938年春　在晋西举办了中国解放区最早的一期摄影训练班，12月115师主力部队由山西挺进山东。苏静与郝世保一起开创了山东抗日根据地的摄影工作。

1939年　到达山东，他在担任保卫部长繁忙工作中，仍坚持摄影实践，拍摄了不少珍贵镜头。

1945年　到东北民主联军工作。

1949年　在中南军区任作战部长时，组织拍摄《中国人民的胜利》大型纪录影片。

1952年　调解放军总部工作，曾任中国人民解放军总参谋部军务部部长，中华人民共和国计划委员会副主任。

1955年　授中将军衔。

1997年　在北京逝世。

从旧上海到延安

吴印咸

从旧上海到延安

从旧上海到延安

从旧上海到延安

从旧上海到延安

从旧上海到延安

从旧上海到延安

从旧上海到延安

摄影的生命力，就是摄影画面所表现的内容要有深刻的思想性，要有强烈的感染力，要能指使观众向进步方向走。也就是说，摄影艺术作品的画面内容要能鼓舞人心，要能提高人们的社会主义和共产主义的思想觉悟，要能提高人们的共产主义道德品质。

——吴印咸

从旧上海到延安

口述人：吴筑清（吴印咸之女）鲁明（延安电影团成员、吴印咸战友）
采访人：张向荣 张宇 高初 ／ 撰稿人：张向荣
时间、地点：2010年1月15日、9月26日于北京和平里（采访吴筑清）
2010年1月21日于北京冰窖口胡同（采访鲁明）

吴印咸，字至甫，1900年9月21日出生于江苏省沭阳县一个清贫的书香之家。1919年考取刘海粟创办的上海美术专科学校，接受正规的绘画训练，并开始了他长达75年的摄影生涯。1922年毕业后回乡教授美术。1927年前往上海，先后担任电影《风云儿女》、《马路天使》等四部电影的摄影师。抗日战争爆发后，拍摄纪录片《中国万岁》。1938年辗转前往延安，任延安电影团技术及摄影负责人，拍摄纪录片《延安与八路军》、《南泥湾》、《中国共产党第七届全国代表大会》及大量照片。1946年开赴东北创建东北电影制片厂并任副厂长、厂长，1955年奉调回北京参与筹建北京电影学院，任副院长兼摄影系主任。1958年任故事片《红旗谱》总摄影师，获首届中国电影百花奖最佳摄影奖。自1956年起先后担任中国摄影家协会理事、副主席、荣誉主席。晚年继续从事摄影的著述与教育工作。获美国纽约国际摄影中心"摄影功勋证书"等荣誉。2006年被中国摄影家协会授予"摄影大师"称号。1994年9月7日逝世。

毛泽东在陕甘宁边区劳动英雄大会上做题为“组织起来的”讲话。延安，1943年

他觉得摄影对绘画、电影有用

记者：您好！我们想了解一下您父亲的故事。我们特别想知道早年的一些经历，包括他的家庭、求学经历等。

吴筑清：他出身于书香门第。我的爷爷是教书的，最早教私塾。后来，新文化运动起来以后，他就办新式小学校，县里头也很重视。所以我爷爷这一生都是教书的，办学的。这是我父亲的家庭。

记者：您小的时候，吴老给您一种怎样的印象？

吴筑清：我小的时候不记事，尤其他在延安的那一段我没印象。因为我是1942年生的，所以他离开延安的时候我才4岁。等我到沈阳上小学时又住校，因为当时家在长春，我不跟家里住在一起。所以对他的印象都有点儿模糊了。

记者：吴老在后来有没有给您讲述他当年与摄影之间的故事？

吴筑清：是的。我父亲现在给人的印象，尤其在摄影界，是摄影家。搞摄影也的确是他主要的工作，其实贯穿他一生的是电影。因为他最初在上海的美术专科学校学油画，有一次他买了一个照相机去拍照，觉得摄影对绘画有用。因为他发现照片比素描、速写都来得快，这就对摄影开始有兴趣了。没多久，他又在上海看到更多的摄影，很受吸引，所以就开始学摄影，而且逐渐喜欢上了。后来他回乡教美术，经常也拿着照相机拍一些风光。等他再回到上海，还去照相馆拍人像。为什么后来说他拍肖像特出色，就是因为他在照相馆里头拍过。

记者：看来，吴老早年就已经对肖像有了一些深刻的理解？

吴筑清：对。那个时候，照相馆里还经常有电影明星来，如白杨[注]、周璇[注]等等。所以他务必要拍出一个人物的美和神来。不是像拍一般的证件照有个正脸就完了。所以他日后在延安拍一些伟人的肖像都是有一些基础的。

[注]白杨（1920—1996），原名杨成芳，湖南湘阴人，中国著名电影、戏剧表演艺术家。抗战期间随上海影人在内地演出话剧，被誉为四大名旦之一。

[注]周璇（1918—1957），一代歌后，她的名字可以说是流行曲史上一个金字招牌，号称“金嗓子”。

记者：那吴老肯定也给您拍过相片吧。

吴筑清：拍过。都是小时候，他不是说很刻意地让你就在这儿摆个姿势，甚至像照相馆那样打灯光。他给家里人拍照的时候是一种带着感情的抓拍，不光是我们小的时候，吴伟小的时候外公也给他拍，都是抓拍。他在延安拍领袖也是抓拍，没有可能说让毛主席坐那儿不动，还打一个大灯，这个条件都不具备，而是在开会的时候做报告的时候抓拍。

延安大白菜。1944年

记者：那吴老给您拍的相片，您有没有觉得特好的？印象深刻的？

吴筑清：有张“延安大白菜”，但这张不是专门给我拍的。是那个时候大生产运动，国民党封锁，延安什么都没有，什么都要自力更生。机关的大白菜都是自己种，这棵白菜特别大，但是怎么能表现大呢？就逮个小孩往那儿一搁，那时候我2岁，你看，这白菜比2岁的孩子还要大。

记者：吴老在去延安之前，先后在上海、香港、太原这几个地方都待过，为什么那段时间辗转了这么多个城市？

吴筑清：他主要是在上海的照相馆，那时候抵制日货，我父亲在照相馆的橱窗里摆了很多明星照，也摆了抵制日货的照片。结果一群日本浪人，其实就是日本侨民，把照相馆砸了。照相馆开不了以后，他就上电影厂去画布景。在那里他看到电影，觉得摄影是一种平面艺术，电影是一个立体艺术，他又被电影所吸引，觉得这个艺术的表现力要更强一些。所以他在那儿画布景的同时也观察人家拍电影，用他的话来讲就是"偷技术"，于是对电影摄影心里也有了底。

也是在那个时候，他有一个最要好的朋友许幸之[注]。许幸之是个才子，绘画、表演都在行，又参加过北伐，属于左翼，思想比较进步。夏衍[注]请许幸之来拍个电影叫《风云儿女》，许幸之又请我父亲当摄影。但我父亲从来没有拿过摄影机啊，电影厂里的老板也不是说随便什么人都能来摄影，就说要考一考我父亲的基本功。那时的电影摄影机是手摇的不是电动的，首先拿起来要拿得稳，其次你要能匀速地摇胶片。电影厂有一个叫杨霁明的跟我父亲讲，这些东西要练。所以他底下早做了准备。一上去就拿得起摄影机，后来就让他拍了。但是他对这个片子的摄影并不是很满意，因为图片摄影跟电影摄影不一样。图片摄影是一幅一幅的，而电影摄影如果这样走就很死板。当时他拍《风云儿女》时还比较倾向于平面摄影，比较死板。

记者：不过《风云儿女》在近代史上的地位是非常了不起的！

吴筑清：对，它的插曲是《义勇军进行曲》，在那个时候出来是很激励人的。那一批创作人员后来都走上了革命道路，包括演员和摄影。我父亲在上海一共就拍了四部故事片，最后一部是《马路天使》，到了《马路天使》他已经把电影摄影吃透了。可是他的基础还是摄影。要是根本不会照相，他也不可能拿起电影摄影机就能拍电影。这两个艺术中间也有相通，所以他后来到了电影学院教摄影课的时候，就要求学生一定要会照相。图片摄影是基础，要求老师同学都要有这个基本功。所以就这一点来讲，他把这两门艺术用得非常娴熟，融会贯通。

《马路天使》上映后，不久爆发了"卢沟桥事变"，日本人打过来了，上海也被轰炸了，到处都有抗日的气氛。所以我父亲和许幸之打算要拍一部纪录片，叫《中国万岁》，想把上海人民抗日的事都给拍下来，他们在上海拍了很多饥民、难民以及轰炸之后的情况，还有市民的那种慷慨激昂的气氛。另外就是四行仓库十九路军在那儿抵抗的时候，我父亲没有进到里头，但他在高处拍了很多镜头。后来台儿庄战役打起来，他又想按许幸之的想法把台儿庄战役和平型关大战有关的片子剪接一下，起个名字叫《中国万岁》。剪辑的工作在上海做不了，他们就到了香港，去香港其实是剪辑这个片子的。

因为剪辑《中国万岁》，父亲的另一个朋友袁牧之[注]想到延安拍一部共产党抗日的片子，所以就先去了武汉找到八路军办事处的周恩来。要说周总理对共产党宣传这件事是非常非常重视的，这个宣传可不是随便什么政府什么军队能做到的，周总理知道宣传教育民众的重要，所以左翼联盟在上海抓电影，共产党起了很大作用。列宁也讲过，电影是最有力的宣传工具。可是在上海，再进步的电影也得依靠大老板，也得受国民党审查。所以就需要建自己的电影队伍。到了延安有根据地了，但还得有人。袁牧之集编剧、导演、演员于一身，他的朋友陈波儿[注]在北京的燕京大学看到斯诺在延安拍的一个小短片，非常受鼓舞，知道中国还有个这样的地方，就跟袁牧之说了，袁牧之也非常向往。周恩来也一直在准备建一个真正有建制的、不是民间团体的、属于共产党自己的电影队伍。所以就在八路军总政治部下建立电影团，是一个团的建制。

当时荷兰人伊文思[注]也想到延安去拍，国民党不让去。他就把自己手里的两台摄影机拿出一台来，还有一些胶片要送给八路军。袁牧之什么都具备，就是不会摄影。自然想到我爸

[注]许幸之（1904—1991），文化界的左翼代表人物。1919年与吴印咸同时入上海美术专科学校学习。"大革命"前后两次赴日留学，回国后，成为"左联"发起人之一，并担任"左联"的"美联"主席。

[注]夏衍（1900—1995），浙江余杭（今杭州）人，左翼剧作家、翻译家，原名沈乃熙，字端先，1930年加入"左联"并成为执行委员。

[注]袁牧之（1909—1978），浙江宁波人，著名电影表演艺术家、编剧、导演和电影活动家。20世纪30年代在上海编导、主演了一系列中国早期电影史上堪称不朽的作品，如编导了《桃李劫》、《马路天使》，主演了《风云儿女》、《八百壮士》。1938年赴延安，与吴印咸合作创建延安电影团，并拍摄《延安与八路军》。1940年赴苏联学习，与电影大师爱森斯坦合作，归国后和吴印咸等创建东北电影制片厂并担任第一任厂长，解放后任第一任电影局局长。

[注]陈波儿（1910—1951），广东汕头人，演员，人民电影事业的组织和领导人。1929年在上海艺术大学读书时加入上海艺术剧社，从事左翼戏剧活动，主演了《街头人》、《梁上君子》、《炭坑夫》等剧。

[注]伊文思（1898—1989），荷兰电影导演，早期受欧洲先锋电影的影响，于1927年创办荷兰第一个电影俱乐部。他早期作品带有超现实主义色彩，同时又长期支持中国共产党的无产阶级革命和欧洲反法西斯运动。

《风云儿女》工作照（左一许幸之，左二吴印咸。1935年）

吴印咸与再次来华的荷兰著名导演伊文思会面。1957年

爸，因为他们两个人也是至交。我爸拍的四部电影里头都有袁牧之，要么袁牧之编导，要么袁牧之主演。因此我父亲就从香港赶到武汉。

记者：经过这几个城市的奔波后，1938年吴老去了延安，他是从武汉去延安的吗？他怎么去的？这段往事您听父亲说起过吗？

吴筑清：是。到武汉以后交给他的任务就是去接伊文思赠送的摄影机。按电影学院司徒兆敦老师的话，就是“两次握手见过一面”的经典故事：说第一次去交接时，晚上太黑，我父亲和伊文思谁也没看清楚谁，但是有握手。第二次到1957年伊文思再来的时候，两个人在阳光下见面了，又握一次手，就是说两次握手只见了一面。

这样就把他的摄影机、胶片全部接收过来，八路军办事处随后就安排我父亲到延安。当时父亲去的时候以为就拍一部片子，也很愿意去看看延安是个什么样。他原来计划拍一年，拍完再回来，但一拍就是近两年。按照他后来的说法，延安完全跟国统区不一样：人跟人之间非常平等，领袖和老百姓的那种平等是他想象不到的；全民抗日，很有抗日气氛；八路军纪律严明，我父亲也是穿着军装拍片子。到了老百姓家里拍片还给人家扫院子，临走的时候把所有东西都弄好，不拿一针一线。这跟军阀兵痞看到什么拿什么不一样。

记者：听说吴老在上海的时候一个月150块银元，然后到延安才1块钱？

吴筑清：是这样的，他当时去的时候，周恩来也讲，你是我们请来的，也给你一个月150块，有的说120，反正就是100多块大洋。但我父亲一年以后决定留下来，就主动提出不要这些钱了，所以最后拿的就是津贴。我父亲觉得自己很受信任，于是决定留下来。

“我要把美的东西拿出来”

记者：吴老在延安一直到1946年才离开。从城市到延安，吴老个人的生活是否发生了质变？在他的摄影事业上是否也有一个变化？您能评述一下他摄影事业的这个变化吗？

吴筑清：用我父亲的话说，延安的这一段时期是他生活里最辉煌、最有作为的一段。他原来在上海时，他的工作和他做的所有事情是为了生活生存，挣钱养家。自己有一点爱好，就是拍一两张照片，这是养不了家的。可到了延安以后呢，生活不用你管，虽然吃的不好，但是能吃饱，虽然穿的不好，但是有温暖。你所有要做的事情就是为了革命、为了人民。他参加到革命里来就觉得开阔了——原来是要为这么多人去办事情。所以在延安，他拍东西的心情就不一样。在国统区，他有正义感，看到难民、饥民，就有一种要揭露的想法，虽然也拍一点儿风光，但是没什么心情；到了延安，当然他也不能拍风光，没有那么多胶片，但是他就觉得这儿没有什么地方可让你去揭露的，都让你觉得非常好。你想做的就是拍下让老百姓喜欢的东西，他们高兴，他们就干得更好。所以说他到延安以后有了信仰，我觉得这是非常重要的一点。

这就反映在他的摄影上。比如他拍领袖人物，他觉得这些人非常乐观自信，都觉得自己的事业是肯定能成功的。所以他拍这些人的时候，特别注重他们的眼睛，是一种既祥和，又有自信，又很乐观的神态。所以他后来，包括他上了年纪以后也给人拍照片或者是拍风光，他的心头永远充满“我要把美的东西拿出来”的念头。

记者：对，所以我一直想问，吴老拍了很多伟人，毛主席也好，白求恩大夫也好，很多成为历史上的经典瞬间。您觉得他是怎么做到的？除了刚才您说的信仰这一点外，他为什么

能把握这么准确？就是拍普通人，他也能表现出一种情感。现在技术更发达了，但是那种东西反而消失了。这是为什么？

吴筑清：因为他自己的精神状态就是这样乐观积极，也没有谁去强迫他，说你一定要怎么拍、不能怎么拍，都是发自自己的感受。他是一个搞技术的，所以你看他原来在上海拍的一些风光或者明星，以及到延安后拍的生产场面，都应用了不少摄影技巧，拍得很有美感。不是纯记录历史，也是在记录他的感受。我觉得搞摄影到了一定程度自然而然都会注意这些。

艰苦创业：毛泽东给120师干部作形势报告。延安 1942年

白求恩大夫。河北涞源，1939年

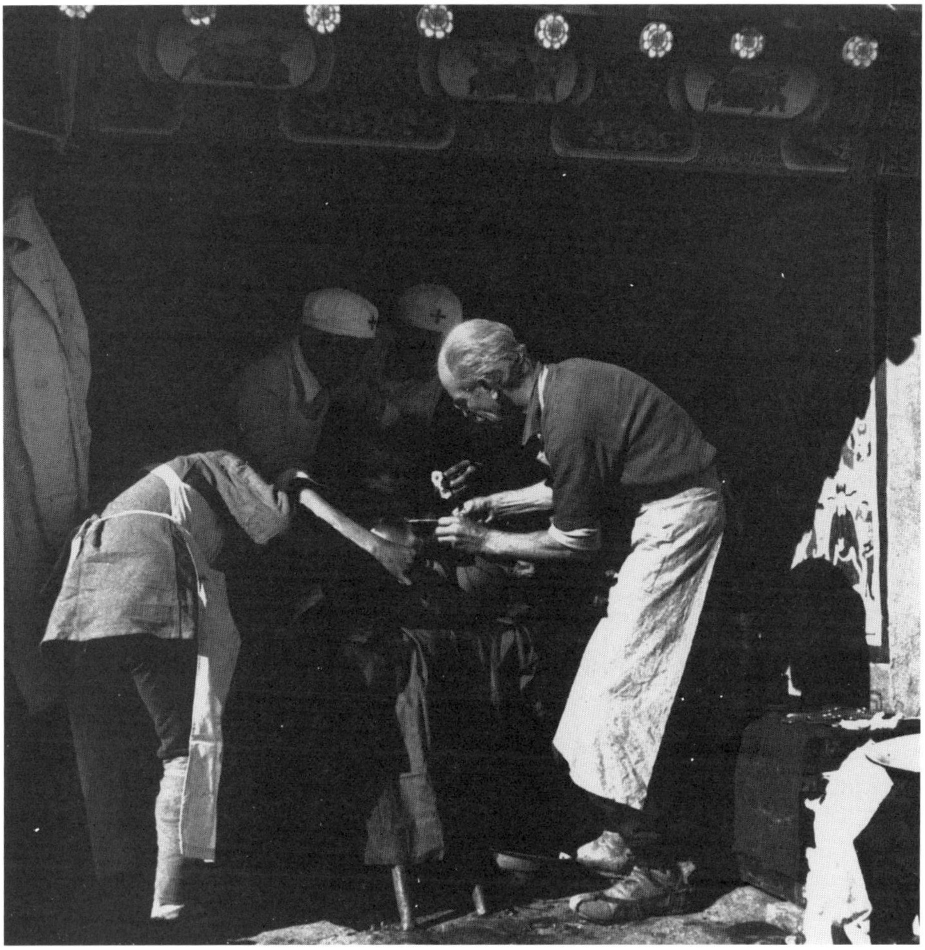

记者：吴老最经典的照片之一就是关于毛主席演讲的组图，这组相片连起来看很有一种电影感。您觉得这组相片的拍摄方法，或者说拍摄风格，在当时是不是比较罕见的？围绕这组相片，您能谈谈吗？

吴筑清：对。因为他发现毛主席作报告时特别喜欢用手势，手势也特别有气势。这个报告就是毛主席搞农业的那个，作报告时，他那个手都是一挥一挥的，我父亲就想把手势的气势显现出来。当时屋子里很黑，所以光是打到手势上的。其实，当时他们也因为总是拍这些相片，在底下已经跟主席事先打招呼了，说，要是给您拍照的时候，您那手势动作慢一下，停留一下。

记者：吴老有没有说起过，他当时在延安拍了许多领导人的肖像，包括和他们在一起生产、生活的一些场面，也包括他深入一线的拍摄，他对哪几张照片特别满意？

吴筑清：这两张。（指向墙上悬挂的《白求恩大夫》和《艰苦创业》两张）父亲说人家都用一段格言当座右铭，他用这两张相片当座右铭。一张是“艰苦奋斗”，一张是“国际精神”。

《艰苦创业》这张，是想从主席的穿着上体现，你看，打了个补丁。当时是贺龙部队的干部在贺龙的院子听主席讲话。通知我父亲去拍照，赶过去的时候已经开讲了，他们就在那儿拍了几张。拍完这个照片以后，贺龙还请吃饭，有他，还有一个勤务兵。他们就进去跟毛主席一块吃饭。那个小勤务兵也进去了，一看有个空位置，坐下来就埋头吃饭。结果是坐在毛主席旁边了。毛主席就问他，小鬼你叫什么。他抬头一看是主席，汗都下来了，主席很亲

赴重庆谈判。延安，1945年

切地跟他聊天。我爸就觉得这真是很有意思的一个场面，领袖对无论什么人都是那么亲切，是完全平等的一家人，所以他就老记得有这么件事情。因此他就从主席的着装来体现这种艰苦创业。

后来，说要给毛主席出一个大画册，主席不同意。可有些人非要出，就选照片让主席看，主席看了以后就说"这张最好，最有时代感"。当时"文化大革命"，我父亲已经靠边站了，但选照片时杜修贤[注]在场，杜修贤回来后告诉我父亲了。不过后来出画册的时候，把这张照片给修了，补丁裤子虽然还有，但把鞋修得特新，头发也弄得跟梳过一样。其实原来鞋比较脏，头发也是乱乱的。

还有一张照片，毛主席在延安的机场那儿走路。主席在前面，老百姓在后面。"文化大革命"里把后面的老百姓都修掉了。为此我爸特不满意，怎么弄得主席像孤家寡人似的。本来多么亲和，老百姓也走，你也走，他也走，大家在那儿随便走，最后都给修掉了。

记者：那刚才说吴老最喜欢的另一张，是"白求恩大夫"这张，是怎么回事呢？

吴筑清：拍白求恩不是在延安，是在晋察冀。父亲在延安期间只有一段时间离开，就是这段时间。当时是在前线，就在这个小庙里头，他们在旁边拍。五六里地外就是战场，他说迫击炮、榴弹炮、机关枪的声音听得很清楚，很紧张。你想，大上海出来的，从来没有上前线去听过枪炮声，这回就是真在不远的地方打，而且伤员血里糊拉地一个一个从前线运过来，在小庙外头排着队[注]。多紧张啊，但他说，看着白求恩做手术，就跟外面什么都没发生似的。所以说他们在一个场景里头战斗，一个是手术，一个是拍片子。他们开始的计划里没有安排拍白求恩，在延安的时候也不是特清楚他。等到了晋察冀以后，聂荣臻就说你们一定要拍白求恩。所以他们就去和白求恩做了一个月左右的邻居，白求恩也喜欢照相。这样，父亲跟着他的医疗队走走拍拍。后来我父亲就说，你要拍谁就去了解他，才知道要拍他什么。

记者：延安文艺座谈会，吴老拍的是电影还是照片？

吴筑清：拍照片。那屋子里的光线实在不行，电影胶片根本没法在黑的地方拍，照片都没法拍，最后到外头去照大合影。

[注]杜修贤（1926—），陕西米脂人。1944年在延安电影团师从吴印咸学习摄影。50年代初转业到新华社北京分社，先后担任周恩来总理专职摄影记者和毛泽东主席晚年摄影记者。

[注]"……10月24日，按白求恩大夫"救护工作务必靠近火线"的要求，手术室被安置在离火线仅4公里的涞源县黄土岭孙家庄村外的小庙里……白求恩的左手中指在这次紧张的手术过程中被刀尖划破，几天后，他又坚持亲自为一名患颈部丹毒症、合并头部蜂窝组织炎的伤员做手术，以致左手中指的伤口受到致命感染。1939年11月12日，诺尔曼·白求恩在河北省唐县黄石口村以身殉职。"吴筑清、张岱《延安电影团》，中国人民大学出版社，2008年

注 胡宗南(1896–1962) 浙江镇海（今宁波市镇海区）人，别名琴斋，字寿山，曾化名秦东昌。陆军一级上将，黄埔系一期生，是蒋介石最宠爱、最重要的军事将领。

注 杨家岭是中共中央领导在1938年11月至1947年3月期间的住处。

注 当时延安电影团有一台吴印咸带到延安的依柯弗来120双镜头反光相机，但缺少120胶片；有少量的35mm电影胶片，又缺少135相机。为此，吴印咸自己设计、由延安机加工车间加工了一些片轴、转轮等部件，对120相机进行改装，使其能装135胶片进行拍照。1938年拍摄的吴印咸肖像照片就是改装相机拍摄的12孔片。

记者：毛主席当年去重庆谈判的时候，也留下一些经典照片，但因为那个场景有好几个人在拍，后来就说法不一了。您怎么看？

吴筑清：有他拍的，也有别人拍的。我父亲倒说是总理让他去拍，因此他站的那个位置是比较靠前的。

记者：吴老还拍过周总理和其他领袖的不少照片吧？

吴筑清：周总理不是特别多，因为毛主席一直就在延安住，除了重庆谈判没出去过。而周总理是来回走的，在延安的时间比较短。周总理的这张照片，邓颖超说过，这是总理最喜欢的一张照片。

最近我看了一本小册子，不知道你们看过没有。胡宗南[注]打进延安以后，国民党也有好多记者去了，有一个记者在当时也拍了很多照片，拍得很清楚，挺好的，包括杨家岭[注]什么地方的都有。所以这本小册子的前言里就写了，“共产党当时只拍领袖，没拍这些东西。”其实这些东西我们也都拍了，但是人们印象里头好像他只在延安拍领袖。其实这很容易理解，他设备不行，照相机是旧的，连胶片都是过期的。另外，当时拍的很多照片都保存在革命博物馆、新华社，外人根本看不到，能看到的就是那些个领袖照了。

记者：在延安这几年，吴老用的什么摄影器材，您还记得吗？[注]

吴筑清：他带着三台机器，有一个是用干版拍照的相机，后来基本用不上了，因为没有片子。然后还有两个，一个135，一个120，这个四层干版后来就当放大机用了。他们洗照片要印的话比较容易做到，但是要放大就没有放大机。后来宋庆龄要求做一批片子拿到国际上和国统区去做宣传。这个任务就比较艰巨，他们就搭了一个没有窗户的小房子。就等于做了一个放大机，里头做一个木架子，顶上开了一个天窗，就把刚才说的照相机的镜头反过来搁这儿，然后在木架子上打了好多一格一格的眼，不能动镜头，只动放大纸。同时有人在外头看着天，天好了就把那个一拉，白天的光进来。就这么放大了照片。条件是相当艰苦的。

不断壮大的延安电影团（左边窑洞门口者为吴印咸）。1941年

延安电影团：斑驳的电影传奇

吴印咸与袁牧之在东北。1947年

记者：您有没有听过一些长辈告诉您，吴老在延安电影团的故事呢？为什么像吴老这样一位电影摄影师，却在大家的心目中成为照相摄影师了呢？

吴筑清：因为延安当时条件太差了！电影胶片的来源太少。他们原来带进去的是从香港买的，后来国民党封锁延安，胶片不够，他得把好钢用在刀刃上，就不能大量拍电影。他们拍的第一部片子《延安与八路军》，拍出来在延安也不能冲洗，是袁牧之带着片子到苏联。基本上做出来以后，苏联卫国战争爆发了，莫斯科的主要工业全部迁到西伯利亚。在这个搬运过程中，这部片子找不着了。还有《南泥湾》，这是电影团自己拍摄、洗印、拷贝，在延安放映的唯一一部片子。像《七大》[注]，是全国解放以后才重新做的。只有《南泥湾》克服了很多困难，想了好多办法才放出来。

所以，他们只要不到最重要的场合，就不拍电影而去拍照片，照片记录的面更广、内容更多，他也就更像照相摄影师了。

记者：那您能否讲一下，《南泥湾》克服了哪些困难，以及在当时产生了怎样的影响？

吴筑清：比如，他们拍这个片子的时候没有负片，只能拿拷贝片当负片用。在拍的过程中，一般的拍摄都有一个比例，比方允许你拍5000尺，废掉1000尺。但他们胶片这么紧张，要研究每个镜头怎么拍，尽量地让它用得多、废得少。结果他1500尺只废了200尺。回来以后拷贝，但没拷贝机，他就用摄影机把两个片子叠起来对着阳光再曝光，等于再拷贝一条出来；也没有冲洗机，就用自己做的大木盆，把胶片剪成一段一段的，一条一条冲，冲完了再接；没有自来水就从延河里挑水，延河水是混泥汤，要用明矾把水澄清了再去冲洗。

剪接完了在延安大礼堂放，从领导到老百姓都惊讶得不得了，这是自己的电影啊！延安以前放的是苏联的一些片子，这次放的是自己的。底下的战士能看到上面还有自己，那个兴奋，看到毛主席也兴奋。没有解说词，他们就把词都写好，拿一个大喇叭，接一个留声机，放着音乐念解说词。这是我们八路军共产党自己做的、在延安放映的唯一的一部电影。

记者：当时延安最困难的时候，很多机构都被精简了，为什么延安电影团始终存在？

吴筑清：在延安生活最困难的时候，所有的单位都在精简机构，唯有电影团是一个人都不精简，一个编制都不少。当时中央说，虽然你们没有电影可拍，但你们这批人太宝贵了，以后一定用得上，所以就都保留下来，但也要求他们自己挣钱。他们就开了照相馆给延安的居民和部队照相，收点儿钱，他们画了布景，你要是愿意出外景照宝塔山也行。当时结婚照就照了好多。现在我有些同学看到也说，"我爸我妈的结婚照就是你爸照的。"他们也打窑洞、种菜。还把主席、朱德的照片做成纪念章，外面包上那种透明的赛璐璐，后面弄一个别针戴上。当时谁戴上都觉得特别美。放电影还卖电影票，虽然都便宜，但是都有收入。就这样，电影团不仅全保留了，而且盖了房子、挖了窑洞，自给自足。

注《七大》：即《中国共产党第七次全国代表大会》的纪录片。

止于教育：从兴山[注]到北影

记者：1946年以后，吴老为什么要离开延安，是有新的任务吗？

吴筑清：对，1946 年的形势就是解放军抢占东北，国民党也要抢占东北。东北是个工业

注"兴山：今黑龙江省鹤岗市兴山区，1946年4月，中共接管了长春伪'满映'制片厂，改名为东北电影公司。5月上旬，因为战争，将该厂器材及部分旧有人员迁至当时的北满合江省兴山矿区，并改名为东北电影制片厂。袁牧之任厂长，吴印咸任副厂长，许珂任秘书室主任，钱筱璋任新闻片处处长。在搬回长春之前的这一段时期的东北电影制片厂，就被称作'兴山'时期。"见袁牧之回忆录《关于解放区的电影工作》

注 伪“满映”：全称为“株式会社满洲映画协会”，1937年成立于长春。是伪满洲国时成立的一个电影机构，为当时亚洲最大的电影企业。在“满映”存续的八年间，共拍摄故事片108部，教育片及纪录片189部。做了大量的日满协和的宣传，并美化日本帝国主义的侵略政策，以加强伪满洲国的统治及日本在伪满洲国的特殊地位。1945年，日本战败投降，伪满洲国灭亡。时任“满映”理事长的甘粕正彦服毒自杀，“满映”解体。在接收“满映”时，共产党与国民政府争夺接收“满映”，最终共产党抢先。

基地，当时内战苗头都出来了，不占领不行。当时电影团是两条路，如果国共谈判谈成了，电影团就准备到南方；如果谈不成破裂，就往东北。因为东北有一个伪“满映”注制片厂，是亚洲最大的制片厂。后来形势变了，电影团就玩命地往那儿跑。我父亲没有跟着电影团走全程，他先是跟着叶剑英到北京参加军调处的国共谈判，等这个谈判破裂了，他回了一趟江苏老家，然后到山东和电影团的大部队会合，走的是闯关东那条线，坐着小船到了丹东之后，就上了黑龙江的鹤岗。当时在东北局的指导下，已经把伪“满映”接管了。因为长春的形势很紧张，就把伪“满映”所有的设备装上火车，一直拉到鹤岗。我父亲带着电影团的大部分人到了兴山，在1946年的10月1日建立东北电影制片厂。当时我4岁，也到那儿，一到丹东还得了场肺炎，差点死在那儿。

到了东北以后，他们拍了纪录片《民主东北》，还培训人员。这些人员随着解放战争的推进，分到各个部队做战地摄影师。淮海战役的照片等都是他们延安电影团培养出来的人拍摄的。他们在东北办了四期培训班，后来又拍了第一部美术片、第一部故事片等等。

记者：1949年新中国成立之后，吴老他是不是有新的任务？

吴筑清：他在东北一直工作到1954年。东北电影厂原来的厂长是袁牧之，他1949年初调到中央当电影局第一任局长，我父亲就接任厂长。从1949年负责全厂搬迁到长春，一直待到1954年。等到1955年我到北京来上中学，这时正好中央文化部在筹建电影学院，就是现在的北影。当时就对我父亲讲，给你两个工作选择吧，一个你还继续在长春电影制片厂当厂长，还有一个就是到电影学院来。我父亲愿意到电影学院，说实在话，从我爷爷当教师到他，一直有个当教师的情结吧。所以他就到北影创建摄影系，一直到“文化大革命”。

记者：说到教书育人，我们都把吴老称为摄影的一代宗师，您对此有什么评价呢？

吴筑清：北影的学生对他真是非常尊重，他平易近人，所以他们摄影系出钱给他塑了一个像，就摆在摄影系的走廊里。我父亲教书育人，一是因为他从美术学院毕业，就在他老家办的学校里教过美术课；一是因为他总有一种想法，要把自己知道的写成书，教给别人，让别人少走弯路。他在晋察冀的时候，沙飞请他写一个简单的教材培养学生，他用三天的时间就在大树下写出来了，还包括画图和药品配方。1945年延安办了两期摄影培训班，他就把自己的照片做成讲义纸，把光线怎么用等全都画好了图。所以他一定要参加电影学院的筹建。甚至到了晚年，他还希望出去看看、走走、拍拍，学点儿新的东西再写进书里。后来他就写了一本彩色摄影的书，讲解彩色摄影的来龙去脉。

记者：您小的时候，或是说上中学的时候，吴老在家里有没有什么特别有意思的事？他本人在技术上要求精益求精，在生活中又是一个怎样的人呢？

吴筑清：我们家里的孩子全都会洗照片，会照相，全都跟我爸学的。他从来不会嫌孩子们影响工作，更不会打骂我们，他的暗房我们也是随便进去玩。他也不主动教我们摄影，而是潜移默化。比如我拿照相机，他就会给你指导，照相机要端稳啊，贴着鼻子贴着脸。至于构图什么的他不教你，让你自己去悟。他在我们这些子女里头有极高的威望。

生活上他很简单。当年他在上海就属于下层职员，在生活上没有那么多奢华的要求，吃饭绝对不挑，什么都吃，粗粮更喜欢吃。但是他也从不邋遢，还是很有品位和文化素养的。晚年他没有那么多事情了，就每年出去一两次，在家里的时候整理他的照片和准备写书。他有个大计划，最后这个计划没有实现。

记者：是写书吗？写关于他个人的自传？

吴筑清：不是，是摄影技术方面的。他想把他以前写的书重新再修订一下。当然他也准备写个自传。还拿了个信封，有自传材料就往里扔。还没扔几张呢，就去世了。所以说，很遗憾。我当时还在上班，说老实话也没想到这些，等到我退休以后才开始整理他的东西，现在很后悔。所以我说你们现在做抢救，很有意义。

回忆吴印咸

记者：您好，前不久我们采访了吴筑清老人，她提到您在延安电影团和吴印咸是同事。您是我们的老前辈，我们想找您来了解了解吴老的一些事情。

鲁明：不，吴老是我的恩师啊！吴老自己出了六七本画册，还发表了一些文章。在我所熟悉的延安时期这些老电影人里，他的著作最丰富。

记者：我们非常想了解一下吴老在延安拍相片的情况，您能谈一下吗？

鲁明：吴印咸有一个很重要的功劳，就是在延安拍照片。那些照片包括毛泽东、周恩来，“七大”的五大书记[注]几乎都有！现在到新华社去找延安时代的那些照片，比如邓小平、彭德怀，别人没拍，吴印咸拍了！他把这些都拍了，他的功劳太大了！

记者：延安时期的一些照片，现在有些很难确定是吴老还是徐肖冰[注]还是其他摄影师拍的了，为什么会出现这种情况？您怎么看？

鲁明：当时真正在延安拍电影和照片的，就是吴印咸，徐肖冰也拍一点儿。我们这些人当时是训练班学员，能摸着个照相机就不错了，我们用不可能。

记者：当时在延安的时候，除了这些领袖的照片，吴老还拍过什么特别有名的照片？或者说他还有哪些拍照的活动？

鲁明：当时电影拍得少，就极个别的，像“七大”拍了点电影镜头。[注]“延安文艺座谈会”的讲话都没拍。吴印咸一谈这个问题非常后悔，觉得怎么着应该把“文艺座谈会”拍几张，不过幸好有那么一张大合影。那张大合影我也分析过，现在看起来，没有太出奇的技术，可是在当时除了吴印咸以外，我看没有第二个人能做。照片是接拍的，但接拍的痕迹很少。你们到延安文艺座谈会会址，前面有一张大照片，我一看就看出接拍的痕迹来了，一般外行人看不出来。所以吴印咸的摄影技术，我敢大胆地说一句，在现场跟我没太大区别，他

[注]指毛泽东、朱德、刘少奇、周恩来、任弼时。

[注]徐肖冰（1916—2009），浙江桐乡人。1937年参加八路军。延安抗大学习期间，他拍摄了毛主席给抗大学员讲课的珍贵镜头。先后参与了《延安与八路军》、《抗美援朝》、《开国大典》等多部重要纪录片的摄影或编导工作；同时在摄影创作上成就斐然。

[注]1945年4月24日至6月11日，中国共产党第七次全国代表大会在延安召开。会上，毛泽东作了《论联合政府》的报告；朱德作了《论解放区战场》的军事报告；刘少奇作了《关于修改党章的报告》；周恩来、任弼时等都在会上作了重要讲话。会议结束后，毛泽东致了题为《愚公移山》的闭幕词。

延安文艺工作座谈会与会者合影。延安杨家岭，1942年5月

中共七大会场。延安，1945年4月

那么照我也那么照。但他暗房的功夫太大了！我跟他在暗房洗过几次，很有体会。有一次在暗房里洗完以后，我跟吴老说："这张刚洗的我拿走吧？"他说："不不不，你要的话，我给你好的。"剩下的，他全部销毁，拿走可以，但一定要拿走那张最好的，他认为不成功的，外面一张也不流传。

吴印咸在暗房的这些功夫，都是他自己摸索的。那时候没有电影学院，他又是学美术出身的，这些都是他自己摸索的。

记者：鲁老，您跟吴老什么时候认识的？

鲁明：我跟吴老师是在延安认识的，我到延安电影团很晚，延安电影团1938年成立，我是1944年底过去的。我1938年参加革命，先在青委系统搞青年运动，1940年初到延安，先后在青干校、青年艺术剧院，1944年底从青年艺术剧院调到延安电影团。

记者：延安电影团当时是个什么样的机构？由哪些人组成？吴老在其中起了何种作用？

鲁明：延安电影团属于军队系统，成立时属于八路军总政治部，总政主任兼团长，后来归到联防军政治部。也就是五省联防[注]，陕甘宁边区加上晋绥，司令员是贺龙。所以延安电影团一直都是军队系统管，中国革命的特点是先创立红军、建立根据地、建立政府；中国的电影也是。电影归政府管是解放以后。

延安电影团主要的应该有几个人，我一个个讲。最主要是袁牧之。袁牧之在上海很有名，大演员、大导演。延安电影团第一个要了解的就是袁牧之，新中国电影没有袁牧之搞不起来。去年，电影博物馆说要搞一个活动纪念袁牧之，电影界的老人于洋[注]去了，我去了，电影学院的一个年轻教授去了，我们每个人讲十分钟。我当时讲了这么一个意思：为什么袁牧之拍了《八百壮士》后必须要到延安去？这是因为中国抗战最根本的特点是"一场战争、两个战场、三个政府"。袁牧之认识到，这场战争不拍正面战场是不行的，正面战场人家国民党还是抗日的，所以要拍《八百壮士》；但只拍正面战场也是不行的，敌后战场也是要拍的，所以要拍《延安与八路军》。这种特点，我敢说在当时只有袁牧之注意到了。

当时有个荷兰人伊文思要到延安去，国民党不让他去。于是伊文思通过袁牧之联系周恩来，把胶片、摄影机送给延安电影团。你现在要买个相机不很简单吗？买个胶片不很简单

[注]五省联防：全称为"陕甘宁晋绥联防军"，五省即陕西、甘肃、宁夏、山西、绥远这五个省。1942年，中国共产党领导的敌后抗日战争处于极端困难阶段，为加强保卫边区的力量和统一陕甘宁、晋绥两个区域的军事指挥和军事建设，中央军委于5月13日决定成立陕甘宁晋绥联防军司令部，任命贺龙为联防军司令员，关向应为政治委员。1948年2月6日，改称为陕甘宁晋绥联防军区。1949年2月1日，根据全国统一编制，整编为西北军区。

[注]于洋（1930—），山东黄县人。演员、导演，原名于延江。曾在长春市公安局任职，后任中国人民解放军炮兵部队文化教员。1947年入东北电影制片厂，参演《桥》、《中华女儿》等影片。

吗？那个时候哪里去买啊？为什么中国红军那么多年没有拍一个镜头？为什么延安有电影、有那么多照片？不就是靠袁牧之吗？不就是靠伊文思送的这个胶片和摄影机吗？另外，我们现在有个观点，说中国电影的摇篮是长春电影制片厂，这个话似是而非。长春电影厂从哪来的？从兴山，兴山是袁牧之创建的！兴山继承了谁的传统？延安的传统！所以延安电影团，第一个要讲的是袁牧之了。

第二个要讲的就是吴印咸，因为袁牧之1940年到苏联后再也没有回到延安，延安电影团此后一直都是由吴印咸率领，他的功劳很大。一来他拍了那么多照片，我做了个统计，大约有几百幅；二来他在延安还尽可能地拍了一些电影，如“七大”的开幕、会场、重要的讲话都有，很完整，主要是用16毫米拍的；另外还拍了一点儿领袖的生活片断，或者叫资料镜头。毛泽东、周恩来的都有，这是一个大功劳了。

吴印咸在行军途中。1939年

吴老还有两部影片，一部是《延安与八路军》，后来陆续找到了一些残照，不太多。一部就是《南泥湾》，是用16毫米拍的，这在电影技术史上是个奇迹。正常是用负片拍再拷贝成正片，但这个是用正片拍的。当时16毫米只剩下正片，负片没有了。大家就想尽办法把正片当负片来用，总算是勉为其难地把《南泥湾》搞出来。用摄影机当拷贝机，这是个奇迹。

第三个就是钱筱璋，他功劳也是很大的。他是编辑。吴印咸自己没有编过片子，都是钱筱璋去剪接。在上海的时候，吴印咸拍的袁牧之那几个片子，大部分都由他剪接，如《马路天使》。

记者：延安电影团的上级单位对电影团有怎样的影响？吴老在当时这种军管体制下，是如何开展工作的？

鲁明：在延安，吴印咸的顶头上级叫萧向荣[注]。他一直是在部队，最后做了国防部办公厅中将主任。他当时在延安担任五省联防军政治部宣传部部长。延安电影团是宣传部下面的单位，归萧向荣管。讲中国电影，当然要感谢党、感谢毛泽东、感谢周恩来，这都不在话下，但我说要感谢军队里的两个人，一个是萧向荣，还有一个叫傅钟[注]。

为什么要特别感谢萧向荣呢？延安电影团能保留下来就靠萧向荣。延安1941年到1943年最苦，吃黑豆。怎么办？大家散伙？还是自己动手？《南泥湾》片子就是这么出来的，自己动手才行。后来生活富裕了，不要说吃黑豆了，每天都有菜谱了。另外一个措施就是精兵简政，青艺[注]不能说多余啊，可是当时就精简了。饭都吃不了，谁看你的戏啊？但电影团他们保留了！这件事情。萧向荣有大功劳，萧向荣假如不留，电影团没有任何理由保留。没有片子可拍，留着你们二三十个人干什么？

在总政的时候，政治部主任谭政兼电影团团长。后来归到联防军宣传部的时候，谭政也没有说辞职，萧向荣也不能自兼团长，所以电影团实际没有团长。萧向荣就让钱筱璋当秘书，一切行政工作归钱筱璋管，吴印咸不负责任何行政工作，就是搞业务拍照，充分发挥他的作用。所以吴印咸在延安能够发挥那么大的作用，除他自己的努力和过硬的本事以外，最重要的是他碰到一个好伯乐，就是萧向荣。

傅钟我也讲一点。为什么说延安电影团特别感谢他呢？《延安与八路军》给搞丢了，后来陆陆续续找了一些镜头回来，但不完整，那怎么评价《延安与八路军》？《延安与八路军》的拍摄，最初是袁牧之带着拍了一段，当时有35毫米和16毫米两个机器，后来就分成两个组。吴印咸那一组拿着16毫米，让马似有做吴印咸的助理，他们到平西和门头沟；徐肖冰

[注]萧向荣（1910—1976），广东省梅县人。1927年加入中国共产党，毕生从事军队的宣传、政治工作。抗日战争时期任八路军一一五师政治部宣传部部长，军委总政治部秘书长、宣传部部长兼《八路军军政杂志》主编，陕甘宁晋绥联防军政治部宣传部部长。

[注]傅钟（1900—1989），四川省叙永县人。中国人民解放军高级将领。1920年与周恩来等赴法国勤工俭学。归国后，参加长征，后任中共中央西北局组织部部长。抗日战争爆发后，傅钟历任八路军政治部民运部部长、八路军政治部副主任、八路军野战军政治部主任。

[注]青艺：延安青年艺术剧院，1941年成立于延安，由四川旅外剧人抗敌演剧队、西北青年救国会总剧团以及小小剧团组合而成。1943年剧院同延安部队艺术学校合并，组成联防军政治部宣传队。是今天中国国家话剧院的前身。

那一组拿着35毫米，让吴本立做徐肖冰的助理，他们到晋东南。后来延安电影团50周年的时候，钱筱璋到傅钟家里去，约他写一篇文章。傅钟说在晋东南的某地见过徐肖冰这个组，就讲了《延安与八路军》的第一组镜头是拍黄帝陵，毛泽东还有《祭黄帝陵文》。这个意义非常重大，表明了我们共产党主张抗战是为了民族利益，不是为了我们一党利益。抓到这个东西，我就一下抓到了《延安与八路军》的主题和命脉。所以傅钟对延安电影团起了这么重要的作用。

记者：吴老离开延安后，在兴山做了哪些事情？他和袁牧之在这段时间的情况大概是怎样的？

鲁明：兴山不仅奠定了长春电影制片厂的基础，而且整个人民电影的企业管理方法都在兴山实践的。兴山是共产党接收伪“满映”的，伪“满映”是当时全世界很大的一个电影企业！有人告诉我，比日本国内的电影企业都大。伪“满映”是日本人建的，可这是中国人的血汗和中国人的钱啊。所以到新中国成立的时候，电影界开会，解放区的老电影人跟国统区的电影人两军会师。阳翰笙[注]代表国统区，袁牧之代表解放区，如果没有兴山，解放区的电影能成一个大军吗？怎么和人家国统区的电影会师？所以兴山太重要了！

袁牧之离开兴山以后，东影就搬到长春去了，由吴印咸领导，干了三四年，时间不长。然后就到电影学院，他在电影学院从事教育时间相当长。那时候他是电影学院副院长兼摄影系主任。我当时在摄影系，是艺术教研组组长。当时有两个教研组，一个是技术教研组，一个是艺术教研组。后来我又离开摄影系，当了党委副书记，分管学生思想工作，所以跟学生接触很多。“文革”我最倒霉，因为学生对其他的院级领导不太熟悉，对我特别熟悉，所以我也就挨斗挨得最多。吴老在电影教育方面主要是指摄影教育。

记者：吴老的身份很有意思，他在延安本来是拍电影，搞摄影，到了电影学院又去搞摄影。您怎么看这一点？

鲁明：中国的电影教育主要是按照苏联模式搞的。吴印咸在延安办训练班，比如我就是第二期训练班的，应该说还不是很正规。人家苏联是正规的，把苏联专家请来，吴印咸全部精力都在跟专家学习教学方案上。摄影专业那么多课，要懂数学，要懂物理，要懂化学。你学表演不懂这些没有关系，学摄影的不行。是吴印咸把这个课建立起来的，他根据什么模式建立？苏联模式！他思想非常清楚，学电影的表现手段、运动、造型这些东西要有照相的基础。吴老在这个方面是有很大功劳的。

当然今天来看，我们要逐渐把自己的传统加进去，把郎静山[注]的东西加进去，郎静山代表中国传统。吴印咸也知道，但是很快“文革”开始了，就没有达到。但是今天来看，吴老当时就是在建立正规的电影摄影教育。他特别强调照相摄影，这个我是非常拥护的。我们一个摄影师不会照相，怎么能摄像？

记者：您能给他做一个概括性的评价吗？

鲁明：咱们这样谈起来，我觉得吴老的形象出现了。用一句最普通的话概括吧：他这个人一生就是老老实实地做人，勤勤恳恳地做事。

[注]阳翰笙（1902—1993），四川高县人。电影剧作家、戏剧家、作家，中国新文化运动的先驱者之一，原名欧阳本义，字继修。1927年年底参加创造社。1928年初起陆续发表小说，并撰写宣传马克思主义和革命文艺理论的文章。1933年起创作电影剧本《铁板红泪录》、《中国海的怒潮》、《逃亡》和《生之哀歌》、《生死同心》、《夜奔》、《草莽英雄》等。抗日战争期间曾任国民政府军事委员会政治部第三厅主任秘书、文化工作委员会副主任委员、中国电影制片厂编导委员会主任等职。1949年以后，曾任中国文联秘书长、副主席等职。

[注]郎静山（1892—1995），浙江兰溪人，中国最早的摄影记者。郎静山创立的集锦摄影，在世界摄坛上独树一帜。一生酷爱摄影，精研摄影艺术，创作无数。在20世纪中前期，以集锦摄影独步天下。郎静山的作品曾成功地打入世界众多的摄影比赛。从1932年他的《柳荫轻舟》入选日本摄影沙龙后，紧接着他的《春树奇峰》又入选英国的摄影沙龙。从此以后，他的集锦摄影就频频在世界的沙龙摄影上得手，前后共有1000多幅作品在世界的沙龙摄影界展出。曾经获得美国纽约摄影学会颁赠的1980年世界十大摄影家称号。

拓垦。1941年

驼铃叮咚。延安，1938

被日军轰炸后的延安。1940年

哨兵。延安，1938年

刘少奇 1945年

贺龙 1940年

聂荣臻 1939年

谢觉哉 1941年

周恩来 1941年

林彪 20世纪30年代

毛泽东 20世纪30年代

叶剑英 1945年

关向应 1943年

朱德 1941年

王若飞 1940年

林伯渠 1941年

毛泽东《论联合政府》。1945年

毛泽东在延安。1945年

毛泽东应蒋介石邀请，在美驻华大使赫尔利、国民党代表张治中的陪同下，偕周恩来、王若飞等飞往重庆，与国民党进行和平谈判。1945年8月

附录：吴印咸年表

1900年　出生于江苏省沭阳县。

1919年　考入上海美术专科学校，开始接受正规的绘画基本训练。在校学习期间，开始自学摄影。

1922—1923年　毕业后，返回沭阳任教，从事摄影活动。拍摄了《晓市》等作品，1923年10月他又去连云港的云台山拍摄风光古迹文物照片35幅。

1927年　沭阳发生土豪劣绅勾结军阀武装镇压民主力量的"一六事件"，吴印咸在打击追捕对象之列，只得离开家乡前往上海谋生。

1928年　他到上海艺海布景公司任布景师。其间利用业余时间，根据自己过去学到的编织技术，汇集各种编织法，整理成《编织术初步》，是吴印咸的第一本"专著"，表现了他对艺术多方面的追求和探索。

1930年　在上海红灯照相馆任摄影师，对人像摄影进行专门研究。拍摄的艺术作品《田螺》，入选瑞士国际摄影沙龙并获奖。

1931年　加入黑白影社。其摄影作品曾在《黑白影集》、《良友》等画刊上发表，获得了很大的反响。

1932年　1月28日日军侵犯上海，照相馆被毁，经美专同学许幸之介绍，他进入上海天一影片公司充当布景师。从此他又开始接触电影。

1935年　与许幸之联合举办"绘画、摄影展"，这是吴印咸第一次举办个人影展，展出作品56幅。拍摄的电影《风云儿女》5月公映，轰动了全上海，该片主题歌《义勇军进行曲》也成为当时广为传唱、深受广大人民欢迎的爱国歌曲。接着他又拍了由袁牧之编导的讽刺旧中国黑暗的喜剧片《都市风光》。这两部片子的拍摄公映，激怒了反动当局，查封了电通公司。

1936年　在明星二厂拍摄了由阳翰笙编剧、应云卫导演的革命历史片《生死同心》和袁牧之编导的《马路天使》，再一次轰动了上海影坛。

1937年　吴印咸应西北电影公司之邀，赴太原拍摄影片。由于"七七事变"爆发，无法进行拍摄，吴印咸返回上海，与许幸之再次合作，拍摄《中国万岁》大型纪录片。后因国民党当局的检查官以"宣传共产"罪名，将《中国万岁》销毁了，致使这一宝贵资料没能留下一个镜头。

1938年　9月，任"八路军总政治部电影团"技术及摄影负责人。10月，第一部影片《延安与八路军》开机，从此掀开了中国电影史上崭新的一页。

1939年　吴印咸从延安东渡黄河，进入晋察冀边区，拍摄了贺龙、关向应、聂荣臻等同志在前线指挥作战等镜头。

1940年　电影团回到延安后，与原延安电影放映队合并，扩大了电影团。电影团分设摄影队和放映队，吴印咸任摄影队队长，并主持电影团的日常工作。其间拍摄了《陕甘宁边区第二届参议会》、《延安庆祝百团大战胜利大会》、《九一运动会》、《延安各界庆祝苏联红军成立二十五周年暨反攻

晓市。1923年

胜利大会》、《秧歌运动》、《延安群众向朱总司令献旗》、《国际青年节大会》、《生产与战斗结合起来》、《中国共产党第七次全国代表大会》等纪录片素材，记录了当时延安的政治、经济和文化生活。

1942年　加入中国共产党。谭政团长离开电影团后指定他为电影团负责人。 5月吴印咸作为电影界代表参加延安文艺座谈会，并担任会议摄影师。秋，吴印咸带领电影团开进南泥湾，拍摄《生产和战斗结合起来》纪录片。

1943年　11月毛主席在陕甘宁边区劳动英雄大会上做《组织起来》报告，他既作为劳动英雄，又作为摄影工作者参加会议。因室内光线暗，他边听边琢磨边观察，拍摄了一组照片。

1945年　4月23日至6月11日，中共七大在延安召开，他一手拿电影机，一手拿照相机，将大会的全过程拍摄了下来。后第一期摄影训练班开学，吴印咸主持教学。

1946年　他携带一批照片回到江苏淮阴、沭阳家乡展览。10月1日东北电影制片厂成立，吴印咸任技术部主任，年底任副厂长。

1949—1954年　吴印咸接任东北电影制片厂厂长。

1952年　率中国电影代表团参加印度第一届国际电影节。

1955年　被调到北京，筹建我国第一所电影高等学府——北京电影学院，任副院长兼摄影系主任，讲授摄影构图课。

1956年　9月1日，北京电影学院举行开学典礼，吴印咸任副院长，兼任摄影系主任。中国摄影学会成立，吴印咸被推选为理事。

1960年　中国摄影学会第二次全国会员代表大会召开，吴印咸被选为副主席。并为教学拍摄影片《红旗谱》。

1961年　《吴印咸摄影作品展》在北京中国美术馆举办，展出作品160幅，后到七个省市展出。

1962年　拍摄《黄山似画》风光片。

1964年　拍摄故事片《白求恩大夫》。

1965年　出版发行《红旗谱拍摄漫谈》。

1970年　任国务院文化组成员、中央五七艺术大学副校长，主持电影系教学工作。

1979年　任中国摄影家协会副主席。

1984年　中国人像摄影学会成立，任名誉主席。

1985年　任中国摄影家协会副主席。

1988年　世界摄影理事会授予“名誉会员”称号，被写进英国剑桥国际传记中心的《世界名人录》。

1989年　北京电影学院授予“荣誉教授”衔，任中国电影摄影师学会名誉主席。

1991年　中国摄影家协会代表大会上被选为名誉主席。

1994年　被推举为中国老摄影家协会名誉主席。出版《吴印咸风光花卉摄影集》。

1994年　9月7日在北京逝世。

2006年　被中国摄影家协会授予“摄影大师”称号。

附录：袁毅平访吴印咸谈话记录

袁毅平

我曾于1990年1月、1992年12月、1993年11月三次专访了吴印咸，这三次都录了音，现根据当时的录音（个别地方补充了他平时和我交谈中他的话语）整理如下：

袁毅平（以下简称袁）：吴老，您是20世纪的同龄人，也是我国的摄影先辈，您为我国的摄影事业作出了杰出的贡献，您的人格精神也令人崇敬。现在想向您作个专访。

吴印咸（以下简称吴）：谈哪方面的？

袁：您先谈谈您童年时的家庭状况。

吴：我的父亲叫吴铁秋，排行老二，他是清末的秀才。他办了一个私塾，一直教书。这样，我和我的哥哥，以及伯父家的三个儿子，都在我父亲的私塾里读书。后来孙中山闹革命，父亲被委任筹建沭阳县高等小学，并在那个小学里任教。他因为是搞教育的，较能接受新思潮，讲什么革命呀，剪辫子呀，妇女放足呀等等，还为学生讲国内外形势、地方掌故及名人事迹等等。还聘请了拳师教学生打拳，当时我的拳也打得不错，拳师对我特别满意。我们几个小学毕业，因为我父亲主张搞实业，什么工啊、农啊、水利啊等等，原来想让我的哥哥去考水利，但他身体不好，没去。我小学毕业后，因为家里比较穷，就让我到江苏省的第四工厂去学工，这个厂里有补习学校。我去厂里后一面学工，一面在补习学校上学，半工半读。

袁：那个工厂是生产什么的？

吴：主要生产棉布和线毯。当时为了适应市场需要，经常要变换图案，翻新花样。因为我从小就喜欢美术，什么画画呀，刻图章呀，还经常到一个同学家里去看他父亲画画，因此也受到一点熏染。所以在工厂半工半读两年毕业的时候，我考了第一名，绘画方面的成绩更突出了。

袁：您毕业后就去考上海美术专科学校了？

吴：还没有。因为我在学习期间经常给厂里画一些图样呀，给线毯提花呀，织毯等等，所以毕业后厂里就把我留下来当教员，半天参与图案的绘制和设计，半天给职工教图画课，也就是半工半教。

袁：后来在什么情况下去考上海美术专科学校的？

吴：因为我特别喜欢绘画，兴趣特别大，听说上海还有个美术专科学校，就想去那里学习。我和父亲商量，父亲也同意，父亲和他的朋友、亲戚商量，他们也都赞成。但是家里经济不行，后来还是得到了亲戚和朋友的资助，我就考上了刘海粟的上海美专，是二年级的插班生。

袁：那你如愿以偿了。后来又怎么喜欢摄影了？

吴：是啊，我就开始安安静静学画了。可是到了上海眼界开阔了，看到有些店的橱窗里都摆着照片，还有照相器材等等，我慢慢地又对摄影感兴趣了。

袁：你什么时候开始学摄影的？

吴：就是进了上海美专，看到人家橱窗里的照片，觉得对画画有帮助，可是自己没有相机，后来在北京路上看到一家旧货商店有卖一架旧的勃郎尼相机，是个方匣子相机，要卖3

块银元，3块银元可是我一个月的伙食费啊！买不买呢？看了几次，后来还是决心买，怎么办？只有省吃俭用，怎么省？就不吃学校的包饭，每次都到外面去吃碗阳春面（素面），面上拌点雪里蕻就算一顿饭了；出门电车也不坐了，就走路；零花钱也不化了。几个月后，就把那架相机买下来了（幸好还没有卖掉）。于是就开始自学摄影。没有老师，同学中也没有会照相的，就到照相馆橱窗里看人家拍的照片，又买了商务印书馆出版的《摄影术》这本书，就算是老师了。从那时起，就开始拍照片玩了。照完了，为了省钱也不拿到照相馆去冲洗，而是在学校住读房间的下铺底下，自己趴着冲洗，大家取笑叫做"蛙式"冲洗。同学中没有搞摄影的，但大家都支持我。

吴印咸为毛泽东拍照。1943年

袁：你在美专交了很多朋友？

吴：是的，最要好的是同宿舍的许幸之。他比我矮一班，但住同一个宿舍。

袁：你在上海美专学习了几年毕业？

吴：因为我是二年级插班生，所以学了两年就毕业了，那是1922年。

袁：毕业后就在上海找工作了？

吴：不，毕业后就回到家乡沭阳，在县立高等小学担任美术和手工教员。后来沭阳初级中学创立，我又任美术教员；之后沭阳初中又改为沭阳县立师范学校，我还任美术教员。

袁：你在县里当美术教员期间，有没有拍照片？

吴：拍了一些。

袁：拍些什么内容？

吴：拍些风光静物照片，也拍些风土人情，老百姓的生活。比如那张能表现农民清早进城赶集的《晓市》，就是这一期间（1923年）拍的，还有那些衣不蔽体的乞丐要饭的《饥寒交迫》也是这期间（1924年）拍的。

袁：后来为什么又去了上海？大概是哪年去的？

吴：后来因为地方上土豪劣绅的势力猖狂，我家是搞教育的，是新派，和他们是很对立的。他们到处抓人，学校也被迫停办。我父亲说，如果外边有工作做，你还是到外边去吧。于是我大概在1926年还是1927年（记不准了），又到了上海。

袁：到了上海就找到工作了？

吴：没有，开始很彷徨，工作一下没找到，身上又快没钱了。幸好原来美专的几个同学合开了个艺海布景公司，我就去那里帮忙画布景。布景公司生意也不怎么好，仅仅有口饭吃。后来又在照相馆当摄影师了。

袁：照相馆是谁开的？叫什么名字？

吴：照相馆也还是美专的几个同学合开的，是在四川北路，叫红灯照相馆，他们出资本，我出力。在这里，认识的人就比较多了，在这里工作两年多，结交了很多影剧界的朋友，袁牧之就是这个时候认识的。

袁：后来又怎么离开这个照相馆了？

吴：后来因为日军侵犯上海的“一二八”事件发生，由于我们照相馆橱室里摆着一些我拍的抵制日货，焚烧日货等的照片，所以就被日本浪人给砸了，捣毁了。于是我失业了。大概过了半年，由美专老同学的介绍，进了天一影片公司画布景，当布景师。但我对画电影布景兴趣不大，而是对电影摄影很感兴趣，所以我一有空就去找摄影师交谈，听他们讲拍电影的经验。同时也常到电影棚里去看他们拍电影，偷偷地学。

袁：什么时候你正式当电影摄影师的？

吴：是1935年，那年电通电影公司拍了《桃李劫》后，很受欢迎，接着要拍《风云儿女》，这是田汉编剧的，由许幸之导演，袁牧之主演，摄影师就找到我，这是我第一次当电影的摄影师。后来我又拍了《都市风光》、《生死同心》、《马路天使》等几部电影。

袁：《风云儿女》和《马路天使》等这几部电影，现在已经成为中国电影史上经典作品了。《马路天使》是不是也是许幸之导演的？

吴：不是许幸之，是袁牧之编导的，由周璇、赵丹、魏鹤龄主演，这部电影当时很轰动，手法比较新。那时还没有分什么流派，后来有人说意大利的新现实主义电影，原来源自三十年代的中国上海。

袁：听说你1938年在上海“八一三”炮火打响后，与你的同窗好友许幸之还合作拍了一部上海人民奋起抗日的电影？

吴：是的。片名叫《中国万岁》，是一部抗日战争的纪录片。“八一三”打响后，上海人民怀着满腔爱国热情，一致起来抗日。本来想到战争前线去拍，可是去了几次没法拍，所以就拍了市内人民勇敢支援前线等活动，比如搞后勤的、送救援物资的等等，还有就是敌机狂轰滥炸、民房和工人被火焚烧的、无辜老百姓被炸死的、难民收容所抢救和收容难民的，还有就是青年学生走上街头宣传抗日演讲的，以及演剧队在街头演出抗日救亡活报剧等等。

袁：那时我也在上海读小学，你讲的这些情况我现在还记得，我们一家也都逃进了难民所。

吴：我们后来又在一个高层建筑顶上，抢拍了八百勇士坚守四行仓库英勇抗击日本侵略军的镜头。还拍了一位女学生冲破包围仓库的敌人送进去的高高飘扬在仓库顶上的国旗。

袁：这部影片后来放映了吗？

吴：后来因为上海撤退，送到香港去剪辑，最后国民党反动检查官以“宣传共产”为名通不过，全部毁掉。

袁：太可惜了，太遗憾了。

袁：上面谈了很多关于电影方面的问题，现在想请你谈谈关于你在摄影创作方面的问题。先问一个很幼稚的问题，你最早为什么要学摄影？

吴：我二三十年代学摄影，目的是因为它对绘画有帮助，比如光线啊、影调啊、构图啊、形象啊、特别是它比写生、素描都快，都真实。所以我开始学摄影就是这个目的。开始还只是拍些春游活动、风景、雪竹、田螺、蜗牛、鸭子嬉水之类的东西。后来接触社会多了，就拍些老百姓的生活照片。

袁：您在二三十年代拍的很多像《饥寒交迫》、《乞斋果腹》、《运饼充饥》、《祸水茫茫》、《负重》、《过别墅有感》等反映下层人民悲惨生活的作品，当时您是怎么想的？用现在的话来说，就是出于一种什么创作思想？

吴：主要是一种同情心，因为我出身清贫家庭，父亲一直教育我们要多帮助人，对穷苦人要有同情心；后来我接触社会多了，看到社会上有许多不平等的事，心里也感到不平，有点正义感吧。另外，我也接触一些进步青年，如参加"左联"的许幸之等朋友，还有后来认识的袁牧之等，他们都对我思想上有很多帮助，提高了认识，对旧中国的腐败统治不满，对那些受压迫、受剥削的劳苦大众的苦难生活非常同情，所以就把它们拍下来了。

袁：您还记得你的这些作品在哪些刊物上发表了？

吴：好像在《时代》画报和《良友》画报上，还在《黑白》影集上发表过，其他的我也记不起来了。

袁：您在那时举办过自己的影展吗？

吴：好像在1934年和许幸之在上海联合举办过一个摄影、绘画展览，后来1935年在上海青年会举办了我个人摄影展览。好像《飞鹰》摄影杂志上也选登了我展出的照片。其他的我记不起来了。

袁：那时您没有参加过国际上的摄影展览？得过什么奖？

吴：只有一张《田螺》参加了瑞士摄影沙龙，得了个荣誉奖。那时参加国际沙龙要参加费，我出不起，就夹在朋友的参展作品中寄出去的。

袁：从您在当年拍摄电影和拍摄照片的年代来看，你是两者交叉兼顾的，是不是这样？

吴：是这样。我觉得拍电影和拍照片可以互相借鉴，互相帮助的，所以我主张一手拿照相机，一手拿电影摄影机。

袁：刚才忘问了，您是哪年参加上海黑白影社的？

吴：可能是1923年，记得黑白影社是陈传霖他们几个人发起成立的。我参加得比较晚。

袁：现在想请您谈谈你当时到延安去的情况，您是哪年去的，怎么去的？

吴：这要先说说我临去延安之前的一些情况。1937年我拍完《马路天使》后，由于种种原因，电影厂关门了，我也失业了。正好这时西北电影公司要拍一部叫《塞外风云》的影片，找到我，我就去了太原。可是还没有拍完，日军已打到山西境内，快到太原了，电影厂也只好关门，我也就离开山西回到了上海。不久，就是上面说过的1938年与许幸之合拍了《中国万岁》那部纪录片。我们拿到香港去剪辑，但被反动当局以莫须有的罪名给销毁了。正在这个时候，袁牧之从汉口发电报来，说受周恩来邀请，要去延安拍一部抗日战争的电影，牧之就邀请我去参加，我听说去延安，很高兴，抗日嘛，我的爱国心还是很强的，愿意去。不过当时我还没有作留在延安的准备。可是到了延安，情况就变了，我的思想也变了，我不想回上海了。（笑）

袁：听说您刚到武汉，被八路军办事处就委托您去接受荷兰电影大师伊文思赠送的手提摄影机和胶片？

吴：是的，原来是要袁牧之去接受的，周恩来怕引起国民党特务注意，所以要派一个很少露面的人去接，因我刚到武汉，没人认识我，所以经周恩来同意，到天黑以后，乘周恩来的汽车，到达指定地点。伊文思就把电影机和胶片交给了我。因为天黑，我们两人都没有看清对方的脸，只听他说了一句“延安，延安，”我只是紧紧地握住了对方的手，表示感谢。

袁：就在这一年（1938年）您就去延安了？

吴：就在这年秋天。

袁：请您谈谈初到延安的印象？

吴：我一到那里，我觉得到了另一个天地，和旧社会完全不同。这里所有的人，不管是领导、军人、机关人员、老百姓，生活上都一个样，一律平等，大家唯一的目的，就是为了打败日本帝国主义。还有就是这里实行三大纪律八项注意。军民关系也非常好，不像国民党那样，见了人家的东西就要拿，不给就抢。我们家里虽然没有什么好东西，那些国民党兵也常来强要东西。所以我觉得延安这里太好了，就决心留在延安了。

袁：您到了那里怎么开展工作？

吴：就是这年（1938年）秋天（9月），在周恩来副主席的直接关怀和指导下，成立了“八路军总政电影团”（简称延安电影团），由总政治部副主任谭政兼任团长，团里分两个队，一个队是搞专业的，有袁牧之，我和徐肖冰三人；一个队是搞行政事务的，有李肃、魏起和叶苍林三人，另外还有几个勤杂人员。以后又陆续调进了吴本立、马似友、周从初、鲁明、程默、侯波等。

袁：成立后立即开始拍片了？

吴：10月初就开始拍《延安与八路军》大型纪录片，是在陕北黄帝陵那里开机。

袁：这部片子的主要内容包括哪些？

吴：主要是八路军的活动，如他们的练兵、战斗、学习、军民关系、军事工业、生产劳动，还有党政军民的各种活动，等等。

袁：都是在延安拍的？

吴：不是，先拍延安部分，然后到敌后根据地去拍。

袁：这部片子拍了多久？

吴：差不多一年半拍完了。拍完后由袁牧之把素材带到苏联莫斯科电影制片厂去做后期制作，可是又碰到苏德战争爆发，在电影厂撤退过程中又全部丢失了。

袁：又是一大遗憾！可是我们现在看到有些纪录片中表现延安生活的镜头，是不是《延安与八路军》影片中的？

吴：当时带去的底片全部丢失了，后来只好从部分样片中翻拍了一些，改编为《延安生活散记》。

袁：听说毛主席还接见过电影团同志？

吴：那是在电影团成立后的第二年年初，毛主席接见了团里的主要成员，鼓励我们说，现在你们还英雄无用武之地，但将来会有很多的工作，可以充分发挥你们的能力（大意）。接见后还留我们一起用餐。

袁：我听说，有一次您和徐肖冰正在住房里拆卸和整理摄影器材，日军飞机突然轰炸电影团驻地附近的房屋，把你们的住房震塌了一角，你们就扑到机器上用身体挡住塌下的瓦砾和沙石，保护了机器；之后一点一点捡起了埋在沙石下的零件（一件未缺）。这次机器无损，人也未伤，谭政等领导特来慰问。具体情况是这样吗？

吴：是这样。听说后来周恩来副主席知道了此事，也关心我们的安全问题。

袁：那部《南泥湾》纪录片是什么时候拍的？

吴：是1942年的秋天。为了贯彻执行毛主席《在延安文艺座谈会上的讲话》精神，实践为工农兵服务的方针，由我带领摄制组到荒无人烟、长满荆棘的南泥湾去拍摄军民开荒生产的情况。我请求毛主席为《南泥湾》影片题词，毛主席同意，但是因为胶片感光很慢，而毛主席办公的窑洞里光线很暗，我又建议把办公桌搬到窑洞外阳光下书写，毛主席就题写了“自己动手、丰衣足食”八个大字。写好后他说：“用完后就送给你了。”后来就配在《南泥湾》影片的片头上了。这八个大字我也收藏起来了，后来一直到1959年革命博物馆建立，我捐赠给革博了。

袁：我在一处资料上看到，你在延安被评为劳动模范？

吴：那是1945年陕甘宁边区劳动英雄和模范工作者大会上被评为文艺界甲等奖。

袁：您那个时候除了拍电影，也拍了许多照片，也是一手拿电影机一手拿照相机交叉起来拍的？

吴：是这样。后来电影胶片快拍完了，当时材料来源断绝，就改为以拍照片为主。

袁：您在延安及其他根据地拍了许多表现延安生活和延安精神的照片，其中也有不少包括领袖形象的人物照片，它们大多神态自然，栩栩如生，您是在人物活动的自然状态中抓拍的？

吴：我尽量抓拍，有一些是看具体情况坐好了摆拍，但即使是摆了也是摆中有抓的，就是抓其神态表情。

袁：现在问句题外话，我看您家客厅里常年挂着《白求恩大夫》和《艰苦创业》两幅作品，从未换过，是不是它们最有意义？您最喜欢？

吴：是这样。

袁：那请您谈谈这两幅作品具体的拍摄过程，用现在的话来说，谈谈照片背后的故事。

吴：先说《艰苦创业》这一片张。那是在1942年毛主席在窑洞前对120师干部讲话时拍的，事先我不知道这讲话，后接通知急忙赶到现场，毛主席已经开始作报告了。一般情况下，大多是拍半身的，主要是人物讲话时的神情动势，我也拍了几张。但我看到毛主席的旧裤子上补了两个大补丁，旁边还摆一个小凳子，凳子上摆了一个搪瓷茶杯，这充分表现了抗日战争时期的生活多么艰苦，连主席都穿打补丁的裤子，其他人就不用说了，所以原来照片的标题叫《毛主席给120师干部作报告》，后来改为《创业》，最后又改为《艰苦创业》。建国以后新华社要编印毛主席画册，请他审阅的时候，毛主席看了这些照片很喜欢，说它最能表现时代。拍这些照片时还有一个插曲。报告完了之后，贺龙同志要请毛主席吃饭，也让毛主席的随同人员和我们电影团的几个同志一起去吃，就在报告现场背后的窑洞里吃。我先进去了，叫勤务员收拾好东西进去。等他进来时，我们都开始吃了。他一进来看到有个空位子坐下来就吃，没有注意旁边是毛主席，毛主席等他坐下后就问他你叫什么名字。是哪里人？他一见是毛主席在问他，紧张得满头大汗，不过他还是一一回答了，这说明毛主席待人接物不分身份高低，平易近人，大家都是同志，我也非常感动。

袁：您再讲讲拍摄《白求恩大夫》的前前后后？

吴：这要说起来话就长了。那是1939年的春天，延安电影团奉命去晋察冀拍摄八路军的战斗生活。因为这是《延安和八路军》影片的一部分，领导上把白求恩为抗日军民服务的模范事迹也列入拍摄计划。为了让我们便于接近和了解白求恩，领导上特意安排我们摄影队住在白求恩医疗队隔壁的院子里，这样我们就成了邻居。我和白求恩也渐渐成为熟悉的战友。由于白求恩也爱好摄影，而且他有一架“雷丁那”小型相机，是他随身携带的心爱之物，这样我们之间就有了共同的语言，渐渐成为要好的战友。两人经常谈论一些摄影方面的问题，比如战地摄影用什么样的相机最方便，战地摄影和平时摄影有哪些不同的地方，还有就是有关摄影技术和技巧等等方面的问题。此外，有时他还谈一些有关战地医疗的问题。而后我也一直跟随白求恩及其医疗队东奔西走。他对工作高度负责，他说：“对于抢救伤员来说，时间非常宝贵。”为了能够及时抢救伤员，以免延误治疗时间而使伤员致残甚至牺牲，他主动申请把医疗队设在靠近前线的地方。由于日军的残酷“扫荡”，又由于蒋介石反动派的严密封锁，运送医疗器械和药品缺乏适当的工具，往往因此影响对伤员的抢救，所以绞尽脑汁，想个什么办法来改变这种情况。后来他受架在小毛驴背上的粪驮子的启发，又请教了老乡，在紧张抢救伤员的间隙，自己设计出了一种“药驮子”，架在小毛驴上，既可单独用作运输医疗器材的工具，也可在两头牲口，两付“药驮子”上面搁一扇门板或担架，成为既轻便又灵活的战地手术台，非常适合打仗时抢救伤员的需要。因为这种药驮子是桥形的，所以他风趣地给它取名叫“卢沟桥”。白求恩这种高度负责和不怕牺牲的精神使我非常感动，也非常钦佩和敬仰。

袁：那幅《白求恩大夫》就在这个时候拍的？

吴：是的。那年（1939年）10月下旬，白求恩准备启程回国，为中国人民抗日战争募捐资金、药品和器材，欢送会都已经开过了。可是偏偏在这个时候，日军调集了两万多兵力，还配合飞机大炮和装甲部队，向边区发动了大规模的冬季“扫荡”，白求恩大夫考虑到这场战争一定十分残酷，伤员一定不少，因此他决定暂时留下。战斗打响，而且打得非常激烈，医疗队的手术室就安置在离火线六七里路的涞源县孙家村外的小庙里。这时，担架队员从摩天岭火线一个个把伤员抬下来顺次排在小庙外的土坡上待治。白求恩大夫身穿白围裙，卷起袖子，站在“卢沟桥”铺上门板的手术台前忙碌地给伤员动手术，因为离火线近，枪炮声越来越近，破旧的小庙被震得簌簌落土，情况非常紧急，但白求恩镇定沉着，聚精会神地给伤员动手术，这时我非常感动，赶紧连拍了几张他全神贯注地救治伤员的场面，现在这一张《白求恩大夫》就是其中的一张。可是就在这一次他救治伤员时，划破了手指，中了毒，不幸以身殉职，我非常悲痛。所以我要把这最后一次为他拍摄的这幅《白求恩大夫》，永久地挂在我的客厅里，永远地纪念这位革命战友——伟大的国际主义战士。

袁：您说得很激动，我听着也非常感动，现在我还想请您谈谈您写书的事情，听说您在抗日战争期间写过一本《摄影常识》，是吗？

吴：是的。那是在1939年夏天，我到晋察冀去办事，沙飞同志要我帮忙写一本摄影常识的书，当时我身边什么参考材料都没有，就凭脑子记忆，记得是在一棵大树下的石板上写的，一边擦汗一边写。

袁：写些什么内容还记得吗？

吴：大概就是镜头的原理和使用方法，底片的种类和冲洗方法，怎样选择题材，还有冲洗配方，等等。

袁：写了多长时间？

吴：大概十来天。

袁：没有任何参考材料，光凭记忆十来天就写出一本书来，太不简单！

吴：写完后邓拓同志和沙飞同志都写了序。

袁：当时在哪里出版的？

吴：晋察冀抗敌报社出版的。

袁：建国以后您出了哪些书？

吴：在电影学院出了《摄影艺术表现方法》，后来又写了《人像摄影》、《摄影用光》、《摄影构图》、《彩色摄影》、《摄影滤色镜》、《风光摄影》。

袁：吴老，我觉得20世纪30年代上海出版的《黑白影集》上发表您的《摄影艺术的欣赏》美学论文，很有理论深度，我希望您现在多写点摄影美学方面的论文。

吴：我现在正在把我写过的这些通俗的摄影小册子，重新修改，合成上下两大集，我写这些通俗的摄影小书，主要是给初学摄影的青年人阅读，让他们少走弯路，因为我想到当年我学摄影时缺少书籍参考之苦。我想把这些书修改完了，再写些摄影艺术理论方面的文章。

袁：您真是为青年摄影人用心良苦。

手中武器就是相机

吴群

手中武器就是相机
手中武器就是相机
手中武器就是相机
手中武器就是相机
手中武器就是相机
手中武器就是相机
手中武器就是相机

这是党组织要我在战斗中边学习边实践，从事宣传报道工作的开始，我越学越干越感到这一工作的重要性，逐渐增强了革命事业心与责任感，决心努力当一名以宣传报道做武器的革命战士。

——吴群

手中武器就是相机

口述人：吴晓成（吴群之子）伍时宝（吴群之女）／ 采访人：宋文婧 高初 ／ 撰稿人：宋文婧
时间、地点：2010年7月9日于解放军报社（采访伍时宝） 2010年7月8日于新华社附近（采访吴晓成）

吴群（1923–1996），中国著名战地摄影记者、摄影理论家。原名伍于琛，广东顺德大良人。1938年参加革命，1939年加入中国共产党，同年从延安抗日军政大学毕业后，随军奔赴华北战场。曾任《部队生活报》、《冀晋子弟兵报》编辑，晋察冀画报社摄影记者、采访组长，华北画报社副主任，解放军画报社副总编辑等职。在20世纪40年代至50年代，他拍摄了许多摄影作品，其代表作有《胜利挺进》（1945年摄）、《刘少奇同志在全国土地会议上作报告》（1947年摄）等。1949年，吴群作为中国人民解放军文艺工作者代表，出席了第一届全国文艺工作者代表大会，同年参加了中国人民政治协商会议和开国大典摄影采访活动。1951年至1953年三次赴朝鲜，在抗美援朝前线进行摄影采访。1958年转业后，出任中国摄影学会秘书长兼《大众摄影》主编，《中国摄影》编委和理论研究部主任。此后，他把主要精力用于摄影理论研究工作，尤其对中国摄影史的搜集、整理和研究工作倾注了心血，发表了一大批摄影评论、摄影史论文章。1971年，任新华社摄影部副主任。1983年离休后，仍潜心研究摄影文史，其著作《中国摄影发展历程》，于1986年出版。

解放丰镇。
1945年8月22日

奔赴延安，三次穿越封锁线

记者：能否谈谈吴群老先生（以下简称吴老）早年参加革命的经历？

伍时宝：我的父亲吴群1938年9月经人介绍，只身离家前往长沙八路军办事处参加革命，那年他16岁。第二年我的大伯也离开家，参加了新四军，他后来在皖南事变中牺牲了。我父亲1938年10月到达陕甘宁边区的庆阳㊟，在抗大第四期五大队学习，年底该大队奉命开赴晋东南敌后，中途我父亲双脚冻伤了，送回延安就医，愈后又被安排在抗大五期三大队八队学习，当时是在瓦窑堡。1939年夏，他随抗大总校进入了敌后晋察冀抗日根据地，被编入一大队六队继续学习。1939年12月15日经刘铁如、张华介绍加入中国共产党。同年底在抗大毕业，被分配到晋察冀军区第二军分区政治部宣传科任通讯干事。这是党培养我父亲成为一名能文能武的摄影记者的开始。当时我父亲觉得越干越有劲儿，他就毕生以新闻摄影报道、摄影理论研究为职业。多少年来他换过多少个工作单位都没有离开过摄影，没有放下手中的武器。他是一手拿笔一手拿着相机为摄影事业作贡献的。㊟

记者：吴老当时是怎么去的延安？

伍时宝：在学校里头受初中老师影响，接触到一些进步人士。当时有一种气氛就是宣传延安、向往革命，他也想走出来，瞒着家里说去衡阳读高中，拿了路费学费去长沙投八路

冀东宁河游击队。

㊟庆阳，位于甘肃省东部，陕甘宁三省区的交会处。庆阳是革命老区。1927年在宁县建立了甘肃第一个农村党组织，1931年建立了甘肃第一支革命武装——南梁游击队，1934年建立了西北第一个陕甘边区苏维埃政权——南梁政府。陕甘边是我党在革命战争年代保存最完整的革命根据地。后与陕北革命根据地连成一片，组成西北革命根据地，为北上抗日的红军和党中央提供了落脚点。

㊟本文吴群生平部分参照《吴群业务自传》有所修改，该自传为吴群评职称时写就，于1982年12月4日上交给新华社摄影部。分为三部分：一、1940年1月至1958年9月，在部队工作阶段；二、1958年10月至1969年2月，在中国摄影学会工作阶段；三、1971年1月至离休，在新华社摄影部工作阶段。《吴群业务自传》曾刊于《摄影文史》1996年第1期（总第5期）第8—10页，本文引自吴群手稿。

注吴群战争年代的几个笔记本保留在伍时宝手中，内容多为：素材速记、战士家书、农时民谣、苏联歌曲、战时笑话、英雄事迹、战地经验……

注《晋察冀日报》，1937年12月11日由晋察冀军区出版，原名《抗敌报》。1938年8月改由晋察冀边区出版，成为中共晋察冀边区党委机关报。1941年11月，《抗敌报》改名为《晋察冀日报》，邓拓任社长兼总编辑。

注原为《抗敌报》的副刊，只发军内，内容是八路军的生活和作战经验，专门指导军事斗争，不久改为《抗敌三日刊》。

注《晋察冀画报》第七期（1944.6）是群英会专刊，特别发表了转载文章和首长讲话，群英榜，授予邓世军战斗英雄、李勇爆炸英雄、戎冠秀拥军模范——子弟兵的母亲光荣称号的决定，战斗英雄记，边区模范人物记，群英发言等共十七篇文章。文章的作者是：雪茜、仓夷（两篇）、吴群（两篇）、夏兰、野明、姚远方、李荒、沈重、林江、并松等。

注据查，《晋察冀画报》第七期（1944.11）第5页发表吴群、蔡尚雄的专题《晋东北敌第一线十七点碉倾覆——五台‘无人区’全部解放》，其中上中下三图中的后两幅为吴群拍摄。《晋察冀画报》第八期（1945.4）第27页第28页刊登吴群的专题《雄峙敌后的五台山》，共用图五张。晋察冀画报第九期、第十期合刊（1945.12）第25页、第26页、第29页刊登了吴群的图片《解放阳高》、《解放天镇》、《丰镇》

注位于山西省东北部的大同盆地东南边缘，地处桑干河支流浑河中上游。

注地处山西省东北部。

的。他的哥哥也鼓励他。但是后来因为祖母在，长孙不能先离开家，所以我的大伯就让我爸爸先去延安。他也是受到革命的感召，当时的热血青年都很向往延安。于是我的父亲比我大伯早一年离开家投奔革命。

记者：吴老到达延安以后，就开始接触摄影或者新闻工作了吗？

伍时宝：对，刚参加革命的时候，他就是个高中生，也没经过专业训练，他实际上是边学边干边摸索，这样才积累了一点儿经验。

记者：他是如何开始学习摄影的？

伍时宝：当时缴获了相机，没人研究，他们就自己鼓捣，弄一个胶卷就高兴得不得了，就拍，然后一边摸索一边实践。后来跟《晋察冀画报》联系上，他当上报道员，寄过去的照片就刊登了。相机这种洋玩意儿他会摆弄一下，但当时真是很艰苦。听他说保留这些照片、底片也很困难，行军打仗，什么都能扔了，就这些东西都得带着。为了保护这些底片，保存革命的资料，他们付出了很多。摄影作品、资料都得随身带着，行军打仗除了吃的穿的以外，作为摄影干事你必须拿着这些，等于相机就是你的枪，底片就是你的子弹。

作为文艺战士，手中武器就是相机

记者：吴老抗大毕业以后，从1940年开始，一直在晋察冀军区第二军分区政治部宣传科工作？

伍时宝：对。

记者：那个时候他主要做了一些什么工作？

伍时宝：采访和编辑，就是搞摄影、搞报道。他自己也记录下到哪儿采访、摄影。这些资料现在都保留着呢。注

记者：吴老是在怎样的一个情况下，从新闻写作转到摄影这方面来的呢？

伍时宝：他在第二军分区政治部宣传科，主要就是担任《部队生活报》的编辑，组织采写新闻报道工作。他经常下部队到前线去采访，后来做了《晋察冀日报》注和《抗敌三日刊》注的特约通讯员，为这两份报刊提供新闻稿。他1944年与《晋察冀画报》取得联系，做该刊的摄影通讯员注，拍摄了像《雄峙敌后的五台山》注等照片，写了《威震同蒲北段的杨主任》、《定襄支队战斗英雄阎清才》两篇通讯稿，在《晋察冀画报》第五期登出来。1945年他就调到冀晋军区政治部宣传部任部员，担任《冀晋子弟兵》的编辑。我从他的照片上看，他在雁北前线采访了解放浑源注、阳高注等战斗，这些照片现在在画报社的底片库里都有。他写的《我们挺进到外长城的中部》等通讯，在《晋察冀画报》增刊上发表了，这个报道很能鼓舞部队。抗战胜利后，他随部队挺进到塞外，转战集宁、归绥（今呼和浩特）、包头城下，又拍了一些照片，写了一些通讯。1946年就调到晋察冀军区政治部，担任《晋察冀画报》采访组长、摄影记者。可以说，1946他就变成摄影和文字报道并重的一个前线记者。

记者：那应该很辛苦，既要摄影又要写东西。

伍时宝：他是以此为乐。当时写东西的人毕竟多一点儿，搞摄影的人还是少一点儿，在历史环境和部队需要的情况下，他把缴获了的相机利用起来，作为宣传的武器。他觉得如果是相机拍照片，就比较直观，视觉上有冲击力，这比光喊口号做政治报告更有说服力，也能达到鼓舞部队士气，宣传我们战果的作用。所以他是一手拿笔一手拿照相机，来担任前线记

者了。

记者：在战斗环境下，您刚才也提到了，不管拍照也好，洗照片也好，保存照片也好，都是非常的困难。那吴老有没有具体跟您说过自己当时的摄影工作情况？

伍时宝：他讲到当时印刷画报要配什么药水，怎样冒着暴露身份的危险，到敌占区去买。过去买的药水是违禁物品，就托人家在天津买。在这么困难的条件下，看到自己的一些作品发出来那是很高兴的。

还有就是有很多方法是他自己琢磨出来的。比如说解放昌黎得爬城墙，城墙很高，夜间拍摄又怕暴露目标，那时没有闪光灯，他就自己动脑筋，拿镁粉放在一个喝水的茶缸里，在敌人炮火打来的同时让通讯员点燃镁粉，突然一闪，帮助他完成夜间登城的拍摄。

记者：那他们会有学习讨论，来提高摄影技术吗？

伍时宝：有的。主要是开会和办业务刊物。在第一届全军摄影座谈会上，他有一个发言，讲了他当时第一次拿相机去拍解放浑源的战斗。

记者：是什么样的故事，您能具体讲一下吗？

伍时宝：他当时也是战场上的新兵，第一次参加攻城。那个时候一般只能在白天光线好的时候拍照片，打进城后，天很黑拍不了。子弹飞，炮弹响，这种情况下他也不可能找到最佳的摄影位置。他看到战士们都很勇敢，就说战士们不怕，他也不怕。他看战士怎么跑的，他就学着。战士沿着墙根跑，这样枪弹不容易打过来，如果直着身子或是跑到街中心，要被打中负伤的。所以他一看战士这么跑，他也学着战士猫着腰沿着墙根跑，这也是一种学习的过程。他跟着人家走，觉得哪个拍摄镜头不合适了，没拍好，就抓紧时机，再找角度。

记者：在战斗前线这么危险，他有没有害怕过？

伍时宝：他讲过他也害怕，第一次参加攻城战斗心里也是很紧张的。后来他经历多了，也就不害怕了。

记者：您看了他的这些战争照片以后，第一反应是什么？

伍时宝：拍摄难度很大，并且还能保存到现在是很不容易的。老一辈的这些人，在战争环境里行军打仗，能够把照片保存下来是很难的。什么东西都可以扔掉，就这些东西得当宝贝似的存着。他原来有一个马褡子，所有的资料都放在里面。就是一块布两边是兜子，像我们现在的信袋，文件、底片都插在两边。行军时经常是人背着，马驮着。

记者：吴老拍了这么多照片，他自己有没有最得意的一张？

伍时宝：拍摄都是革命需要。他自己比较喜欢的照片里，有一张《胜利挺进》，就是日本宣告投降后，我们大部队挺进，朝着前方进军的一个场面，现存中国革命历史博物馆。还有一张1944年，八路军进抵五台山龙泉寺，被中国抗日纪念馆展示。

记者：吴老有没有跟您谈过他在《晋察冀画报》的一些事情？

伍时宝：谈到过画报社着过火，他们参与救火，把资料抢出来，老画报在石家庄的原址现在还有。

我直接跟他生活在一起的时间不长，我主要是从文字和照片上回溯父亲当时的战斗和生活。前不久，解放军文艺出版社出版了一本《照片背后的故事》，根据照片去找故事，出版社邀我写父亲解放昌黎[注]的故事。后来我找到他两篇未寄出的稿件，字写得很小，拿放大镜对着看，正好是写解放昌黎的，之所以当时没发表，可能因为情况紧急来不及发，或者部队转移了。

八路军展开局部反攻，解放五台山，“雄峙敌后的五台山”组照图一：进抵龙泉寺。1944年

八路军展开局部反攻，解放五台山，“雄峙敌后的五台山”组照图二：僧人围观战利品。1944年

八路军展开局部反攻，解放五台山，“雄峙敌后的五台山”组照图三：战斗后在京阁寺操练。1944年

做学问得严谨，每一句话必须要有出处

记者：1949年7月，吴老作为部队摄影工作者的代表出席了第一次文代会。那时他最主要的精力已经放在文字上了，但是他参加这个会是以摄影工作者的身份去的。

伍时宝：他进城以后主要是在解放军画报社做领导工作，拍摄的机会就很少了。他主持画报的日常工作，《解放军画报》正常出版和印刷。

记者：吴老还是拍了很多很好的照片，比如说刚刚提到的开国大典、文代会，还有政治协商会议、人民纪念碑奠基仪式。您能谈谈这方面的事情吗？

伍时宝：他参加了开国大典的拍摄。他那个时候是摄影科长，主要是拍海陆空受阅。现在常用的步兵正步走过天安门的那张就是他拍的。还有1958年拍周总理在十三陵，再就是文代会和抗美援朝。抗美援朝去过3次，有一次还负伤回来了，是飞机弹片把他弄伤了。我听父亲说："战场上有很多次炸弹就在身边爆炸，战友牺牲了，我是幸存者。我一定要完成他们未竟的任务与使命。"这是父亲拼命工作的动力。

拍人民英雄纪念碑奠基仪式的时候，那天是傍晚，周总理宣布奠基仪式开始，当时光线很暗，要把领导都照齐了不容易。他就是在光线暗淡的情况下完成照片的拍摄。

记者：吴老从朝鲜战场回来后，1956年开始担任中国摄影学会常务理事，社会活动多了，那个时候工作内容有什么改变？

伍时宝：他经常出去讲课，摄影刊物约稿挺多的。

他离休以后还是每个月给自己定指标，每个月写一篇摄影史这方面的文章。我回家的任务主要是拿什么报纸复印给他，拿什么照片回去翻拍。我因为在资料室工作过一段时间，他就让我把《晋察冀日报》的缩影本给他，他都查了一遍，还手摘自己发表的文章。他写东西都有根据，自己抒发感情的时候很少。他以此为乐，觉得写这些，沉浸在当时那些岁月里头，很欣慰。

记者：那吴老会跟家人谈论自己对摄影的见解吗？

伍时宝：没有，他是特别内向的一个人，不爱谈，办事极其认真，一丝不苟。

摄影史由部队培养的摄影家写，更有意义

记者：晚年吴老还拍照吗？

伍时宝：拍，他离休以后拍照跟工作上的拍照不一样了，比如到各地去采风，到哪里去讲课，他都喜欢拿起相机来。比如他到五台山故地重游，在当年照过相的地方，再照一遍。当年他跟哪个战友在那里的哪个台阶上照过相，多少年以后他又到那个台阶那个地方再照一次相。

记者：吴老是摄影、文字并重，您觉得在这两方面，他哪一方面更突出一些？

伍时宝：他前期主要注重文字，中间是拍照片，在战场上学的。到晚年的时候，基本上是搞理论为主。搞理论研究，他想填补中国摄影史的空白，从冷门写起，一步一步地自己写，他出了本《中国摄影发展历程》，还计划继续写，但是已经没有精力了。

记者：为什么会有这样的一个变化，即从一个摄影记者、文字记者，转到理论方面的研究？

伍时宝：他转业后，主要的精力放在摄影杂志上。另外，他在中国摄影学会一直担任秘

吴群战争年代放底片的马褡子。

书长兼理论研究部主任，在那个位置上必须得抓摄影理论研究工作。

记者：吴老晚年一直不停地做理论研究，动力来自哪里？

伍时宝：他就是喜欢。搞摄影史的人特别少，他发现这是冷门，甘愿坐冷板凳。我们觉得，要是出书卖不出去怎么办？他说国际上需要。他还跟国外的朋友交流过，人家就是搞摄影史的。中国摄影史还真没人写，他说这一块由我们部队培养起来的摄影家写，更有意义。他当时觉得有义务，应该写。

记者：工作中的吴老是一个什么样的人？

伍时宝：他工作起来认真到极点，查一个资料，他非得要查出这句话源自哪里，写得非常详细。当时没有像现在可以扫下来或者复印，全都手抄。

他投身于摄影，作为毕生的事业来干。当时电视台放什么摄影史，很晚了，他还叫我们录下来。他一直工作到生命结束。他去世的那一年是1996年，手上还在编摄影史，突然感冒高烧，一直不退。在急救中心抢救的时候，高度昏迷，后来人一清醒，同事去看他，他就说："哎呀，赶快把这个稿子，手边完成的东西发出来。"

记者：工作上如此的严谨，那生活中的吴老又是什么样的？

伍时宝：他在生活当中是很随便的一个人。非常俭朴，不讲究，吃也没吃好，穿也没穿好，反正就是不照顾自己。他钟爱的东西他就投入十二分的热情去干。

记者：您觉得吴老这一生还有没有什么遗憾？

伍时宝：他遗憾的是中国摄影史没有在他手里头编成。他计划挺庞大，想写中国摄影史。我看过他的写作提纲，是以时间为分界线，翻拍了好多资料，做了一些笔记。他都有计划，时间划分成一段一段的，手稿一袋一袋的。

记者：吴老的照片和文章很多都是您整理的，过程当中有没有什么感受？

伍时宝：保存下来的已经是很珍贵的了，尤其是抗日战争和解放战争时的能保存下来的很少。战时一天换一个地方。"文化大革命"中间很多东西都失散了。我们所能理解的东西，图片和文字，不一定对得起来。比如一张底片，你不是当事人，你就不知道姓甚名谁。

记者：在这些有限的照片中，您觉得哪几张好？

伍时宝：五台山的，挺平民化，比如五台山的和尚读报。五台山是名胜古迹，八路军上去以后，跟当地老百姓怎么融合，怎么教育老百姓参加抗日，这些拍下来都挺说明问题的，比去动员人家作政治报告，更有说服力。但最精彩的还是开国大典。

记者：您是怎么评价他在摄影工作上的成就？

伍时宝：他工作上的成就我们引以为傲，他做人非常正直、清廉、不张扬，属于勤勤恳恳干活的人。他一辈子不夸夸其谈，淡泊名利，踏踏实实，任劳任怨，在工作上投入满腔热情。那个时候在新华社，他身体不好，但是一直值夜班。他觉得"文革"耽误的时间，在晚年一定要补回来，所以他投入了全部的精力。

在我父亲追悼会上，人家给他评价的就是引用的这句诗："春蚕到死丝方尽，蜡炬成灰泪始干。"特别形象，他就是这样的一个人。父亲对住房等待遇从不向组织提要求，"文革"平反后，他自愿每月交党费200元，而他给上海爷爷奶奶的生活费仅50元。对子女工作安排，从不走后门。妈妈说，不少人托他拉关系走后门办点事，他从不答应。都说他傻得不近人情。真是两袖清风，一身正气！

吴群之子吴晓成眼中的父亲

记者：听说吴老去延安时好像比较困难，大概有三次被国民党遣送的经历？

吴晓成：在我上中学那时候听他讲过当时是怎么从广州去的延安。在“文革”期间，经常有人查他的历史问题。那时候我也懂事了，比较好奇，也问他一些具体情况。当时“通共”是死罪，格杀勿论，我的父亲想去参加革命就要隐姓埋名。我父亲本不姓吴，我爷爷他们这一家都姓伍。他为了能离开广州，不连累家属因“通共”而受株连，用一个假身份逃跑，抓住以后，人家核查半天也找不到他的名字。

那时他在读中学，在文艺方面比较有特长，能写写画画。那个时候有志青年大都很想去延安抗日。我的爷爷算是铁路职员，做法律方面的工作，因膝下无儿，将我父亲过继为儿。我亲爷爷在广东学医，学医和学法律的那时都是上等阶层，高收入，家里条件肯定不错。走上革命道路就等于是脱离了优越的家庭去过清苦的生活，而且准备好丢掉性命。那时候日本入侵，国民党也围堵，我父亲准备到延安去，实际上就没打算活着回来。当时国民党也在宣传，去延安就类似上山当土匪去了，按我父亲那个家庭来讲，这等于是脱离家庭。要没有一定的革命志向的话，一般人下不了这个决心。

当时国民党从大城市到边区设立了好多道封锁线，大批的热血青年被遣送回去，有的被关起来。他好像曾经穿越封锁线失败，两次被遣送回去。后来他有了经验，发现了一个漏洞，就是被抓到后第二天才会被送回去。所以第三次被抓住的晚上，他借上厕所之机翻墙逃跑了。

记者：吴老是从广州出发的？

吴晓成：对，我们老家就是广东顺德。顺德当年也是华侨大批地往外走，（因为）日本人占了广州，热血青年有民族仇恨。我的父亲是付出了一些艰辛才走上革命道路的。

记者：您了解吴老到了延安，在抗大的学习经历吗？

吴晓成：我知道他是抗大第四期毕业。我亲眼看过他的毕业证书，林彪校长签署的。他参加的是干部速成班，主要就是学理论，也有一些技术，像他们就主要学摄影这方面的技术。当时有反战同盟成员，他们是带着技术来的，要传授技术，必须得找有文化的人，文盲没法教，文盲做笔记都不能做。

记者：为什么吴老一开始是写报道，也画画，而不是摄影？

吴晓成：他能写写画画，出板报，有时候出小册子。他自己写日记，都配插图，图文并茂。拍摄的照片量倒不是很大，因为很难弄到胶卷。弄到胶卷也很难把它印出来，一般感光材料有效期很短，而且在那种恶劣条件下很难保存。当时能看出影来，很短时间内又没了，等于还是损坏了。另外很难搞到化工原料，还有医疗药品，这些对边区都封锁了。他们采访完了不能很快地弄出来做成照片，好多就只能靠插图。找其他的代替，质量不是很高，画报实际上是以字为主，大量的文字配上点儿插图。拍摄照片只能等到从战场上偶然缴获了一些胶卷，数量很有限。

那时有条件才能搞摄影，因为相机没有几台，胶卷就更少。一年也没有几个胶卷，都是靠战场缴获。你能拿到胶卷拍，等于你有一定资历，或者有一定的技术。很多学员开始的时候连真正的相机都碰不到，只能自己比划，就是怎么取景什么的。

他在延安的时候，可能在这方面算是有特长，也比较喜欢。我听我妈说，她到延安的时候，我父亲正好是他们那个班的指导员，那时已经在油印一些战地宣传、报道的刊物。

记者：吴老当时得到的这些胶卷也是缴获的？

吴晓成：战利品都上缴，上缴后人家就筛选。他们当时缴获的好多都是电影胶片。电影胶片用量大，这一拍一扣，一下多少米就出去了。由于胶片紧张了，就拿电影胶片裁出来搁在相机里面用。当时电影胶片速度低、反差大，成功率低了，就要求你拍摄更得稳。战场上也不可能用三脚架，都是在运动中拍摄，很难把照片都拍清楚了。当时他们可能专门有这方面的培训，用最少的胶片能达到最好的成像效果。

记者：吴老有没有跟您讲过，在晋察冀那一段时间，除了拍照片、采访，还做什么？

吴晓成：他好像也给摄影训练班讲课，不断培养新人。因为在战场上，工作量越来越大，还有就是不断有牺牲的，或者干其他工作的，这就需要不断补充新人。当摄影记者的同时，也需要经常办一些摄影班。摄影班其实就是速成班、培训班。

他们这些抗大毕业的学生，也到敌人后方发展组织、发展军队、发动群众。所以他们既得有理论，又得有技术，还得有文化。用学到的理论、知识、文化，还有一些技术，培养一些进步青年，或者是关心抗战的那些人，凡是愿意抗战的人，都尽量地团结。

记者：吴老在战场上遇到过什么样的困难？

吴晓成：最大的困难就是不断转移，在抗日战争的时候打游击是很艰苦的。

记者：具体到摄影方面呢？

吴晓成：按上级的要求，一个胶卷最少得能交出两张片子。也就是说不能浪费胶卷，那时候的胶卷还不是135的能照35张，那时候一般战地都是用120的胶卷，一个只能照12张，不带齿孔。当然这种底片比较大，能直接印出照片来，不需要放大机。

所以就是每12张里边得有两张成品，对战地记者的要求就是不能浪费胶卷。假如要是这卷没有一张成功，那可能下回不派你去，因为你相当于浪费弹药了。

记者：挺难的，平常又不给胶卷练习。

吴晓成：那就得没有子弹也得变成神枪手，对不对？一旦有机会，就得把握，按快门。

记者：吴老有没有谈过他当时有什么诀窍？

吴晓成：就得背，测光也好，特殊条件下的技巧也好，得背得滚瓜烂熟，迅速反应出所有的要求和要领，而且还得瞬间内做出准确的选择。所以这就是一个过硬的功夫，要不然的话肯定完成不了。你照出来模模糊糊，或者你来不及拍，瞬间就过去了。把瞬间变成永恒是很难的，你要把握最佳时机，把瞬间记录下来。这个在现在看来不困难，但在当时相当困难，胶卷速度慢，数量又少，要求你每一卷必须得成功两张以上，你必须得像狙击手一样，给你一颗子弹，你必须得消灭一个敌人。

记者：在当时，八路军的战地摄影记者首先是战士，然后才是摄影记者。您觉得吴老也是这样吗？

吴晓成：我后来问他，战场上你开过枪吗？他说没有。我妈说他那枪连擦都不擦，他没工夫，最后统一上缴的时候，枪都长锈了。作为文艺战士，你手中的武器就是相机，要不然就是你的笔。你能记录下这一段历史，你就完成了任务，你不用去直接杀敌。战场分工也是各司其职。我估计他那眼睛也不行，枪法肯定好不了。

记者：吴老师近视多少度？

吴晓成：估计得上千度。

记者：晚上要是有一些战斗，上千度近视怎么抓拍啊？

吴晓成：夜天他出不了好片子，因为那时候，黑白胶片最好的还是21DIN，相当于150100的胶片，你要是在夜间拍摄的话，必须得用三脚架，在光圈最大、速度很慢的情况才能拍清楚，要不然就曝光不足。有时候靠熟练，他至少知道怎么样能拍出挺好的照片，这必须得有过硬的技术。而有时候你还得有预感，知道要有什么事发生了，提前在这儿等着。

记者：吴老这种预感来自于哪里？

吴晓成：那就是平常的积累。因为你肯定有很多遗憾，漏掉了很多东西，下一次你才能有这种先见之明。历史很难重复发生，很难复制，一旦留下遗憾，下次就不能再是遗憾，因此就得抢先行动了。

记者：上战场摄影位置是自己选的？

吴晓成：不是，有时候是流动的，有时候是指定的，以不允许暴露目标为原则。

记者：不暴露自己，还得顾着拍照片？

吴晓成：当时没有长镜头，基本上都是距离很近的情况下拍摄的。像120相机一般焦点都是5米以内，而且拍的时候还要不跟敌人面对面。

记者：那怎么办？

吴晓成：战场上你根本就不能露头，你估计那边可能要有一些情况，就举起来按一下。

记者：凭感觉？

吴晓成：跟盲人拍照差不多，听声音就能知道大概那边有一些情况，有值得拍的东西。但是一露头你可能就危险了。所以有时候就是这样，叫“偷拍”。他讲过，“偷拍”实际上跟“抓拍”是一个意思，但是要偷得巧。偷得巧就是你自己没有危险，但是又把最好的瞬间抓下来了。抓拍是有准备的，偷拍实际上也是抓拍。

记者：吴老眼睛不好，这对他拍照片影响大吗？

吴晓成：对，他眼睛不是特别好，所以拍照时最大的困难就是对焦。因为那时候的相机焦点你得对准，否则就是相机再稳，焦点不准你还是拍不清楚，尤其是在运动中抢拍，你得不断地控制焦距、焦点。他戴着眼镜就更难以对焦了。一般的相机估计距离，就是目视距离，你说几米我就定个几米，但是这物体运动我跟着运动，等于是跟着改变焦距。除了这一点，还有他本身看东西就不是很清楚，通过取镜器再看，就更不清楚了。父亲近视不断加深是因战地晚上蜡烛下写稿所致。

记者：那怎么办？

吴晓成：他自己说为什么后来照相少了，就是因为比较吃力，最起码对焦就比较困难。你的意图不能直接表达出来，靠误打误撞，蒙一个算一个，等于你自己都很难把握。你得看清楚，你才能拍清楚，你看都看不清楚，那你很难再拍清楚。而且因为近视眼，他看字只能看近的东西。

后来他就着重在文字这方面下工夫，可能这以前就是他的强项，所以他在文字堆里时间精力消耗得比较大。后来真正是他拿起相机拍摄的，我印象中作品比较集中的就是访问日本以及一些其他的出访。

解放天镇。1945年10月

注 指1966年4月底，吴群参加中国摄影家访日代表团赴日参观访问。

记者：那不拍照，对吴老来说是遗憾吗？

吴晓成：是遗憾，眼睛跟不上了，他逐渐管文字整理，讲课，写约稿，等于是填补空白。他是这么一个人，能坐得住，所以给我的印象就是"春蚕吐丝"。他能在其中得到乐趣，他也有做研究的精力和毅力。

记者：转战战场多年，吴老受过伤吗？

吴晓成：好像直接的子弹伤没有，但我看到他的脚指甲盖全都变了形。可能是他以前走路走得，走路行军多了，指甲可能磨掉了。在战场上有时候什么东西都得扔，有一些随身带的东西，来不及带走的，就地掩埋，找一个比较有标志的地方，一方面是好找，一方面下雨别弄坏，怕潮湿了。一般都是把东西埋在那儿，等缓和了再通过其他途径把这东西挖出来取走。有时候就找不着，可能是忘了地方了，或者埋的那个人牺牲了，或者周围被烧过了。

记者：吴老晚年做了很多摄影史研究的工作？

吴晓成：后来就是让他写摄影理论方面和摄影史方面的文章。他最后写成了《中国摄影发展历程》，"文革"后出了第一辑，他本来还想写第二、第三辑。当时也很麻烦，他动员我们全家给他抄在稿纸上，得是正规的，不能有涂改。他写的稿也就他自己能看懂，一会儿添一会儿删，比较乱。他那些稿件如果不誊的话，别人很难读通，他删减得非常频繁。他经常说做学问得严谨，每一句话必须要有出处，尤其是引用别人的话，或者引用其他人讲述的事，都要有根据，能查到来源。可能是他写历史，他就比较尊重，不能随心所欲去夸张，或者杜撰。他当时写这些的时候，积极性很高。他说好多历史资料，如果能够汇编起来，还能再出几本书。他最后临终的时候还说好多稿已经写好了，但是没发出去。当时他嘱咐我们，把那些稿，每个月的几号，得寄到什么地方，而且怎么排版、印刷都一一交代给我们。

记者：吴老是在什么时候成的家？有何爱好？

吴晓成：他在抗战胜利之后结婚。因为抗战的时候，大部分都是讲"打不走鬼子不成家，没有国哪有家"。他们当时好多抗战歌曲都是关于国破家亡的。他经常唱《抗大校歌》，这里面有一段，"黄河之滨集合着一群人，中华民族优秀的子孙……"我父亲在家唱过，他一听《抗大校歌》就跟着唱。那是他们熟悉的歌曲，是他们的校歌。文娱生活中，除了写写画画，他喜欢吹口琴，而且吹得很好。当时其他乐器也不容易弄到，口琴好像是战场缴获的。"文革"那一阵子，我看他拿个口琴吹，吹的就是包括抗大校歌这一类的，还有《松花江上》。自己打节拍打得相当好、相当准，能达到上台表演水平。

记者：生活中的吴老是一个怎么样的人？

吴晓成：他自己不怎么爱说，他这个人很内向。经常一天你要不问话，他基本上跟我们都没什么话可说的，因为他脑子里全都是要写的东西。他给我们的印象就是，整天挑灯夜战熬着。他写东西一般都是在后半夜达到最高潮，一般都得写到天亮，抽烟一根接一根。几个大省都有约稿，有的要求他讲课，有的要求他设专栏，等于他得没完没了地完成任务。

行进中的部队。

全国土地会议，河北西柏坡。
1947年9月

同口鱼市。

阜平城南庄土改场面，改造村政权之清算假公济私欺压人民的治安员。1947年8月

大孙村贫农团将恶霸地主汉奸等扣押。

民众斗争清算，搬走汉奸地主的房砖。1947年

渡河向榆关进发。1947年5月

石家庄菜市一角。

军区干部子弟学校的幼儿园早操。

附录：吴群年表

1923年　生于广东顺德。
1938年　参加革命。
1939年　加入中国共产党，年底从延安抗日军政大学毕业，被分配到晋察冀军区第二军分区政治部宣传科任通讯干事，主要担负《部队生活报》的编辑及组织采写新闻通讯等工作。
1940—1944年　《晋察冀日报》和《抗敌三日刊》（后改为《子弟兵报》）的特约通讯员。
1944年　任《晋察冀画报》摄影通讯员。
1945年　调到晋察军区政治部宣传部任部员，任《冀晋子弟兵报》的编辑。深入雁北前线采访，参加了解放浑源，阳高等战斗。
1946年　任晋察冀军区政治部《晋察冀画报》采访组长，摄影记者。
1947年　作为特派摄影记者到冀东军区各部队去采访。
1948年　任华北野战军18兵团政治部宣传部摄影科代科长，参加了解放太原外围战役。
1949年　4月，任华北军区政治部《华北画报》采访组长。
1949年　7月，作为中国解放区摄影界代表出席第一次全国文化会。
1950年　3月任《华北画报》副主任。
1950年　7月被选为部队摄影工作者代表出席了第一届全国文艺工作者代表大会。
1950年　9月，调中国人民政协筹委会宣传处任摄影科长，担负人民政协会议及开国大典的摄影报道工作。
1950年　10月任军委总政文化部《解放军画报》副总编辑，兼采访科长。
1951年至1952年　曾两度被派往朝鲜，任中国人民赴朝慰问团宣传科副科长，主管摄影报道工作。
1953年　第三次赴朝，参加中朝联合红十字会小组。
1958年　10月由部队转业到中国摄影学会任专职秘书长，兼任《大众摄影》主编，《中国摄影》编委及理论研究部主任。
1971年　1月，任新华社摄影部组员、组长，副主任。
1979年　10月至11月，出席中国文学艺术工作者第四次代表大会和中国摄影学会第三次会员代表大会，被选为中国摄影家协会第三届理事会理事。
1983年　离休。
1986年　出版《中国摄影发展历程》。
1996年　在北京逝世。

龙熹祖回忆吴群

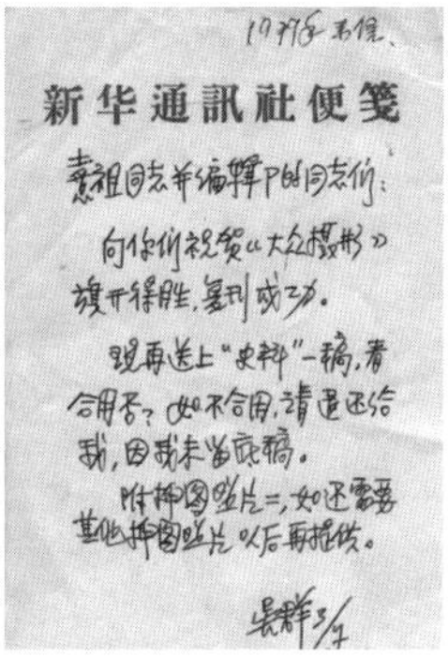
1979年书信
新华通讯社便笺
熹祖同志并编辑部的同志们：
向你们祝贺《大众摄影》旗开得胜，复刊成功。
现再送上"史料"一稿，看合用否？如不合用，请退还给我，因我未留底稿。
附插图照片二，如还需要其他插图照片以后再提供。
吴群 3/4

吴群便笺

作为一位真正的学者和思想者，他的学术是和他的生命和生活、血液和灵魂交融在一起，而不是分离或外加的，我甚至觉得学问与学术研究是吴群生活的唯一目的、唯一内容。在单位，我们办公室紧挨着，在家则是一墙之隔，因而，我能感觉到，他所有个人能支配的时间里都孜孜不倦，埋头于学问。他的生活极为俭朴，他的夫人吴菲也是延安来的老同志，舞蹈演员出身，可能职业的关系，她对家务、厨艺，既不擅长也没兴趣，吴群也只能一天三餐吃着最简单的饭食。我也看不到他有啥世俗的享受、休闲、安逸和娱乐，工作、工作还是工作。他戴着一副深度近视眼镜，面颊瘦削黝黑，不知怎地，看见他，我总是常常想起挂在鲁迅书房里那张藤野先生的肖像。由于他肩上担负着繁重的工作担子，又要专注于学问，他脑子里有使他魂牵梦绕的学术，因而他总是眉头紧锁，不苟言笑。走起路来，也目不旁视，急匆匆的。这就使得有的工勤人员觉得吴群不好接近，还有点怕见他。在1960年一次生活会上，狄源沧品评吴群，说他是个暖水瓶式的人，外边冷里边热。我听了直拍手叫好，认为此公所言惟妙惟肖形象生动，是吴群的真实写照。吴群提携晚辈，言传身教不遗余力。

可能有人会觉得吴群这样很傻、很呆，活得没劲。我则觉得没有他这种甘于寂寞、忍受孤独、淡泊名利、远离喧嚣的精神是做不了学问的。我们今天有那么多卓有成就的摄影家，却少有吴群这样的学者、摄影的研究者。继承吴群的精神，恐怕是繁荣摄影学术的必由之路。

佟树珩回忆吴群

吴群一个人到上海图书馆，自己带点干馒头吃，弄点开水喝。"生活再苦，吃东西再随便，但是这时间得用到这儿了，我从北京来的，我没干别的，我就到你图书馆来查与摄影有关的资料，我珍惜时间。"

吴群临死的时候是什么情况呢？他给北京市摄影家协会写了一篇文章，写着写着这人就不太行了，后来总算把那篇文章写完了，之后人就住院了。他临死之前还有点知觉，要他子女拿一张纸过来，"那篇文章我要交给谁，还有什么情况，我还得把这写下来。"结果他就那么写，写的时候人已经不行了，字都是歪七扭八看不清楚了。这等于是一个战士在战场上最后临牺牲前，还在那儿坚守岗位、坚守阵地。他为了写这个东西，抽烟的嗜好就改不掉，抽烟抽得那手指头简直黄得不得了，那家里面都不像样，屋子里边脏得一塌糊涂。比如说我看稿子，我把稿子摆在这儿，待会儿我说不行了，我赶快把稿子拿起来。为什么呢？因为他那个小饭桌子上面那一个乱，油渍渍的，把那稿子放下去好家伙都浸透了，我说："那哪行，那稿子都坏了。"

有一次，他说："你帮助我点儿事。"我说："什么事啊？"他说："你看这一年又到了，想弄一本挂历，也没人送给我了，过去你当个头儿就巴结你，恨不得10本、20本都能给你送，现在你不在岗位上了，谁理你呀，你想要一本也没有。"我说："行，我给你弄。"所以我就给他弄了一本，他高兴得不得了。还有一次才逗呢，我上他那儿去看稿子，看着看着，他看见我带着相机，说："你这相机里边胶卷还有多少？"我说："可能还有个十来张吧。”他说：“那帮我翻拍一下。”说完以后拿着这一摞子的书让我帮着翻拍，那书里边夹着好多纸条。一会儿拿这个，一会儿翻那个，后来我一看坏了，那一个卷就36张，拍得最后剩两三张了，我还想干点儿别的。我就说：“这不行了，不能再给你翻了，我一会儿还得用，没带别的胶卷。”就这么可怜，没有经费没有条件，能够混点儿、弄点儿是一点儿。为了事业就是这样，所以我说要感动人的话，这是相当感动我的。

他当时看到我从摄影家协会退下来了，就说：“你跟着我来编这个《摄影文史》。”他是我的老领导，再加上从他家里住的宣武门那个宿舍到新华社也不过就是一条街，街南街北，我看他走路都走不过去，走到半截辅路上他坐在那儿就得喘气。他老抽烟抽得，肺气肿这些毛病，也不上医院，就到新华社卫生所拿点儿药，凑合凑合回去了。这真正是鞠躬尽瘁。

顾棣谈吴群

吴群原来是新闻记者，抗战末期拍照片，拍得很有成效，在军区画报不断发表作品，成了《晋察冀画报》的重点作者之一。后来他一个人搞摄影，在抗战胜利之前到过画报社一次。沙飞就送他照相机，把画报社刚买回来的一批相机，分给吴群一台，还给他一部分胶卷，让他继续采访。大反攻的时候吴群拍了很多照片，他不断地把稿件送到画报社来，画报社也不断地发表。后来因为工作需要，到1946年大概是8月份（实际为7月份），具体日期我也忘记了，把吴群正式调到了晋察冀画报社，担任采访组长，领导摄影组工作。他从前线回来之后，重点拍摄土地改革，一些名作比如《刘少奇在全国土地工作会议上做报告》，都是吴群拍摄的。他还到冀东采访过，拍摄了不少的照片。他在战争年代经常去前线采访，所以后来又把他派到十八兵团当摄影科长。

十八兵团那时候就在山西，他拍摄了解放太原外围的很多战斗，同时他还需要组织摄影记者，因为他是科长，十八兵团摄影工作的组织者。他去拍了很多照片，在摄影事业领导工作上也有成就。北平解放之后，把他从十八兵团调了回来，调到《华北画报》。调回来以后他担任副主任，在北平的阶段，他组织领导《华北画报》的工作。《华北画报》在北平的时候新华社摄影部还没有成立，一些重大的拍摄活动都由《华北画报》出面组织，这时候新中国还没有成立，《华北画报》承担国家通信社的职责，对外发稿，对外供图。几个大的活动都由《华北画报》来组织，比如说亚澳峰会（亚澳工会会议），亚洲跟澳洲联合起来在北平开了个职工代表大会，采访活动由《华北画报》来组织；还有个世界妇女代表大会，全世界的妇女开了个代表会，也在北平来开会；新中国成立之前的政协会议，行使了人代会的作用、立法、定国旗、定国歌、开国大典的筹备活动……和民主党派协商建立新中国，这些采访活动也由华北画报社来组织。还有开国大典、新中国成立、盛大的阅兵式、焰火晚会，这些活动的报道发稿也由《华北画报》来组织，组织领导当然以石少华为主，石少华是副主任，当时沙飞在医院养病，没到北平来。石少华做组织领导，具体的工作很多由吴群承担。吴群成了政协筹备会宣传处的摄影科长，摄影科除了《华北画报》之外，还有从《东北画报》来的一些同志，像陈正青，还有电影厂的一些人，也由吴群领导。进入北平之后到新中国成立之前这段时间的重大摄影活动，大都由《华北画报》来承担报道任务，而具体工作就是由吴群来承担，在这个时期他的贡献是很大的。

后来吴群搞理论研究，但他研究的重点不是解放区的摄影，而是从摄影术传入中国到抗日战争时期的摄影，大概成果有一百多篇。他在理论研究上很有贡献。

附录：北京早期的摄影著述和摄影评论

吴群

北京最早出现传授摄影知识、照相方法的著述，始于清末同治（1862—1874）、光绪（1875—1908）年间。这一时期北京编译出版的有关摄影著述和教科书，有四种引人瞩目：

一是《格物入门》七卷。清同治七年（1868年）仲春月镌，京都同文馆存版，美国教师丁韪良编译，大兴生员李光祐，河间贡生崔士元润色，总署大臣、扬州董恂定稿。

该书第三卷下章“论光”中，有“论照画”，“其法渐精”，“照画传真”，“照画印字”等小节，都谈论摄影术的发明及实际应用。如说：“数十年前法国有人创照画之法，先将银片置箱中，以海兰（见化学）薰之，于映画幕中将物映于银片之上，其药感光成影，然取出视之不见也，以水银气薰之，影即显现，复以磺碱水洗之，则常存而不灭矣，嗣有人设法照于玻璃或纸上，间有易用他药者，而其理一也”。它谈论摄影的实用价值与卓越性能，说“传真遗像，虽年远犹见其人，人君高拱深居，岂能偏史斯土，举凡宇宙所有，无不可入画图，加以显微镜窥之，恍若亲临其地”。“至官民有此，亦足以广见闻，而资多识”，“西国每遇狱囚蒙宥，必照其像，而有诸案牍，傥怙不悛，再犯易于缉捕矣。至极大之用，则在照字印版然，名人笔迹照成，神气宛然，傥印用极多……”这是晚清京师建立同文馆后，中外教职员工联合编译润色，最早木版刻印的一部关于“照画之法”的发明改进，在社会生活各方面的功用、效益的著述。

二是《脱影奇观》三卷，木版大字刻印线装本四册。英国德贞医士著，它写成于清同治壬申（1872年），刊印于清同治癸酉（1873年），由京都施医院存版。

全书分理学、艺术、法则三部分，卷首还刊出“脱影源流史传”，并刻印当时西洋流行使用的各种照相器材样式作插图，卷末又附录“镜影灯说”（即幻灯机）一篇。文理清晰，图文对照简明扼要，它是我国译述出版的第一部摄影业务图书专著。当时任总理各国事务衙门大臣的完颜崇厚，为该书写了“弁言”，称赞它详述光学、化学、物理及聚光用药之法，“明白晓畅，开数十年不传之秘，且刊叙自何人创始，以及何人讲习，精益求精，各极其妙。可见一艺之难专习者，记录十年心力甫能得其奥妙。惟望后来学者，能神而明之，推陈出新，庶不负德贞医士翻译之苦心，且于光学化学中更有进境也。”刑部尚书完颜崇实诗，”西人格物有奇方，但持有一柄通明镜，大地山河无遁藏。”可以说，这是北京的大臣、尚书，欣赏《脱影奇观》，最早撰写刊出的一篇摄影书刊评论和一首摄影创作要领的赞美诗。

三是《近世物理学教科书》九卷，共二册。原著者日本中村清二，清光绪丙午岁（1906年），学部编译图书局出版，京师官书局铅印，加线直排线装本，各卷均有木刻插图。

该书卷六为“光”学专辑。共分六章详述“光之直行”、“光之反射”，“光之屈折”，“光之分散”，“光学器械”，“光之波动”等光学成像原理。它适合于实用与教学。如第五章“光学器械”，即对“照像器械”，“幻灯器械”，“透镜”，“眼镜”、“望远镜”，“显微镜”等，分门别类一一讲解，阐明物理结构实况，使人了解光学的新成就与新技巧、新工艺。它表明：在清末、学部已成立编译图书局，组织专家学者编译多卷本的“近世物理学教科书”，并将“照相器械”的发明创造、实际应用等条目，都收入物理学教科书中了。

四是《照相新编》二十五章，上下两册。广东新会陈昭常编译著述，顺天府董养源考校润色。约1906年在北京出版，但现在仅见北京图书馆书库收藏的一个手抄本。

陈昭常为清光绪二十年（1894年）进士，曾入庶常馆深造，与维新派学者康有为等人结交来往，1898年和刑部主事、总理各国事务衙门章京、张元济等人联合，在北京宣武门内象坊桥办了一所通艺学堂，教英文和数学，他编译著述《照相新编》一书，亦在此时期。他在1906年为《照相新编》一书作“序”，说“余幼年游学英美诸国，见照相法心窃好之，规遂购具自随，所至辄摄取人物山川诸影，诩然自得。久之与技精者相较，觉有大异，层累研求，始知此事大有学在，且有关于光化，而精神之至与未至，则又于历试之余，心会而默喻之，各国新法层出，放大抄像诸法较论工拙亦极精微，余悉心体认。于今垂二十年虽不敢遂信已术之工，庶乎传神之法，别有领会，因著论二十五章”，其语言文字提法，“复请顺天宿儒董养源君详加考校，凡文与官话未合者，悉改易之，务求质百浅俗，俾初学者一见便解然后已，友人见而称许，并劝付梓问世。”陈昭常在著述中还畅谈他的摄影创作体会，强调摄影贵在有“精神”，说“以镜去影，理无不似，岂知茅形似而无精神，则无论模糊暗淡，不久隐退诸病，一见可辨，即光色鲜明，存储耐久，而凸凹不显（《脱影奇观》第八页刊出的部分照相器械插图恭亲王奕䜣题写的“次韵照像昆仲连床图”），若绽而浮，若浓而渗，对之索然无神气。”这些全是“精神未到”，“有形无神”的弊病。……由此可见，陈昭常是清末我国在海内外长期钻研，悉心体察摄影新技艺的学者，是一位精通照相学，在创作、编译、评论等方面均有建树的“进士”。

北京早期的摄影评论，不局限在一些摄影书刊中，在晚清的历史文献档案中，亦偶而可见。如1898年工部主事康有为上《请停弓刀石武试改设兵校折》中，就指出：当上方校阅那些拉弓挥刀练舞的军队时，“外人已持影镜自远而来窥”，猎取清军的武备训练实况，“外人拓影，传遍万国”。这是揭露外国人持摄影镜窃取我国重要军事情报的罪恶嘴脸，召唤国民警醒，改进武备，变法图强的爱国奏章。又如光绪十五年（1889年）五月，恭亲王奕䜣、醇亲王奕譞俩兄弟，在北京恭王府秋水山房照了一幅题名《昆仲连床图》的合影像，之后又用古色古香的诗笺，各自题诗一首记叙此事。其中奕䜣题写的七言集句“次韵照像昆仲连床图”感触甚多，突出了照像的精巧，其第二句“古来知者竟谁人”下方有一段注释：“照像之法始自西洋，曩昔都中鲜夥有知者，今年流播日广，中土之人肆此业者甚夥，其精巧迨有过焉。”可以说，这是奕䜣（号葆光道人），晚年亲笔书写的一则关于我国照相业发展状况的评论，以往在京都鲜为人知，近几年在中国国土已传播日广，经营照像业务的人员已很多，其技艺精巧程度，已赶上和超过西洋照相师了。

附录：吴群自传

蔡尚雄和吴群

吴群，原名伍于琛，1923年3月22日生，广东顺德人。“七七事变”前后，曾在江西南昌、广东高要念过初中，因参加抗日救亡宣传活动而停学。1938年9月，经人介绍只身离家前往长沙八路军办事处报名参军，志愿投考陕北工学或抗日军政大学当学员。1938年10月到达陕甘宁边区的庆阳，在抗大第四期五大队学习。年底该大队奉命开赴晋东南敌后，中途我双脚冻伤被送回延安医治，愈后被分配到抗大五期三大队八队学习（在延安及瓦窑堡），1939年夏随抗大总校挺进敌后晋察冀抗日根据地，后改编为一大队六队继续学习。1939年12月15日在抗大经刘铁如、张华介绍加入中国共产党，同年底在抗大毕业，被分配到晋察冀军区第二军分区政治宣传科任通讯干事。这是党组织要我在战斗中边学习边实践，从事宣传报道工作的开始，我越学越干越感到这一工作的重要性，逐渐增强了革命事业心与责任感，决心努力当一名以宣传报道作武器的革命战士。四十多年来我调动过不少工作单位，但不论是在部队工作的近二十年，还是到地方工作后的二十多年，基本上我都是在宣传报道机构、文艺部门任职，一直担任文字记者或摄影记者，报纸杂志编审，理论研究工作。可以说，我刚参加革命时，还是个年少无知的青少年，文化程度不高，又没受过专业训练，后来我在革命队伍里边实践边学习，文化科学水平和政治水平逐步有所提高，并有了一定的业务工作能力，这完全是党的抚育教导，人民军队革命大熔炉冶炼的结果，同时，也是各宣传报道部门领导与同志不断培养、鼓励、帮助的结果。

我四十多年来的工作情况，大体上可分为三个阶段，各阶段的工作性质、业务侧重点和取得的成绩、出现的差错等，是各不相同的，现简要分述如下：

（一）1940.1—1958.9，在部队工作阶段

1940—1944年，我在晋察冀二分区政治部宣传科工作时，主要担负《部队生活报》（石印、油印小报）的编辑，及组织采写新闻通讯等，经常下部队到游击区采访，做《晋察冀日报》与《抗敌三日刊》（后改为《子弟兵》报）的特约通讯员，为两报写了二三十篇新闻、通讯短稿，多半被采用。1944年又与晋察冀画报社联系，作该报的摄影通讯员，拍了一组“雄峙敌后的五台山”照片，并写了两篇通讯稿（《威震同浦北段的杨主任》、《定襄支队战斗英雄闫清才》）首次晋察冀画报第五期中刊出。1945年初调到冀晋军区政治部宣传部当部员，任《冀晋子弟兵》编辑及做通联工作，不久到雁北部队，参加解放浑源，阳高等战斗采访，除拍照片，还为《晋察冀日报》写了《我们挺进到外长城的中部》等通讯（发表在该报增刊29期上）。抗战胜利之后，我随部队向内蒙古进军，转战在集宁、呼和浩特和包头城下，又拍了一些照片和写了一些通讯。1946年7月，晋察冀军区政治部调我到晋察冀画报社任摄影记者、采访组长，至此我就成为一名搞摄影与文字报道并重的前线记者了。解放战争时期，我一直随军在战地生活，足迹遍及京包、同浦、正太、平汉、北宁铁路沿线，我接受了各种不同采访任务的考验，如1947年春组织上派我单独越过武清附近的平津铁路封锁线，到冀东军区各部队去采访，从京汉铁路沿线到长城各个山口，转了一大圈，还参加了破击北宁路、解放昌黎等战斗的摄影报道，从冀东归来又参加平山西柏坡召开的全国土地会议摄影采访，之后又到河北正定县参加新区土改蹲点工作采访三个月。这一期间的摄影报道曾为《晋察冀画报》选登，所写的一些新闻通讯也陆续为《晋察冀日报》所采用（现记得题目的有“宁武行”，”李混子殉国前

吴群的笔记本

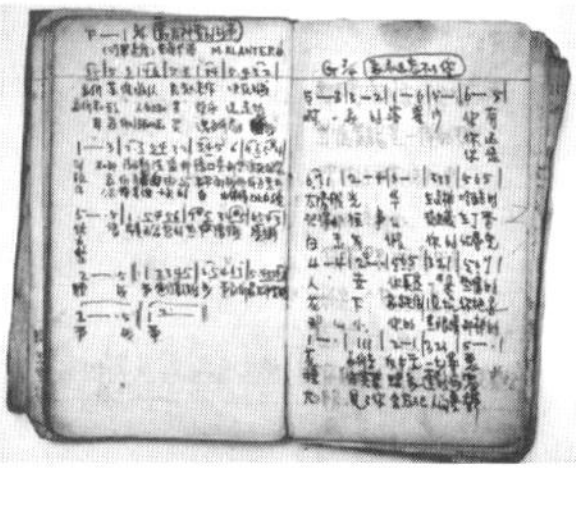

后”，”威震津沽的武宏支队”等篇），在冀东曾采写了”宁可支队越战越强，全部换成美械装备”的新闻稿，经新华社冀东分社电发总社，它被总社所看中，电复让继续采访报道。1948年12月我被调往华北野战军十八兵团政治部宣传部任摄影科代科长，参加了攻打太原外围的几次战斗。1949年4月，被调回华北军区政治部华北画报社任采访组长（1950年3月被提为副主任），7月被选为解放军的摄影工作者代表之一，出席在北平召开的第一次全国文艺工作者代表大会。9月，被派往中国人民政治协商会议筹委会宣传处任摄影科长，负责政协会议、成立中央人民政府及开国大典的摄影报道发稿等项工作。后来又参加亚奥工会，妇女代表会等国际活动的摄影报道工作。1950年10月，调到军委总政文化部解放军画报社任副总编辑。这几年曾先后编过部队摄影业务刊物《摄影网通讯》（油印）和《摄影网》（铅印本），并开始写了些介绍部队摄影工作进展状况的文稿（如1949年在《文艺报》发表的《在战斗中成长的华北画报社》，在《人民日报》上发表的《华北人民解放军中的摄影工作者》，1952年在《光明日报》刊登的《中国人民解放军的摄影工作》等文）。1951—1952年，曾两度被派往朝鲜各地，任中国人民赴朝慰问团宣传科副科长，主管摄影采访发稿工作，在前线拍摄的新闻照片，在《人民日报》等报刊上出画刊或专栏刊用，所写的一些前线通讯特写也为各报刊所采用（如在《人民日报》上刊出的《爆破手与绣花荷包》，经新华社发出的《你对得起周其刚吗？》等文）。1953年再度赴朝，参加中朝合作红十字会小组，前往巨济岛美军战俘营慰问、视察战俘营一个月（不允许摄影），后在开城板门店参加遣返战俘解释工作三个多月。1956年中国摄影学会成立，作为部队摄影工作者代表，我被选为学会常务理事、兼职秘书长，至此参加专业性的社会活动就日益增多了。这十八年，是我担负新闻记者职务经受锻炼最多、最活跃、也最有收获的时期，在文字报道和摄影报道两方面我都不放松，都努力去实践。遗憾的是我的业务底子薄，未经过专业训练，摄影基本功不扎实，有些战斗场面没拍好，有些重大题材底片损坏了，这是无法弥补的过失。

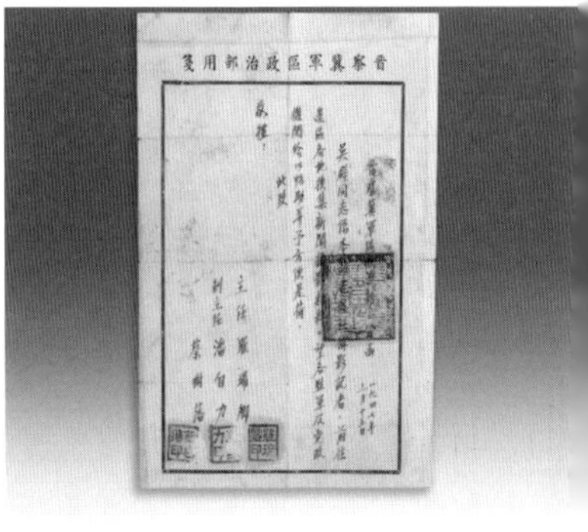

1947年3月15日晋察冀军区政治部给吴群开的采访公函。

（二）1958.10—1969.2，在中国摄影学会工作阶段

服从组织调遣，1958年10月我由部队转业到中国文联所属的中国摄影学会任专职秘书长，兼任《大众摄影》主编、《中国摄影》编委及理论研究部主任。开始将全部力量投入摄影专业团体的组织建设和思想业务建设中去，我主要办刊物，抓摄影理论、创作评论、史料研究等方面的工作，这期间所写的各种摄影文稿有三四十篇，在各报刊先后发表（有署本名的，有用羊君、史彦、杨军笔名的，有用本刊评论员名义写的，其中有些文稿已受当时“左”的思潮干扰影响，存在这样那样的缺点错误）。1961年6月，根据中蒙文化协定，我单人前往蒙古人民共和国访问摄影三周，归来为几个报纸写了访蒙文章（并附照片），为新华社摄影部提供了一批图片资料。1964—1965年，参加中国文联四清工作队，去山东曲阜农村蹲点工作半年，后期也曾拍了一些照片。1966年2月，应中国人民大学新闻系邀请，曾往该系讲《我国新闻摄影事业的发展简史和革命传统》专题课三节（有记录整理稿,未付印）。同年4月底,参加中国摄影家访日代表团赴日参观访问，在那里拍了不少照片，也收集了一些业务资料，但一归来就碰上“文革”开始，业务活动被迫全部终止，在“否定一切，怀疑一切”的思潮冲击下，在“打倒黑帮，牛鬼蛇神”的批斗声浪中，自己只能接受群众的批判审查、监督劳动和反复地写检查交待了。直到1969年2月，我才取得群众谅解，获得解放，接着离开学会，被军委办事组借调到电影器材调查组及电影工作生产指导小组办公室帮助工作。“十

年动乱”，把大家的思想搞乱了，使摄影界不安定，不团结，使人们只知“斗、斗、斗”，不懂得抓业务，使摄影学会工作遭受很大损害，也使我失掉了许多不少学习、钻研业务和出成果的宝贵时间，如今回想起来实在令人痛心，这真是最大的一次失误。

（三）1971年1月至今，在新华社摄影部工作阶段

1970年12月，电影工作生产指导小组办公室机构调整，并入国务院文化组办公室，我即申请另行分配，于1971年1月调来新华社摄影部工作，开头任组员、组长，后任副主任管采编室工作。这期间由于我身体垮台（曾三次住院,两次动大手术），所以基本上没有下去采访，或搞调研，主要是在办公室值日、夜班，作组稿编审发稿工作。后来《中国摄影》复刊，由新华社摄影部代管，组织上又指定我担负该刊稿件的编审工作。虽然工作辛辛苦苦，但政治糊涂，认识偏差，有“唯上唯书”的思想，又深受“四人帮”的流毒影响及它控制宣传报道的约束，所以几年里颠倒是非，曾编发过不少假、坏典型的照片，编写过一些有这样那样错误的文章及批判发言稿等，表明自己搞采编组织领导工作是不称职的、有过失的。直到粉碎“四人帮”后，自己才明辨是非曲直，做了自我检查反省。十一届三中全会以来，党的一系列拨乱反正的重大决策，使我分清了正确与错误，思想上和业务上都得到真正解放，过去受压抑的心情变得舒畅起来，过去不敢看业务书钻研史料，怕这怕那的顾虑全打消了，于是我想抢时间抓学术上的基本建设，抢时间从事摄影史料研究的志向又大大增强起来。1979年6月，为部办新闻摄影训练班，写了《摄影记者的工作与学习》讲课稿；同年10—11月，出席中国文学艺术工作者第四次代表大会和中国摄影学会第三次会员代表大会，被选为中国摄影家协会第三届理事会理事。1980年11月，在部召开的新闻摄影理论研究讨论会上，作了《中国摄影报道发展史略》的长篇发言（文稿没有整理付印）。1981年5月，去安徽太平县为林业部系统举办的摄影干部讲习班，讲了一次“新闻摄影”课（讲课有提纲，未整理付印）。近三年半（1979.7—1982.11）我为全国各个摄影刊物所写的有关摄影史料研究和中国摄影史话等方面的文稿，已发表的共有28篇。据统计：《大众摄影》有《四五运动的纪实摄影》等5篇，《中国摄影》有《在抗敌前线编印的两本摄影教材》等2篇，《摄影丛刊》有《辛亥革命时期的摄影报道》等6篇，《解放军画报通讯》有《永远值得怀念的摄影战士》等4篇，《摄影参考资料》有《清末的宫廷摄影师裕勋龄》等5篇，《摄影世界》有《为中国红军摄影的美国作家记者》等2篇，《中国摄影史料》有《中国工农红军的摄影工作》1篇，《摄影工作》有《胶澳（青岛）早期的四川摄影》1篇，《山西摄影》有《我是怎样在晋东北开始学摄影的》1篇，《1981年摄影理论年会论文稿》刊出《清末的记事照片册》1篇，总共10万字以上。另已提交各刊物发排，将陆续刊用的还有4—5篇，上月又送交1982年摄影理论年会一篇较长的论文稿《晚清的摄影学者及其撰述》。在搜集整理研究中国摄影史料的过程中，我体会到：要运用马列主义、毛泽东思想的历史唯物主义的观念和方法来汇集史料，要史论结合地分析事实，要图文并重地研究问题、总结经验；要实事求是、有的放矢地全面进行考察而不能割断历史，只取其一点，对各个时期的摄影历史都应系统地研究，对它作必要的科学阐述，给它以一定的历史地位。史料大都散失难找，前人又没有系统全面整理过，现在必须抢时间，抢救一些活史料和占有大量的第一手摄影史料；必须补修文史专业课，丰富自己的历史科学文化知识；必须看许多书，查阅核对材料，在“去粗取精，去伪存真，由表及里，由此及彼”上狠下工夫，不经过长期的积累和反复的研究考证，没有严谨的实事求是的治学态

度，没有奋发的为国争光的进取精神，要有所发现，取得一点成绩那是很难的。现在台湾有人写了中国摄影史、有些外国人也在积极收集中国摄影史料，打算要写中国摄影史，而这方面的研究编写工作，在我国内地摄影界还是“缺门”、“冷门”。因此，今年初领导班子调整时，我主动申请免去部副主任职务，甘愿退居二线专门搞中国摄影史的研究工作，为填补这一业务空白，改变缺、冷状况贡献自己的一份力量。

到明年3月，我就年满60周岁，将要申请办理离休手续了。如组织上批准我离休，我将做到革命意志不减退，业务研究不罢休。我计划在今后五年里，力争做好下列五项工作：

1.继续收集研究、整理编写中国摄影史料专稿，供全国各摄影刊物选用，满足部分读者的需要。

2.将30多年来先后写的近60篇有关摄影史的文稿（约有20万字），汇总整理修订，编成专集，交有关出版社出版。（见插图，即《中国摄影发展历程》——编者注）

3.按领导同志指示及“晋察冀人民抗日斗争史”编辑部的要求，参加编写“晋察冀军区新闻摄影工作发展史与晋察冀画报社史（抗日战争部分）”。

4.参加中国摄影家协会主持组织的《中国摄影史》编写小组的工作，并负责与别人合作编写“摄影术传入中国到1919年五四运动”这一部分文稿。

5.如能征集到较多较好的摄影历史图片，和有出版条件，拟另编写一册《中国摄影历史图录》或《中国摄影史参考图片集》。

我是一个革命战争的幸存者，要不服老，尽力学到老、干到老，“生命不息，战斗不止”。愿组织上和同志们继续对我进行督促与帮助。

（1982年12月4日写完上交）

为历史变革留下影像

为历史变革留下影像
为历史变革留下影像
为历史变革留下影像
为历史变革留下影像
为历史变革留下影像
为历史变革留下影像

邹健东

为历史变革留下影像

摄影工作的任务应该是用图片来反映人民群众在各个战线上新的工作生活，报道党的政策和人民群众新的精神面貌，鼓舞人民前进，因此新闻图片的真实性更加重要。

——邹健东

为历史变革留下影像

口述人：邹毅（邹健东之子）／ 采访人：张宇 高初 ／ 撰稿人：张宇
时间：2009年12月 ／ 地点：新华社皇亭子

邹健东（1915-2005），广东大埔县人。1930年到梅县一照相馆当学徒，1937年春参加共产党，1938年2月参加新四军，1939年调军部摄影室。“皖南事变”后，调华中党校学习与工作。抗战胜利后，随军北上山东，在《华东画报》任摄影记者，参加了沂蒙山区的土改运动和群众支前的摄影报道。1947年春在华东野战军（三野）新华社前线总分社任摄影记者，参加了山东内线作战的鲁南、莱芜、孟良崮战役，外线出击的沙土集战役、破袭战，解放许昌、洛阳、开封和淮海战役；1949年成立八兵团和军分社后任摄影记者，参加了强渡长江、解放南京。解放战争时期是他摄影活动的黄金时期，拍摄了一大批生动感人的优秀作品，成为中国解放区杰出摄影家之一。在战争中立二等功。南京解放后转业地方，组建新华日报社摄影组。1952年由南京《新华日报》调入新华社摄影部中央组，1953年至1954年任中央新闻组组长，重点拍摄中央领导人的重大活动新闻。1965年调广州军区新华分社。1976年离休。他倡议并发起举办了“华东抗日解放战争摄影展”并促成了《华东抗日解放战争摄影集》的出版；举办了“情播华夏摄影展”；出版有《英雄军队的巡礼》、《邹健东摄影作品选》、《历史的踪影》（邹健东、叶挺、张爱萍等作品选）等书籍，发表文章十余篇，主编出版摄影大画册多部。获中央军委颁发的二级红星功勋荣誉章，2004年12月荣获文化部颁发的“造型艺术成就奖”。

百万雄师过大江。图为突击队员跃出船头登陆的一瞬间。1949年

童年记忆："背着父亲的三脚架感觉很得意"

记者：您好。今天主要是想了解您父亲邹健东老人（以下简称邹老）的摄影经历，您对父亲的最直观印象是怎样的？

邹毅：你问的这个问题挺有意思，我有时候在想，我父亲是怎样的一个人？跟你这么说吧，我是1956年出生的，实际上小学以前，在我脑子里边只有一些片段，没有一个完整的父亲形象。我上幼儿园的时候，有一年他出国带回来点吃的，就跑到我的幼儿园，让我拿吃的分给大家，这是我第一次有父亲的印象，我当时就想，我还有个父亲。

记者：是不是童年时期，你们在一起的生活时间不是很长？

邹毅：是的。我儿时的印象，他平时有点儿不苟言笑。我记得有一次要去幼儿园了，父亲抱着我，用胡子扎了一下，这个印象也挺深的。再有就是我上小学的时候，可能还没上小学，因为去调了一下家里收音机的波段，他不高兴，拿鸡毛掸子打了我一下，很疼啊，这辈子他就打过我这一次。1965年，正赶上国民党扬言要反攻大陆，那时候嚷得挺凶的，广州军区成立了新华社的军分社[注]，把他调过去了。他后来跟我说，从通知让他去到出发，只有三天的时间。之后，他就有几年的时间不在家，回来的次数也不多。

记者：虽然只是零星的记忆，我们还是能从中看出邹老对您的关爱。家里有一位搞摄影的父亲，您童年时，有关于父亲的特别记忆么？

邹毅：有的。你这么说，我还真想起来一个。小时候，有一次我背着他的三脚架，到他的办公室去，那会儿我住新华社，就比较得意，背个三脚架就觉得背个枪似的，感觉特了不起。后来，就很少在一起了。"文革"时期，我们从新华社搬到新华社皇亭子宿舍区。大概是我上小学，可能四五年级的时候，有一次他探亲回家，我一想，父亲要回家了，就在家等着，他居然不知道自己家在哪儿。他到的时候，找不到门，我在阳台上往下一望，门口有一个军人在那，我也不敢认他，因为对自己的父亲真的没什么印象，毕竟有几年没见了。我不敢认，就在家等着。后来他把我母亲从新华社叫过来，才开了门进了家。他那时候工作很忙，一个是回家很少，再有一个就是忙摄影，很少顾及家里，所以除了童年的片段记忆，我小时候对他的印象是空白的，一直到1976年，他离休了，我也开始工作了。

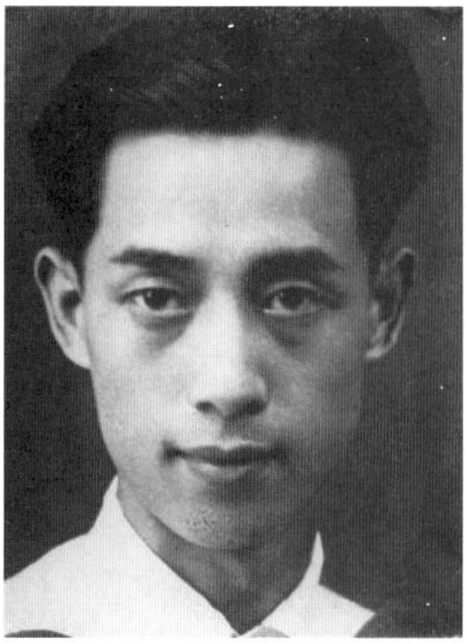

1936年在广东梅县松口照相馆学徒时的邹健东。

"他最大的愿望是去延安"

记者：有段时间，邹老一直在广州，那里是他的家乡吧？他的童年经历，您了解吗？

邹毅：我们家是在广东梅州，是梅州地区大埔县长治乡石上区湖塘村一贫苦农民家庭。大埔县是一个山区，就是广东和福建相接的地方，挨着福建龙岩那边。当时家里算是比较穷的，我爷爷不是很勤劳，还有赌博的习惯，所以我父亲对我爷爷的印象特别不好。他对我奶奶感情挺深的，他是老大，我还有一个叔叔，比我父亲小个七八岁。

记者：我们看邹老的简历，他还读过高小，在当时的家庭条件下，是不是相当不容易？

邹毅：的确是的。我爷爷死得早，就全靠奶奶。奶奶还是相当开明的，就省着苦着让我父亲上了学。当时叫高小，他读到高小一年级，相当于现在的五年级。在往上可能没读，就出去工作了。

[注]1965年后邹健东任广州军区新华分社编委、摄影组组长，1976年离休回京。

记者：那做什么工作？

邹毅：我父亲15岁的时候，迫于生计就不上学了。当时梅县附近的松口镇有一家照相馆，他就去那里做学徒，那个照相馆据说是跟家里有点沾亲带故，要不然也不会跑那里去，也就是从那时起，他接触了摄影。后来我父亲提过，别看那个小镇子不大，小照相馆倒有几家。他当学徒的那家照相馆，算是技术比较好的一家，老板不干活，他们这些学徒干活，所以他很快就用上了相机，开始拍东西了。

记者：什么样的相机，当时都拍些什么内容呢？

邹毅：那时候照相全凭自学。他在照相馆里面看过一本叫《照相学》[注]的书，这本书从镜头、胶片的结构、光学成像原理、照片的漂染到冲洗制作等一系列的内容都有，也就是通过书本学会了摄影技术。我父亲进照相馆以后，十分好学。除了自己摸索照相的基本技巧外，他还写信到上海索要过《柯达杂志》[注]和《矮克发杂志》[注]，通过杂志也学到了好多东西。父亲跟我讲，当时柯达的通讯地址在上海的圆明园路。杂志做生意很注重宣传，还会把做好的装底片的袋子寄给我父亲，一次就几百上千个，都是不收费的。掌握技术后，他就开始承担工作任务了，在照相馆的时候主要拍人像、婚礼和葬礼，谁出钱就给谁拍照，这就是一种生意。当时出去拍照片都是用老式的大型座机，拍12英寸的玻璃底片。

记者：这在当时，也算一份相对稳定的工作了，而且有了技术，生活应该是相对有保障的，他是如何从一名学徒投身革命的？

邹毅：当时他在照相馆，有很多机会接触外面的世界，也接受了当时的很多进步思想。大概是在1934年，他开始和店员、小学教员、中学生们在一起参加“读书会”，看进步的书籍。当时能够看到的进步刊物有《新生》《永生》《新中华》《读书生活》……他还喜欢看蒋光慈写的书，像《少年漂泊者》，这书浅显易懂，即使文化水平不高也能看。鲁迅的文章当时他还看不大懂。他很尊敬邹韬奋，邹韬奋的文章揭露出一些当时国内的问题，激励青年前进。他还看了苏联的《铁流》、“保尔·柯察金”（《钢铁是怎样炼成的》）等，这样的读书活动至少持续了三年。当时读书不仅仅是读书，而且是为了革命，为了反对日本帝国主义，反对蒋介石打内战。可以说，“读书会”对他的思想变化和成长起到很大的作用，也为他后来参加革命奠定了思想基础。

记者：可以说，在照相馆学徒的这几年，是他思想上追求进步的几年，他有没有提及当时对他影响最大的是什么读物？

邹毅：对他影响比较大的是记者戈公振写的一本书叫《从东北到苏联》，看过书之后对社会主义的印象很深刻，他当时就想，中国的社会也应该像苏联一样。当时的书还都是文字，没有照片，因为他是学照相的，就想如果在书里面配上照片就好了。那时候，像1935年北平爱国学生“一二九运动”和1937年8月“淞沪抗战”[注]第九集团军等六个集团军奋起抗击日军已经有一些照片的宣传，这些照片激起了人民群众的反帝、反蒋的热情，老百姓都是很喜欢看的。我父亲看了这些照片，震动也挺大，他就想，这样的形式好，照片对人民群众有很大的鼓动和教育作用。而他又会照相，所以就觉得要是能当摄影记者就好了。

记者：思想基础有了，照相技术也过硬，可以说，做一名摄影战士的软硬件都具备了。

邹毅：对，当时的思想启蒙对父亲的影响是深刻的。广东是民主革命的基地，有特殊的革命条件。1927年南昌起义，进军潮汕失败以后，朱老总和陈毅把失败的部队带回福建，就

注 陈思义编，张子高校：《照相学》，商务印书馆，1926年。

注 《柯达杂志》。沈昌培编，上海柯达公司发行，小32开本，1930年7月创刊，到1937年8月出至第87期后终刊，第1期印行两万本，是当时发行量最大的刊物。

注 应为《矮克发影刊》。《矮克发影刊》，1937年9月创刊，上海矮克发洋行发行，大32开……矮克发洋行自办《矮克发影刊》来宣传它的产品。所刊文章和照片，几乎处处都直接间接宣扬矮克发的产品。

注 “淞沪会战”：1937年8月13日起，中国军队抗击侵华日军进攻上海的战役，历时3个月，是中国抗日战争中第一场重要的战役，也是抗日战争中规模最大、战斗最惨烈的战役。

从我家门前经过，所以，他小的时候就对革命有印象。我父亲是从1935年开始参加地下党组织的“读书会”的学习活动，1936年参加义勇军。因为当时在救亡运动中思想积极，拥护苏联的社会主义和共产党抗日，1937年他就入了党，入党之后，他最大的愿望是去延安。

记者：邹老好像没有在延安的经历吧？

邹毅：对。他受进步思想的影响，激情很大。实际上，他这人一辈子都是很激情的，好像是有社会责任感。他想去延安，结果没能去成。到了1938年，新四军成立以后，就在当地发展队伍，他们当时五六个人，在党组织的安排下应该是在1938年的春节，走了三天山路去了福建龙岩，在那里参加了新四军。

新四军军部生活：父亲“小试牛刀”

记者：从理想转化为行动，这个抉择对他来说，应该是印象深刻的、意味深长的。

邹毅：是的。他印象很深。到了新四军，当时龙岩地区的部队属于新四军二支队，他们的支队长是彭冲，也是宣传队的队长，他们刚去的时候，做了大概一年的群运宣传工作，主要是搞宣传，就是造声势，发展队伍。

记者：一到了部队，就在宣传队工作。那他有没有用相机记录当时的群运工作场景？

邹毅：当时宣传队的人才挺多的，能说会写的、能歌善舞的都有，主要是做宣传，拉队伍。他后来回忆说挺后悔一件事，就是到了部队以后，那种气氛特别感染人，春节的时候，战士穿得都很少，但是做起工作来，都是热火朝天、热血沸腾的，他说：“我就是没相机呀，不能把那情景照下来。”照相馆老板有一个小机子，好像是柯达的，他想，如果当时偷偷摸摸地把这个相机带走也就带走了。但是如果当时真的带走了，他心里也不踏实，在照相馆干着，不打招呼就走了，还顺东西，不厚道。

记者：他是搞摄影的，没有相机，确实挺遗憾的。

邹毅：他也只能这样，所以在新四军那么多年，没有相机，他又是一个搞摄影出身的，你说，能不遗憾吗？

记者：不过在1939年的时候，他就在新四军军部摄影室工作了，那时候，能分到一台相机吗？

邹毅：也没有。新四军成立以后，经费非常紧张。但是，实际上新四军领导对摄影很感兴趣。

记者：是，有好几位都是标准的发烧友。

邹毅：叶挺有三件宝：手枪、手杖、照相机。挂一个徕卡相机，那可是随身携带的。陈毅在新四军成立初期可能没机子，不过他也喜欢摄影。后来，张爱萍在新四军，张爱萍那是标准的发烧友，他拍的照片也是非常棒的。但是我父亲他没有条件，当时成立军部摄影室[注]，也算受重视。领导拍了片子，他们还能帮忙冲洗。后来，形势紧张了，1941年前，就是在“皖南事变”[注]最紧张的时候，他们这些非战斗人员就提前撤离了。

记者：在摄影室主要做什么工作呢？

邹毅：从1938-1941年，他基本没拍照片，就是有的话，可能也没留下来。他后来也没说这一段拍到了什么东西，因为他那时候除了在宣传队做群众工作，就在摄影室，除了帮一些领导冲洗照片，可能还有别的渠道拍的照片，由他们来收藏、管理。“皖南事变”以后，

[注]1938-1940年，叶挺出任新四军军长后的这三年里，成立了军部摄影室。

[注]皖南事变：发生于1941年1月4日，新四军军部及一个支队9000余人，奉命北移。1月6日，部队在皖南茂林地区，遭国民党军8万余人伏击。新四军所属军部兵力与皖南部队遭到了严重的损失。

注1941年1月，新四军军部在盐城重组。1941年5月，中原局和东南局合并组成华中局，刘少奇同志任书记。

注赖传珠（1910—1965）江西省赣县人，号鹏英。中国人民解放军高级将领。1941年1月，“皖南事变”后升任新四军参谋长。

注彭康（1901—1967），江西萍乡市上栗县人，我国著名的马克思主义哲学家、教育家、革命家。1941年担任华中局宣传部部长，并兼任华中局党校副校长。

部队进行了重组。他就到了华中局注，华中局宣传部的领导对摄影工作也十分重视，就让我父亲筹备摄影组。但是筹备还不到一个月，鬼子就开始“扫荡”，他们要经常转移，军队重建，经济困难，没有器材和经费，摄影组最终没筹建起来。怎么办呢，部队就破例安排他到华中党校去学习，当时只有团级干部才可以去党校学习，也正是在党校的学习让他有机会拍了照片。1941年冬天，华中局书记、新四军政委刘少奇在党校讲授一个多月的马列主义课程。时任新四军参谋长的赖传珠注让我父亲把刘少奇讲课的活动拍下来，用的就是参谋长的禄来牌照相机，一共照了两个胶卷，我父亲拍下了刘少奇在演讲、吸烟和思考的画面。

记者：这些照片保存下来了吧？

邹毅：留下来了。1942年冬鬼子“扫荡”，军部要转移到淮南，我父亲把照片小样交给他的宣传部长彭康注，底片交给赖参谋长，非常可惜的是参谋长在轻装转移的行军中把底片都丢掉了。好在彭康同志把样片都保留了下来，我们现在看到的照片就是后来用他保存下来的照片翻拍的。

记者：这张照片应该算是我们能看到的邹老的早期作品之一了吧？

邹毅：是我手里能收集到的最早的。你看照片，刘少奇那有力的手势、生动的神态。这算是我父亲的“小试牛刀”吧。后来对摄影也非常喜爱的陈毅军长对我父亲说，“摄影很重要，还要搞起来。”然而，新四军的条件实在太艰苦了，器材物资极其缺乏。我父亲讲过这样一件事：他所在的团叫“特务团”，一次，“特务团”为了早上不误出操，打报告申请买只闹钟。陈毅看过后，在报告上批道：“严整军纪，笔下无情。”赖参谋长更是有趣，在报告上批道：“准买公鸡一只。”

记者：这段时间，虽然没有拍照片，但对熟悉部队生活，为后来的大展拳脚，应该还是

中共中原局书记刘少奇在新四军江北指挥部驻地，给华中党校学员作报告。1941年

有很大帮助的吧？

邹毅：确实是这样。我父亲专门总结过这一段，他说，那段时间，虽然没有机会用相机把当时的状况记录下来，确实是个遗憾，但是对他个人来讲，并不后悔，因为他在军部好多部门都工作过，这些都是很难得的积累。"虽然没有照相机，但是我经常在头脑中按快门拍照，看到好的场景，感动人的场面和人物，我的脑子就是一部长备不懈的照相机，一切都印在了脑海里。"

注 中国共产党第七次全国代表大会于1945年4月23日和6月11日在延安杨家岭中央大礼堂召开。

注 《山东画报》：1943年8月正式出版，前身是八路军115师兼山东军区政治部主办的《战士画刊》。

"我想为大变革时期的历史留下一些影像"

记者：邹老真正拥有属于自己的相机，是在什么时候？

邹毅：陈毅军长去延安参加党的七大[注]的时候，特意把一部徕卡相机留了下来。我父亲曾用它和从师联络处弄来的一些电影胶片，在淮阴拍了一些照片。真正拥有相机，是在1946年，由新四军的解放军北移到山东，并兼山东军区领导机关。我父亲就从新四军总兵站调到了《山东画报》[注]，终于做成了摄影记者。

记者：当时分了一台什么相机？

邹毅：是日本产的，可能是缴获的。一种折叠120相机，能拍16张的那种。他在1946年主要拍的是山东临沂的土地改革，农民拥军、参军，那一批照片非常珍贵。他还把"土改"、动员群众参军的照片制成幻灯片来放映，画报社的同志都说第一次见到这样及时的幻灯片，（拍）这些照片都是在照相馆练出来的手艺。他对老区人民非常有感情，看到人们的喜怒哀乐，完全投入其中。因为他出身穷苦家庭，拍照的时候，更容易找到情感上的共鸣。看到老百姓受苦，他就难受，老百姓翻身的幸福感，他感同身受。

记者：之后，邹老就是深入前线采访，接受真正的战火考验了。

邹毅：一年后，他被调到新华社解放军前线分社担任摄影记者，直接到人民解放战争的前线采访。这期间，他随参战部队驰骋疆场，转战鲁、豫、苏等省，参加了鲁南战役、莱芜

鲁南战役中，华东野战军全歼国民党军整编26师和由美械装备的第一快速纵队于峄县、枣庄地区。1947年1月

华东野战军翻山越岭向孟良崮疾进。1947年5月

战役、孟良崮战役、开封战役、淮海战役、渡江战役及解放南京等重大战役，在第一线拍摄了大量珍贵的照片，真实地记录了解放战争的光荣历程。《蒋军快速纵队之歼灭》，在报上头版大幅刊用；文字报道《许昌军民喜过春节》成为新华社总社播发的解放区过春节的第一条新闻；而《紧张训练的渡江官兵》、《划船的船工》、《跳下船头的战士》等一幅幅照片，全方位地记录了我解放军"打过长江去，解放全中国"的过程。一拿起相机，他就仿佛是拿枪的战士，就知道往前冲，深入第一线。

记者：《蒋军快速纵队之歼灭》是什么时候拍的？

邹毅：1946年末、1947年初攻打蒋介石快速纵队，我父亲和部队一起行动，那场战役打得很痛快，敌人大炮的炮衣还没有来得及摘下，就被打败了。这张照片就是在战斗刚刚结束时拍摄的，战场上的炮火还没有熄灭。后来他和文字记者四人合写文章《蒋军快速纵队之歼灭》，还被1948年的《大众日报》[注]头版刊用了。

记者：这一时期，是邹老创作的丰盛期，我们挑几幅邹老的代表作品，您讲讲吧。

邹毅：好。我们先说《百万雄师过大江》。到1949年1月，中国人民解放军相继取得了辽沈、淮海和平津三大战役的胜利，在长江以北消灭了国民党的主力部队。4月20日，国民党拒绝在《国内和平协定》上签字，国共北平和谈宣告破裂。21日，毛泽东主席和朱德总司令发布了向全国进军的命令，随即我解放军百万大军浩浩荡荡打向长江南岸，1949年2月，我父亲

注《大众日报》：创刊于1939年1月1日，是山东省最具权威性、指导性的大型综合性日报，也是中共山东省委机关报。

等三人一同前去20军报道渡江战役。斗志昂扬的解放军官兵、积极支前的老百姓们，深深感染着他，使他留下了一个个珍贵的历史镜头。在渡江先锋连，他看到战士们认真检查着枪支弹药，用油布把雪亮的刺刀擦了一遍又一遍，又把用油桶做的浮水器紧挂在胸前，互相检查合不合要求。在黄昏暗淡的余光里，他拍下了这一场面。我们的战士们就是背着这种土制的救生器去征服长江天堑，摧毁旧制度的，这是一个奇迹，我父亲就以自己的方式将这一奇迹永久地留存下来。

另外，渡江部队在林中宿营的照片他是很喜欢的。当时的部队为了防止战马啃咬树皮用军毯裹在树上，这是个很普通的画面，但是我们的部队能够胜利，靠的就是这样真心实意为百姓着想，爱护百姓一草一木的精神。

记者：解放军以木船突破敌人的“立体防线”，在中外军史上都堪称奇迹。

邹毅：我父亲曾说过，一个摄影记者如果没有留下这一瞬间，不仅心中会有永久遗憾，而且也对不起历史。他总是寻找一切机会去留住历史的瞬间。他在渡江先锋连，看到战士们如猛虎下山，从木船跃上岸边，冲向敌人的防线。他毫不犹豫地定格下这一瞬间——《百万雄狮过大江》，画面上第一个战士弯腰弓背，脸向前方，手握步枪，右脚落地，提起的左脚欲动，而斜落的风帆巧妙地作了战士的背景，后面的战士手握钢枪，举起右手，撑船的竹竿向前倾斜，身姿极富动感。

记者：邹老还有一张作品，也是同时期拍的，名为《我送亲人过大江》。

邹毅：这张照片非常有故事。这是1949年4月22日，我父亲随部队从扬中[注]行军到夹江[注]北岸，等待过江。寂静的江面上，许多小船无声地划过水面，船上整整齐齐站着全副武装的解放军战士，船工们一桨紧似一桨地划着船，只想着把亲人解放军送到南岸去消灭敌人。这时，他看到一个十六七岁的小姑娘，为了把解放军快点送到南岸，她迸发出全身的力量，使劲摇着橹，背后的大辫子随着动作前后摇摆，充满了力度和美感。他不失时机地按下了快门，这就是那幅著名的《我送亲人过大江》。在波澜壮阔的水面上，小姑娘的背影成了最美的一瞬。

记者：听说这位当年的小姑娘后来找到了？

邹毅：是，有意思的就在这里。多少年来，这个背影我父亲一直不能忘怀。1999年8月，在有关部门的努力下，他终于在北京见到了当年的小姑娘——江苏吴江县年近七旬的颜红英，在八一建军节晚会现场，蔡国庆、张迈演唱了剧组人员为这个故事特意创作的歌曲《背影》，这张照片也被中国人民革命军事博物馆当场收藏。

记者：现在，您和颜红英老人还有联系么？

邹毅：有，我去年还见到她了，渡江战役60周年，南京电视台做了一期直播节目。我见到了她。她给我讲了当时的情形，那时候颜红英的父亲颜建生带着19岁的颜红英和17岁的二女儿颜根兄，在长江上跑运输。当年三四月间，颜家的船正好在镇江扬中江边，在部队的动员下，他们一家加入到了支前的大军中，颜红英奋力摇船的身影恰好被我父亲收入镜中。据颜家介绍，江苏全境解放后，部队在扬州召开庆功会，她们家获得渡江支前二等功的证书。遗憾的是，1957年的宝应老家突起一场大火，颜家父女用生命换来的立功证书被大火被烧掉。颜红英回到家乡不久，便嫁给了当地一个姓董的农民。结婚后，颜红英和丈夫辗转到吴江莞坪安湖村开始了平凡的生活。凭着自己的勤劳，颜红英把 7 个子女拉扯成人。如今，颜红英在吴江横山镇诚心村安度晚年。

[注] 现为江苏省镇江市下辖的一个县级市。

[注] 长江支流，位于江苏省境内。

我送亲人过大江（渡江战役）。
1949年

有意思的是，颜红英回忆说，当初我父亲拍照时，船上一位山东的老班长曾提醒她："好好划啊，岸上有人拍照呢"，19岁的小姑娘一听自然很开心："能给我照片么？"老班长表示肯定会。后来，她经常提起这件事，五十年以后，1999年了，后来我父亲拿了一张洗好的照片，见到她的时候真就送给她了，这是她人生里边的第一张照片。五十年了，还真给老班长说中了。

记者：那么，邹老拍摄的《占领南京"总统府"》，也是被后人称为经典的，但这张照片也有人说是摆拍的，这张照片的创作经过是怎样的呢？

邹毅：1949年4月23日，蒋介石盘踞达22年之久的南京回到人民手中后，35军部队临时进入南京市，这里处处洋溢着一种翻身做主人的喜庆气氛。受此感染，我父亲决定把作为"改朝换代"象征的解放军占领南京"总统府"拍摄下来。当他正式拍摄时，已是5月初的事了。当时我父亲和同事金雨困[注]一同来到南京"总统府"，就有了用战士们占领"总统府"后在门楼上欢呼胜利来表现时代变迁的想法，马上找到驻扎在"总统府"的连队指导员，他又请示了上级，几天后得到答复，允许拍摄。他请驻守"总统府"的312团的战士登上楼顶站成一排，在战士嘹亮的歌声中按下了快门，拍下了这张照片。

记者：那您怎么理解有些人对照片的质疑？

邹毅：这张照片反映了一个时代的变迁，翻天覆地的变化，非常有代表性，在国内的影响就不说了，在世界上都是有影响的。如果说对张照片有质疑的话，只能说自己思路不清楚。我们看这张照片，最主要的还是看它的象征意义，它的象征性决定了照片的生命价值。

注 金雨困（1926—），新华通讯社高级记者。

解放军解放了南京城，结束了蒋介石政府的统治，我军战士在“总统府”门楼上欢呼人民的伟大胜利。1949年

解放军战士站在“总统府”上，这样一个形象，这样一个举动，胜过了千言万语，它等于向全世界宣布蒋家王朝被推翻了，人民解放军胜利了，中国人民胜利了。这张南京解放的照片后来传向了全国，成为革命胜利的象征，留在了人们的心中。

为大变革时期的历史留存影像，一直是我父亲创作的激情动力。除了随军拍摄战争场面以外，他也把视角更多地对准了人民群众的生活。他说，“拍这些照片就是我对摄影的理解。我是处在那个时代的人，对当时的社会生活体会也特别深，我想为大变革时期的历史留下一些影像”。你看他拍的一些照片，土改的时候，农民分地主的浮财和粮食，大家都站在门口等着，很有意思的场面。淮海战役的时候，农民推着车给革命军队送粮食，当时有一种说法是“解放战争的胜利是靠人民群众的小车推出来的”。淮海战役之后，逃亡在外的农民回家，当时的火车很少，车顶上都是人。这些都是真正的中国人民的历史，这些照片可以反映出中国结束了几千年的封建统治，正处在变革时期的真实社会状况。

战士们迅速冲上江堤，占据敌军设防的工事，勇猛追击敌人。1949年

战士们在烟雾中勇猛穿插，占领了敌人阵地。1949年

渡江先锋连到达南岸，向敌人冲锋。1949年

解放军在京杭道上追击敌军。
1949年

渡江前，各部队的指挥员和参谋人员，都在自己突击地段的江边仔细地观察南岸敌人的地形工事和动态。1949年

◀我军指战员经过两个月休整，准备向长江南岸进军。1949年

淮海战役胜利结束后，兵强马壮向长江挺进。1949年

第三野战军即按党中央和中央军委作出统一部署，沿津浦路南下，浩浩荡荡开赴长江北岸。1949年

在槽老集车站，我第三野战军炮兵部队正待命上车，开赴前线。1949年

打过长江去，解放全中国。
1949年

上船前的“渡江先锋”指战员重任在肩。1949年

黄昏，解放军渡江部队指战员与船工们，按作战方案登船待命，做好渡江的战斗准备。1949年4月

解放军渡江后，快速追击、包围敌军。1949年

解放军进南京市挹江门，受到群众热烈欢迎。1949年4月

江苏省泰州市永安洲的群众夹道欢迎我第三野战军20军59师参战部队。1949年

在长江北岸，参加渡江作战的指战员通过当地群众搭起的“横渡长江胜利门”。1949年

中国人民解放军第二野战军司令员刘伯承（左三），在被占领的“总统府”楼上昔日蒋介石和高级幕僚开会的大会议室里，接见了在解放军渡江时起义的原国民党第五炮舰队司令林遵（右二）及其他高级军官。1949年4月

附录：邹健东年表

1915年　生于广东大埔县。

1930年　在梅县松口照相馆当学徒。

1935年　参加革命活动。

1937年　参加共产党。

1938年　参加新四军东进抗日。

1946年　任山东军区《华东画报》摄影记者。

1947年　任华东野战军（三野）新华社前线总分社摄影记者。

1949年　成立八兵团和军分社后任摄影组长和记者，参加过淮海、渡江等重大战役的采访。

1952年　由南京《新华日报》调入新华社摄影部中央组具体组织摄影部第一期新闻摄影培训班的工作。

1953—1954年　任中央新闻组组长，以后当记者重点采访拍摄中央领导人的重大活动新闻。

1965年　调广州军区新华分社。

1976年　离休。

1983年　出版了《邹健东摄影集》。

1985年　由他牵头并筹款，在华东老新闻工作者的支持和共同努力下，在中国美术馆举办了“华东抗日解放战争摄影展”。

1987年　出版大型画册《华东抗日解放战争摄影集》。

1988年　被新华社评为高级记者，同年荣获中央军委颁发的二级红星功勋荣誉章。

1992年　编辑画册《历史的踪影》。

1994年　在军事博物馆举办了“情播华夏摄影展”。

2003年　4月23日，为纪念南京解放54周年，“南京解放的历史瞬间——邹健东摄影作品展”在南京的“总统府”旧址内展出，展期长达一年半。

2004年　12月荣获文化部颁发的“造型艺术成就奖”。

2005年　在北京逝世。

记者：这之后邹老就在南京工作了？

邹毅：1949年夏他开始到南京的《新华日报》[注]工作，做摄影记者。随着人民解放军的节节胜利，全国大部分地区获得解放，新中国的成立也已提上了日程。为了迎接新中国的到来，南京市总工会要求南京被服厂在36小时内赶制18000面五星红旗，全厂职工立即投入到紧张的生产中。9月30日，我父亲来到南京被服厂，在一张工作台上，他看到一群普通女工正紧张地缝制着一面巨大的五星红旗，她们疲倦的面容依然掩饰不住内心的喜悦之情，他悄悄地把这个难得的场面拍摄了下来。10月2日，一幅名为《女工精心赶制五星红旗》的照片头版头条刊登在《新华日报》上，成为又一幅经典之作。

记者：我们看邹老的简历，新中国成立后，他还专门拍摄过中央首长的活动。

邹毅：是这样的。1952年他调到北京在新华社摄影部的中央新闻组当组长。后来领导说，"你不要当组长了，拍中央领导人更重要，你去中南海帮助齐观山拍照吧。"于是作为摄影记者的他1957—1958两年就被派驻在中南海，专门拍摄中央首长的重要活动。

记者：这一时期，他主要拍摄了哪些作品呢？

邹毅：当时派驻在中南海的摄影记者也有分工，一般领导人外出就会有相对固定的随行记者。侯波[注]主要跟毛主席，我父亲当时主要是跟总理和其他领导人出行，但这也不是完全固定的。毛主席视察十三陵水库的那张照片就是他在跟毛主席外出时拍的。是主席站在临时搭建起来的简易棚上，俯瞰十三陵水库的施工现场。我父亲后来回忆说："我当时就觉得很有意思，有点像开国大典的情形，就用相机连拍了几张，然后把三张照片拼接起来，现在看看，当时的大场面还都表现出来了。"

记者：从我们收集上来的作品看，除了主席和总理，邹老为当时的大多数首长都拍过精彩的照片。

邹毅：是。当时跟领导人在一起，除了新闻照片外，我父亲也拍了领导们很生活的一面。比如周总理在田间和农民谈话时，和农民一样把一只脚踏在石头上，很平易近人。这期间，他有机会得以近距离地与领袖人物接触，毛主席、周总理、朱总司令、刘少奇、董必武、邓小平、陈毅、贺龙、粟裕、彭德怀、陈云、宋庆龄等都曾在他的镜头里留下了神采各异的形象。思索着的陈云、风趣的陈毅、秉直的彭德怀、高贵典雅的宋庆龄、豁达开朗的朱德、睿智的周总理和具有领袖风采的毛泽东等等，许多都是"传神之笔"。

记者：说说邹老离休后的生活吧。从广州离休回来后，他平时生活中，还拍照么？

邹毅：从1965年开始，我父亲南调广州，任新华社广州分社编委和摄影组组长，直至1976年10月离休。这期间，主要经历了"文化大革命"，被办了两年的学习班，三年的"五七干校"劳动锻炼。"文革"后期重返工作岗位。离休后重回北京，正赶上了首都人民庆祝粉碎"四人帮"游行活动，他又拿起了相机，以一个老记者的敏锐视角，在历史发展的特殊阶段，记录下了这一历史性的场面。那是10月24日，人们手举着小旗，抬着打倒"四人帮"的巨幅漫画，兴高采烈地走在大街上，内心的欢喜写在每一个人的脸上。从今天的眼光来看，画面上那形态各异的人物、单调的蓝色服饰等，无不具有鲜明的时代特

[注]《新华日报》：1938年1月11日创刊于武汉，在抗日战争时期和解放战争初期是中国共产党的大型机关报，一直持续出版至1947年2月28日。于1949年4月在南京复刊。

[注]侯波(1924—)，山西夏县人。新华通讯社新闻摄影编辑部记者，中国文联委员，中国摄影家协会理事。1938年到延安参加革命工作，同年加入中国共产党。抗战胜利以后，在东北电影制片厂任摄影科长。1949年任北平电影制片厂摄影科长。同年调到中南海，任中共中央办公厅警卫局摄影科科长，为毛泽东和党中央的领导同志专职摄影达12年之久，被誉为"红墙摄影师"。

色，因而同样堪称一幅难得的佳作。这也算是他离休后的第一幅作品吧！虽然离开了工作岗位，但他并没有放下自己钟情的摄影事业。他依然到部队、学校、革命圣地、到自己曾经战斗过的地方拍照。

记者：邹老除了身体力行地不断拍摄外，我们还能看到他的摄影理论文章，您怎样用一句话评价您的父亲？

邹毅：后来我父亲年岁大了，外出拍摄的机会少了，但他仍闲不住，就潜心研究摄影理论、收集革命战争年代的摄影作品，先后出版了《邹健东摄影集》等三本画册，并发起组织举办了大型的"华东抗日解放战争摄影展"，为子孙后代留下了宝贵的精神财富。几十年来，他拍摄的大量珍贵的革命历史照片，不仅被国家级的档案馆、博物馆和画报社等机构收藏，亦被报刊社大量刊用，有的还被传送到一百多个国家和地区，影响甚广。为了表彰他在记录中国革命史中所作出的杰出贡献，1988年中央军委向他颁发了二级红星功勋荣誉奖章，他也是唯一获此殊荣的摄影工作者。

如果让我对他评价，我还是想引用他自己曾经说过的一句话，他说："做人就是要做一个战士，而且是一个自觉的战士。"我觉着，这话形容他自己一点都不为过，他就是一个永不停息的战士。

附录：情系历史瞬间

邹健东

1949年1月10日，淮海战役结束后，部队士气高涨。经过一个多月的休整，我和八兵团军分社采编主任季音、总部派来的电影分队郝玉生三人冒着春雨瑞雪来到扬子江边，一同去20军报道渡江战役。

4月20日，南京政府拒绝在国内和平协议上签字，毛主席、朱总司令发布向全国进军的命令，指战员们个个斗志昂扬。20军59师2营的突击连在江堤下紧张认真地做准备工作。战士们系好鞋带，检查枪支弹药，把冲锋枪、雪亮的刺刀再一次用油布轻轻地擦一遍。洋油桶做的浮水器紧挂胸前，战士们互相检查合不合要求。为了留下这历史的瞬间，我在黄昏暗淡的余光里以慢速度拍摄这一场面。我觉得它很平凡又很珍贵。从历史的角度去思考，战士们背着这种土制的救生器去征服扬子江，征服旧世界，这本身就是历史奇迹。这幅照片我保存了50年。

夜幕将降临，先锋连的战士们集合上船后，站在前排的战士神态显露出自信乐观自豪，我觉得非常可爱，一定要留下他们的形象。他们胸前挂的"渡江先锋"红条几十年来一直留在我心里。连队匆匆上船，没有时间问他们的姓名。他们坐的是小船，像离弦之箭直发南岸。这晚天空很暗，为了节省胶卷，我没有拍照片。可是几十年来我一直想，当时哪怕留下一个黑影子也是有价值的啊。

这天晚上风平浪静，甚至没有涛声。先锋连离敌人的江堤防线不远时，敌人发现了我军，慌忙向江面上射击。我军在江北的炮兵予以有力的还击。先锋连突破敌人的江防阵地，扬中的敌人投降了。从渡江到登陆追击敌人，先锋连只伤亡四人。

那时摄影记者没有照明设备，就是有也不能用。解放军以木船突破敌人海陆空"立体防线"，在中外军事史上都称得上奇迹。摄影记者如果没有留下这一瞬间，就对不起指战员，对不起历史，心里会留下永远的遗憾。电影队的郝玉生也是这样想的。我们当即向部队建议，先锋连留下拍摄几个镜头。拍摄时，这个渡江先锋连如猛虎下山，从木船上登岸，冲破敌人的防线，动作熟练迅速，生龙活虎。当时阳光是侧背光，有木刻画的味儿，战士的英雄形象更加突出。画面上第一个战士呈45度的弯腰，脸向前方，手握步枪，右脚落地，提起的左脚微动，正要向前。斜落的风帆巧妙地作了战士的背景。后面拥上的战士手握钢枪，举出左手，撑船的竹竿向前倾斜，身姿动感很强，构成一幅完美生动的画面，给人以极深的联想。渡江先锋连立卜了战功，他们代表解放军的光辉形象留给了千秋万代。

22日从扬中过夹江，部队急行军。指战员们穿的军服都是新发的夏装，非常整齐，精神抖擞，威风凛凛。乡亲们提壶送水，在路边欢送战士出征。

在扬中快步行军到夹江时，我看到一位饲养员为了保护树木不被战马啃伤，小心地在树干上包上军毯……我隔着水渠选了一个角度，拍下照片后跑步赶上部队。多年以后，我看到一些地方滥伐森林，造成水土流失，仍在为当年那位饲养员的行动深深感动。

到了夹江北岸，部队列队等待过江，江中从西向东来了许多小船，如秋雁一字形"飞"来。船上整整齐齐坐着全副武装的解放军。船工们一桨紧似一桨，只想着快快将亲人送向南岸，歼灭敌人。其中最引人注目的是一位摇船的小姑娘，看上去只有十六七岁。为了快点把解放军送过江，她迸发出全身的力气，使劲摇橹，背后的大辫子随着动作前后摇摆，充满了力度和美感。我不失时机地揿下了快门。这就是那幅有名的照片——《我送亲人过大江》。这一天，在大军渡江波澜壮阔的画面上，小姑娘留下的背影成了最美最美的一瞬间。

我们坐着解放区的木船，穿着解放区妇女做的布鞋、布袜登上了长江南岸。夜色苍茫中，我和季音及总部来的电影分队到了丹阳县郊区，跟随20军冒雨追击敌人。在京杭国道我们围歼了一股敌人，公路上堆满了大炮、各种枪支、皮箱衣服、马车、汽车。敌人还有五个军被包围在广德、郎溪地区，只打了两天就将敌人全部歼灭。之后，我和电影分队郝玉生等从溧阳到了南京。

那时已经是5月初了。进了城，看到在新街口的高楼上，挂了一条条的红布长幅标语："欢迎解放军！""庆祝五一国际劳动节！"群众看到解放军都笑脸相迎。蒋介石在南京盘踞22年（作者这是有误。把1937—1945年日军占领的8年也算了进去。），作为新华社的摄影记者，我自觉地意识到首要任务就是先到"总统府"采访。

五月上旬的一天，季音、金雨困和我一同前往"总统府"。到了门口，我第一眼就注意到大门楼和"总统府"三个字。进了大门，穿过走廊，我看到会议室墙上的日历仍是"4月22日"。看了一圈，我觉得选择最典型的画面，还是大门楼最合适。蒋家王朝的灭亡，人民获得伟大的胜利，战士们站在门楼上高唱胜利歌曲，这是多么激动人心的画面……我找到守卫"总统府"的连指导员谈了我的要求，过了几天，我的请求被批准了，我再次来到"总统府"。

战士们登上"总统府"的门楼，我的心情和战士们一样激动：无畏的战士庄严地把象征黑暗统治的"总统府"踏在脚下，向全国人民、向全世界正义的朋友们宣布：解放军胜利了！中国人民胜利了！战士们流着喜悦的泪花唱啊，尽情地唱，歌声犹如长江的波涛汹涌澎湃，犹如阵阵春雷滚过长空……

我在心中默默祝愿，英雄们歌唱吧！尽情地歌唱吧！唱出人民的心声，唱出历史的真谛：顺民心者昌，逆民心者亡。

为了拍出最理想的效果，我取景构图时利用了"总统府"门楼前许多电线，使天空在画面中有所变化，并起到均衡作用。我看到一个战士坐在旗杆下，投下一条阴影，射在"总统府"的墙壁上，觉得很有意境。于是我要求多坐几个战士，再多几条阴影。这一来，白色的墙上加了一束束黑线，画面发生了些很有意味的变化，引起人们更多的想象。我认为拍这张照片看似容易而平凡。然而，要想到利用这典型环境，以这样的形式来反映人民的伟大胜利，没有亲身经历过国难的耻辱和受过封建反动政府压迫的痛苦，不亲身经历过人民战争的锻炼是构思不出来的。50年过去了，这幅南京解放的照片一直是革命胜利的象征；随着时间的推移，它还将永远在历史的记忆中熠熠闪光。

摄影是最有力的武器

沙飞

摄影是最有力的武器
摄影是最有力的武器
摄影是最有力的武器
摄影是最有力的武器
摄影是最有力的武器
摄影是最有力的武器
摄影是最有力的武器

现实世界中，多数人正给疯狂的侵略主义者所淫杀、践踏、奴役！这个不合理的社会，是人类最大的耻辱。而艺术的任务，就是要帮助人类去理解自己，改造社会，恢复自由。因此，从事艺术工作者——尤其是摄影的人，就不应再自囚于玻璃棚里，自我陶醉，而必须深入社会各个阶层、各个角落，去寻找现实的题材。

——沙飞

摄影是最有力的武器

口述人：王笑利（沙飞之女） 顾棣（沙飞战友）／ 采访人：陈敏 高初 ／ 撰稿人：陈敏
采访时间：2010年5月20、21日 2010年6月3日 2010年6月24日 ／ 地点：亦庄影棚 王笑利家中

沙飞，原名司徒传，广东开平人，中国新闻摄影的先驱者。1912年3月19日生于广州。1926年参加北伐，在国民革命军中任报务员，1931年就职于汕头电台并从事摄影。1935年6月加入上海黑白影社并开始发表作品。1936年考入上海美术专科学校西画系。1936年10月拍摄发表鲁迅最后的留影、鲁迅遗容及其葬礼的摄影作品，引起广泛震动。1936年12月和1937年6月，先后在广州和桂林举办个人影展。抗战爆发后担任全民通讯社摄影记者，并赴八路军115师采访刚刚结束的"平型关大捷"。1937年10月参加八路军。先后担任晋察冀军区新闻摄影科科长、晋察冀画报社主任、华北画报社主任等职，拍摄了一人批珍贵照片，用相机真实地记录了中华民族那段难忘的历史，被誉为"中国革命摄影第一人"。1950年3月因患"迫害妄想型精神分裂症"，在石家庄和平医院枪杀为其治病的日本医生，华北军区政治部军法处判处其死刑，被枪决，终年38岁。20世纪80年代初，沙飞的家属对该案多次提出申诉，要求再审。北京军区军事法院经数年调查，复审查明：沙飞是在患有精神病的情况下作案，其行为为不能自控。1986年5月19日北京军区军事法院判决：撤销原华北军区政治部军法处的判决。

北岳区反“扫荡”战斗。1940年冬

“我要像一粒小小的沙子，在祖国的天空中自由飞舞”[注]

记者：您好！很高兴能够听您讲述您父亲沙飞的故事。您能否先讲讲他少年时期的生活吗？

王笑利：我的父亲生在广州。我的祖父是做药材生意的，也到南洋做生意。广州和外界接触多，我觉得这对父亲的思想有很大影响。我父亲后来学习电报，参加北伐军，我祖父并不阻拦，这些方面我的祖父挺开明的。

记者：那沙飞是如何放弃早年从事的报务员这样一个应该说报酬非常优厚的工作，走上摄影道路的？

王笑利：我父亲到北伐军的时候，就已经开始搞报务了。到了汕头以后，就在汕头电台工作，那时和我的母亲[注]相识、结婚。

我祖父那个时候已经破产了，他的家里除父母还有八个兄弟姐妹，他是老大，因此他的工资对维持家庭开销是十分必要的。他结婚以前喜欢摄影，是业余摄影，鼓捣照相机、鼓捣洗照片，他有这个技术基础。正好结婚的时候我父母又去了上海、杭州、苏州、南京这些地方，见了世面，于是他向往能够按自己的心愿来安排工作。那是什么心愿呢？就是他热爱的摄影了。当然他也想当个作家或者木刻家，拍电影他也想过。总之一句话，我父亲觉得他这一生光是依靠报务工作优厚的待遇养家是不行的，作为一个年轻人还是要跟国家的命运结合起来。所以，在他弟弟从中医学校毕业能够养家的情况下，他马上就决定到上海去，这就意味着要放弃报务工作，放弃优厚的薪水，在这种情况下去上海学习。到上海接触鲁迅以后，他真的感觉到他应该走的路就是搞摄影。于是他回到汕头住了一夜，就想马上到广州赶紧搞他的影展，要把他在上海拍的那些东西拿出来搞展览。

记者：可以说是由“小我”向“大我”的转变吗？

王笑利：对，我觉得他的思想转变得很快，跟上了当时的形势。他那时不太考虑经济问题，因为养家的事情由他二弟解决了，他就在这种情况下转型的。另外还有一个转型的原因在哪儿呢？养我们这个小家，就是我母亲、我哥哥、我，还有我母亲的家人，靠我母亲的工资基本上也可以了。他考虑到这几方面，最后坚决地转向了摄影。

记者：您认为司徒家族是不是对他存在着影响？

王笑利：我觉得有影响。像美洲侨领司徒美堂曾帮助孙中山革命，这对沙飞就有影响。再如司徒慧敏，我父亲称他为叔叔，他参加了大革命，又参加了左联[注]，我父亲很尊重他，我觉得这也对他走上革命道路有很大影响。司徒乔和我父亲在鲁迅去世的时候都在上海，司徒乔画鲁迅，沙飞拍鲁迅。

记者：我知道您父亲早期学习摄影的时候，曾经以司徒怀的笔名参加过黑白影社[注]，这段经历是不是也会对他摄影的技巧、思想有一些影响？

王笑利：他1932年到了汕头，汕头是一个非常开放的地方。他在汕头搞电报的同时业余喜欢上摄影。这个时候我父亲就很关注社会，关注中国国内局势、抗日的形势。这时他发现上海有黑白影社这个摄影组织。我觉得他对黑白影社的关注，也是他后来到上海去的一个理由，因为那儿是基地，当然鲁迅先生对他的吸引也是很大的。他的作品在黑白影社刊物上发表[注]，我觉得这对他的摄影是很大的促进。

记者：1936年的时候，他用沙飞这个署名发表了《南澳岛[注]——日人南进中的一个目

[注]沙飞：“我要像一粒小小的沙子，在祖国的天空中自由飞舞”。王雁主编：《沙飞纪念集1912—1950》，海天出版社及山西人民出版社，1996年版，第1页。

[注]王辉（1911—2005），原名王秀荔，祖籍广东省潮安县，出生于香港。1933年3月30日与沙飞在汕头登记结婚。1936年加入华南抗日义勇军，1937年初因故与沙飞离婚。1937年加入中国共产党，在潮汕地区进行抗日活动，从事地下工作及统战工作。1940年起先后在桂林、重庆八路军办事处工作，曾负责中共南方局会计工作，与周恩来、邓颖超往来密切，1945年7月在周恩来、邓颖超、聂荣臻帮助下与沙飞于阜平重聚。1945年到张家口后调晋察冀边区银行工作。1949年起在银行系统工作，先后担任中国银行广东省分行副经理、人民银行广东省分行副行长、党委书记等职务。载自王辉口述、王雁整理的《沙飞夫人王辉的回忆》。

[注]中国左翼作家联盟，简称左联，是20世纪30年代在中国上海成立的一个左翼文学组织，旗帜人物之一是鲁迅。

[注]黑白影社，1930年元旦在上海成立，1937年因抗日战争爆发结束活动。其宗旨是集合有浓厚摄影兴趣者，共同从事研究艺术摄影，以表现中国文化及增进在国际艺术界之地位，是20世纪20至30年代中国最大的摄影团体。

[注]1935年6月《黑白影集》第三册记录黑白三届影展目录，其中有司徒怀的《图案》、《渔光曲》；1937年4月《黑白影集》第四册记载出品目录有司徒怀《勤俭》、《绿波留恋浣纱人》。

苏州狮子林。1933年4月

1937年6月，《中华图画》杂志发表沙飞组照《南澳岛》。

标》[注]这一系列的照片，您也曾经探访过这个地方？

王笑利：1995年我和小妹妹王少军一块儿去探寻父亲的足迹，第一站我们是回汕头，这是父亲和我母亲结婚的地方，也是我出生的地方，我就很感兴趣。当时我们还特别去了趟南澳岛，觉得这个岛特别美，岛上不是很发达，渔民的生活、港湾建设都比较落后。南澳岛交通特别不方便。我们也听到渔民讲从前由汕头到南澳岛并不像现在有电汽船这种交通工具，我父亲那时候就是坐小船。好在当时我一个叔叔（我父亲的三弟司徒强）在岛上工作，这是他去那儿的有利条件。他为什么去南澳岛？ 他的关注点不是南澳岛的风光，而是当时的形势——日人南下南澳岛。他去了以后，当地人民的生活和日本侵略中国的迹象都从他的影像中表现出来了。前面发生了“九一八”、“一二八”事变，日本人的野心昭然若揭，我觉得他是想通过摄影表现出来。

记者：您父亲在1936年发表的一组新闻照片是关于鲁迅在第二届全国木刻展上，他一直将鲁迅先生的照片底片珍藏得很好。鲁迅先生是不是在思想上对沙飞有很大的影响？

[注]南澳岛，岛东西长约21公里，南北最宽处10公里、窄处2公里，坐落在闽、粤、台三省交界海面。岛距广东省汕头经济特区仅19公里，东距台湾高雄约260公里，北距厦门约150公里，西南距香港约290公里，处在这三大港口城市的中心点，濒临西太平洋国际主航线，地理位置十分优越。自古以来，南澳是东南沿海一带通商的必经泊点和中转站，早在明朝就已有“海上互市”的称号，素有“闽粤咽喉”之称。

[注]《南澳岛——日人南进中的一个目标》，署名沙飞，发表于《生活星期周刊》（1936年11月），邹韬奋主编。王雁：《铁色见证——我的父亲沙飞》，第49页。

[注]“拍摄于南澳岛的一组照片，本以景貌、人情为主，而沙飞为之拟定的副题，却是‘日人南进中的一个目标’。他还在说明文字中写道：‘南澳岛……是控制闽西南和粤东的门户，所以成了日人南进中的一个目标。本年闽西南的伪军自治运动和某国军舰的窥探，已经使这个平静的小岛受到严重的威胁。’这一组照片在邹韬奋先生主编的《生活周刊》发表以后，所产生的社会效果是一般风光照片根本无法比拟的。”引自石少华《沙飞的摄影艺术理论与实践》。

乌云遮不住太阳。
1935—1937

鲁迅与青年木刻家在一起，左起：鲁迅、黄新坡、曹白、白危、陈烟桥。1936.10.8

王笑利：鲁迅好像是他的精神领袖。他那个时候并没有直接接触共产党，并不像我母亲和地下党接触频繁。他崇拜鲁迅，受鲁迅思想的影响，受左翼文化的影响。我父母都很关心时事，爱看小说、爱读鲁迅先生的作品。我觉得他真正接触鲁迅思想是在到了汕头以后，那时候他毕竟也就18岁左右，看各种进步的杂志、看很多书，鲁迅、郭沫若、茅盾的著作他都在看；他通过这些作品接触他们的进步思想，也了解他们对时局的看法。这使得他对鲁迅、对左联作家在感情上亲近，这也是他离开汕头到上海的一个重要原因。他到广州以后找到他的好友李桦[注]，这是和鲁迅有通信联系的一个木刻家，父亲带着李桦写给黄新波的信，去的上海。

记者：他当时入读了上海美专？

王笑利：对，我觉得挺有意思的。美专校长刘海粟是著名的画家、开明的美术教育家，他对学生的要求是："在美专，不论出身，一律以才取人！"到了上海后，他接触到了摄影界、木刻界的人，交流信息比较方便。他很想见鲁迅先生，但当时鲁迅正好是病得挺厉害。那时候举办全国第二届木刻展览会，他就天天泡在展览会现场，那天其实他是中午吃饭去了，恰好鲁迅带病来到木刻展览的现场。等他吃完饭回来的时候，看到这种情况，他觉得特别兴奋，抓住机会拍了鲁迅先生的那些镜头。当然他也没有想到鲁迅11天后就离开了人世[注]，但是他已经觉得这是最大的收获了。他发表这组照片的时候用了笔名"沙飞"。

记者：您父亲这个笔名也是很有寓意的。

王笑利：他就觉得应该像沙子在祖国的天空中自由飞翔，他有这个思想就是认为记者应该如实地、很自由地来报道一些东西，我觉得他当时也是这么做的。

记者：1936年—1937年沙飞先生举办了两次影展，他在《写在展览之前》中[注]提到过，艺术的任务是帮助人类理解自己，改造社会或恢复自由，从事艺术的工作者，应当深入社会各个阶层、角落去寻找现实的题材。是不是这样一个思想，一直贯穿在沙飞摄影的过程当中？

[注]李桦（1907—1994），广东番禺人，版画家，曾任中央美术学院版画系主任，中国版画家协会主席。

[注]1936年10月19日及10月22日，沙飞拍摄了《鲁迅先生在上海四川北路寓所逝世》、《鲁迅先生遗容》、《鲁迅先生丧仪——灵车驶出殡仪馆》、《小学生前往凭吊鲁迅先生》、《送葬队伍》、《青年作家们扶棺入墓穴》等作品，王雁主编：《沙飞纪念集1912—1950》，第6—7页。

[注]原载1936年12月（广州）及1937年6月（桂林）《沙飞摄影展览会专刊》，王雁主编：《沙飞纪念集1912—1950》，第98页。

鲁迅遗容（卧室）。1936.10.19

王笑利：父亲这个思想的形成源于他对国家形势和对社会底层的关注，另外还有左翼思想、鲁迅思想对他的影响。他后来很快到抗日前线，跟这些都有关系。他并不留恋富足的生活。比如在上海可以说他是能够赚到钱的，在广州也可以，但是他不留恋这些。

记者：在1937年的时候，沙飞先生去了桂林，在桂林期间也接触到进步的思想，您能讲一下他在桂林的生活吗？

王笑利：广州影展开了几天，父亲出了名，有个商人就想跟他一块儿开照相馆。在商人的眼里你的名声就是钱，但他不接受这个。那商人马上威胁说我要告你是赤色分子搞反动宣传，他在广州就没办法待下去，于是他选择了去广西。为什么选择去广西呢？一来他曾经去过广西，比较熟悉，他想把广州影展的那些东西背到桂林去展览；二来当时桂林比较自由，有很多思想进步的教授集中在广西大学里面，像陈望道[注]、马宗融[注]、邓初民[注]这些知名教授，文人在那里能够畅所欲言。他去了以后得到这些大学教授的支持，因为他的展览跟反抗日本侵略有关系，又跟大家最尊敬的鲁迅先生有关系，还有关于广大劳动人民的内容，所以这些教授在很短的时间内帮他举办了展览，给他写影展的评论文章。后来他北上抗日的时候这些人又给了他很大的资助。

这些大学教授（对他）更大的影响是肯定了沙飞走的这条路，你从那些文章[注]里可以读出对父亲的肯定，教授们觉得他这条路走对了。时逢民族危亡时刻——1931年“九一八事变”、1935年“华北事变”，等到他办完影展，“七七事变”爆发，日本开始大规模侵略中国。

记者：是，我知道这些教授们在沙飞去前线的时候，还进行了捐助。

王笑利：对呀，他想上华北前线。这些教授[注]非常支持，说你经济困难我们赞助你买摄影器材，不仅捐助，还特别有意思的是都给开私人介绍信。因为他不是党员，也不是地下党，这些教授就介绍他们的朋友给沙飞。所以他既认识了共产党里面的同志，也认识了华北战场上各方面的许多名人。这些人也是抗日的，能够帮助他。给他开的介绍信是起这种作用的：比如说有的教授给他写了介绍信，说你到太原可以找温健公[注]教授，温教授其实是咱们地下党的；你到西安可以找谁，到延安可以找谁，到哪儿还可以找谁……但是他的心里只有抗日前线，所以他选择了太原。这跟他对形势的认识特别有关系。

摄影是最有力的武器

记者：沙飞是以全民通讯社[注]记者的身份上前线，您能讲一下沙飞这段时期的经历吗？

王笑利：对，沙飞到了华北太原前线之后很快找到温健公，温健公知道他搞电台搞得好，就把他带到保定去搞电台。他在电台里面听到平型关大捷的消息，坐不住了，“不行我还是得去搞摄影”，就这么离开保定又回到太原。全民通讯社是李公朴[注]创办的，当时周巍峙是李公朴的秘书，他在鲁迅先生去世时看到过我父亲拍的照片，对他很尊敬。后来我们访问周巍峙的时候，他谈到说我们都想上前线，但是人家需要摄影记者，那只有他（指沙飞）更合适，于是沙飞很快拿到彭雪枫写的介绍信并以“全民通讯社”新闻摄影记者的身份到八路军总部报到，八路军总部介绍他到已经撤到五台县的115师。他没赶上平型关战斗，但是胜利以后，那些战利品，以及人们的那种兴奋、部队的那种情况，对他是很大的感染，所以他拍摄以后马上把这些作品拿到太原，以全民通讯社的名义发表。115师接待他的是谁呢？苏

注 陈望道（1890—1977），浙江义乌人，语言学家、教育家。曾任广西大学教授，复旦大学教授、校长。

注 马宗融（1892—1949），四川成都人，作家、学者。曾任教于复旦大学、广西大学。

注 邓初民（1889—1981），湖北石首人，社会科学家、教育家。曾任中山大学、广西大学、香港达德学院教授，山西省副省长兼山西大学教授。

注 沙飞桂林展览会专刊由陈望道编辑，包括沙飞文章《写在展览之前》、摄影展览作品目录、教授评论沙飞作品文章，如千家驹《沙飞影展门外谈》、陈望道《沙飞的摄影极富画意》、马宗融《勉强的几句话》等。

注 指邓初民、廖光、千家驹等教授，王雁：《铁色见证——我的父亲沙飞》，第86页。

注 温健公(1908—1938)，原名文淦，广东梅县人。1928年在上海加入中国共产主义青年团，后成为中国共产党党员。1930年初赴日本留学。1931年“九一八”事变发生后回国，在上海成立留日学生救亡会。 1937年“七七”事变后，受中共派遣到河北做统战工作，参与组织河北抗日民军，任河北民军总部秘书长兼政治部主任，同年秋到武汉。1938年再赴山西抗日前线，12月26日，在山西吉县为敌机炸弹击中牺牲。

注 全民通讯社，1937年创办，社长李公朴。李公朴与阎锡山、周恩来商议后，以救国会名义在太原创办了全民通讯社，太原失守后在武汉、重庆、成都建立总社。通讯社曾向国内外发送大量战地新闻、通讯。

注 李公朴（1902—1946），中国现代伟大的爱国主义者，坚定的民主战士，中国民主同盟早期领导人，杰出的社会教育家。1946年7月11日在昆明市被国民党特务暗杀，次日身亡。

八路军攻克平型关。1937年

静，苏静将军也是摄影爱好者，他们俩有共同语言。

记者：能说个具体事例吗？我们猜测沙飞和苏静应该会有很多交流的。

王笑利： 每次拍摄之后，他们就一块儿冲洗胶卷。我们见苏静的时候他就说，当时沙飞穿的是黑衣服，瘦瘦的，每天我都跟他一块儿出去拍照，回来也一块儿冲胶卷。他们俩都懂行。沙飞没有参军，他是执行全民通讯社的任务，两个星期以后，他就离开了。苏静的回忆里面特别谈到说沙飞挺热情的，他们相处得很好。

记者：1937年10月，沙飞再次到五台山。聂荣臻在组建晋察冀军区的百忙中接见了他，并介绍他到杨成武支队采访。沙飞回太原发稿后，太原面临危机。八路军总部决定115师一部在聂荣臻率领下，留五台山开辟晋察冀敌后抗日根据地。沙飞随后成为八路军的一名战地摄影记者，这一段时间以及之后的一段时间内，沙飞拍摄了大量有关长城的照片[注]，您后来也去实地看过，能讲一下沙飞的长城情结吗？

王笑利：对，《八路军战斗在古长城》[注]那组很有名，有一年我和我妹妹少军特别去原址看过。沙飞到了华北前线以后，部队转战在山中，很多地方都是有长城的。因为这个时期我父亲基本上是跟着部队的，转战在河北、山西的长城内外，像我们去过的浮屠峪[注]，就是他拍战斗在古长城那组照片的原址。当时晋察冀[注]正在建立扩大当中，阜平、易县、涞源，都有长城。长城在中国人的印象中是抗御外族的地方。他的政治敏感性就让他抓住了长城的镜头来表现抗战的八路军是怎样在长城上抗击日寇。其实日本人也挺重视拍长城，他们拍占领

注《沙飞摄影全集》收录了近30幅长城的照片。第62—75页。

注《八路军战斗在古长城》组图，1938年拍摄，另一说法为1942年拍摄。摄影史研究者顾棣对于这一组图片有详细的考证，并撰文发表。

注浮屠峪长城，位于河北省保定市涞源县浮屠峪高庄村东羊栏及乌龙沟一带山岭上。从浮屠峪高庄村之东羊栏小自然村，向东稍上即至村边的敌台，沿山梁上的长城向东北走八个敌台到制高点而回。这一带内长城的敌台保存较好，敌台间少有城墙相连，散立于山岭上。沙飞《通过长城重要隘口浮屠峪，紧迫逃敌》以及《八路军战斗在古长城》即创作于此。

注 晋察冀边区，是抗日战争时期中国共产党领导的敌后抗日根据地之一。1937年10月，聂荣臻率八路军115师部分以五台山为中心开辟晋察冀根据地。11月成立晋察冀军区，1938年1月晋察冀边区人民政府在河北阜平成立，后发展为包括山西、河北、察哈尔、热河、辽宁等省各一部的广大地区，有108县，人口2500余万。共作战32000多次，歼日伪军35万余人，为重要的抗日根据地。

八路军战斗在古长城。河北浮屠峪长城位于涞源、易县交界之处，相传为宋代杨家将练兵御番之地。1938年春

插箭岭战斗，八路军指挥所。1937年秋

塞上风云，向长城内外进军的杨成武支队。1937年秋

河北涞源浮屠峪，八路军在古长城上欢呼胜利。1938年春

了长城后狂笑的那种照片，这么一比较他拍长城有一种象征：中华民族不屈于外敌的战斗形象。

记者：1938年，沙飞见到了白求恩，这一段经历在他的生命中占据了重要位置，鲁迅先生的底片和白求恩留给他的莱丁那相机都是他一直精心保留的物品。您能讲一讲沙飞和白求恩两人的故事吗？我曾经看到过沙飞拍摄的聂荣臻和白求恩接受记者采访的照片[注]。

王笑利：白求恩1938年春天经过宋庆龄的介绍来到了延安，他事业心特别强，说我的任务是在前线，很快就跟毛泽东要求到前线去。他差不多6月份到晋察冀，聂荣臻接见了他。后来《救亡日报》[注]的记者[注]采访白求恩的时候聂荣臻也在，这个情况下他拍摄了聂荣臻和白求恩的照片。

记者：之后沙飞和白求恩就很熟悉了？

王笑利：后来他们就很熟了，为什么呢？到底沙飞和白求恩关系怎么样，我们原来也不

[注]1938年9月25日，于五台军区司令部，沙飞拍摄了聂荣臻司令员同白求恩大夫一起接受《救亡日报》记者叶文津采访的照片。

[注]《救亡日报》，抗日战争时期上海文化界救亡协会的机关报，1937年8月24日在上海创刊，后迁广州，再迁桂林出版。1941年初国民党发动包围袭击新四军的“皖南事变”后，于1941年2月28日停刊。社长郭沫若，总编辑夏衍。抗日战争胜利后，于1945年10月10日改名《建国日报》在上海复刊，同月24日被迫停刊。

[注]叶文津(1916—1980)，广东东莞人，曾用名叶德铭。1937年抗日战争爆发，他在上海组织了“留日学生救亡会”，发表了《停止内战，抗日救国》的宣言。后南下广州，与郭沫若、夏衍等人积极筹备《救亡日报》在广州复刊的工作，并任该报记者。1938年4月，党组织派他到敌后游击区采访，历时一年半。回到桂林后，在报上发表了《华北五省敌后纵走记》的长篇连载和很多通讯，并举办敌后图片展览，宣传共产党游击区英勇抗日的事迹，产生很大影响。1941年后化名叶德铭，利用身份掩护地下党活动。

[注]赵拓，电影《白求恩大夫》（1964）编剧。由周而复同名小说改编的电影《白求恩大夫》是由张俊祥、赵拓在1963年写成，并于1964年春天拍成电影。受当时的政治和经济环境的限制，影片只拍了后四章，而无法完成第一章有关描写白求恩在加拿大和西班牙的事迹。该片经过整理，于1977年国庆公开放映。

了解，只听说白求恩的相机最后给了我父亲，听说这个还登到《抗敌报》上了。所以能不能找到这个《抗敌报》呢？有没有谁能见证这个事呢？1990年代初期，有人就给我介绍说你去找一下李廷占，就是军区作战科的一个参谋。李廷占跟我说："你父亲那天来找我，要白求恩写的遗嘱里面留给他的相机。我半开玩笑地跟他说，你要相机可以，但是你得把你的手表给我，结果你父亲马上就把手表摘下来给我，就要相机。"这是当事人说的话，所以确有其事，这是第一点。

第二点是到底报纸上有没有登这个消息，我也是挺好奇的。我曾经问过一个解放初期拍白求恩电影的人，他想了半天说在石家庄和平医院，不是有白求恩纪念馆嘛。白求恩那个遗嘱在报纸上面有没有这么一句话，他记得没有，这个人叫赵拓[注]。后来我说那我也去看看吧！我1986年的时候，到石家庄的第一站就是白求恩纪念馆。那天就我一个人参观，凡是有关白求恩的材料，我都认真地看，我发现了《抗敌报》刊登的白求恩遗嘱，上面原话写着照相机留给沙飞。另外我们还能从另一件事情了解到白求恩和沙飞的关系：白求恩1938年9月30

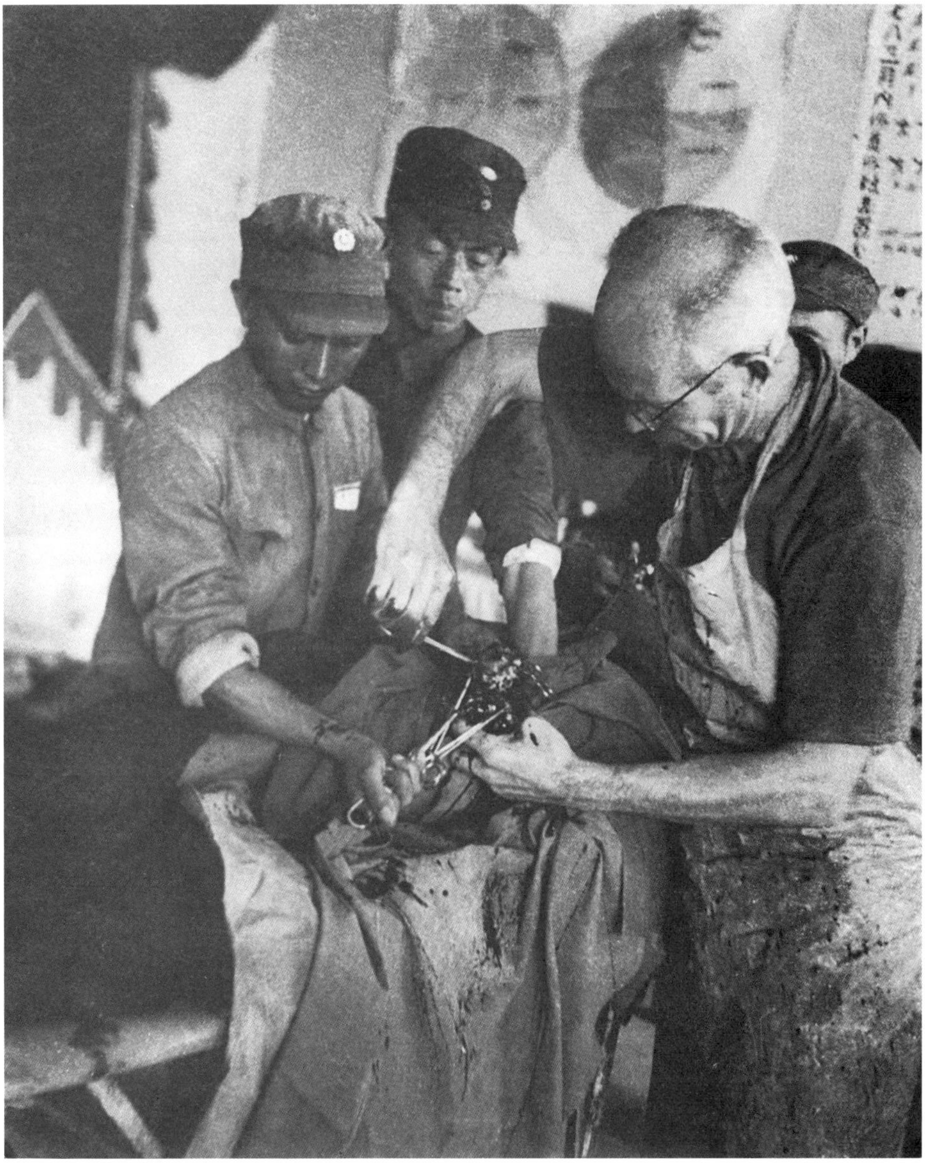

白求恩在山西五台松岩口模范病室动手术。左为晋察冀军区卫生部长叶青山。1938年

山西五台，白求恩与自卫队队员。1938年

白求恩在享受日光浴。1939年夏

白求恩在游泳。1939年夏

山西五台，白求恩大夫用樱桃逗村中女孩。1938年

日写信给延安的马海德[注]说：你把那些胶卷冲洗了，而且寄往加拿大，我很高兴。今后，我们打算就在这里冲洗胶卷，因为我们已经从天津弄来一些照相器材，我们还有一个很出色的摄影师……将寄一些我们拍的照片给你，以供人民外交协会之用。白求恩的信里面特别写了一句，我们这儿有一个很优秀的记者沙同志。

记者：沙飞为白求恩拍摄了一些照片吗？

王笑利：本来我也不知道，反正就是看他给白求恩照的相比较多一些，另外听说他们关系也挺好的。我记得我们试图寻找哪些照片是我父亲拍的，因为原来好多照片刊登时都不署名。后来我有一次就去找任弼时女儿任远志的爱人白世藻（原解放军画报社记者），结果他就告诉我，白求恩在唐河洗澡的那张照片是你父亲拍的。后来我就从解放军画报社看到了白求恩裸着身体在唐河里洗澡、日光浴以及白求恩与八路军战士站岗等照片，我觉得生活情趣也挺浓的。当然他们还告诉我，白求恩拿樱桃逗农村的孩子让她叫叔叔，这张照片大家都说特别好，结果只是在《晋察冀画报》看到了这张照片，底版已经找不到了。后来凡是这张照片都是从晋察冀画报社上翻拍下来的，我觉得这是很有意思的。

记者：当时沙飞和许多国际友人都是有过交流的？

王笑利：晋察冀前线作为一个根据地，有那么多的外宾来这里，你需要记录下来。比如说最早的卡尔逊[注]，原来就是罗斯福卫队的人，等于罗斯福派他到中国来，结果到了延安以

[注] 马海德（1910—1988），美国国籍，原名乔治·海德姆（George Hatem）。1936年经宋庆龄介绍同埃德加·斯诺（Edgar Snow）一起到陕北访问，后自愿留下参加中国工农红军，1937年随中国共产党迁至陕北延安，担任八路军总卫生部顾问，在抗日战争时期，马海德曾先后接待了白求恩、柯棣华、巴苏华、米勒等外国医生，并协助他们去各抗日根据地开展医疗救护工作。

后，他就急着来晋察冀，看了敌后游击战争特别高兴，后来他去太平洋战场还用了八路军的方法打仗。所以沙飞就拍了卡尔逊还有郝乔治等人到敌后演讲的那些场面。

记者：1940年百团大战期间沙飞拍摄了大量照片，其中较为著名的是《将军与孤女》的图片，这段故事您了解吗？

王笑利：因为那时候我对我父亲不是很了解，正好我当时在帮蒋齐生[注]他们写我父亲，他就从新华社专门借给我一套《晋察冀画报》的合订本，《晋察冀画报》第一期里刊登的《将军与孤女》，当然这个照片上面并没有署名。我就拿着这些照片到处问人家，到处找老战友问，这是谁拍的，那时正好姚远方[注]那篇《日本小姑娘你在哪里》的文章出来了，大家都在寻找日本小姑娘，有人就跟我说了，这个日本小姑娘的照片，不是沙飞拍的就是罗光达拍的，那就是说作者在这两个人中。有一次我去找冀连波[注]，他给了我准确的答案，他说什么呢？他能够证明是沙飞拍的，因为沙飞拍的时候他在现场。他怕群众围观得太厉害，照不

聂荣臻将军和日本小姑娘。1940年8月

（1940年8月，八路军在百团大战中攻占井陉矿区时，在战火中救出被日军遗弃的日本小姑娘。聂荣臻将军照顾她，并写信给日军片山旅团，嘱咐将小姑娘转交给她的亲人，并派人将她送到日本军营。1980年5月，《人民日报》发表姚远方文章《日本小姑娘你在哪里？》及这组照片，中日两国掀起寻找日本小姑娘的热潮。美穗子很快就被找到。同年7月10日，她及丈夫、3个女儿到北京，面谢聂荣臻元帅。）

[注]卡尔逊（1896—1947）全名埃文斯·福代斯·卡尔逊（Evans F.Carlson），他作为美国海军陆战队军官，受罗斯福总统之命，考察中国抗战。他是访问抗日根据地的第一个美国政府代表、第一个外国军事观察家。他在1937年12月底—1938年2月间，由周立波同志陪同，在晋察冀边区考察访问了近50天。周立波同志还根据此行写了一本《晋察冀边区印象记》。1938年6月底，卡尔逊第二次到华北，由刘白羽领队、欧阳山尊当翻译、汪洋担任摄影师的5人小组奉毛泽东之命陪同他远征。

[注]蒋齐生（1917—1997），陕西县（今户县）人。1937年在延安参加革命，入陕北公学学习。1946年到新华社工作，同年加入中国共产党。历任新华通讯社国际部编辑、总编室副主任、新闻摄影编辑部副主任，曾任中国新闻摄影学会会长，是著名的摄影理论和摄影史学者。

[注]姚远方（1922—2010）曾任晋察冀第三军分区《连队导报》编辑，华北军区《子弟兵报》编委，华北解放军报社副社长、社长兼新华通讯社华北军区分社副社长。1955年后，历任解放军报社总编室主任、副社长。著有《将军与孤女》等。

[注]冀连波（1921— ），河北保定人。1938年参加八路军，1940年开始跟沙飞学习摄影，任《晋察冀画报》、《华北画报》、《解放军画报》摄影记者，1956年调入新华社摄影部。

美国驻华武官卡尔逊访问边区。

好，所以维持纪律了，这就能够证明是沙飞拍的。冀连波还进一步说，当时沙飞就说了，这个照片现在能起作用，将来会有更大的作用，有更大的影响。沙飞说中了。

创办《晋察冀画报》

记者：1937年，沙飞在《抗敌报》，您能讲一下他这一时期的事情吗？

王笑利：晋察冀军区1937年11月7号在五台山成立抗日根据地，很快日军进攻五台山，晋察冀军区转移到阜平。为了加强宣传工作，军区政治部主任舒同[注]，抗敌报的一把手，让我当谁的助手？就跟他们一块儿创办《抗敌报》——这份报纸是晋察冀军区成立后办起的宣传抗日的报纸。这段时间比较短，因为沙飞还要去前线拍照，在阜平没待多长时间。日本飞机来轰炸，《抗敌报》出了几期也让日军炸了，赶紧转移到五台去。那时沙飞心里想的还是用摄影来鼓舞人民。1938年3月，正好《抗敌报》在五台的时候洪水[注]被派来接他的班，之后1938年4月就是邓拓来接他的工作。

《晋察冀画报》实际上是沙飞到前线后，按着自己的计划来做的。他受在广州、上海看到的画报的影响，如果他从没见过，根本就没有这个想法。当时晋察冀的文化人也都见过世面，你比如说他想办这个画报，他就跟罗光达说，罗光达也是从上海来的，都有共同语言，这就好办了。聂荣臻也留过学，还看到了这些照片的宣传作用。1939年初在蛟潭庄搞了个展览。一张一张小照片弄在布上，展在街上，不识字的人看了这些有形象的东西就受到教育。聂荣臻在看展览之后也非常支持，这个支持不是嘴上的支持。你说胶卷多么困难、相机多么困难、放大多么困难，聂荣臻就在这些方面非常切实地给予大力的支持。

记者：据说创建画报的过程也是十分艰难的。

王笑利：非常困难，没水、没电、没钱，在这么一个情况下，还是在敌后出了这个画报。聂荣臻给了他最大的支持：用掉了许多金条，又从北平请来了许多骨干的技术人才[注]。反“扫荡”以后，有的同志牺牲了，有的同志受伤了，但是他一看见那些技术人员，行，有了杨瑞生，有了高华亭，咱们画报还能出。他这个脑瓜里就想着要出画报，他没想到自己受

[注]舒同（1905—1998），江西东乡人。原中共山东省委第一书记、陕西省委书记，中国人民解放军军事科学院副院长，中国书法家协会第一任主席、名誉主席。毛泽东称其为“党内一支笔，红军书法家”。

[注]洪水（1906—1956），越南河内人，原名武元博，1927年加入中国共产党，参加广州起义，1929年加入中国工农红军并改名洪水。抗战爆发后到山西、河北等地开展抗日工作。1955年被授予解放军少将军衔。

[注]其中有何重生、王丙中、徐复生、高华亭、杨瑞生、周世禄、马子民等。

《晋察冀画报》

伤的问题。

记者：我了解到当时能够找到专门技术人才也是很有机缘的？

王笑利：需要有制版印刷人才，那么这些人才从哪儿找呢？马上培养显然不可能，当地的农民再年轻再聪明也不可能，那时候人们没什么文化。就要不断地寻找真正会照相制版的人才。罗光达在百团大战前线看到了康健，康健当时正好搞宣传工作，他在北平故宫博物院印刷厂搞过照相制版；还有刘博芳，也是北平故宫博物院搞过印刷的，是康健的师弟，在晋察冀边区银行找到了他。罗光达到平西拍照的时候，了解到平西有闲置不用的印钞机器和北平过来的一些技术人员，回来跟我父亲一说，他们就觉得这是非常重要的人才，马上就找聂司令员，聂司令员立刻给肖克打电报，把这批人调过来。这些技术人员经过行军，1942年过年前夕到达平山，我父亲高兴得要命，就是再困难也要宴请他们。技术人员就感到很温暖，愿把自己的技术发挥出来。这时有了专业人才，有了技师，有了记者，再加上领导能够贯彻上面的思想，可以出画报了。

记者：制版印刷设备和药品也是得来不易吧？

王笑利：印刷的器材、药品当时也没有。有些能就地解决，比如说没有醋酸，弄点什么醋也就代替了；没有暗房，拿被子鼓捣，也都可以解决。但是化学药品毕竟不是在当地就可以制造出来的，还得去采购，正好聂荣臻看冀中的吕正操和程子华来开会就让罗光达跟他们去冀中组织力量到天津采购，为保证采购到的药品安全通过封锁线，罗光达就让每个战士把一瓶药打在背包里，还通过唐凯领导的随军学校联合行动，安全通过封锁线，把这些器材送到了画报社。这些物资也是一点点积累起来的。

记者：1943年的时候沙飞还投入很大的精力改良设备，并成立了自然科学研究会？

王笑利：对，他们成立了自然科学研究会。何重生、杨瑞生、高华亭他们都是懂行的，有这个基础来做一些改进。能够把那些笨重的印刷器材改成轻便印刷，对当时能很快地出画报发挥很大的作用。在物资奇缺的情况下，研究会能够解决一些实际问题。

记者：您讲到沙飞总是会提起赵烈。能讲一讲赵烈的事情吗？

王笑利：赵烈是广东人，我觉得在画报社这几个广东人挺厉害的，沙飞、石少华、赵烈、吴群、蔡尚雄他们都是广东人。赵烈说起来是政工干部，但实际上他也是钻研业务的。他拍的东西挺好，做政治思想工作他的水平也更高一些，对我父亲给予了很大的支持。有些地方他对我父亲也有看法，这从赵烈的日记里面可以看出来。我觉得不管怎么有矛盾，赵烈是使画报社能够很好地团结起来的人，我父亲十分清楚。赵烈是沙飞的战友，父亲总是怀念牺牲的同志，这也包括怀念赵烈。他真是经常提起赵烈，1946年重新回到阜平的时候，画报社的同志去给他们扫墓。这是对老战友的深厚情义。

记者：后来在晋察冀画报社的时候，石少华和沙飞在工作上关系很密切？

王笑利：石少华也是广东人，原来爱好摄影，他是带着相机去延安的。到了延安他也拍过一些东西，后来主动要求到华北前线。他到晋察冀来就是为上战场，他在高级军事班学习，离开延安的时候把相机都送了人。他到了晋察冀以后，吕正操他们一看石少华懂摄影，就说不行我们得要这个人才。所以吕正操用200条枪、2万斤小米愣从罗瑞卿那里把石少华给要过来，因为这是专业人才，哪儿都找不到的。石少华被安排到冀中摄影科搞训练班，他拍了很多好照片。后来在反“扫荡”后晋察冀压缩的情况下，他们撤到冀西来，到画报社工作了。

河北平山碾盘沟，晋察冀画报社创刊号制铜版，左起：康健、曲治全、杨瑞生。1942年

记者：沙飞当时十分重视画报社的技术人员，自己吃不好也要给报社人员开小灶？

王笑利：这个事情我觉得挺精彩的，为什么呢？刚成立画报社的时候，平津来的这批人如何重生、杨瑞生、高华亭、康健，沙飞真是觉得他们是骨干力量，所以他吃大灶，向聂荣臻申请补助报社的技术人员，每人每个月要有白面、鸡蛋和肉。有一天我父亲不舒服，他们做了面条跟赵银德[注]说，端一碗给老沙送去吧。我父亲就不高兴，讲赵银德你怎么回事，你怎么要人家的饭，以后不许这样子。赵银德就说他们吃不了给你端来的。他特别关心这些人，比如画报社搞生产的时候，养了几只羊，大伙儿杀了吃羊肉，羊皮留下来也给这些人做了皮背心。那真是爱护他们。

记者：为了使摄影更好地成为反映现实的武器[注]，扩大宣传队伍，沙飞还积极举办摄影培训班壮大摄影队伍，您能讲讲沙飞在培训班上的一些事情吗？

王笑利：他主要在1945年（应指1944第一期培训班[注]）那一期培训班上讲课，还有1945年以前的[注]。1948年那个时候，他基本上就病了，主要是石少华来抓培训班的事情。

记者：我知道顾棣老师也是在摄影培训班。

王笑利：对，而且他们后来也成了培训班的老师。

记者：《晋察冀画报》的出现也带动了许多其他画报的出现和发展？

王笑利：1942年起这些画报发到延安去了，也发到了重庆，并在重庆举办展览，我母亲就是在重庆看到的《晋察冀画报》。别的解放区派人到晋察冀来，一看特别羡慕，比如山东画报社的人知道这个消息就特高兴，也要创办画报。晋冀鲁豫的高帆当时来《晋察冀画报》，回去也搞画报。党领导的根据地宣传鼓舞群众，画报是起了很大作用的。

记者：沙飞重视对底片的保管，他那时候就说底片一定要保护好。

王笑利：对，他这个意识特别强。当然他组织大伙儿把底片保管好也是很不容易的。

记者：画报社在抗战期间经历了几次“扫荡”，您能讲一下保护器材的事情吗？

王笑利：每到一个地方都要保护好来之不易的器材，怎么保护呢？他们接到情报知道日军要“扫荡”过来，马上就组织坚壁器材，专门让白连生和蔡尚雄、赵银德背着底片。1943

[注]赵银德（1923— ）河北阜平人。1939年参加革命，在晋察冀画报社给沙飞当警卫员，边工作边学习摄影，在沙飞培养下拍摄了不少好的战斗新闻照片，多次在《晋察冀画报》上发表作品。1943年反“扫荡”中，晋察冀画报社遭日军突袭包围，他和沙飞不顾生命安危，背着底片突围，两人都负重伤，把万余张底片资料抢救出来，立下巨大功劳。1944年改做材料供应工作，多次冒生命危险到敌占区采购、托运摄影器材和印刷物资，并兼搞摄影采访。解放战争期间，一直在前线做印刷物资供应工作，对保证《晋察冀画刊》及时出版起了很大作用。新中国成立后由部队转业到北京新华印刷厂工作，后担任北京市宣武区粮油公司党委书记。

[注]1939年9月18日，沙飞延请由延安到晋察冀的吴印咸撰写《摄影常识》，沙飞作序，其中提及此句。

[注]沙飞考虑到当时抗日战争形势，向军区政治部请示并征得同意后，于1944年在洞子沟开办了晋察冀军区政治部第一期摄影训练队，沙飞石少华亲任教员，年仅15岁的顾棣也参加了此次摄训队。

[注]1941年7月军区在平山开办第一期摄影学习班；1944年洞子沟举办的为晋察冀军区第一期（总第二期）摄影训练队；1948年9月《晋察冀画报》在阜平梨花沟举办第九期培训班，沙飞从前线赶来上课。参见顾棣著《中国红色摄影史录》档案篇大事记。

年4月，画报社在曹家庄遭到日军的偷袭，那次雷烨牺牲了。到了上庄以后他们请示军区派一些人来帮助他们。画报社的人，像印刷工人，包括我父亲，包括这些编辑部的，都参加挖洞，大洞里面有小洞的子母洞，最主要的器材要放到最里面、最保险的地方。从外面一般看不出来里面还有小洞，大的机器放在外面，可能“扫荡”的时候日本鬼子一弄就弄走了，但这都是些比较好制造的。所以挖洞也成了画报社的一个主要任务，我父亲还累吐过血。

记者：1943年12月的柏崖惨案画报社损失也很大。

王笑利：他们刚开始是把这些器材存放到上庄附近的山洞里面。后来要到离上庄很远的山上找另外的洞，找地方来坚壁，而且需要随时转移这些东西，任务更重了。他们在附近打游击，又随时准备离开这个地方，人员安全就是挺大的问题。给他们的命令说日本人要进一步“扫荡”，军区保卫部的力量比较强，要求画报社的主要力量靠拢过来，方便保护。结果我父亲带着最骨干的力量，指导员赵烈、再加上何重生、杨瑞生、高华亭这些印刷骨干一块儿走的，可是就这一次遭到了最大的损失。为什么呢？本来他们没事，走得比较快，先到了柏崖。第二天早上布好岗、做好饭，还没来得及吃，余光文部长带着大队人马从后面追来了，说饿了一天还没吃饭，画报社的人就把饭让给他们吃。在烧水准备做饭的时候，外面站岗的杨国治跑进来说鬼子来了。

这个时候，就按事先安排的计划，赵银德和我父亲背着底片箱跑。到了外面街上，老百姓和八路军混在一块儿，自己的队伍根本没法找，都跟着一块儿走。这种情况下，早上又非常匆忙，我父亲鞋也没穿好，跑出去不远鞋就掉了，当时还下雪，他就光脚丫子跑在大石头子地上。往山上跑也是非常艰难的，他跟赵银德谁也顾不上谁，他也不能找，指导员也没办法找。我父亲后面跟着李明，一个印刷工人，我父亲实在没体力了，跑不动了，就把装底片的包交给他，结果李明牺牲了。快到山坡顶的时候，日军就在两边架着枪扫射这些八路军，我父亲这时和陆续在一块儿往山上爬，觉得爬过这个山就能够突围出去了。陆续这个时候眼镜掉在地下了，他是高度近视，就在地上摸，我父亲就帮他找。他说沙主任你别照顾我了，你快点过去吧。当时情况很急，王友和也在掩护我父亲他们，这种情况下我父亲翻过山，而陆续被子弹击中，就这么牺牲了。

杨瑞生，那时日军觉得这个人死了，用大军靴踹在他脸上，他愣是憋着不敢动，结果被踹得满脸血的情况下，日军过去了。为蒙蔽日军，他用手把血抹得满脸模糊，又来一帮一看这人满脸血估计是死了，看他穿着毛背心、毛衣，把他身上的毛衣给扒下来。突围后我父亲见到杨瑞生、康健、高华亭他们就说，哎呀，有你们咱们画报还能出。

记者：沙飞担心自己的脚冻得很严重，怕自己的脚不能走路。是吗？

王笑利：对，他那个脚，你想那天就是踩着石头就已经够呛了，再加上12月9日还下雪了，他的脚都黑了。那些先突围的人，曲治全他们，在下面走的时候忽然听到有声音，一看是我父亲，一看我父亲脚成那样了，你说那么冷的天，战友董寿延就从自己身上把棉背心脱下来撕掉来包他的脚。我觉得这种情感特别感人。

把他抬到医院里的时候，整个脚甚至腿都是黑的。医生会诊的时候，好多医生都觉得冻得这么黑的腿恐怕要锯掉。他一听这个真的是忍受不了，就使劲儿哭啊，求他们说无论如何要把脚治好，因为我是个记者。后来他的主治医生邢竹林大夫说，这个冻伤慢慢养，看一看能不能恢复过来，就没有手术。之后我父亲觉得脚趾头忽然能动了，也有点红润了，觉得有

河北唐县军城，安葬烈士。1940年

希望，就没有截肢。

“我要做一件惊天动地的大事”[注]

记者：1946年进入解放战争时期后，画报社被要求划分成报社和印刷厂，这件事情对沙飞影响很大，您能讲一下吗？

王笑利：我父亲他们从张家口撤退的时候，你想好不容易进了城市，有了这么多好的摄影和印刷器材，所以他们从张家口撤离时用了几十辆马车来载这些器材，爱惜得要命。当时路上有飞机轰炸，运送很困难，为了运送这批器材，他们就晚上行军白天睡觉，尽量避开敌机轰炸。到了涞源以后[注]，张致祥[注]就跟他说决定把《晋察冀画报》和印刷厂分开，因为印画报和编画报这是连续的事情，而且要经常改动，你把画报社和印刷厂分开，又费事效率又低。他当时很生气，这对他精神上刺激很大。

据章文龙回忆：“赵启贤曾在国民党部队连队当文书。赵忠诚、老实、软弱，被逼供信后就瞎编，承认自己是打进来的特务，还发展了我和他一个要好的同学，我是他的领导等。”后来知道赵启贤翻供后，我父亲仍然坚持说章文龙、赵启贤是特务，我觉得这挺伤人的。大家都在一起编画报结果你说人家有问题，这些人心里当然不好受，实际上他也是一种无奈，而且他那个时候，我不知道是不是病态的，还是什么原因，他说画报有问题，说章文龙有问题，说实话都挺冤的。

记者：1948年的时候，沙飞就住院了，这段时间您会经常去见他吗？

王笑利：经常看没有，因为那时候我们在华北育才小学上学，住校。我就看过他一次，1948年暑假的时候我母亲告诉我说他有病住院了，我就跟着我母亲他们银行的马车想去看看。结果走到半路上赶上倾盆大雨，车没法走。我不甘心就冒着大雨又往前走了一个村，结果有岔路，我这次就等于没去成。到了1948年底1949年初的寒假我去石家庄看我父亲，那时候他一个人躺在和平医院的炕上，看到我去了以后特别高兴，说那个大缸里面还有梨，你去

[注]王雁：《铁色见证——我的父亲沙飞》，第249—257页。

[注]“1946年9月因传来国民党军队将向张家口进军的消息，晋察冀军区司令部及其所属机关和部队做战略转移，9月下旬沙飞遵军区政治部命令，率画报社及和平印书馆全体人员及印刷机械撤离张家口，转移到河北涞源。”参见顾棣著《中国红色摄影史录》档案篇大事记。

[注]张致祥（1909—2009），江苏常州人，任华北人民抗日自卫委员会委员，平西挺进报社社长，中共平北地委常委，《晋察冀日报》副总编辑，晋察冀军区、华北军区宣传部部长。建国后历任华北军区政治部副主任、文化部副部长、中共中央对外联络部副部长等职。

注1948年5月，沙飞因患肺结核病到石家庄白求恩国际和平医院疗养。1949年12月15日 在医院开枪打死为他治病的日籍医生津泽胜，被关押。1950年3月4日清晨在石家庄被处决，未满 38 岁。

注晋察冀画报社社歌，章文龙作词，赵烈作曲。章文龙（1917—）安徽萧县人，时任《晋察冀画报》编辑组长。后任《战友》杂志副社长，《解放军报》文艺副刊主编。

拿梨来吃，这是最后一面。再后来就是到了1950年，我去画报社的时候，石少华就告诉我，你父亲打死日本人注被处决了。

记者：王老师，我知道您为父亲平反付出了很多心血。

王笑利：80年代，因为我的兄弟姐妹不在北京，我就觉得那只有我去做这件事情。正好我做老师还有时间，又知道了一些情况，那我就要投入地去做。在很多人的帮助之下，包括我父亲的战友们、包括各方面力量、包括我们学校的老师，大家都帮我的忙。

记者：我知道沙飞的作品在日本和美国还是很有反响的。您对沙飞的作品有研究吗？

王笑利：我没研究过，但是我听他们说过。他们说早期的作品更贴近生活，后期的主要是起到宣传、摄影作为武器的作用，他们就觉得早期的甚至比后期还要好。我觉得他们那一代人有多大的缺点也好，都已经完成了他们那代人的任务。他们那代人的任务是什么呢？打败侵略者建立新中国，这个任务他们完成得相当好，无私地奉献了自己的一切。

记者：在您心中父亲是一个什么样的形象呢？

王笑利：我原来确实不了解他，因为没有一起生活过，也没听他谈过他的历史，但是自从为他的平反努力、调查他的历史，接触了那么多叔叔阿姨后，我就更加尊敬他了。他孝敬父母、热爱兄弟姐妹，这延续到他对战友的关心爱护。对他那些战友，他自己都没小灶吃还要让搞技术的人吃好，有了羊皮还要给他们弄个背心，我们见他的时候，他一张照片都没给我们照过，可是他给那些战友们留下了许多照片。他兢兢业业地为新中国的建立、为摄影事业做了他应该做的贡献。

"我们用笔杆、机器作战"注

记者：1937年到1938年是沙飞拍摄作品较多的一个时期？

顾棣：1937年抗战爆发，沙飞经人介绍，到全民通讯社当摄影记者，这样他就能上战场采访。后来他跟随杨成武支队采访，在河北易县、涞源和山西灵丘、五台这一带活动。他在1937年到1938年中拍了大量的照片。这一时期只有沙飞一个人做专职摄影记者，聂荣臻留

抗敌剧社会餐。

被日军抢夺过的村庄。
1943年

他在晋察冀军区政治部宣传部工作，任摄影记者。沙飞一生有两个创作高峰，其中之一就是1937年到1938年，再到1940年。这个时期他在《抗敌报》工作，当副社长，但是他不愿意搞报纸。后来报纸主要由邓拓负责，沙飞的主要时间和全部精力都是搞摄影。

记者：在创办《晋察冀画报》前，沙飞曾经通过办展览的方式向群众宣传，您对这一段的事情了解吗？

顾棣：在1939年1月，就在晋察冀军区驻地，平山县蛟潭庄这么一个村里面举办展览。当时还没有放大的设备，展出的都是小照片，共200来张小照片。老百姓没见过照片，也没什么文化，看不懂报纸，这会儿一看照片：哎呀，打胜仗了，缴获敌人武器了。老百姓兴奋极了，觉得八路军真了不起、真伟大，打这么多胜仗，就非常欢迎。聂荣臻也来看过展览，因为军民关系非常密切，他就同群众一起看。通过这次展览，沙飞和罗光达也意识到，这种宣传非常有价值，但是展览还是不如画报。

记者：《晋察冀画报》应该说是沙飞倾注心血完成的事业，您能讲讲画报的创办过程吗？

顾棣：沙飞在《晋察冀画报》，可以说是摄影事业的顶峰，是他最高的成就。这个画报社的作用，远远高于展览。他一直就想创办一个能够鼓舞群众向上的刊物，开始的时候没有条件，当时实际上只有他一个专职的摄影工作者。到了1938年底，罗光达跟着彭真从延安到了晋察冀，罗光达也懂点儿摄影，就把他分配到司令部做沙飞的助手，跟着沙飞一起搞摄影。后来办了展览后，沙飞就说，咱们赶紧创办画报吧，画报可以印制，而且可以展出，可以长期保存，可以向外送，这样影响更大。但是创办画报太难了，需要机器，需要纸张，需要油墨，需要工人、技术人员，这些条件当时都不具备，另外起码还得有稿件来源吧？沙飞为筹办画报想尽办法，这其中罗光达也起了很大作用。画报社终于在1942年5月1日正式成立。

第一期画报就是为抗战五周年献礼，大家齐心协力、日夜苦战就是要保证在1942年7月7日抗战五周年的时候把第一期画报拿出来。7月天气比较热，工作条件非常艰苦，粮食也不够吃，这段时间沙飞还专门给向领导申请补助了一千斤小米，给大家改善生活。当时有灾荒，本来粮食就不够，还得拿出一部分来救灾，大家就节衣缩食，不参加重体力劳动的一天吃两顿饭，工人吃三顿饭，晚上也加班突击。从5月1号到7月1号，第一本画报在日夜苦干之后做出来了，就送给聂司令员。聂司令员一看画报，非常高兴，这是一件大事情啊！聂荣臻司令员是个高级知识分子，他知道文化工作的重要。他最早就提出来，说部队没文化就没有战斗力，他对文化工作重视、对摄影重视。画报创刊对晋察冀整个的文化事业有大的促进，毕竟画报是在那么艰苦的情况下印刷的。没有电，没有高级的设备，就靠简陋的工具，在偏僻的农村里面就出了画报，这对整个边区的事业也是一个很大的促进。第一期加印了一千多份，7月7号基本完成了，聂司令员马上派人把画报送到延安，送到八路军总部。

抗战壁画。1938年

沙飞办过摄影培训班，石少华在冀中也办过摄影训练班。晋察冀后面几期摄影训练班具体的技术都是石少华讲，沙飞不讲怎么拍照，他就是重点讲摄影记者的理论。

记者：顾老师，您是1944年的时候参加第一期摄影培训班，沙飞是教员。能请您讲一讲摄训班的事情吗？他都讲了一些什么内容呢？

顾棣：他讲的内容主要是新闻摄影，他说摄影要抓住机会，拍摄发生了而别人不知道的事情。我印象比较深的是他讲作为党的优秀摄影记者必须具备的条件，他总结说：一个是政治条件，作为摄影记者必须具备正确的思想，要立场坚定，对党忠诚；一个是基础条件，要掌握熟练的摄影技术；再一个是身体条件，你必须有健康的身体，要不然在战争年代，你当不了记者。

记者：后来您和沙飞去群英会，沙飞单独教您，那个时候他是怎么样讲的呢？

顾棣：那是晋察冀边区第二届群英会。群英会什么意思？战斗英雄、劳动模范、生产模范、模范工作者一起开会。当时去了好几个人，有编辑，有搞暗房的，我去当讲解员，讲解展览照片之类的。这期间我拍了一些照片，我有一台石少华给我的相机，当时我还不会采访，沙飞就找我，两次给我具体的指导，告诉我怎么采访、怎么构图、怎么抓拍。沙飞说你拍照片的时候，要抓住中心，不是什么都照，你没那么多胶卷，要把最精华，最能体现主题思想的记录下来，这是沙飞亲自指导我学习。后来办第二期培训班的时候我也做了辅导员，专门负责暗房。

边区到抗日战争结束的时间，又出现了许多画报，整个边区的画报发展到三十多个，这些画报的源流都在《晋察冀画报》。解放后全国性的大画报有三个，一个是《人民画报》、一个是《解放军画报》，还有《民族画报》。除了《民族画报》之外，《人民画报》和《解放军画报》的源流都在《晋察冀画报》。《人民画报》是晋冀鲁豫129师创办的，但129师没有制版条件，抗日战争胜利后，刘伯承、邓小平派高帆到晋察冀画报社求援，晋察冀画报社就派了裴植[注]、袁克忠、曲治全、孔宪芳一批技术骨干到了晋冀鲁豫联合高帆创立了《人民画报》；再后来《晋察冀画报》和《人民画报》合并成立《华北画报》，沙飞是社长，石少华、高帆是副社长。《解放军画报》在这些画报的基础上建立，从历史上讲依次是《晋察冀画报》、《华北画报》到《解放军画报》。

还有其他边区的摄影工作者，也是由《晋察冀画报》培养后支援到外地。比如说山东，郑景康从晋察冀画报社带了一批人到山东画报社，还培养干部；再比如罗光达到冀东成立晋察冀画报社冀东分社，后来演变成《东北画报》。

所以《晋察冀画报》一方面自己做，一方面支援另外的边区。沙飞的思想不是光考虑自己的个人利益，他是优秀的摄影记者，如果光是自己拍照片的话，那他已经是非常优秀的记者了。他考虑发挥摄影的作用，不突出自己，要把摄影作为事业发展起来，为抗战服务、为军民服务。

张家口皮革工厂。1946年

“人在底片在”[注]

记者：《晋察冀画报》一方面培养了人才，一方面把底片和资料都保存下来了。是这样吗？

顾棣：首先是把晋察冀军区的战地记者凝聚在一起。有了画报，有了整体，培养了那么多摄影工作者才有用武之地，才能够把大家拍摄的底版集中在一起，建立有成效的摄影组织，让摄影队伍发展壮大。画报成立后沙飞规定各个分区的记者，拍完照片必须把底版都集中，这个制度太重要了，不然画报社的记者就两三个人，大部分摄影记者分散在各个解放区、各个军分区。摄影组织是个整体，把下面拍的底片收集回来，要建设摄影网络，要成立训练班，大批地培养记者来增加这个力量，再把底版汇总到画报。这个意义就非常重大，把晋察冀的摄影记者凝聚在一起，也为边区画报事业开了先河。

记者：即使在战争最残酷的时候，底片也没有什么大的损失。是吗？

顾棣：雷烨是烈士。他留下了许多的好作品，他在冀东开辟摄影工作，是1939年到1943年这一地区摄影工作的开拓者。赵银德不是摄影工作者，他是沙飞的警卫员。1943年反“扫荡”中，晋察冀画报社遭到敌人包围。突围时，赵银德还有沙飞他们两个背着晋察冀画报社的皮包，晋察冀画报社的摄影底版都放在这四个皮包里面。原来是沙飞背两包，赵银德背两包。因为沙飞身体不行，走到半路背不动了，他就把这个背包给了李明，后来李明牺牲，这

[注]裴植（1918— ），1938年参加革命。在平西八路军部队任指导员、总务科长，1941年调任晋察冀军区政治部印刷所所长，并和沙飞、罗光达一起进行晋察冀画报社筹建工作，1942年5月晋察冀画报社正式成立后，任党支部书记、总务股长，1944年起又兼任摄影股长，1945年10月任摄影科长。1946年2月和袁克忠等一起调晋冀鲁豫军区工作，任摄影科长，和高帆、艾炎共同创办《人民画报》，1948年创办《中原画刊》，1950年任西南画报社社长，1955年调国家体委做体育出版领导工作。

[注]这是沙飞在要求保护底版时曾说过的。王雁：《铁色见证——我的父亲沙飞》，第184页。

两包照片就损失了。赵银德背出了两提包底版，这两包底版原来是沙飞背着，当时情况紧急，赵银德就把沙飞背的底版自己背上了。这一错不要紧，因祸得福，把最主要的底版背出来了，藏在一个石头底下。这一次“扫荡”牺牲了九个同志，还有学员，一共死了上百人。在牺牲了这么多人的情况下，底版没有大的损失。赵银德为保护底版起了重大的作用。

记者：抗战胜利后，《晋察冀画报》也发生了一些改变？

顾棣：到了解放战争之后，沙飞干什么？画报社1946年9月从张家口撤退之后到了涞源，上级决定把晋察冀画报社的印刷厂划归政治部领导，成为晋察冀军区政治部行政管理科的一个单位，画报社就没有了自己的印刷工厂。印刷厂虽然也承担着印刷画报的工作，但还要承担印刷其他教材、报纸的任务，不可能全部为画报服务。这一时期沙飞的主要精力就不是搞摄影了，他去研究三机。什么叫三机，一个是轻便印刷机，一个轻便制版机，还有就是轻便排字法，他就想着说为了适应战争需要，要把这笨重的机器改成轻便机器。这个轻便印刷机在战争年代，也就1943年的时候已经创造出来了。直接应用到画报社，拿起来就跑，很轻便。

记者：能具体讲一下这些机器的改良？

顾棣：事实上轻便印刷机之前就有，不过它虽然轻便，但都是木质又没有滑轮，操作起来非常吃力。沙飞就把它改进了，加上链条滑轮，一摇的话，比抹上油还轻便。劳动强度降低，速度加快，这就是改良后的轻便印刷机。以前的制版机很大，但轻便制版机很小，而且能掀开，一个桌子一个版，不用了能收起来，拿着就走。他还想着（的）就是轻便排字法，因为之前排字需要手写，但手写太慢，而且要很大的工夫，那怎么办？就是用排字法，把各种字，好比说“抗日战争”、“进攻”、“撤退”，把这些词汇编起来，然后排成字样印上底版。但是这个没有实现，因为战争频繁，需要不断地转移，所以三机其实只有两个成功了，虽然只有两机，但是对画报提高出版速度、为兵服务起了重大的作用。

记者：这些改进在后来出画报的时候是如何发挥作用的？

顾棣：在解放战争时期画报社有两部分工作：一个是在前方出画刊，一个是后方出画报。前方出画刊就要适应战争需要，要尽快完成任务，一切为战争、为兵服务。沙飞领导的工作组在前线创立了轻便印刷厂，跟着部队走上华北战场。他们主要是在保定以南、石家庄以北这一带活动。当时他们是印完照片以后，再把底版送到后方来进行分类整理，我也一心想到前线，结果没有这个机会，一直在后方保管底版，沙飞跟我说，哪怕你什么工作都不干，只要把底版保留下来，你就完成任务了。

记者：除了设备的改进，沙飞到前线去还进行了哪些工作？这一时期有他的作品吗？

顾棣：从1946年年底开始到1947年出了44期晋察冀画刊，编辑是赵启贤，沙飞也改稿。他在前方并不采访，一方面身体也不行了，他有严重的肺病；一方面他的精力不在采访上，他召开过一次前方摄影工作会议，指导大家怎么拍照、怎么组织采访。沙飞这个时期拍照很少，他1946年在张家口拍过一批照片，关于工业建设，还有像青年参军这些内容，有一两百张底版。

记者：1947年底到1948年开展了“三查三整”[注]运动，沙飞在前线是怎么做的？这段运动对《晋察冀画报》影响很大？

顾棣：1948年的三查三整，目的是统一思想，确保革命胜利。我们后方比较平静，沙飞在前线领导的这个运动我也没参加，但据说他在前方搞整党整风的时候，就说赵启贤、方宏是特务。等他们从前方回来的时候，后方的整风还没结束，就一起整风，结果出现了问题。赵启贤突然说他自己是特务，他的介绍人就是章文龙。章文龙、赵启贤是《晋察冀画报》的两个主力编辑，可以说《晋察冀画报》从创办就是他们来编画报。他们从小参加革命，都从延安过来，都是共产党员，工作等等各方面都非常优秀，结果被说成是特务。后来这事情不了了之了，但是章文龙、赵启贤和沙飞就有了隔阂，不愿和沙飞一起工作，后来就离开《晋察冀画报》了，这严重影响了画报社的工作。我家是中农，当时被定成富农，说章文龙、赵启贤是特务的时候还说要发展我，所以政治部、沙飞都和我谈话。整风运动之后没多久沙飞也就住院了，石少华接替了沙飞的工作，而画报社就剩资料组、采访组，暗房还有摄影组，也就十来个人，很惨淡，整个画报社在走下坡路。

记者：顾老师，1948年5月沙飞住院，您和他没有见过面了？

顾棣：是，沙飞从1948年5月住医院，一直到1950年被枪毙，他一直在石家庄和平医院住着。沙飞为什么死，为什么前面那么辉煌，为什么后来走上这条道路，到现在也是个迷。有人认为他是属于自杀，就是说他明知道打死日本人自己也活不了。但是我觉得这个理由还不充足，就沙飞过去来讲，早就有精神病，我刚到画报社的时候就知道，别人就说这个沙老头子——因为沙飞他有满脸胡子所以叫沙老头子——有精神病。他走着走着突然停下来自言自语，就是神经错乱。但他日常工作还是清醒的，也很努力。这事我到现在也理解不了。

本文参考沙飞的女儿、沙飞研究者王雁著作《铁色见证——我的父亲沙飞》、《沙飞纪念集》、《沙飞摄影全集》，王雁对本文个别地方有所修改。

肉搏。1938年

北岳区反“扫荡”战斗，1940年冬

割断日军的铁丝网。

保卫国土，保卫家乡。

大练兵，冲锋。1943年

大练兵，剪断铁丝网。1943年

大练兵，巷战。1943年

大练兵，冲锋。1943年

百团大战前夕，聂荣臻召开主攻部队首长会议。舒同、聂荣臻、杨成武、聂鹤亭（左起）在平山吊儿庄。1940年8月

八路军于晓雾中，向井陉矿区进攻。1940年8月

井陉矿区的八路军机枪阵地。1940年8月

井陉矿区，八路军炸毁新矿烟囱。1940年8月

被八路军摧毁的井陉煤矿。1940年8月

八路军攻克平型关。1937

沙原铁骑。1937年10月

晋察冀军区炮兵营成立大会。1938年

河北阜平一区参军大会上给参军青年家属发馒头。1939年6月

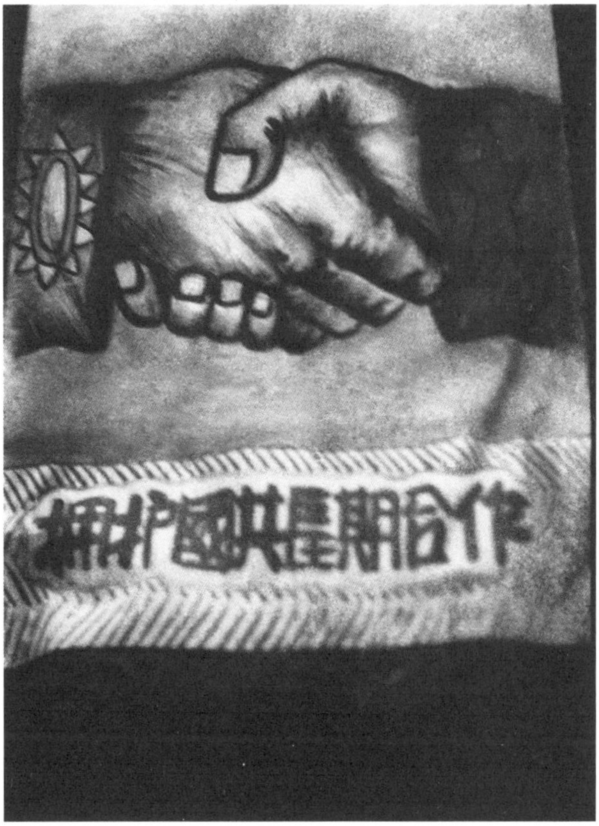

抗战壁画。1938年

八路军120师359旅五台战斗后遣返俘虏，日俘唱歌表示感谢。1939年5月

百团大战第二阶段涞（源）灵（丘）战役三甲村战斗后，参加欢迎会的被俘日伪军及家属。1940年

八路军干部向日伪俘虏讲解宽大政策。1940年

正太路前线，妇女担架队。
1940年

人民武装自卫队。1940年5月4日

晋察冀边区第一届参议会。
1943年1月

联大与抗大举行男子篮球比赛。1941年5月

华北联合大学体育运动，跳远。1945年

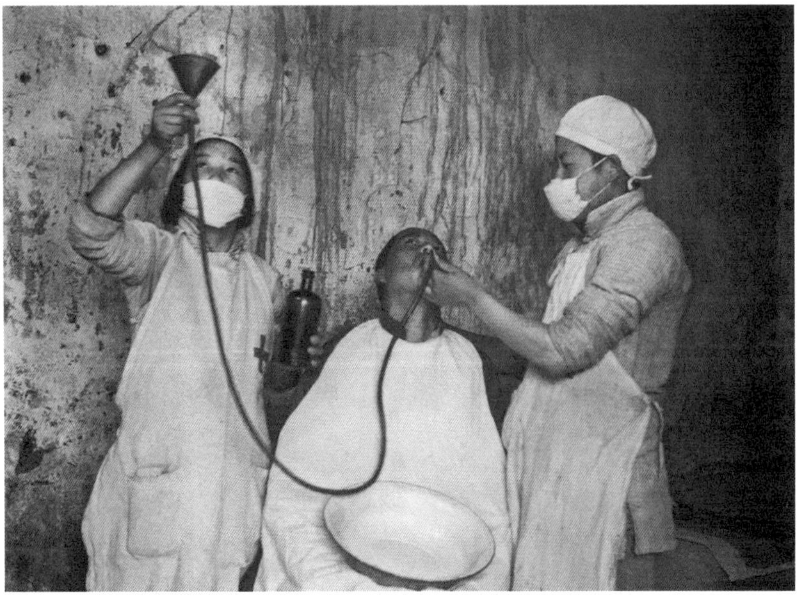

白求恩医院的耳鼻喉科。1944年

北岳山区，老百姓摘树叶度春荒。1940年

山西灵丘，八路军
骑兵挺进敌后。
1937年10月

附录：沙飞年表

1912年　5月5日，出生于广州，原名司徒传，祖籍广东省开平县赤坎镇书楼村。

1920年　就读于广州市立初级小学。

1926年　考取广东省无线电专门学校及广州育才英文学校。

1926年7月至1931年　参加国民革命军，当报务员。先投身北伐，到上海、宁波、徐州、济南、北平等地，后三年在广西梧州军用电台工作。

1932年至1936年8月　在汕头电台当特级报务员，月薪150大洋。

1933年　3月30日与电台同事王辉（原名王秀荔）在汕头登记结婚，互称“振华”、“慕秋”（钦慕秋瑾），带着新买的照相机，赴广州、香港、南京、上海、杭州、苏州蜜月旅行。长子司徒飞(王达理)、长女司徒鹰(王笑利)于1933年底、1935年春在汕头出生。

1935年　6月以笔名司徒怀加入上海黑白影社。7月参加黑白影社三届影展，展出作品《图案》、《渔光曲》。

1936年　7月赴南澳岛拍摄。参加黑白影社四届影展。9月以笔名司徒怀、学号振华考入上海美术专科学校西画系，靠稿费维生。10月8日在上海第二次全国木刻流动展览会拍摄《鲁迅最后的留影》、《鲁迅与青年木刻家》等照片。10月19日至22日拍摄鲁迅遗容、葬礼及上海各界悼念活动。12月3日至5日在广州举办个人影展。展出作品114幅。

1937年　1月6日至8月中旬在桂林。6月25日至27日在桂林举办个人影展。展出摄影作品100幅。8月底带着千家驹、尚仲衣、邓初民等赞助的摄影器材、路费和介绍信，到山西太原。9月在太原参加牺牲救国同盟会。经周巍峙介绍、社长李公朴同意，到全民通讯社任摄影记者。经八路军驻晋办事处主任彭雪枫介绍，赴山西五台采访刚取得平型关战斗胜利的八路军115师，两星期后回太原发稿。10月再次到五台山杨成武支队、骑兵营采访。12月任晋察冀军区政治部宣传部第一任编辑科科长兼抗敌报社副主任（副社长），主持工作。

1939年　1月1日，在晋察冀军区驻地平山蛟潭庄，举办《敌后抗日根据地——晋察冀摄影展览》，照片基本是沙飞拍摄。2月晋察冀军区政治部宣传部新闻摄影科成立，任科长。

1940年　10月，在河北唐县军城奉命筹备《晋察冀画报》。

1941年　5月，《晋察冀画报》筹备组正式成立。7月军区在平山开办第一期摄影学习班。

1942年　5月1日，晋察冀军区宣布晋察冀画报社在河北平山碾盘沟成立，任主任（社长）。6月3日被批准加入中国共产党，为候补党员。7月7日《晋察冀画报》创刊号出版。

1943年　1月，晋察冀边区第一届参议会开幕。作为文艺界参议员代表出席大会。4月20日晋察冀画报社在河北平山曹家庄遭日军袭击。带领职工紧急坚壁机器；来社编稿的冀东军区记者雷烨牺牲，写挽诗悼念，画报出雷烨作品专

生命的叫喊。1935—1937年

足迹。1935—1937年

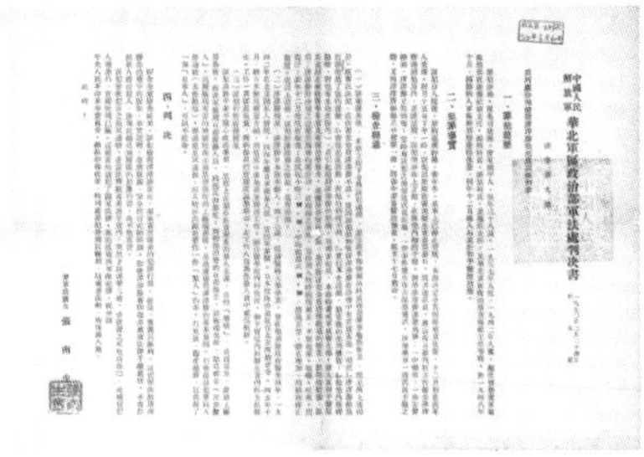

判决书

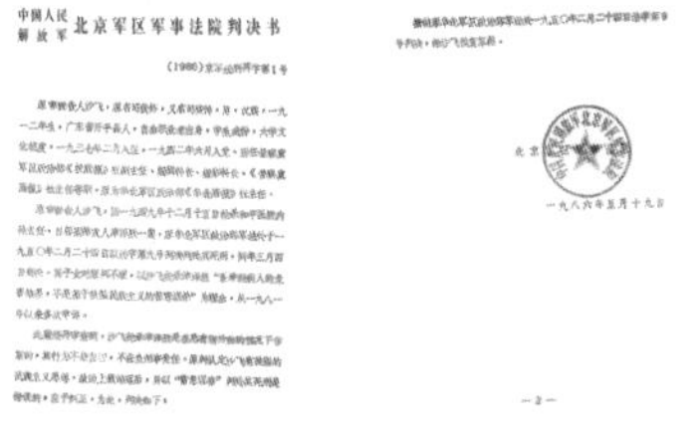
中国人民解放军北京军区军事法院判决书

再判决书

辑。9月25日晋察冀北岳区反“扫荡”开始。画报社人员在花塔山与日寇打游击，为保护底片资料，专门成立护片队。提出“人在底片在，人与底片共存亡”。12月9日在河北阜平柏崖村遭日军包围，突围中画报社牺牲九位战友。受重伤。

1943年12月12日至1944年春　住院治伤。

1944年　11月15日，晋察冀军区第一期摄影训练队在洞子沟举行开学典礼。担任教员。

1945年　2月初，与吕东阁、刘克己研制土造幻灯机成功，为群英会放映英模活动幻灯片，美军观察组赠一小型幻灯机作纪念。11月当选晋察冀边区文联委员。

1946年　2月，按照聂荣臻指示，向晋冀鲁豫支援技术力量，派裴植、袁克忠、曲治全等帮助筹办《人民画报》。4月8日遵照聂荣臻指示，向山东军区支援摄影干部，送郑景康、孟振江、罗程增赴山东画报社工作。7月在张家口元宝山主持召开晋察冀军区摄影工作会议。

1947年　2月，带领画报社前方工作组到平汉前线工作。4月致力革新研究的轻便印刷机、轻便制版机和轻便排字房获得成功。6月重返前线工作。7月7日《冀中画报》创刊出版。

1948年　1月，晋察冀画报社在阜平梨花沟开办第九期摄影训练班，由前线回来为学员讲课；带画报社前方工作组全体人员回后方参加军区政治部“三查三整”运动，历时3个多月。

1948年　5月25日，《晋察冀画报》与《人民画报》合并，成立华北画报社。任主任。

1948年　5月，因患肺结核病到石家庄白求恩国际和平医院疗养。再未出院工作。

1949年　12月15日，在医院开枪打死为他治病的日籍医生津泽胜。被关押。

1950年　1月10日，华北军区政治部做出开除党籍的决定。

1950年　2月24日，华北军区政治部军法处判决死刑。

1950年　3月4日清晨，在石家庄被处决，未满38岁。保存14年的鲁迅底片随葬。

1986年　5月19日，北京军区军事法院经再审查明，沙飞是在患有精神病情况下作案，不应负刑事责任。撤销原华北军区政治部军法处判决。恢复军籍。

1986年　6月11日，中共北京军区纪律检查委员会作出恢复党籍的决定。

附录：沙飞自传

我是一个城市小资产阶级的知识分子，生长于广州，原籍是广东开平。父名司徒俊勋，在广州经营商业。

八岁时即进市立初级小学读书。一直至十九岁高中毕业这一阶段，家庭的经济状况是不坏的。虽然弟妹年渐增多，父亲的负担日重，但生活上极力节省，七岁以上的弟妹，还是都能进学校念书的。

在学生时代，因为是处在广州，故“五四”、“五卅”、“大革命”虽因当时自己年幼识浅，但多少还是受到一些影响的。这时期，特别是爱国主义和民族意识的教育和奋斗创造的精神使我易于接受。

十九岁时，因父亲商业破产，而家中弟妹成群，生活难以支持下去，迫使我将升学的志愿抛弃，而迅速地找寻职业。旋即投考无线电专门学校，半年毕业后，即在汕头电台工作，将月薪支援家庭生活。

职业是解决了，而这只是我生活之手段，我是爱学习，爱追求光明与真理的，但这时期我所学习的，都只是新文学。当时，鲁迅、茅盾、郭沫若等的作品，对于我的革命思想的启发，是起了极大作用的。当时我想做一个革命的文学青年。

“九一八”、“一二八”以后，我又爱看新的杂志，如《大众生活》、《现世界》等，并间或看一些社会科学的入门的小丛书了。但毕竟文学艺术给予我的影响较大些。我又爱上电影和木刻了。将来做一个革命的木刻工作者呢？电影的编导呢？还是文学青年呢？我徘徊在三岔路口了。不久之后来，我在外国画报上看到了几张好的新闻照片，使我十分感动。但当时国内出版的画报却是无聊帮闲的甚至是反动的。我认为摄影比木刻来得真实，而电影虽好，但必须有大的资本和后台老板。从事文学的人是很不少的，而摄影是非常重要但却没看到过有一两个进步的摄影家。社会上一切的人们都把这一工作看成是消闲娱乐的玩意。我不满于当时的摄影和画报工作，更不满于当时的社会制度。因此我决定站在革命的前进的立场上，为民族的解放、人类的解放而牺牲一己，与黑暗的旧势力奋战到底，并决心做一个前进的摄影记者，用摄影作为斗争的武器，通过画报的发表和展览方式去改造旧社会，改造旧画报，同时改造自己。—— 但当时只想到改变自己的生活。

我开始学习摄影了，但机子和材料不能不支出一笔钱，因而就不能不影响到微薄的家庭费用，以致引起父母弟妹和亲友的不满，他们也认为这是娱乐是浪费。而我的妻子（一个比较进步些的知识分子，曾经同情并鼓励过我做一个文学青年的女友）和较相熟的前进的青年朋友也都反对我学习摄影。他们的理由是只有文学或木刻是前进而可以学习的。摄影是坏东西，没有前途，只是浪费。特别是我的妻子反对得最激烈，经常因此而吵闹，甚至以离婚来威胁，但她想不到我是经过深思熟虑之后，下了最大决心，以此为自己终身的革命事业和斗争武器，再不能随便改变志愿的了。

我忍受了一切痛苦和非难，埋头苦干了两年多，从黑暗中摸索出一些门径了，在新闻摄影的学术和技术上打下了一点基础。

1936年秋看到了沈章邹陶四君子与中共领袖商谈联合阵线的信（从前进的刊物上），看到了抗战形势的将临，这时又适值二弟、三弟都从专门学校毕业，二弟可以当中医生，接替我的位置去维持家庭生活。于是就下了决心立即奔往上海去。

到上海，因一时未能找到摄影记者的工作，而另一方面又因感到需要有美术绘画渗透于摄影木刻中乃能更生动有力，故即进上海美术专门学校西画系求学，一面投寄一些照片和通讯给前进的刊物，以稿费来换取摄影材料之所需。因为从事摄影和木刻工作，遂与鲁迅、鹿地亘等中日作家相识，向他们学习，请他们帮助。

鲁迅先生逝世后，我因发表鲁迅遗像，即为反动的学校当局所不容（当时我还没参加任何组织）而被迫退学。

这时适值从苏联回到上海不久的陈依范先生，因看到我的摄影有进步的内容，遂选了一部分介绍到苏联去发表，并鼓励我继续努力，要我有更多作品参加1938年元旦在莫斯科举行的中国艺展。并希望我回华南去收集一些艺术作品准备送往苏联展览。因此之故，我即折回广州，举行个人摄影展览（内容是鲁迅先生生前死后的二十余张，国防前线南澳岛的形势及人民生活共二十张，大众生活照片五十张）与广州艺术工作者发生联系。而这影展的一切材料费则是由美专较前进之同学及名木刻家李桦先生等所借助。这次的影展，确实是改变了中国旧影展的面貌的，因而获得了许多好评（因为展览会起了很大的作用： A.扩大了 鲁迅先生的政治影响， B.南澳岛形势的照片使同胞提高了民族警觉性， C.大众生活照片使观众提高了正义感和对现社会之不满）。但这次展览会却使我在经济上负了一笔也许是永远还不清的债。因为当时我二弟虽然当了医生，但是新招牌，以至入不敷出无力相助。妻子虽也有职业，但她非但不援助，更轻视我，她认为干下去只有死路一条，因此，便提出了书面离婚来，而这时候，一个投机商人却把我作为对象，找我商谈在广州用沙飞两字的名义开一间美术照相馆，他出三万元资本来办，每月给我五百元的月薪。他说用这名义可以号召全市青年学生来照相……

我的家庭和一切亲友都劝我接受。即使不愿意也可做一年，把债还清了还可有本钱去做自己要做的事业。

生活的压迫，妻子的威胁，商人的利诱和自己的矢志不移的愿望，发生了极大的矛盾。这矛盾曾经使我动摇过，痛哭过甚至企图自杀过。但是因为随即记起了鲁迅的一言“能生，能爱，才能文”和托尔斯泰的“不要让现实的大海把你毁灭”。于是我才以衫袖揩干了热泪，执起笔来，写下这么八个字“誓不屈服牺牲到底”然后大笑起来，回了妻子一封同意离婚的信。天亮后立即就赶乘早车到香港去，请求友人郑未明君（即名木刻家野夫同志，当时他是天一影片公司港厂的布景师）给我以援助。结果就将我的摄影机让给他而换回了八十元的港币。再折回广州，以十块钱的代价到旧货摊上买了一架破旧但还可勉强使用的F4. 5 1/250的摄影机。而这时候适值那商人又来劝诱。但当时我因缺乏修养只凭高度之憎恨，遂当面给了那商人一个无情的耳光。这商人挨打后，就立即反转脸皮，骂我展览鲁迅照片是反动分子，要到公安局去报告。他走后我想事情不妙了，且将会连累家人（当时我住在家中）迫得出走，但是回沪呢，人家知我来沪滨，码头车站恐有警探，匆忙间乃决计入桂一行，即令母亲和妹妹代焚前进（进步）书籍，自己收拾行装，时家人惶惧悲涕，父亲告以今后勿再回家，二弟则摇手无语而别。

到桂林后，幸得进步青年及西大教授如千家驹、尚仲衣等同情与援助（过去不认识的新朋友），同时展览照片全都是现成的，无须耗费金钱，故影展遂得顺利地举行。

不久"七·七"事变，我决心立即北上至华北战场，收集材料，千家驹、尚仲衣、邓初民诸先生闻之十分喜欢并热诚地慨然捐助我以不少的路费和材料费。且还写了许多介绍信给太原、保定、延安、西安的友人，要给我以援助。

我在八月底到了太原，住友人温健公家，他劝我放弃摄影，仍做无线电台工作，我则要求干摄影记者工作，并要到八路军中请其为我作介绍，但他坚持目前电台工作较重要，叫我仍住在他家里，等他的电报，他即往保定去了。

我讨厌住在他家里，乃商得宋维静（健公之妻）同意，到牺盟的少年先锋队中住几天，一则探尝军事生活，并看看红小鬼（东征时被晋军所俘虏者），因为从丁玲的那篇《一颗没有出膛的子弹》里，知道红小鬼是非常活泼顽强十分可爱。另一方面又可以拍些新闻照片。

三四天后，健公即来电，我即随宋维静一起赶往保定去。但到时适值日军已迫近保定，国军后撤正定石家庄，而八路军却在平型关打了胜仗，消息传来使我非常兴奋，冲动，但又十分苦恼。在保定两天，又与宋维静折回太原，而全民通讯社周巍峙同志已听说我对摄影有些经验，即来找我要我去当摄影记者到八路军中去。商得宋维静之同意，我即辞去健公方面所将要给予我的职务。

到全民通讯社的第二天，经太原办事处主任彭雪枫同志之介绍，以记者资格到八路军总政治部，再转往115师去收集平型关胜利品等新闻照片和通讯材料，两星期完毕即回太原发稿。

不久太原危急，国军主力南撤了，但闻八路军将留下少数游击部队，在五台山打游击，并创造抗日根据地。我遂又回到五台山来，找到了聂司令员介绍到杨成武支队去收集材料。

军区成立后，聂司令员去电一分区，叫我回到阜平帮助编辑《抗敌报》，因此我立即赶回军区来，参加政治部工作，任编辑科长兼抗敌报社副主任。编报至1938年5月，因病休养两个月，7月出院即到四分区抓拍新闻照片。回到军区在司令部洗照片向外寄发。不久十月即反围攻，乃随王部长到一三分区收集战斗材料。12月底回来洗照片发延安。

1939年2月军区成立新闻摄影科，我即调任摄影科长之职，至今未有调动。

本文是沙飞于1942年3月申请加入中国共产党时，向党组织递交的自传

附录：1945年6月沙飞、石少华致冀热辽画报社主任罗光达的信

光达同志——亲爱的老战友：

握别一年了，祝你健康和顺利。

2月底，接到你们1月14日的来信及关于新闻摄影研究的稿子。当时曾有二信给你，后来天辉同志走时也带了一个短信，谅已收到了吧？

抱歉的是关于研究摄影的参考材料，一直到今天还没写出来，致使工作受到损失。这一点我倒已反省到了，并决心在最近写出一些东西来，提供大家参考。

最近接到来电，我们同意你们改为独立的冀热辽画报社，已回电了。今后仍继续互相援助，无论在稿件上或在器材人员上，我们都可以给你们尽力帮助。现寄来画报八期三本，月刊二十份、放大照片一份、参考材料一份、重庆联合画报一份，请查收，并希望多提批评意见。

关于技术人员待遇问题，此间分局正统一规定，重工业最高九十斤，轻工业八十斤小米，这是除了每日粮票、菜金以外的，望注意加强对技术工人的政治教育和团结工作，在生活上予以适当照顾也是需要的。你们应一边办摄影训练班，大批培养摄影员，准备反攻力量。我们去冬曾有电示你们可以单独办，而我们这里则培养冀中、冀察、冀晋的摄影员，每团、支队、区队都必须一个。办时首先应看重政治教育、军事文化，但技术上尤为重要的是距离准确、曝光、暗室工作都必须认真刻苦地每天练习，检查发动大家监督测验教学，可采取群众路线去检讨，以免将来下去工作收不到好成绩，使工作受损失。摄影器材宜大量购买，妥密保存胶卷，尤为重要，东京炸后，胶卷供给将成大问题，这是最主要的工作，切不可放松丝毫。

已：沙飞、赵烈、石少华、罗光达
可北平山碾盘沟）。1943年1月

其次从城市找暗室制版印刷的技术工人也是非常重要的，器材比较好买，但应派出可靠而得力的人与平津联系。据说去一老太婆既无钱又无胆量，使工作受损失是不对的。

去年博方同志提出的制版药方滤清浸淀物是很好用的，我们已不用沃度剂了。

博方同志在途中及到冀东初期因环境艰苦紧张及领导照顾有些不周到之处，提出辞职、闹意见、消极，这都是不对的。在最艰苦坏境中可以考验每一个人对工作的忠诚程度。这问题我的意见你应把具体情况报告政治部。一方面加强思想领导改造他的思想意识，另一方面可把对技术工人的照顾更多的照顾之，耐心的教育是必要的。

你们如情况紧张可采用地下室工作方法，地道战是必须的，应学习冀中斗争经验。

望经常来信，不多写了。

致

布礼

少华（左）、罗光达（右）到和平
完探望负伤的沙飞，河北阜平炭灰
1944年2月，赵银德摄

沙飞　石少华　（1945年）6月10日

战争摄影中的浪漫情怀

張爱萍

战争摄影中的浪漫情怀
战争摄影中的浪漫情怀
战争摄影中的浪漫情怀
战争摄影中的浪漫情怀
战争摄影中的浪漫情怀
战争摄影中的浪漫情怀
战争摄影中的浪漫情怀

在八年抗日战争中，转战淮北苏北，摄有淮北苏北敌后抗日民主根据地我军练兵、生产、战斗与人民的抗日斗争及根据地内风光等照片多种，现由编者择其要者编辑成册，以表我党直接领导下的敌后抗日军民的英勇事迹之一斑。惟我摄影技巧拙劣，兼当时工作和战斗关系，未能将抗日根据地军民的艰苦的伟大斗争作系统的摄取，于今思之颇感遗憾！

——张爱萍

战争摄影中的浪漫情怀

口述人：张胜（张爱萍之子）孟昭瑞 ／（《解放军画报》摄影记者）
采访人：张向荣 高初 ／ 撰稿人：张向荣
时间、地点：2010年3月于北京亚运村（采访张胜） 2010年4月于北京车道沟（采访孟昭瑞）

张爱萍（1910—2003）。15岁投身第一次大革命的洪流，参加过二万五千里长征，开国上将。他是皖东北抗日根据地的创建者，新中国第一支海军的创建者，我军首次陆海空军联合作战的前线司令员，中国第一颗原子弹试验总指挥。"文革"中被关押五年，复出后因抵制"文革"错误第二次被打倒。是我国国防科技工业和两弹一星事业的领军人物。曾任国务院副总理，国务委员兼国防部长。

张爱萍早在战争年代就拍摄了大量反映我军创建时期战斗、生活的照片。1942年至1945年是他摄影创作的高峰期，在抗日战争的艰苦岁月中，在戎马倥偬之际，留下了大量反映战争生活的照片。他的作品真实、凝练地反映了活跃在大江南北的新四军的战斗和胜利，反映了江淮抗日军民火热的斗争生活和鱼水般的感情，同时也记录了将军本人在艰难岁月中的感情生活，具有鲜明的时代特点和浓郁的生活气息，展现出张爱萍将军作为一个高级指挥员独特的艺术视角和乐观向上的精神风貌。

进攻战。1945年

带着相机作战的将军

记者：您好！我们想向您了解一下，张爱萍生命历程中那些和摄影有关的故事。他的摄影生涯是如何开始的？

张胜：谈我父亲的摄影生涯，我只能从他的创作和他个性特征之间的关系，以及他作品的历史背景，谈点自己的见解。其他的，如你们提出的，他的摄影生涯究竟是从什么时间开始的这类具体问题，我还真没有认真考证过。只能说点情况，供你们参考。

他曾和我谈起过一件往事。那是在抗日战争中开辟皖东北敌后根据地时，打下一个地方叫归仁集。归仁集在苏皖交界处，因孔子“一日克己复礼，天下归仁焉”之句得名，原属安徽，现在归了江苏的宿迁。他回忆说，镇子上有家照相馆。你想，在这样一个偏僻的地区，又是战乱，照相馆能开下去是很稀奇的嘛！转战敌后，生死难料，战士们谁不想留个影，给家人留下个念想啊。但这是敌后啊，鬼子什么时候反扑回来，谁知道？怎么办？我父亲说，干脆，动员照相馆的老板跟我们一起走吧。那老板说，那我这些东西怎么办？那还用说吗？我父亲说：“扛上啊！今天就算是你参加抗日队伍了。”就这样，所有的照相、洗印器材统统装箱，随部队一起转移了。父亲对他说，“今后你的任务，就是给战士们照相！”于是，由皖东北子弟组建起的这支军队，就有了一个马背上的照相馆——奇特吧！

条件艰苦就不用说了。照相机、胶卷多是靠缴获，也有到敌占区托人带进来的。洗印，没有电，怎么曝光？就把屋子拿黑布遮了，露个小窗口，一拉开，啪！太阳光就射进来了，再一关，就是一次曝光。冲洗只有靠打井水了。但就是这样，照样有好作品问世。现在科技发达了，什么好家伙没有？条件固然重要，但惊世之作靠的不是这个，靠艺术细胞！摄影师的灵感、修养、才华、天分和对这项事业的热爱和执著。

你们看到我父亲的作品不少吧，其实留存下来的只是很少的一部分。我母亲告诉过我，因为冲洗条件太差，就把胶片攒下来，托人带到敌占区的大城市去冲洗印制。一次船过封锁线，带的人看敌人盘查得紧，就全部沉入水中了。当时父亲只是在一旁默默地听着，看得出，他心中留下了不少遗憾。

记者：那您对他的摄影有印象吗？那时候您多大了？

张胜：抗日战争结束，解放战争开始。战斗中，他头部负了重伤，离开战场去苏联养伤，后来在大连，我那时才几岁。这个时期他给我和妈妈照了大量的照片。在我这个年龄段，保留下来这么多童年时期照片的人，恐怕是不多的。当时的印象已经没有了，但这不重要，在以后的日子里，我和父母曾千百次地翻阅这些照片，沉浸在对我童年美好的回忆中。有印象的是，常见父亲鼓捣他那部相机。是苏联人送给他的，从德国纳粹手里缴获的战利品。装片子不是从后盖，而是从底盖，用两只手，小心翼翼地将胶片沿缝隙插进去，非常麻烦，不小心就卡住了。有一次我好奇去摆弄它，一下子把胶片卡住了，卷不上去，也取不下来。我嘀咕说，什么破玩意儿！父亲一把接过去，说：“毛毛糙糙的！以后不许动我的东西！”看得出，他很珍惜。

记者：那这部照相机用了多长时间？

张胜：这部相机，既然是缴获德国纳粹的，我想，那就该是“二战”时期的产物。反正小时候记忆里就有这部相机，几乎跟了他大半辈子。平时他总放他办公桌中间的抽屉里，走哪儿带到哪儿。你想，像他这样的地位，人家又知道他喜欢照相，送好相机的还会少吗？

但他从来不收。一次一个客人送给他一部尼康的，好漂亮，我接过来把弄了一下，真是令人爱不释手。他说“我才不要呢！”也许是当着我的面，看人家下不来台吧，便开玩笑地说：“你那个不行的，比我的差远了。”说着叫我把相机取来，推出镜头说：“你看这里！……德国蔡司的，多深啊！像不像头顶上的夜空？”喔！还真像是夜空。我这才注意到，幽蓝而深邃的镜头，深不见底，就像宇宙的黑洞，要把所有物质的、精神的东西统统吸纳进去。我知道，这部相机，对他来讲，曾是他的生活，是他战斗的人生。无价之宝！

记者：新四军和八路军在当时都有一批人摄影，他们都有为了宣传革命，为了鼓舞士气的色彩，也就是说他们认识到了摄影是一种武器。但是新四军也有自己的特点，他们在残酷的战争中，格外歌颂自己的美好情感，拍摄美好的事情，并非一直把相机当宣传武器。这是为什么？

张胜：在规模上，新四军不能和八路军比，新四军的发展更为曲折。新四军初创时归长江局领导，但在战略指导上，长江局并不接受中央的路线。他们认为共产党这点军队没有什么大作为，抗战要靠国民党。国民党当然也抗战，但奉行的是一条消极抗战路线，丢失了大片国土，一个劲地后撤。所以长江局提出，共产党主要是做好国民党军队的政治工作，任务是帮助国民党抗战。这是个没出息的主张。直到六届六中全会，否定了长江局，提出新四军要向华中敌后发展，建立民主政权，独立开展游击战争。但为时已晚。蒋介石看到八路军在华北敌后有了大发展，悟到敌后其实是可以经营的，鬼子只占了大城市和交通线，广大农村是个真空地带，与其让给共产党，不如自己先抢占。这就是为什么抗战中国共两党有没完没了的摩擦和反摩擦。新四军在华中地区，除了要和日伪军战斗外，还要和蒋介石顽固派斗争，可以说是两面作战。新四军不像八路军可以依托太行山、吕梁山等在晋冀陕山区建立起稳固的后方。你看八路军的晋察冀边区，政权建设稳固，报纸、刊物、印刷厂、通讯社，都很具规模了，专业的新闻和摄影队伍的阵容也都不小。但摄影毕竟是一门艺术，与个人的文化修养是分不开的。江南多才子，新四军地处江南地区，知识分子多，所以在新四军的高中级将领中，喜欢摄影的不乏其人。这个问题没有专门研究过，不知道我这样的理解对不对。

说到把摄影作为宣传的武器，是的，有这个功能。战争年代，要战胜敌人，鼓舞士气，利用图像的直观性和感染力，宣传效果是其他手段代替不了的。现在我们看到的边区、解放区摄影中那种被称作是新华体的作品，有它历史形成的特定背景。要汇聚组建强大的军队，宣传是必须的，宣传战争的正义和我们的胜利，宣传边区、解放区的欣欣向荣的风貌，军民间的鱼水之情，是革命战争的需要，它的历史地位不容否定。但从艺术的规律看，也不能因此就不承认它身上有着太多的功利色彩和虚假浮夸的成分。当然，其中也不乏佳作。尤其是对那些从事革命摄影工作的前辈们，我相信他们的功力和艺术造诣是无可挑剔的，但革命要求他们必须学会服从。因为革命是一项阶级的事业，他们的制作必须服从指令，作品必须接受审查，不是想拍什么就能拍什么的。就这一点来说，我父亲就不一样了。没有谁会告诉他，能拍什么，不能拍什么。也没有谁来审查他，和敢来审查他。摄影对他纯属于自己的事，他是想怎么拍就怎么拍，想弄什么就弄个什么，搞摄影就是爱好，我爱玩儿，对不对？所以，我父亲，包括叶挺和其他高级将领的业余摄影生活，和从事党的宣传工作的摄影家们，的确没有可比性。客观上，前者是自由的，对象可以是千姿百态、不拘一格。没有摆拍，也不是先有主题再拍，他觉得感兴趣的，灵感上来的一刹那，快门就按下了。相机和胶片对他来说，只是他自由的灵魂和自主意志的再现。当然，这不是说，他的作品与政治无缘，他的作品从另一个视角反映了战争，反映了历史。

补充一句，不过我还是不太喜欢那个新华体，太刻板、太空洞，尤其是后来被极“左”的文艺路线推向了极端。

“自由的灵魂，豪放的个性”

记者：您觉得张爱萍的摄影与专业摄影师有什么不同吗？

张胜：摄影对我父亲来说，不是工作，只是他精神生活的一个内容。你看他这张照片，夜深了，画面中一盏油灯，灯下一个女子在缝补，是我的母亲。一缕丝线，绵绵不断，展现了严酷战争中深藏在心间的柔情，把战争中人性的美展露无遗！摄影的全部用光，就靠这盏油灯，这要曝光多长的时间啊，画面都有些模糊了。你要问我，这与专业摄影师拍的有什么不同。不同就在于对拍摄对象的选择和情感投入，这是他的妻子，随他共赴战场。拍摄中融入了爱，丝丝缕缕。后来的人不会想到，这幅照片，是出自于一个在敌后作战的将军之手，面对生死，面对残酷的战争，侠骨柔肠，交相辉映。

不知道你们感觉到了没有，在他的作品中，反映出的战场生活是美的，没有我们在电影里通常所见到的惨烈和血腥。现在战争题材的作品，无论是影片还是摄影，是国外还是国内，都越来越趋向于渲染战争的残酷、惨烈和血腥，血淋淋的战场，人性在极度恐惧中的扭曲、变态、疯狂。这些作者有没有上过战场我不知道，我只知道我的父亲，一个打了一辈子仗的军人，在他的反映战争题材的作品中，带给我们的更多的是一种浪漫，生死前的柔情，废墟上的阳光，战斗间的幽默。奇怪吧！他是一个将军，一个身经百战的人，他所记录的战争生活和战场，和我们现在所看到的影视作品对战争的渲染，格调上完全不一样。谁的更真实？我不好说，也许都真实。这就回到了一个基本问题上，摄影是客观景象的记录，但这还不够，摄影是客观景象在作者眼中的记录，是作者脑海中的影像，也就是通过主观反映出的客观感受。作者对于客观事物的主观把握，融入了自己的情感、理念。同样一个景物，照出来可就是千差万别了，战争，在我父亲的作品里，就成了你们看到的样子，浪漫而神奇。

记者：那这种浪漫来自何处呢？为什么他的摄影有这种风格呢？

张胜：为什么？这就要刨根了。你看这张，拍的是一群敌后侦察兵，多好玩啊。有爬到房顶上的，有骑在树上头的，有戴着礼帽的，有穿着马褂的，千姿百态。你会觉得这哪是在战场上啊，是在赶庙会嘛！还有这张，就是有美国降落伞的这张。战士们在拖着降落伞跑，玩得好开心啊。背景是，美国B-29轰炸东京，被击伤后迫降在中国苏北地区，这正是我父亲的地盘，于是就有了一场和日本鬼子争夺美国飞行员的战斗。这张照片记录了战斗结束后和美国飞行员联欢的情景。战士们从没见过降落伞，这是个什么玩意儿？就拖出来，拉着它迎风跑着玩，伞就张开来了。被我父亲就这么“咔嚓”一声，记录下来了。40年后，他作为国防部长访美，被他救过的那几个飞行员听说了还来拜会他，带着老伴、儿子、孙子的，都是一大家子，好不热闹。这是后话了。这就是他眼中的战争岁月。为什么会是这样的？你们说说看。

记者：这就是想问您的问题。

张胜：要回答这个问题，这要深挖一下人物的内心世界。前面说过了，摄影是内心世界

油灯下补军衣。1944年

新四军三师八旅部队为了粉碎日军“扫荡”，化整为零，分散游击。这是该部队便衣侦查员出发侦察敌情。1943年春

一架美军“空中堡垒”飞机被日寇击中，迫降于苏北日寇据点与我根据地交界处。该机及其飞行员被我军营救，安全到达根据地。在一个小型联欢会上，新四军战士展开降落伞以助兴。1943年夏

美国飞行员在新四军举行的欢迎会上。1944年

的一种审美反映。我父亲的内心世界，对战争的认识和理解同现在很多人是不一样的。战争有正义和非正义之分，而他从事的战争是一场正义的战争，是一场革命战争。革命是什么意思？追求正义，追求解放。通过这场战争，获得民族独立，通过这场战争，劳苦大众摆脱奴役和贫困，获得新生。现在一些青年人，一说就是打内战算什么英雄？我不这样看，抵御外来侵略是英雄，固然不错，但以正义的力量，通过战争战胜邪恶，消灭腐朽，同样也是英雄。因此，对一个为正义而战的军人来说，战争是他的使命，是他的信仰。他谈起自己时说，自小我就认为这个社会太不公平了，凭什么有些人就能挥金如土，有些人就要忍饥挨饿？凭什么有些人就能作威作福，有些人就只能忍气吞声。自小我向往一个平等、自由的社会。但是我游行、我示威、我写文章，都不解决问题，反而被镇压，被抓捕，怎么办？那我就只能拿起枪杆子来和他们战斗了。于是穷苦人就有了自己的武装，我们要推翻这个腐朽的政权，进行社会变革。这，就是我们讲的革命，就是革命战争。这场战争在张爱萍的心目中是他的追求和理想，是他的使命！他要改变这个社会，文斗不行，就用枪杆子。你压迫我，我就消灭你！很刺激、很精彩、很乐观！在这场战斗中，我的人生才能大放异彩，我的个性才能得以张扬。所以，他所有关于战争的照片跟许多名家的作品，在格调上，完全是不一样的，完全不是一回事的。革命，就是他的人生追求，他的作品，就是记录这段最美好、最绚丽的人生。现在有些年轻人，弄个房弄个车就“烧包”，一辈子就满足了。难道人生就是这样的？我有时就想，要是还年轻，我第一个报名就是到维和部队去！到刚果去！到阿富汗

溪水流长。1944年

去！为什么不在战斗中经受洗礼？那多精彩，热血沸腾，人生就要这样！我父亲正是因为有这种激情，认为这是他的事业，是他追求奋斗的目标，因此在他眼中，所有的艰苦和血腥都化成一种浪漫，化成多姿多彩的生活。

记者：刚才听到您讲到那一代军人面对战争所展现出来的浪漫情怀，我还想请您多讲一点。

张胜：对摄影的喜好，同一个人的艺术气质是分不开的。说到我父亲的个性特质，通过他的摄影作品就可以看出来，他的兴趣是很广泛的。地理、历史、文学、艺术、哲学，以及科学技术，涉猎很广。他种过地、放过牛，他当过老师，教过美术，参加过学生运动，在家乡办过“烂漫书社”，宣传五四的新文化。他带过兵，打过仗，独自创建过皖东北抗日根据地。他还做过共青团工作，办杂志、撰写理论文章。总之，他丰富的战争阅历和特有的文化气质，造就了他对艺术所独有的审美情趣。在革命队伍里他属于那种很少的有着浓郁浪漫情怀的一类人。

你们注意过没有，在他的作品中，爱情是一个重要的内容。你看，净是给我妈妈拍的。爱情就是一种审美，当它走近你时，细若游丝，但具有艺术天赋的人马上就能捕捉到它，把这种感受，转化为一种具有审美价值的作品。男人欣赏他的女人，不用避讳。男人为自己爱的女人摄影，是他觉得她美，认为她是世上最美的女人。我不知道你们是不是喜欢给自己的老婆照相，肯定会照！

记者：对他的性格和艺术爱好，您能用最简略的话来概括一下您父亲吗？

张胜：嗯，一句话，“自由的灵魂，豪放的个性。”

记者：自由的灵魂，豪放的个性？

张胜：对，从信仰上来概括，在我写的书上说他就是一个天真的共产主义者；天真有什么不好，我们每个人在入党时都是天真的，现在呢？当人民把你捧上高位时呢？还能保持当初对信仰的天真和纯洁吗？一个在信仰上保持天真和纯真的人，如果他具有艺术气质，那他的灵魂必然是自由的，是无拘无束的。而创作，必然恪守着自己的信念和审美进行，没有框框，也没有束缚。你看他的书法，信马由缰。用他自己的话说，是鬼画桃符。他写诗，我们说他，你这句平仄不合啊。他就说：“《红楼梦》里林黛玉怎么说的，既得佳句，管它押韵不押韵！实际上是曹雪芹的观点，抒发出我的情感来就行！”

我记得小时候，他带我妹妹去参观，人家认出他，欢迎他讲几句话。我妹妹怎么办？他就让我妹妹站在主席台的桌子上，就这么对着大家讲起来，台下还都鼓掌，气氛还挺活跃。这要放在现在，能想象吗？可他就这个脾气，怕啥？有什么可在乎的？没有这种气度，那代人能打下江山吗？

总之，他没有条条框框。过去战争年代留下的很多作品带有相当强烈的指向性。但是在我父亲的作品里没有这些东西。为什么呢？前面说过了，客观上摄影不是他的任务，不是他的工作。主观上，他虽然是个军人，但有着艺术家一样浪漫的情怀和自由的灵魂。

记者：张爱萍是不是在平时都是这样一个浪漫自由的人？

张胜：作为一个军人，一个指挥员，一个共产党员，他是严格遵守纪律的，执行任务，是义无反顾的，否则也不会有他现在的成就了。他也从未因为自己的利益和组织上讨价还价，应该说，他是个标准的军人，是个党性很强的人。但他又是个有独立思想、独立意志的人，是一个在个人气质上、情怀上浪漫自信的人。这也是他区别于他那一代许多人的地方。

在我的书里（《从战争中走来》）有这样一段记载，他在徐州附近打仗，第二天要开战了，他部署好后，就跑到附近的皇藏峪去探寻名胜古迹，说是楚汉相争时刘邦藏身的地方。那时父亲是华中军区副司令，他回忆说：“司令是张鼎丞，听说我去游览去了，急着说你这个家伙，第二天就要开战了，还有这个雅兴？”从他在回忆这段往事时的语言和表情，看得出，惹得别人着急，自己是挺得意的。父亲是我国第一颗原子弹试验的总指挥，爆炸的前一天，他说，什么都别干了，所有参加试验的科学家们，都跟着我去看楼兰古迹。王淦昌回忆道：“爱萍同志确有大将风度，但我心里老是嘀咕，明天能不能炸响呢？”你说他潇洒不潇洒？

记者：您刚才说到张将军的浪漫情怀，那么当他面对一个比较残酷的战斗场景时，他会去拍照吗？比如拍一些丑陋的，揭露战争残酷的照片？

张胜：这个不知道，但我没有在他保留下来的照片中看到过这样的作品。我看他好像没觉得战争有什么残酷。但是，这不代表他觉得战争不严肃，他上战场的时候，这边拍着照片，另一边就放着遗书。但是他不觉得这有什么，他觉得很现实。这就是他追求的生活方式的。他随时准备为这种理想付出生命。对军人来说，枪声一响，一切个人的恩怨情仇、儿女情长都应抛之脑后。他就像一头苏醒过来的狮子，它嗅到了逼近的猎物。战争使他的个性得以张扬，危险使他的生命具有了价值，他属于那种只能被挑战激活的人。所以很多了解他的人都说他是个“拼命三郎”。他的这种性格和那个时代很契合，因为那个时代就需要拳头。你看过电影《巴顿将军》吧，那是典型的军人形象。你看这张照片（照片见后），是真正的战场，陈家港作战。炮楼已经点着了，他应该是站在这个位置上，斜角度拍摄。作为高级指挥员不可能在最前面，但可以在一线的指挥位置附近。从画面上看，显然他是更靠前了一些。因为这时敌人的炮楼已经着火了，敌人肯定是马上要突围出来，要不缴枪，要不就被消灭。军事用语是，“完成射击准备”。他呢？这时他在干什么，照片告诉我们，当一切部署完成后，他拿起了照相机。这就记录下了一个真实的战斗场面。你想，战斗的残酷在哪儿呢？他真的不在乎这些，消灭鬼子，战胜敌人，把这帮侵略者一网打尽，还有什么比这更兴奋、更令人刺激的呢！

胶片与诗章：镜头里的革命浪漫主义

记者：您能否谈谈张爱萍是如何与摄影结缘的。

孟昭瑞：很多人都是青少年时期就接触摄影了啊，但是我们那个时候都很穷，见都没见过，更谈不上学摄影了。那阵子不要说红军八路军时期，就是咱们进城以后，恐怕不少人都没见过照相机。有相机的也是特殊的民主人士，或者是港澳同胞，所以，张将军年轻时候也是没学过的。他真正喜欢摄影是从一本书开始，他把那本书叫做他的第一个老师，就是《柯达摄影术》。这本书他1937年就买了，当时他在武汉。所以说，张将军的摄影有基础。我认为，他打的底子比较好，包括构图、用光、暗房冲洗、放大等等，他都学了。那本书他走哪儿带哪儿，就像后来随身携带《毛主席语录》。

你看，他没照相机的时候就有摄影基础了。他真正有照相机是1941年，那年打苏北的泗阳县，打下来后，正赶上有个市集。张将军喜欢摄影嘛，看到集上有个照相馆就进去了。在那儿跟老板聊，那个老板叫老秦，张将军始终也没和我说过老秦叫什么名字。总之，老秦家里也没有什么人了，老婆也死了。张将军就有了个想法，说："你赶紧参军，跟我们走吧！照相机也带走。"这就连人带机器都带走了。撤走的时候，还专门给老秦一匹马，这马本来是首长骑的，但专门给老秦驮器材。那真是现成的机器，连放大机都有。

1941年到1943年以前的照片，他用这架机器拍的很多。到后期，老秦不能总跟着张将军，后来到了别的部队，就失去了联系。张将军一提起这个老秦，真是怀念啊。用老秦的相机照了两三年。紧接着又缴获敌人一架。再后来，1943年吧，还是吴印咸给他买了一架永久照相机，型号是莱卡的Ⅱ型。当时我们刚进城，还是在上海买的。逐渐地，他就有了135的望远镜头，加上还有普通镜头，就齐了。你想想他初学摄影，有了相机如获至宝，那心情就是创作源泉啊！一个人向往什么，想达到什么的愿望可想而知。他终生都用这架莱卡，后来出的那些数码相机，他一概不使。

记者：这么说，他的作品都是1941年之后拍的了？

孟昭瑞：他从1941年以后照的比较多，尤其是有关新四军的摄影。他甚至可以说是新四军第一个搞摄影的！就我了解当时的一些情况来看，新四军没有专业摄影队伍，当时除了晋察冀军区外，别的军区也没有。晋察冀有专业摄影队伍也是因为有沙飞，他带着相机入伍，要没有沙飞，我看晋察冀也没有专业摄影队伍。所以张将军对摄影那是相当热爱的，都到了什么程度？比如说，有次他一边照相一边后退，结果掉到河里了，但他首先担心照相机被弄湿弄坏。这就能看出他的痴迷程度有多深！

记者：张爱萍在新四军时期主要拍摄了哪些作品？我们发现他与专业摄影师关注的视角是不同的。

孟昭瑞：他照的东西比较多，他不但照军队，拍打仗、训练，而且还拍生活照、风光照、劳动生产照。那时候的专业摄影记者，不让照就不照，但张将军比较自由，其实主要是他思维的自由，我真佩服他这点。

1944年那阵儿，真正的专职摄影都不太被重视，新闻照片只有不多的几张。他却很有心。1944年，有架援华的美国飞机被日本鬼子打下来了，正好掉在游击区，也正好在他管辖的那个部队附近。于是新四军就营救这些飞行员，日本鬼子要抓他们，终于给抢救到我们解放区来了。那次他照了好多，你说怪不怪，这就等于一个摄影记者在关注新闻事件了。那时候就是有记者也不见得能照上啊，这属于突发事件。这些相片就构成了一个专题，你看，晋察冀那边有石少华拍地道战的专题，有沙飞照的日本小姑娘也算有专题性，新四军的专题呢？张将军这个就算是了。

到1984年还是1985年，他作为国防部长访问美国。当时美国的国防部长叫温伯格，中美双方就谈起1944年那几位飞行员。美方没有飞行员的照片，我们就把那套相片放大，弄了个相册，在美国找飞行员。五个飞行员，病死了两个，找到了三个，就接见了。你看这个事情挺有意思的，他当时既是指挥员又是摄影记者，在本职外，给历史留下了记录。

所以，张将军是新四军名副其实的第一个摄影人。本来，新四军跟其他部队就不一样，是为了跟国民党共同抗战，为了国共合作临时组织起来的游击队。包括当时南方八省的一些临时性部队都是那么凑起来的。所以，张将军的摄影最能代表新四军，我大说特说的理由也是如此。这些纪实摄影，也就是我们说的新闻摄影的战斗性、历史性、可信性和直观性，都是非常重要的。

收复青阳。1941年

开进练兵场。1942

942年“十月革命”纪念日时，苏北新四军第三师师部举行“十月革命节军事大检阅”。在此草棚展览着各部队的军事、政治和文化学习的成绩。

篮球比赛。1942年

一心千锤炼，两臂万钧力。
1942年

我抗日军民粉碎日军两万余人对苏北抗日根据地的“扫荡”后，乘胜扩大新解放区，发起陈家港之战。1943年初

陈家集告捷。1943年

新四军陈家港战斗胜利后，当地群众组织小车队为新四军运送胜利品。1944年

秋季大练兵，九旅26团之攻坚演习。1944年

破晓。1945年

新四军骑兵渡河追击。1945年

附录：张爱萍年表

1910年 生于四川省达县。

1925年 进入达县中学，开始参加革命活动，任学生会副主席。

1926年 4月加入中国共产主义青年团。

1928年 8月转为中国共产党党员，任罗江口党支部书记、临时县委委员，积极组织学生、群众进行革命活动。

1930年 年底到中央苏区工作。历任共青团闽西特委常委、宣传部部长，共青团苏区中央局秘书长，共青团万（安）太（和）中心县委书记，共青团江西省委常委、宣传部部长，少年先锋队中央总队部训练部部长、参谋长、总队长，中央反帝拥苏大同盟青年部部长，中华苏维埃共和国中央执行委员会候补委员。先后参加第三、四、五次反"围剿"作战。

1934年春 入红军大学学习。9月，任红三军团第4师第12团政委。长征中，历任红三军团第4师政治部主任，第11团、第13团政委。在突破国民党军四道封锁线、四渡赤水、勇夺娄山关、大战老鸦山、保卫遵义城以及抢占白层渡口、金沙江堵敌、青石嘴痛歼敌骑兵等战役中担任了指挥员。

1935年 长征到达陕北后，任中央军委骑兵团政委兼代团长。

1936年 6月进入红军大学学习。

1937年 上半年任抗日军政大学教员。抗日战争全面爆发后，任中共江浙省委军委书记，组织沪杭宁地区抗日游击战争。

1938年春 任八路军总指挥部参谋，在八路军武汉办事处做统战工作。

1939年 1月任中共豫皖苏省委书记。6月，赴津浦路东开辟敌后根据地，12月，任新四军第6支队第4总队总队长兼政委，开辟苏皖边区敌后抗日根据地，后任八路军苏皖纵队政委。

1940年 8月任八路军第5纵队第3支队司令员，率部挺进淮海、盐阜地区，接应江南新四军渡江北上，开辟苏北抗日根据地。

1941年 皖南事变后，任新四军第3师第9旅旅长，第3师副师长兼苏北军区副司令员。

1942年 12月任第3师副师长兼第8旅旅长、政委，兼盐阜军分区司令员、政委及盐阜地委书记，统一指挥盐阜地区的反"扫荡"斗争。

1944年 9月任新四军第4师师长兼淮北军区司令员。

1945年 任华中军区副司令员、中共中央华中局委员，在指挥部队破击津浦铁路顽敌的战斗中头部负重伤，后赴苏联治疗。

1948年 年底伤愈回国，任第三野战军前线委员会委员。

1949年 4月渡江战役伊始，受命组建中国人民解放军海军部队。23日，中国人民解放军第一支海军——华东军区海军成立，任华东海军司令员兼政委。

1951年 年初任解放军第七兵团暨浙江军区司令员。后任华东军区暨第三野战军参谋长、华东军政委员会委员、华东行政委员会委员、中共华东局委员。

1954年　任浙东前线指挥部司令员兼政治委员，负责组织指挥大陈列岛战役。同年9月，任中国人民解放军副总参谋长。

1955年　1月组织指挥了我军历史上首次陆海空三军联合渡海登陆作战，给国民党反攻大陆的图谋以沉重打击。任总参党委副书记、中央军委办公会议成员，负责军事行政、装备、军务等工作。领导国防科技事业。是年被授予上将军衔。

1959年　9月起，先后任国防科工委副主任、国防工业办公室副主任，中央专委委员兼办公室副主任，中央军委委员，主持国防科技、装备和国防工业工作，组织领导“两弹一星”大协作、大会战。

1970年　组织指挥“东方红一号”卫星发射成功。

1975年　复出后任国防科工委主任，领导制订并组织实施了洲际导弹、潜地导弹和通信卫星等尖端武器装备的研制计划，成功组织了我国第一颗返回式卫星“尖兵一号”的发射。

1977年　3月后，再次复出，历任中央军委委员、国防科工委主任、中国人民解放军副总参谋长，国家科委第一副主任、党组副书记并兼任中央专委办公室主任、中央军委科技装备委员会主任。

1980年　5月18日组织指挥中国第一颗洲际导弹发射成功。9月，任国务院副总理。主持国防科委、国防工办、军委科装委合并组建国防科学技术工业委员会。

1982年　9月任中央军委副秘书长。

1984年　组织指挥地球同步轨道静止通信卫星发射成功。

1987年　退休后任中央顾问委员会常委。

1992年　收录160余首诗词、100余幅摄影和书法作品的著作《神剑之歌》出版。

1994年　军事文集《张爱萍军事文选》出版。

1995年　书法集《张爱萍墨迹》出版。

2003年　因病在北京逝世。

记者：您跟张爱萍是什么时候认识的？

孟昭瑞：我们是1954年认识的，当时他是华东军区参谋长，我是记者。1954年春天，全国组织了一个慰问解放军代表团。为什么要搞这么一个慰问团呢？因为从1951年开始，抗美援朝的时候，每年都组织一个赴朝慰问团，有好几个分团。我是跟着华东分团，华东分团正好到南京，包括华东军区。然后我们到舟山群岛慰问，他在南京军区当参谋长，接待了我们。实际上南京军区司令当时还是陈毅，但是他不在南京而在上海当市长，所以日常工作都是由张将军来负责。到了南京，先开大会，再代表中国人民慰问军队，还访问了一些战斗英雄。在南京待了十天。后来我们就到了浙江，沿途到了舟山群岛。那时候就认识了。

张爱萍将军（孟昭瑞提供）

张将军的摄影爱好是我们交往的因缘，他要是不喜欢摄影，我肯定不认识他。他是主动跟你说话。就现在那些元帅，要上个新闻，我们经常给他们照。但不可能跟他们说话，我们照完就走，他也没这个时间跟我们聊天。而张将军喜欢摄影，说老实话，这对摄影工作的开展有好处。他比我们这个搞摄影的还热爱摄影，这是我的看法，我们有时候没那么投入。我回忆我过去，我们专门搞摄影的在同一个时期估计没他的水平高。因为他的确是真热爱，甚至于比他的工作都热爱。这是我的看法。中国摄影家协会在2006年搞了个摄影大师评比，把他给忘了。我认为不能把他忘了。

因为，他和纯搞摄影的大师不一样，他的作品自有历史意义。当时啊，比如我作为一个专业摄影记者，算照得多的了，有的人比我还不如。这没办法，四十年前的摄影观念和技术都还挺落后。我们常常是叫拍什么就拍什么，平时反而想得少。但张将军不是这样，他原来不是干这个的，是业余摄影。但是，关于新四军的照片，不论是业余还是专业摄影，都比不上他。要是没有这些照片，就相当于几乎没有新四军。我佩服他这一点，所以在这方面，我看任何人比不了他的摄影。有些摄影大师，他叫摄影理论家可以，成天写些文章，也没什么作品，一张照片也自称摄影家，简直好笑。

记者：是不是张爱萍特别喜欢和摄影记者打交道？

孟昭瑞：张将军特别善于团结体贴摄影工作者和下级，比较能和他们打成一片。他见了我，经常说："咱们是同行。"他一看搞摄影的就喜欢说"咱们是同行"。有个故事比较有意思呗，进城以后，只要是影展他就看，有人给他请帖他就看。白天他也要工作啊，挺忙的，就晚上去看。有的摄影展览在军博，有的在美术馆，他都是晚上去。

在好多场合，他还主动和摄影记者说话。比如我们1954年到南京那次，实际上也不认识，他是主动跟我说话的。主动跟你说话，与不主动说话完全是两回事。我给其他首长拍照，反正我照完就走，是不是？他一主动和我说话，就等于联系感情了，那就不一样了。他给我的印象太深了。说到搞摄影，那个年代专业摄影记者少，真幸福，真吃香，真受人尊敬。现在谁尊敬你啊？现在搞摄影的太不值钱了。你想一个新闻、一个片子有几百人在那儿抢，能照好吗？这一点的确是需要改进的。我跟你说，当时搞摄影的真是幸福。首长尊重一个搞摄影的，搞摄影的就十倍尊重你，这是肯定的，对不对？

在部队，摄影工作更不被重视。有些部队的摄影记者一直只是战士，没法提干。因为在下边部队里不重视摄影，他们觉得摄影很简单，随便谁都能做。到张将军手里就好了，他尊重摄影。你看现在，有些人唱了几年歌就能当政协委员，摄影的地位远远比不上唱歌的。我们总参文化部最高才是正师级别，那些唱歌还有当将军的，你说这合理吗？

记者：那您和张爱萍的交往中，对这一点是否特别有感触？

孟昭瑞：跟张将军的接触当中，他的确是。和他交往，他就是谈摄影，谈别的还不多。他的脑子就在摄影上，现在我跟他认识55年了，你想想谈了多少年的摄影。那时候他那孩子刚几岁，像张胜是1964年才去当兵的。他是在42军当的兵，当的五好战士，还被登过报纸，的确当得真不错。

我找两个例子来体现张将军对摄影广泛的接触和关心。

第一个就是1963年，他当副总长到甘肃那一带搞“两弹一星”的工作。路过兰州军区，兰州军区正好开表彰基层干部的大会，要表彰优秀战士，然后要求副总长接见一下。那他肯定同意接见了。他带照相机都是挎着，我都是背着，我挎不行，不习惯。等他接见优秀士兵的时候，那些摄影就出来照相了，没想到，他也拿出相机照。照到最后，比摄影师照得还好，人家报纸要用，就是那个兰州军区的报纸，名字我也忘了。一用不要紧，照片一见报，照片里没有什么总长，都是军区的首长。只好发了文字材料。这个故事挺有意思的。

第二个例子就是说，他关心摄影，可以说有求必应。有求必应到什么程度呢？比如说，摄影需要什么角度，需要什么光线，他非常配合，尽量照顾摄影师。因为他懂啊。有些首长不听你摄影的，他就不是这样，他懂。你看有的首长，你给他照相，他看都不看，更不用说关心一下了，这差哪儿去了？用现在的话说，张将军这才是以人为本。他对摄影关心，关心摄影的人信任他，更因为他也是摄影的老前辈，是摄影专家，摄影师的领导了。给人的感觉的确不一样。有时候，有些摄影师还给他写信，然后他给回了封信，还给他题了一首诗，这些例子都挺典型的。还有一次，我们画报社想派人去南极采访，要通过首长批准才行。但一开始别的首长都不签字批准。最后我去求张将军，他一下子就给批了。这个我们完全是为了工作，也没别的。但是假如说他不重视摄影不懂摄影，就不会关心我们画报社。我们画报社也常常请他去讲讲摄影的一些问题，对画报提些要求。他也不是走后门，也不是特殊，什么这个有背景的，完全是工作。

这也是因为张将军文化素质确实高。我们过去被叫做“土八路”，这话也有道理，人都土里土气的，文化素质的确差多了。但张将军文化素质不低，他早就看到了，以后的战争都是信息战争，是不见人的战争。

记者：“两弹一星”正是张爱萍主持国防科工委工作时主抓的，您当时和他共事过吗？

孟昭瑞：有时候一块儿去，有时候我们单去。两弹试验过好多次，第一次、第二次试验都是最主要的开始，后来就越来越熟悉了。当时搞试验，也有专门的摄影部门。但是张将军亲自担任摄影部长，专门在试验地附近的厂房开了个摄影大会。我在那儿给他们讲，他们在下边坐着，张爱萍坐在我旁边，说穿了，这意思就是支持你工作啊！我想，对一个摄影师来说，再也没那么高的地位了。毕竟不是谁想讲就能讲的。这太特殊了，的确是摄影界少有的，假如说都碰到这样的首长，那我们的摄影工作地位也高，工作开展也更好。

记者：我们现在看到张爱萍的照片，大都是他在新中国成立之前在皖东北那儿拍的，之后他自己还拍过什么照片？

孟昭瑞：拍照片有啊。他拍的战士生活，我们画报就登过一次。那是1958年，他到广东和福建视察，拍了战士们一块训练的场景，名字是《哥俩好》，那照得还挺有意思的，把战士之间的感情都流露出来了。他在20世纪50年代末60年代初的时候，因为视察照了好多。因为他在那里看战士们训练，顺便拍照，关心战士的活动。

记者："文革"的时候，张将军他也受过很大冲击吗？还有机会摸相机吗？

孟昭瑞：没有了，哪儿还摸相机？他哪儿也去不了。"文革"后，他就喜欢照风光了。所以，他真正有价值的还是抗战时拍的，那是在记录历史。尤其是新四军的历史。

记者：翻看张爱萍的摄影作品，我们发现他很喜欢在上面题诗，为什么？

孟昭瑞：我是这样看的：他的摄影的确是一种业余热爱，这种业余性是由于他是一个指挥员，是军人，在打仗，所以他的作品肯定要重点表现他的即时摄影的历史作用。但他虽然业余，却十分热爱，他是风花雪月都照。他晚年在家里闲着没事儿了，有次我来正好看他在照梅花呢，照得非常投入。他是文武双全，各方面的艺术他都喜欢。作为一个上将，作为一个老革命，作为叱咤风云的一个将军，他的丰富多彩很多人的确比不了。你不信找找看，书法、摄影、诗词他都行。尤其是赶上历史事件，他就题诗。

1973年在摄影家协会，我给他搞过一个专门的摄影研讨会，是和摄影报联合搞的，那个效果不错，他比较满意。当时专门给他弄了幻灯，然后让他讲一下他的作品。然后请了一些名家参加这个会，大家讲了一下。对他的摄影，名家们都很赞扬，说他好多作品都有创作性，比如说他有一个风光照，很有想象力，就是照了一棵松树和长城，就是慕田峪长城，但他一反过来变成龙了。在那个时期他也认识很多老摄影家，还向他们请教。所以说他甚至不仅是热爱，简直是痴迷。痴迷到什么程度？1982年的4月份，他亲自去听朱羽君讲的构图课。朱羽君在20世纪80年代特别活跃，到处给人讲摄影构图，他是电影学院的老师，在当时风靡得很。

1988年，我搞到一套张爱萍自己摄影、题诗、书法的作品，对，就是这个。1988年第四期《解放军画报》，刊登了张爱萍将军风光摄影作品，"与众不同的是作者亲自配诗，又用洒脱、刚劲的书法合成为组合艺术的整体，真可以说张将军是一位艺术造诣深邃的摄影家，书法家，给我们摄影工作者和艺术界很大的享受和启迪。"他的摄影、诗、书都是自己写，对着照片写诗然后用书法写出来，这是他的优势，咱们不行。像他的《神剑之歌》就是影、诗、书的作品合一。我常说，他的摄影、诗词、书法是"三位一体"，还都挺有想象力，有时候很简单地拍一个照片，他用两个字就可以比别人一百个字还管用，这才是他摄影艺术的魅力。

记者：您跟他聊天的时候，张爱萍有没有跟你谈过他对自己摄影家身份的一个确认？

孟昭瑞：那绝对没有。他始终觉得自己就是个业余的，怎么会是摄影家呢？他从谦虚的角度也不会那么说，他常说，"我是业余的，我跟你们学习。"

用血汗铸成三大画报

罗光达

用血汗铸成三大画报

提高政治、艺术业务水平，做一个能够胜任新闻摄影的记者，完成新闻摄影反映现实、推动现实、形象地保留现实的历史使命。

——罗光达

用血汗铸成三大画报

口述人：裴植（罗光达战友）／ 采访人：高初 孙慧 ／ 撰稿人：孙慧
时间：2010年7月 ／ 地点：北京方庄

罗光达，浙江吴兴县人，1910年1月19日生。1938年春参加上海职业青年救亡团，后奔赴延安，同年7月参加中国共产党，同年冬，调至晋察冀军区政治部任新闻摄影记者，先后拍摄了《朱德在马上》、《太行山上》、《金顶妙峰山的哨兵》、《白求恩在前线抢救伤员》等历史文献照片，并于1939年春节在前线驻地与沙飞共同举办了摄影展览。1942年任晋察冀画报社副社长。1944年奉命去冀东组建晋察冀画报社冀热分社，任分社长，创办了《冀热辽画报》。在蓟县山区举办了摄影训练队，为部队培养了一批青年摄影干部，他的讲稿《新闻摄影常识》于1945年4月由冀热辽军区政治部出版。抗战胜利前夕，罗光达奉命率冀热辽画报社成员挺进东北，参与接收敌伪印刷机构并成立了东北画报社，任社长并主持编辑了《东北画报》的出版。1948年调东北电影制片厂任制作处处长，1949年调中央电影局任发行处处长，1950年调中国电影发行公司任经理。1955年任文化部文化企业管理局副局长。1957年后，先后任中央戏剧学院、中央美术学院党委副书记。1973年后任国务院文化组电影口、文化部艺术研究所负责人，1979年任北京电影学院副院长。1983年罗光达离休后，开始了孜孜不倦的笔耕，先后编辑出版了《沙飞摄影集》、《人民战争必胜——抗日战争中的晋察冀摄影集》、《巾帼英雄——抗日战争中的晋察冀妇女儿童摄影集》、《冀热辽烽火》、《冀热辽画报影印集》、《延安精神》、《东北解放战争》、《华北解放战争》、《杨成武》、《丁玲》等大型摄影集。1995年出版了《罗光达摄影作品论文集》。

黄土岭，英勇卫士。1939年

《晋察冀画报》：血与汗铸就画报

记者：在《晋察冀画报》的时候，您在哪一年第一次见到罗光达？

裴植：1941年在支角沟[注]，我最早接触的就是罗光达。与罗光达接触以后，1941年初第一次接触沙飞。罗光达那时候是摄影科的干事，我那时候是晋察冀军区政治部的印刷所所长。

记者：也就是说您以印刷所所长的身份到晋察冀画报社，帮他们印画报？

裴植：对。开始还没有印画报呢，他们就在那儿印单张的照片作宣传品[注]。我从那个时候认识了罗光达，之后罗光达他们准备办画报，就从平西挺进军的司令部弄到一台照相制版机，没有镜头。还调来了一批技术工人、技师，都是从北京来的。

记者：是何重生[注]他们吗？

裴植：何重生他们到了军区，军区没有单独放他们的地方，就把他们都放在印刷所里。印刷所在支角沟，支角沟分为两部分，下面是大村子，有三四十户人家，印刷所大部分在大村子里，上面只有四五户人家，从北平来的技师何重生、杨瑞生、徐复森、高华亭等都在上面，1941年下半年，罗光达从冀中买回东西后也住在上面，照顾这些技师。这些技师都编到印刷所，从冀中买回来的器材、纸张等等也放在那里，军区兵工厂为画报社制造的八页铅印机也放在那儿。罗光达还挂了一阵子副所长的头衔。我常到上面看他们。

记者：罗光达对他们照顾得好吗？

裴植：照顾得很好，很尊敬他们，平等相待。当时对这些技术工人是很优待的。他们每月配有十天或半个月的细粮，比如大米、白面等等，而我们吃的是小米和玉米，很多时候都是吃糊糊粥。还为他们开小灶，有肉菜，每月还有二三十元不等的薪金。我们当时每月只有一元钱的生活费，还时有时无，聂司令员每月也只有五元。

记者：那么组建画报社是在什么时候？

裴植：1941年开始正式组建，1942年建成。1941年2月或是3月，军区政治部通知我到主任办公室开会。我去了，又一次见到了罗光达，第一次见到了沙飞。过去在陈家院（军区政治部驻地）开会，常看到一个背着相机的人，只知道他是宣传部的干部，但从来没有说过话。这次在主任办公室相见时，罗光达为我们做了介绍，才知道他是宣传部新闻摄影科科长朱良才（当时，朱主任住的是个四合院，西厢三间，主任住在北面的一间，中间是办公室，我们就在这里开会。）朱良才主任从里屋出来，见到我们，他说：军区政治部决定成立画报社，由你们两个单位（指军区政治部摄影科和印刷所）合并组成。沙飞、罗光达他们已经做了很多工作，但还有些事要做。合并的事要做，器材也不够，由沙飞牵头，你们要继续做好筹备工作……在大家介绍了有关情况，进行了一些议论之后，朱主任说：“今后的工作就全靠你们了！”主任的话，使我感到责任很重，后来又指定我为第一任支部书记。当时沙飞还不是党员。

之前沙飞、罗光达已经做了很多的工作，建立画报社是他们向聂司令员提的建议，制版技师、制版机等是罗光达到平西军分区采访时发现并向聂司令员建议调来的（当时平西军分区为了印钞票，从北平搞出一批技术工人和制版机等等，但缺少镜头，没法用，都闲置在那里。），铅印机也是他们建议制造的(当时军区兵工厂已为《晋察冀日报》制造了一台八页铅

[注]位于现今河北省平山县宅北乡。1941年5月，晋察冀画报筹备组在平山县陈家院（当时晋察冀军区政治部所在地）东边3公里的支角沟成立，支角沟当时是军区印刷厂所在地。

[注]1941年4月沙飞和罗光达在《抗敌三日刊》、《晋察冀日报》等刊物上发表了聂荣臻肖像等近百张铜版插图，继而出版了单张对敌伪军宣传的《解放》半月画刊，对加强宣传工作和对敌伪宣传起了良好的作用。

[注]何重生，原名何建勋，字杰民，谱名增利。1907年生于北京，祖籍浙江上虞。曾任晋察冀画报社印刷公务长、总技师。他有两项技术革新：一是创造了“铅皮制版印刷法”，二是创制了“轻便平版印刷机”。1943年12月9日在晋察冀边区反“扫荡”战斗中牺牲于日寇的枪弹下，终年尚不足37岁。

印机，他们见到后要求再造一台，经聂司令员批准，用半年多时间又给画报社造了一台。），他们又调来了编辑人员，研究了编辑方针和出版计划等，办了摄影训练班培养摄影干部，还出了一些小型摄影宣传品做实验。

记者：这之后又做了什么？

裴植：之后，我们只开过一次会，主要是研究合并和搬家的问题。把两个单位——军区政治部宣传部的新闻摄影科跟印刷所合并成为晋察冀画报社，实际上把印刷所并到画报社里去了，成为画报社的一部分。当时印刷所只有三个干部，我、指导员吕席珍和一个姓李的管理员（他的名字我想不起来了，是个老红军），但调到画报社的只有我一个人，所以介绍印刷所的人员情况就成了我的主要任务。除了一般人员的情况外，我只提了一个建议，就是陈一川（原名叫陈玉田）可以任用。他原来是个干部，由于有托派嫌疑被免了职，下放到印刷所当工人。他有一定工作能力，跟群众关系也比较好，被指定为政治战士，协助指导员做些群众工作、思想工作，在群众中有威信。经过一段时间的考察，没有发现什么问题，我就建议考虑，后来他被任命为画报社印刷厂厂长。

画报社方面，我们三个人负责筹备工作，沙飞跟罗光达已经做了不少筹备工作了，现在再进一步具体地做工作。我们一起商议，确定由沙飞牵头，我们参加。因为我对整个新闻摄影工作并不太了解，对这个没什么发言权，所以主要还是沙飞跟罗光达安排，这样就搭起了画报社的架子。但1941年初的时候其他材料都很缺。没有镜头，纸张也不够，油墨制版的板子、克罗甸这种药品、网目都没有，所以就商议着由罗光达去买东西。

记者：罗光达从哪儿弄来这些东西的呢？

裴植：这个挺费周折的，1939年夏秋的时候，罗光达在平西采访，听说区党委和挺进军司令部从北平动员了七八个照相制版和印刷技术人员，其中有何重生、王丙中、徐复森、高华亭、杨瑞生、周德缘、马化民等。还通过地下党运出了一台照相制版机，一台八开凸版机，和一架八页铅印脚蹬机，以及一部分照相制版用的药品和印刷用的油墨，准备印制钞票。由于设备材料不齐备，印钞票的事一直无法进行。这些技术人员又不能再送回北平，安置出现困难，设备都坚壁在平西宛平县一个叫“野三坡”的小村子里。罗光达曾向他们咨询，是否可以从北平搞来印刷画报的设备，回答是太困难了。1940年8月百团大战期间，罗光达在娘子关漠河滩战斗采访，遇到了来前线劳军的五专署宣传队的康健。得知他曾在北京故宫印刷厂搞照相制版工作，罗光达非常高兴，很快向组织申请把他调到军区；在华北联大周年纪念活动采访时，罗光达和康健又遇到了在边区银行搞摄影的刘博芳，他也曾在北京故宫印刷厂搞照相制版，和康健是师兄弟，罗光达马上设法把他也调来军区。向二人详细了解情况，得知印画报与印钞票的胶版（凸版）设备有许多相似之处，他们马上向军区建议，把这批设备和人员也调来军区。在聂荣臻司令员的帮助下，这批设备和人才终于过来了。

记者：这下算万事俱备了吧？

裴植：还不够，机器运来了。但缺少镜头。聂荣臻就想用他使用的望远镜镜头试试看，结果试了也不行，后来刘博芳也不知道从哪儿搞到一个镜头，问题就解决了。剩下的就是油墨跟纸张需要解决了。这个还是靠罗光达，经过军区领导的批准，罗光达负责通过冀中到平津去买，那时候正好赶上冀中军区的司令员吕正操、政治委员程子华到军区来开会，所以聂荣臻就当面交代他们，要协助买一批东西，他们答应了。罗光达就跟着他们去了，带着金条和银元去的。

记者：这些都要聂司令员亲自批吧？

裴植：聂司令员批的，所以我总认为，《晋察冀画报》之所以能够办得成，最具有决定性的因素是聂荣臻司令员的重视和支持。另外就是沙飞的执著，他很懂新闻摄影、有创见，以及罗光达的努力，还有地处平津附近能买到需要的器材。这些条件其他根据地不具备。

当时，在平津还有可能买到纸张，罗光达就通过各种方法，把纸张、油墨、制版的克罗甸、网目，基本上都买全了，油墨够好几期用的，后来冀中就派了一个加强营，带着重机枪，把这些东西护运到晋察冀的腹地北岳区，结果基本上都买到了。镜头也有了，制版克罗

解放平西西斋堂里。1939年

甸，制版的网目，还有大量的木造纸，那种纸买了好多。我们的准备工作就差不多了。

印刷所和画报社合并了以后，这批物品就起作用了，可以保证出几期的《晋察冀画报》。这样单位架子也配起来了，编辑也调来了，摄影队伍也培训了。那时候沙飞当教练，在筹备期间，就办了一个摄影训练班，在那儿培训了大概是几个人，还是十几个人，这一批作为骨干注。这样画报社就建立起来了。

记者：这时候还在支角沟吗？

裴植：不在支角沟了，全部搬到碾盘沟注了。1942年初，我们就分别从支角沟、陈家院（摄影科所在地）搬到了碾盘沟，在这里安了家，腾了房子。制版车间是利用牛棚改建的，只扫了扫，堵了堵窟窿，一切因陋就简了。印照片、编画报、制版、印刷，当时真是热气腾腾，人人精神抖擞，干劲儿十足，经过了一段紧张工作，到了7月第一期《晋察冀画报》就出版了，大家是多么高兴啊！

记者：画报社成立之后，您做什么工作？

裴植：画报社1942年5月正式成立，成立后，沙飞任主任（即社长），罗光达任副主任（副社长），赵烈任指导员，我就改任总务股长（后来石少华曾把它叫做行政股）。主要是由罗光达负责处理日常行政工作，此后我们的接触很多，许多事情都是我们一起商量着办的，谁的意见对、谁的办法好，就按谁的办，大家都挺愉快的。

记者：画报出版后还有什么活动吗？

裴植：除了向各地寄送画报外，就是开了一个隆重的庆祝会。朱良才主任、宣传部长潘自力都参加了并讲了话。

记者：画报出版之后，你们一直在碾盘沟吗？

裴植：不是，后来我们搬过几次家。1943年上半年，我们从碾盘沟搬到平山县曹家庄注。曹家庄是一个比较大的村子，有四五十户人家，在一条沟的南面山坡上，房子比较整齐，

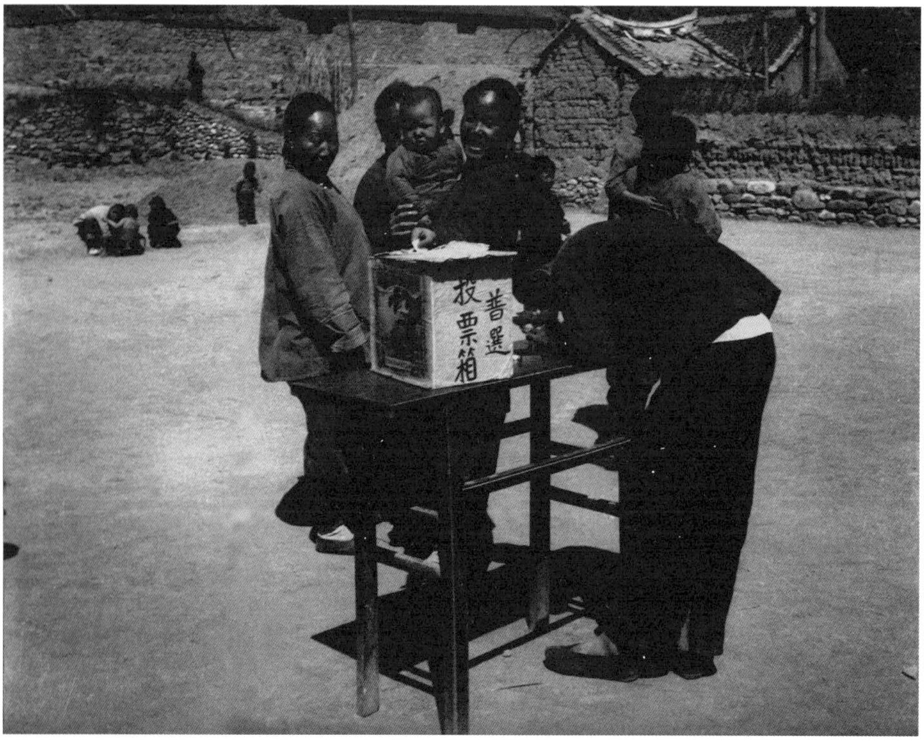

“平山县村选大会”妇女投票。1940年

注1941年7月，在军区政治部所在地陈家院，他们开办了第一期新闻摄影训练班。四个军分区和平西调来学员二十余人，其中有齐观山、申曙、于舒、曲治全、陈明才、谷芬、马德林、吕东阁等。

注位于现今河北省平山县宅北乡。

河北平山县夹峪村村选大会一角，妇女到会场投票。1940年

整个画报社都住在那儿，印刷厂也在一起，工作起来比较方便。但是这儿有一个严重的缺点，我们当时并不知道，这条山沟一直通到山外，大概有三十多公里，中间没有隔着什么大山，是不太安全的，这是那年3月遭到袭击才知道的。初到那儿时，只知道附近的山都不太高，坚壁东西有点儿问题。过去反“扫荡”时，我们都是把不太重的东西坚壁到大山上的山崖窟窿里，做上记号。重东西，不好扛上山的，就找块沙地埋起来，或把一块种麦子的地弄起来，把东西埋在下面，然后再盖上去，把小苗种上。但在这里就不行了。于是罗光达就想了个新办法——挖洞。这里的土层很好，可以洞里套洞，打一个洞，洞里再打洞，可以打到三层。所以初搬曹家庄有一段时间，我们是白天工作，晚上打洞，全社动员，大家动手。当时除了沙飞和少数技师没参加外，大家都参加了。后来由于进展太慢，又通过政治部调来了个工兵班，日夜赶工，最终打了一个三层洞，另一个可能不到三层。我们在第三层放制版镜头、网目、克罗甸，第二层放胶卷、冲洗药品。一个洞有近十平方米，下面的小一些，五六平方米。洞的角落里，往下挖的话人能走下去。遭袭击的时候，这些洞还真派上了用场。就是那次，曹家庄在1943年受了一次袭击，雷烨牺牲了。他死得很壮烈，在与敌人枪战后负了重伤，在一群敌人下来要捉他时，他砸碎了自己的相机、手表、笔，给自己留了一粒子弹就牺牲了。他是一个很有才能的人，是边区政府的议员，是冀东军区的组织科长、宣传科长，也是个作家、诗人。非常可惜，他若能活到今天也应该是国家的栋梁之材。

记者：实在可惜，后来呢？

裴植：在这里出了以雷烨在冀东军区拍的照片，写的文章和诗，以及追悼他的文章为主要内容的第三期画报，还开了追悼会，沙飞、罗光达都写了挽联。之后，我们很快搬到了上庄注。这里山多，还有一座大山——花塔山注，比较安全。可不久敌人开始秋季大“扫荡”，这次是规模空前、时间很长的一次大“扫荡”，从秋季延长到冬季，这也是日寇对晋察冀的

注位于现今河北省平山县。1943年2月底，日寇向根据地蚕食，据点推到距晋察冀画报社驻地碾盘沟只有十几公里的地方。画报社迁移到曹家庄。一个工兵班给画报社打山洞坚壁东西。第一、二期画报在这里再版重印。

“河北平山纪念五四青年节”组图：青年民兵队列行进。1941年5月

最后一次“扫荡”了，它已经没有多大力量了，但这次“扫荡”还是很残酷的。就是在这次，1943年大概7、8月间，画报社一部分同志在柏崖注被围，沙飞、杨瑞生等受重伤，指导员赵烈、技师何重生等十来个同志牺牲，死伤占画报社总人数十分之一左右，让人很痛心。

这里有位同志我要提一下：指导员赵烈。他本来已经冲出了包围圈，看到有些人员没有出来，又返回包围圈救人而牺牲的。陆续是一个刚从北平出来一个半月的人，曾与著名演员石辉一起排戏、同台演戏。陆续是高度近视，眼镜掉了，不能快跑牺牲的。而杨瑞生和工兵班长王友和都是被敌人扎得满脸是血，装死才活下来的。王友和为掩护沙飞突围，在山梁上与敌人展开肉搏。他刺死了敌人，也被敌人刺得满脸是血，他倒地后，敌人曾捏他的鼻子，他憋住了气。后来他说，只要再多捏一小会儿，他就憋不住了，也就完了。

记者：那石少华和您在上庄是怎么转移的呢？

裴植：我们就没动啦。就在上庄周围的花塔山打游击。花塔山很大，连绵一大片，是有回旋余地的，相对安全。当然，敌人不断搜山，我们就同敌人捉迷藏，你来我走，你走我来。群众是我们的，敌人在明处，我们在暗处，敌人动向我们随时可以掌握，敌人能奈我何？到了1944年我们就搬到了洞子沟注。

记者：从洞子沟再往后是直接就进张家口了？

裴植：有一段时间在洞子沟附近的坊里注也办过摄影训练班，那是1944年末1945年初。注但是总部还是在洞子沟，我们走的时候就在洞子沟的坊里，我跟石少华就住在坊里办训练班，石少华是班主任和主要授课人，我是支部书记。我们是在那里听说日本投降的，大家高兴极了，蹦了起来，沙飞更是兴奋了，他听说有可能要接管北平，立即组织了一个班，由他带队，带着我还有一两个同志，弄了四五匹马，日夜兼程往北京跑。但是跑到涞源注，才知道不行了，日本人不向我们投降，要固守等待国民党接管，我们当时没有重武器是打不下北

注位于河北省西部阜平县。1943年6月初，敌人的前哨据点又向曹家庄推进，画报社不得不再次转移，从曹家庄转移到阜平上庄，并开始紧张地筹备第四期画报。

注位于河北省西部阜平县大台乡。

注位于河北省西部阜平县，隶属保定。

注具体时间是 1945年2月底，画报社办的第二期摄影训练队搬到坊里村，4月，社部及编辑部搬到坊里村，只留印刷厂在洞子沟村。

注现今位于河北省保定市西北部。

注1945年9月3日，沙飞带领晋察冀画报社到达张家口。进城后正式接收敌印刷厂等，马上开始工作。

注具体时间是从1943年7月到1944年4月。罗光达于1944年4月重新回到当时位于洞子沟的晋察冀画报社

平的。

可是这时同时传来了好消息，我们要打张家口，而且已经打下了！于是沙飞就带一个人，找两匹好马——因为有些马病得不行了——快马赶到张家口。那边呢，就是石少华，从洞子沟附近的坊里直接到张家口注，然后我跟着也到了那里。张家口成为我们新的大本营，在那里接管了一幢楼、一批制版印刷物资，出版画报的条件大大改善了。整个过程大致就是这样。

罗光达是能干事的人

记者：晋察冀画报社成立之后您和罗光达有什么交往吗？经常见面吗？

裴植：我们不仅经常见面，而且经常一起研究工作。他负责整个内部行政日常工作，沙飞主要抓编辑工作。我也等于管行政，所以我们两个人很多事都是一块儿商量的。

记者：这个时期您对罗光达是什么印象呢？

裴植：罗光达是能干事的人。

记者：能干？

裴植：嗯，比较能干，是一个能踏踏实实做事的人。他脾气好、能团结人，同事关系处得比较好，很少批评人。工作也是有计划有安排，可以把工作做得井井有条。

记者：这个时期是不是罗光达就很少出去拍照了？

裴植：对，很少了，日常工作都是处理行政事务，他很少拍照注。

记者：实际上应该说在最早的时候，罗光达和沙飞还在宣传部摄影科的时候，他们都是晋察冀边区最早的新闻摄影记者？

裴植：对。沙飞是我军第一位专职摄影记者，罗光达是第二位，或第三位，因为还有石少华，他们是同时从事专职新闻摄影工作的，谁先一点儿，有待进一步调查，但应该说，在晋察冀画报的创建方面，罗光达的贡献更大一些，在摄影创作方面，石少华拍的东西更多更好。他们都是我军新闻摄影事业的先驱、开拓者。他们对我国革命新闻摄影事业开创和发展的贡献是很大的，都是大功臣。

支援路不停：晋察冀——边区政府——冀热辽——东北

记者：他去办《冀热辽画报》的时候，是那边的军区来要人吗？

裴植：估计两方面都有愿望，一方面那边希望把摄影画报搞起来，另外沙飞也想多开辟一些地方。罗光达离开过画报社一段时间，这也有影响。

1943年三四月，晋察冀边区政府需要办出版社，能出点儿东西，就把罗光达要去了，建立了出版社注，他出去这几个月给边区印了点儿文件、材料，出点儿小册子，办了点儿这种事情。后来沙飞要开辟冀热辽的工作，1944年就把他要回来了，那时我们已经搬到了洞子沟。他回到洞子沟不久，就派他带一些人去冀东。在走之前他与吕鸿英结了婚，婚礼还是我主持的呢。

记者：那么他走的时候，晋察冀画报社是不是分出了很多物资让他一起带过去？

裴植：给了他点儿东西。

记者：人员、相机？

裴植：对。

记者：印刷机？

裴植：可能是轻便印刷机，带的东西好像不太多，人方面是带了几员大将，如刘博芳、周郁文等，还带着就是到北京以后给毛主席照相的那个叫？

记者：齐观山。

裴植：就是齐观山，带着他们几个人。

记者：到冀热辽，冀东？

裴植：其实是一回事，先叫冀东，后来改建就叫冀热辽军区。冀热辽之前还有人先去，张进学注就是先去的。到达冀热辽，搭起一个新的画报分社注，然后从那儿去了东北，在东北那个广阔天地里就可以大有作为。跟着罗光达去的这些人，没有多少人还活着。比较年轻的齐观山也走了，当时他只有十七八岁，怯生生的，不多说话，到北京时岁数也不大。所以要了解罗光达在冀热辽方面的事情就比较困难了。

注张进学（1922—1989），阜平县人。1937年参加八路军，1940年跟沙飞学习摄影后，在晋察冀第三军分区当摄影员，当年参加了百团大战摄影报道，1941年调晋察冀军区政治部参加《晋察冀画报》的筹建工作，并协助沙飞开办摄影训练班。1942年5月晋察冀画报社成立后，任摄影干事兼搞暗室工作。1944年7月，罗光达到冀东建立晋察冀画报分社，把他从部队调回当摄影记者。1945年，分社开办摄训班，他担任队长兼教员，分社晋升为冀热辽画报社后，由他负责摄影采访工作。抗战胜利后，《冀热辽画报》改称《东北画报》，他和原《晋察冀画报》照相制版技师刘博芳分别担任东北画报社印刷厂正副厂长。

注1944年6月，晋察冀军区为加强“国防最前线”的新闻摄影工作，决定成立晋察冀画报社冀热分社，任命罗光达为主任。罗光达奉命精选十余位身强力壮的专业人才赶赴冀东，其中有编辑记者周郁文，制版技师刘博芳，石印技术人员董寿延、李志书、马小锁，石印缮写武耀强，装订技术人员张学勤等十余人，与前两次派去的张进学、齐观山等五人汇合，一起组建冀热分社。

八路军在大龙华战斗中搜索敌军司令部。1939年春

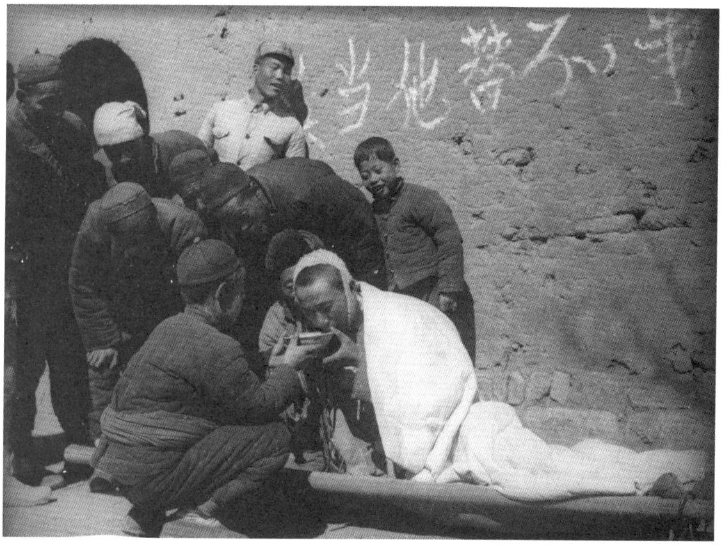

河北涞源孙家庄，群众热情招待过路的八路军伤病员。1939年

“抗大总校从延安远征到华北敌后”组照：欢迎队列。1939年10月

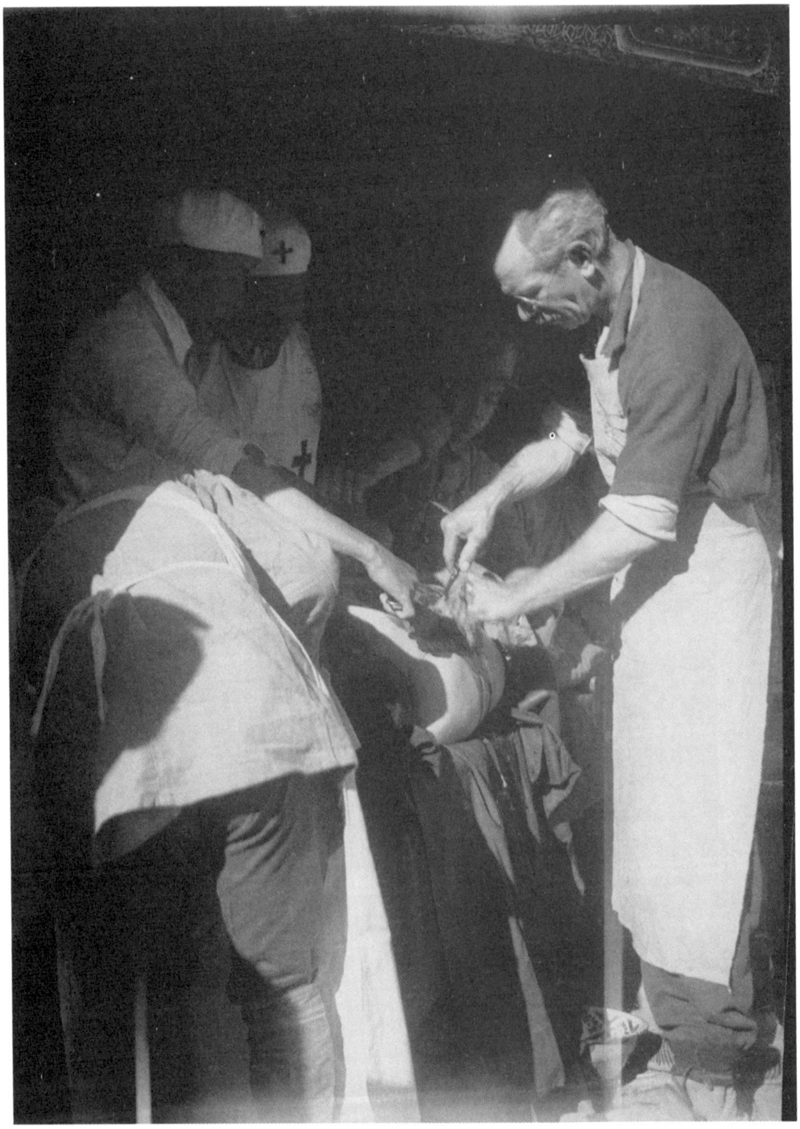

白求恩在前线庙中实施手术。1939年

河北涞源孙家庄，担架队刚从前线抬下来的八路军伤员，等待白求恩大夫医治。当时战斗正在进行，白求恩坚持给伤员做完手术才撤离。1939年10月24日

朱总司令在太行。
1940年春

德、刘伯承、聂
臻、邓小平在山
辽县（后改左权
）桐峪镇检阅南
部队。1940年

百团大战，人民群众欢迎胜利归来的八路军。1940年

北岳民兵训练，阜平一区民兵射击训练，队长杜德贵在指点射击。1940年

战斗在渤海之滨。1944年

新获解放的渤海生活组图一。1944年

附录：罗光达年表

1910年 生于浙江吴兴南浔镇。

1935年 在上海一家洗染店当学徒。后结识了一些中共地下党员和爱国志士。

1936年 积极参加上海文化界救国会的抗日救亡活动。

1937年 抗战爆发后，参加了文化界抗日救亡协会，组织东屡浦住户互助会、歌咏队、读书会等抗日救亡团体。

1938年 组织并参加“上海职业青年救亡团”，装成难民离开上海。

4月 经香港辗转广州，抵达武汉，在八路军武汉办事处的安排下，以新四军学兵名义到西安，然后步行到达革命圣地延安。5月，入陕北公学学习，7月，加入中国共产党，继后在中共中央组织部党训班学习三个月。

12月 罗光达受中共中央北方分局分配，随彭真到平山县蛟潭庄晋察冀军区司令部报到。聂荣臻司令员安排他在司令部，与沙飞结伴，当第二个随军摄影记者。先后拍摄了《朱德在马上》、《太行山上》、《金顶妙峰山的哨兵》、《白求恩在前线抢救伤员》等历史文献照片。

1939年 春节在前线驻地与沙飞共同举办了摄影展览。2月，晋察冀军区摄影科正式成立，罗光达任摄影记者。春天，聂荣臻命罗光达火速赶去平西，采访涞易线上的大龙华歼灭战，拍摄了《我军搜索日军司令部》、《欢迎八路军胜利归来》等作品；接着通过紫荆关，到肖克将军所辖的挺进军司令部和白乙化的抗日联军，拍摄了收复北平西郊重镇东、西斋堂里，解放名山金顶妙峰山，以及八路军活跃在北平西郊、北郊，肖克将军指挥作战、白乙化的联抗部队准备挺进东北等照片，同时还拍摄了群众破坏门斋铁路、击落敌机的残骸、运送铁轨到后方，以及民兵、青抗先、儿童团、妇救会等组织的抗日支前活动。

10月 日军对晋察冀边区发动大规模冬季大“扫荡”，罗光达奉命到涞源摩天岭一带采访。夜战之后转移，随部队行军路过孙家庄，见一小庙前停放了许多担架，小庙里搭了一个手术台，白求恩大夫正在给伤员做手术，他不失时机地拍下了白求恩大夫做手术，和医疗队活动的许多镜头。不久，延安电影团吴印咸一行带着手提电影摄影机赶到后吴印咸一幅作品在《晋察冀画报》创刊号上发表，成为传世名作，罗光达这组作品则没有面世。

1940年 罗光达随部队到晋东南八路军总部汇报工作，在黎城桐峪拍摄了晋察冀子弟兵在晋东南，八路军高级将领召开军事会议、检阅子弟兵，召开反汪拥蒋大会、朱总与彭总在武乡王家峪总部等照片。其间先后访问了《新华日报》（华北版）、该报印刷厂，还参观了鲁迅艺术学院晋东南分校。印刷厂不能制作铜版因此无法印照片的情况，鲁艺木刻团的彩色套版年画给他留下了深刻印象，为以后《晋察冀画报》的创立增补了知识。之后，和沙飞一起，把沙飞一年来拍摄的东西整理出来，洗印若干套并编写文字说明，送到延安给党中央、八路军总部，供对外宣传使用。

1941年 罗光达与沙飞在军区政治部所在地陈家院开办了第一期新闻摄影训练班。5月，晋察冀军区政治部主任朱良才召集沙飞、罗光达、裴植、赵烈开会，正式宣布成立画报筹备组，罗光达负责筹备设备物资。夏，罗光达了解到冀中军分区通往平津的水陆交通点比较多，敌人封锁不像对西部山区那样严密，便决定亲自到冀中去，再从冀中将采购回的设备器材转运回来。聂司令员亲自将这一任务交给冀中军分区司令员吕正操和政治委员程子华。罗光达很快和他们一起前往冀中。

1942年　晋察冀画报社成立，罗光达任副社长。任务是保护器材物资不受损失，战斗间隙出版画报。

1943年　7月，罗光达奉命带领带孟昭师、刘博芳、李遇寅、吕东阁等二十余人，支援边区政府，成立“点滴”出版社，罗光达亲任社长，先后出版了小学课本和《边区导报》等书刊。

1944年　晋察冀军区为加强“国防最前线”的新闻摄影工作，决定成立晋察冀画报社冀热分社，任命罗光达为主任，创办冀热分社。

1945年　冀东军分区奉命改为冀热辽军区，画报冀热分社也奉命改为冀热辽画报社，仍任命罗光达为主任。在盘山开办了一期摄影训练班，培养新闻摄影人才。罗光达担任主课教员，讲授新闻摄影常识。5月，罗光达将他在训练班上的讲授提纲整理成册，由军区政治部正式出版了《新闻摄影常识》一书。书中整理了罗光达多年从事新闻摄影实践取得的认识和经验，是早在抗战时期边区出版的主要新闻摄影理论著作之一。

1948年　被调去东影担任制作处处长，从此离开浴血奋战达九年的新闻摄影界。

1949年　调中央电影局任发行处处长。

1950年　调中国电影发行公司任经理。

1955年　任文化部文化企业管理局副局长。

1957年　先后任中央戏剧学院、中央美术学院党委副书记。

1973年　任国务院文化组电影口、文化部艺术研究所负责人。

1979年　任北京电影学院副院长。

1983年　离休，同年主编出版《老战士摄影》。

1979年—1986年　为沙飞平反积极奔走。罗光达与许多老摄影家一起积极筹备沙飞影展，1985年11月22日沙飞摄影艺术展览终于在北京中国美术馆开幕。1986年4月4日，沙飞平反。 6月，罗光达主编出版了《沙飞摄影集》。

1987年　由石少华、罗光达、蒋齐生策划的，为沙飞及晋察冀画报社在1943年秋季反“扫荡”中牺牲的烈士们建立的“英魂碑”， 在阜平烈士陵园揭幕。

1988年　主编出版《人民战争必胜——抗日战争中的晋察冀摄影集》。

1989年　主编出版《巾帼英豪——抗日战争中的晋察冀妇女儿童摄影集》。

1990年　主编出版《晋察冀画报影印集》。

1991年　主编出版《延安精神》、《冀热辽烽火》大型摄影集。

1992年　主编出版《北解放战争》大型摄影集。

1993年　主编出版《北解放战争》大型摄影集。

1994年　主编出版《杨成武》大型摄影集。

1995年　出版《罗光达摄影作品、论文选集》。

1996年　主编出版《烽火摇篮——中国战时儿童保育会图片集》。

1997年　在北京逝世。

附录：《红影史中的罗光达》（节选） 司苏实

边区三份摄影画报的创办者罗光达

《晋察冀画报》的成功创办，不仅开拓、带动了整个边区摄影事业的发展，也调动起更多文化艺术事业的发展热情。边区政府主席宋劭文认为边区政府的出版事业也应该加强，便找聂荣臻司令员，要求派干部支持。1943年7月，罗光达奉命带领带孟昭师、刘博芳、李遇寅、吕东阁等20余人，支援边区政府，成立"点滴"出版社，罗亲任社长，先后出版了小学课本和《边区导报》等书刊。

摄影科包括画报社，对各根据地摄影事业的发展和支持是不遗余力的，早在1942年7月，第一期画报刚刚出版，沙飞便派张进学注、陈明才赶赴冀东，加强那里的新闻摄影工作，并把摄影科最好的一台莱卡相机交张进学使用；1943年4月雷烨牺牲前不久，画报社再次派齐观山、申曙、于舒前往冀东，加强那里的摄影力量，齐观山走时也带走了摄影科最好的相机。因战争异常残酷、艰苦，画报社随晋察冀军区进行了几次精简，从创立时的120余人锐减到不足70人。1943年12月，画报社经历了社史中最残酷的一页：秋季反"扫荡"中，敌人在阜平柏崖村对沙飞带领，正在打游击的画报社一次突袭，指导员赵烈、技师何重生等九人牺牲，沙飞也负重伤，双腿险些被锯掉。面对沉痛的创伤，他们并没有气馁，1944年2月，罗光达和石少华注一起到阜平炭灰铺去看望正在养伤的沙飞时，他们在那里提出了新中国建立后创办全国性大画报的设想。3月，第五期《晋察冀画报》胜利出版，敌人十分恐慌。因画报社人手严重短缺，杨瑞生累得吐血，住院休养，又返回画报社带病工作；章文龙积劳成疾，因病住院，仍坚持工作；沙飞伤还没好，但保住了双脚，被人用担架抬回洞子沟参加工作。经聂司令员协调，罗光达于1944年4月中旬又调回晋察冀画报社，一起回社的还有孟昭师、刘博芳、李志书、张学勤等技术人员。

但罗光达并没有留下来。6月，晋察冀军区为加强"国防最前线"的新闻摄影工作，决定成立晋察冀画报社冀热分社，任命罗光达为主任。罗光达奉命精选十余位身强力壮的专业人才赶赴冀东，其中有编辑记者周郁文，制版技师刘博芳，石印技术人员董寿延、李志书、马小锁，石印缮写武耀强，装订技术人员张学勤等十余人，与前两次派去的张进学、齐观山等五人汇合，一起创办冀热分社。出发前军区领导亲自赶来交待任务，画报社全体同志在阜平洞子沟开了欢送会。分社全体人员于1944年6月10日从洞子沟出发，由武装交通队护送，经一、三军分区，通过长城沿线的紫荆关、马水关和南口附近的平张铁路封锁线，7月下旬抵达冀东的遵化地区。司令员兼政委李运昌向他们介绍了敌我形势和特点，要求他们适应冀东敌我战斗频繁的环境，既要利用战争间隙积极工作，又要注意保存和发展自己的力量，为日后挺进东北，收复失地作好思想上、组织上和物质上的准备；政治部主任李中权与罗光达研究了具体组建分社的步骤，要求他们争取早日出版。

筹备过程中，所有摄影记者都分赴各地去采访，如齐观山、张进学、申曙深入到长城外的"无人区"，收集八路军挺进塞外，解放"人圈"，收复失地，以及热南、辽西人民积极参加抗日斗争的事迹；周郁文、于舒等到丰滦迁、遵玉宝等地区，收集老根据地军民抗日斗争的材料；罗光达则到北宁路以东、秦皇岛以南的昌滦地区，收集渤海军民保卫祖国，渔

注 冀东斗争环境异常残酷，摄影记者不得不一边采访，一边直接参加战斗。张进学曾被任命为连长和指导员，作战非常勇敢，在热河王厂沟战斗中身负重伤，生命垂危，顽强地生存下来，多次受军区表扬。

注 1943年8月，冀中军区与晋察冀军区合并，石少华随冀中军区调晋察冀，接任罗光达原职务，任晋察冀画报社副主任。此后长期合作，直到沙飞离世，被称为沙飞的"最佳搭档"。画报社受创后，石少华奉命带画报社二十余人于12月底迁移到阜平洞子沟（沙飞养伤的炭灰铺和平医院干部疗养区在其山后数公里处）继续战斗，并于1月28日出版了《时事增刊》。2月参加了晋察冀边区第一届群英会的采访，并举办了《北岳区反"扫荡"战斗胜利》新闻图片展览。3月第五期《晋察冀画报》胜利出版。

注1944年10月20日，冀察热辽军分区做出加强新闻摄影工作的决定，并给各团、队发出通令，要求各团设新闻摄影干事二人，独立区队设一人；各团队执行战斗任务要通知摄影干事参加，各部队指战员要掩护其收集材料，各团政治处应将摄影工作列入政治工作计划和总结之内，并向军分区汇报。

注冀热辽军区政治部1945年5月出版，冀热辽画报社印刷，铅印300册。这是继吴印咸《摄影常识》之后晋察冀出版的第二本摄影理论书籍。

注见《罗光达摄影作品·论文选集》蒋齐生序。

民、盐民生活的材料。

经军分区反复考虑和实地考察，画报社的社址确定在蓟县的盘山地区。社部设在芦家峪，编辑、记者、总务人员住在那里，罗光达住东窝铺，并在盘山后山四王塔、五盆沟等无人居住的荒山上盖了几间泥草房，作为照相制版、印刷、装订工作间。这个地方离蓟县、平谷、邦均等敌据点约7.5至10公里，经常处于战备状态，他们利用战斗间隙印刷画报。1945年1月，冀东军分区奉命改为冀热辽军区，画报冀热分社也奉命改为冀热辽画报社，仍任命罗光达为主任。

为了尽快培养各方面人才，画报社于1945年初在盘山开办了一期摄影训练班。由军区电令各军分区抽调政治素质好、初中以上文化程度、身体健康、有培养前途的青年参加学习。训练班设在田家峪，张进学任队长，赵坚兼指导员，林采讲新闻采访，安靖讲美术，刘博芳讲摄影技术，罗光达担任主课教员，讲授新闻摄影常识。课程内容包括：新闻摄影的重要性、新闻摄影的任务与功能、新闻摄影不同于普通照相和唯美主义摄影、新闻摄影与其他文化艺术的异同、新闻摄影记者应具备的条件等。张进学、周郁文、白景生兼作学员实习和暗室辅导工作。学员有张醒生、曹兴华、李瑞峰、王纯德、刘庆瑞、郭春瑞、葛力群、赵勇、刘正华、李九岭等三十余人，学期三个月，毕业后即分别到各部队随军采访。很快，各团和相当于团的支队都设立了摄影员编制。罗光达秉承他和沙飞在晋察冀画报社时总结出来的集中领导，底片统一保存、统一对外发稿的重要经验，使画报获得较为丰富的稿源。注

当年5月，罗光达将他在训练班上的讲授提纲整理成册，由军区政治部正式石印出版了《新闻摄影常识》一书注。书中整理了罗光达多年从事新闻摄影实践取得的认识和经验，是早在抗战时期，边区出版的主要新闻摄影理论著作之一。中国新闻摄影学会会长，新华社新闻摄影理论研究室主任蒋齐生认为：“他对于中国人民在中国共产党领导下在敌后开展的以新闻摄影为武器，对日本侵略者进行抗战的工作经验作了系统的、全面的科学总结”；认为“他在这个总结中提出了极为重要的堪称20世纪中国摄影理论经典的新论点、新观念。”“关于新闻摄影的价值与功能，他概括为‘反映现实，推动现实与保留现实’。我们用这个论点体察新闻摄影的实际，就会发现这是对新闻摄影的价值与社会历史功能的最全面最科学的概括。在理论上，这一论点，犹如新闻摄影学的脊骨。在实践上，它为全体新闻摄影工作者树立自尊、自强及培育为人民服务的坚定信念与敬业精神，提供了思想动力与支柱，使一切鄙视、轻视新闻摄影的庸人之见无立锥之地。”注

此时，地方党政机关和敌工部门从平、津等敌占城市购回了部分照相制版设备和印刷材料。他们先试编了两期单张的《冀热辽画报》特刊和群英大会专号。试刊出版后，受到广大群众和战士的热烈欢迎。7月7日，晋察冀画报创刊三周年的日子，《冀热辽画报》创刊号正式出版，这是继《晋察冀画报》之后，又一本以照片为主的大型画报，在“国防最前线”出版，被各方人士称为创举和奇迹。这期画报为16开本，与《晋察冀画报》相似，共印了500份，分发到各连队、区、县政府及邻近的兄弟解放区，并由武装交通队送一部分给晋察冀军区并请转延安和大后方。李运昌司令员对出版画报一直很重视，专为画报写了《屹立在敌后的冀热辽抗日根据地》的文章，题了词。画报刊登的照片有：毛主席、朱总司令等领袖像；冀热辽子弟兵战绩辉煌；坚持塞外斗争，解放东北同胞的子弟兵；保卫祖国领海，冀热辽八路军海上游击队；600万从斗争中武装起来的人民；民主建设；新解放区动态等89幅照片，还

有冀热辽敌我形势图之一、之二及文字、漫画作品多幅。创刊号除发表专业摄影工作者的作品外，还发表了业余摄影爱好者王文、袁耐冬、周奋、杨思禄等人的作品多幅，这是动员业余摄影爱好者用照相机为抗战服务的一个良好开端。

8月初，画报社正编辑第二期《冀热辽画报》，突击赶印冀热地区军用地图，从电讯中得悉，8月8日苏联对日宣战，9日毛主席发表《对日寇最后一战》的声明，10日延安八路军总部命令各路八路军向辽吉热察绥等省挺进。其中第二号命令中第四项命令明确指示："现驻河北、热河、辽宁边境的李运昌部即日向辽宁、吉林进发。"司令员兼政委李运昌亲自率领冀热辽八路军主力，攻克天险山海关，随即向辽宁、吉林方向挺进。8月15日，日寇无条件投降。罗光达根据军区指示，安排全体摄影记者立即奔赴前线，采访解放三河、玉田、蓟县、平谷、顺义、山海关、秦皇岛、兴隆、喜峰口等地的战斗。留在后方的编辑、出版、印刷部门则大量编印延安总部和朱总司令发布的限令敌伪缴械投降的文告和宣传品，分发到各地和敌占区。9月初，罗光达收到第十六军分区司令员曾克林、政委马力来信及军区政治部主任李中权的电报，要求画报社将画报和宣传品大量送往国外，以扩大宣传；并要求画报社东移到遵化县殊峪一带，以便和军区取得密切联系。正在紧张筹备，第三军分区司令员舒行、政委李子光发来电报要他们缓行，并告知博山（司令员李运昌）已进沈阳，要画报社待部队在热河、承德一带安置就绪，专门派部队接他们经承德转入沈阳。此时，随军拍摄解放山海关、秦皇岛的摄影记者张进学带胶卷返回盘山洗印，告知山海关至沈阳的铁路已经通车，罗当即决定带张进学、葛力群、赵贵江三人先赴沈阳，其他人员待工作告一段落后再出发。

东北文工团在佳木斯演出《黄河大合唱》。1946年

第六次全国劳动大会在哈尔滨召开。全国劳动模范赵占魁，向参加会议和献旗的各工厂代表讲话致意。1948年8月10日

9月26日，罗光达一行从盘山步行到山海关转乘火车。抵沈后，罗光达征得沈阳保安司令伍修权和沈阳市市长白烯清、副市长焦若愚的同意，成立"敌伪制版印刷物资接收委员会"，收缴敌伪相关物资，以解决画报的制版、印刷问题。为防物资流失、损坏，他们迅速查封沈阳市的大小印刷厂和照相制版株式会社。其中最大的"东亚精版株式会社"，有大小照相制版机和胶版印刷机，还有不少木造纸、药品、油墨。画报社将社部设在"东亚精版"，在附近借房办公，为尽快出版第二期《冀热辽画报》紧张工作。

此时，国民党往秦皇岛等地大量运兵，准备发动内战，李运昌奉延安总部命令，移驻锦州、葫芦岛一带，协助大部队出关，画报社与军区联系出现困难。经请示东北局彭真、陈云等领导同意，画报社改由东北局宣传部直接领导，《冀热辽画报》也更名《东北画报》，仍任命罗光达为社长。这意味着从《晋察冀画报》诞生以来画报社一直随军的体制出现变化，从部队转归地方。自晋察冀军区摄影科创办之日起，解放区摄影工作主要在部队进行，这是斗争形式决定，方便采访报道和印刷发行。《东北画报》转归地方领导，为随后开始的大反攻采访报道带来了极大的不便。但因战争形势变化太快，林彪的总部也无力顾及，不久便委托《东北画报》代为培养摄影干部，以适应大军南下的采访报道需求。

东北画报社诞生时，只有文字、美术编辑、摄影记者、技术人员等20人。因此一进沈阳，罗光达便动员被接收单位的爱国人士、日本技术人员、社会知识青年参加画报社工作。他们一边扩大队伍，一边开展工作，套印了毛主席、朱总司令等中央领导同志的大幅彩色照片和画像，印制了各种传单、标语，编辑出版了对开单张的《冀热辽画报》增刊，后改为《东北画报》增刊，还用中苏友好协会名义出版了对开的《中苏友好画报》。与此同时，他们开始着手编辑八开本的《东北画报》创刊号。

正在照相制版准备印刷的时候，苏军根据“中苏条约”，拟将沈阳、长春、哈尔滨等大城市移交国民党军队，要求我军迅速撤离；与此同时，蒋介石撕毁双十协定，借美军援助向我东北解放区大举进攻。我主力部队根据党中央和毛主席的“让开大路，占领两厢，建立巩固的东北根据地”的指示，撤离北宁路沿线大城市，画报社也接东北局指示，撤离沈阳，转移到本溪，限令次日中午前全部撤离完毕。

接到指示时，画报社身边没有战斗部队掩护，也没有交通工具运输刚刚接收的大量器材物资。罗光达紧急动员，要求大家发扬抗战时期的战斗作风，坚决完成任务。他派画报社自己组建的警卫队注中的“沈阳兵”，分头到大车店去雇用大车，上午9时前后，约一百辆胶皮轮大车筹集回来。全社人员奋斗了整整一个上午，把所有车辆装满；有些机器无法拉走，便把主要部件卸下来带走，使敌人无法利用。下午2时前后，这支浩浩荡荡的大车队，在警卫队荷枪实弹的护送下，向沈阳南面进发。此时市内枪声四起，国民党地下军开始搜捕我未能撤离的零星人员，大车队安全地撤离了沈阳，大批物资器材安然无恙，经苏家屯顺利抵达本溪。12月初，已经制好版的《东北画报》创刊号在本溪正式出版。

因为最先进入东北的大城市，一开始就拥有了现代化的印刷条件，东北画报社一创刊就是8开彩色胶版印刷，在规模与技术上与《晋察冀画报》相比有了长足的进步。创刊号主要内容是庆祝苏联十月社会主义革命纪念特辑，其中有庆祝苏联十月革命节向无敌的英勇红军致敬等照片共23幅，其中反映沈阳市庆祝大会的照片是张进学、周郁文和罗光达所摄，其他照片由苏军提供；还发表了“冀热辽八路军反攻大进军的伟大胜利”照片12幅，其中解放山海关的照片是张进学等人所摄，他的《解放“天下第一关”》放在封底，封面是罗光达拍摄的《苏军阵亡将士烈士碑揭幕》活动，还有其他一些文艺、美术作品。《东北画报》仍保持了《晋察冀画报》和《冀热辽画报》为战争服务，为人民服务的方针，保持了以照片为主，适当地发表一定比例的美术和文艺作品，具有综合性刊物的特点。东北局宣传部凯丰部长，对画报社的工作极为重视，他要求东北画报适应战争形势发展的需要，坚持为战争服务，面向战地，面向战士和农村。按照这个精神，《东北画报》从1947年3月第五期起，改为16开本，发行数量增加到四五万份。注

随着战局的发展，1946年8月，画报社从本溪迁移到通化。他们又派人到南满的鞍山、大连等地收集照相制版材料和印刷机器，以充实印刷设备。这时，朱丹注从延安调东北画报社，任命为副社长。朱丹冒着严寒和战士们一起押运机器设备。不久，画报社又从通化经梅河口、长春转移到哈尔滨，最后抵达黑龙江东北角上的佳木斯。在该市，东北画报印刷厂正式成立，刘博芳任厂长，张进学为副厂长。社部和工厂都设在佳木斯郊区，乡下土匪经常乘夜色到郊区捣乱，时有枪声，画报社警卫队和工作人员一直处于战斗状态。1947年4月，治安情况开始好转，我军在哈尔滨南面阻止了国民党军队向北进犯，三下江南和四保临江也取得了重大战果，东北局移往哈尔滨市。画报社为与东北局联系方便，将社部和编辑部也迁往哈尔滨，印刷厂仍留佳木斯。

此时，原留在盘山的人员都已先后到达东北，专职摄影记者有齐观山、曹兴华、王纯德、钱义、张醒生、李九龄、葛力群、郭春瑞、刘庆瑞等十来人。他们大部到前线去采访，少数深入后方农村，收集土改等群众运动的材料。曾在晋察冀画报社任摄影科副科长的郑景康，也经山东辗转来到东北画报社；在西北战地服务团搞摄影的陈正青也调东北画报社，画

注据东北画报总编辑朱丹回忆，由于东北新区匪患猖獗，部队都在前方打仗无力保护，画报社只好自己组织了一个连的临时武装保护自己，由有战斗指挥经验的张进学任队长，直到1948年迁回沈阳。详见《摄影文史》1995年第一期朱丹《回忆〈东北画报〉》一文。

注据朱丹回忆，《东北画报》在4年解放战争中，工作任务和出版方针曾经几度改变。第一次是1945年，我军撤出大城市后，党的主要任务是面向农村，发动群众，建立政权，准备反攻等。画报就由较大的版本改成单张与单行本的两种。内容力求通俗普及；第二次改版是为了适应战争发展的需要，画报主要的工作方针改成为部队服务，面向战地，面向士兵，版本也改成16开单行本，便于战士携带保存。还把画报上刊载过的作品编印成连环画册或通俗读物；第三次改版是在东北全境解放时。当时党的工作已由农村转入城市，由农业转到工业。画报的工作方针也由主要反映战争转到主要反映工业建设，主要读者对象也由部队转为工人，开本也从16开改成12开的中型本。详见《摄影文史》1995年第一期朱丹《回忆〈东北画报〉》一文。

注朱丹（1916—1988），江苏徐州人，1935年在南开大学读书，为该校铁流文艺社负责人之一，1936年入南京中央大学艺术系学画，1939年到山西，曾任全民通讯社战地记者，同年到西安任《战地新闻》主编，旋经重庆赴延安，在中共中央统战部工作后任西北文工团副团长，中央党校四部教员，解放战争赴东北，任东北画报社副社长、社长兼东北美术委员会主任委员，新中国成立后任《人民画报》总编辑，文化部艺术局副局长，中国艺术研究院美术研究所所长，中央美术学院副院长等职，1988年在北京病逝。

报社的摄影力量大大增强。除摄影工作者外，从延安调来东北的美术工作者沃渣、王曼硕、古元、张仃、安林、施展、苏晖、赵域、刘迅，从其他解放区调来的美术工作者洪藏、丁达明、黄山定、夏风、黄铸夫等也先后报到，东北画报社很快成为东北美术工作者的大本营。画报社的领导班子也得到加强：除朱丹继续担任副社长外，又任命张仃为总编辑，陈正青任摄影科长，郑景康任研究室主任。1948年4月，东北野战军宣传部长萧向荣委托东北画报办培训班，画报社派郑景康主持，在哈尔滨一连举办了两期美术、摄影学习班，学员共100多人；又为部队举办了两期摄影集训班，学员由东北野战军政治部从各部队各兵种抽调，毕业后又回原部队工作。东北画报社除了出版以照片为主的八开综合性画报外，还出版了四开的《东北画报》增刊（以照片为主）、照片和绘画并茂的四开《东北画刊》、《东北漫画》专号、《纪念解放后第二个“九一八”专号》等号外，还出版了《木刻选集》、《李有才板话》、《王贵与李香香》、《小二黑结婚》连环画册等，还陆续创作出版了大批群众喜闻乐见的翻身新年画。1948年11月东北全境解放，翌年3月，画报社迁回沈阳，印刷厂也迁回沈阳，这时的印刷厂已成为一个拥有300多工人和各种美术印刷机的现代化美术印刷厂了，出版着当时全国最精美的画报——《东北画报》。

1948年春，他的老朋友，延安电影团的编导袁牧之、团长吴印咸等调到东北，与奉命接收“满映”的舒群汇合，筹建东北电影制片厂。当年夏，罗光达被调到东影担任制作处处长，从此离开浴血奋战达九年的新闻摄影界注。1949年，罗光达调回北京，在中央电影管理局担任发行处处长，1950年任中国电影发行总公司第一任总经理。他积极贯彻“电影登记暂行办法”、“国产影片输出暂行办法”、“国外影片输入暂行办法”等一系列废旧立新的政策，抵制国内外消极影片的影响，扩大电影发行放映网，在全国各地成立电影发行公司，并将《偷自行车的人》、《两亩地》、《夏伯阳》等优秀影片输入到我国，还促使我国影片参加捷克卡罗维发利电影节。《中华儿女》首次获得国际电影奖，与他积极推荐我国优秀影片是分不开的。1955年，罗光达担任文化部文化企业管理局副局长。1957年，任中央戏剧学院常务副院长兼党委副书记，1964年任中央美术学院常务副院长兼党委副书记，1968年在文学艺术研究所革命领导小组任职。1973年任国务院文化组电影口、文化部艺术研究所负责人，1979年，与他的老战友成荫一起调电影学院工作，1980年10月，成荫受国务院任命担任北京电影学院院长，罗光达任第一副院长。1983年初成荫病重，罗光达与他一起商议，遵照中央关于干部年轻化的指示精神，主动安排好新领导班子后退出了学院的领导岗位，1984年离休。

改革开放后弘扬沙飞事业的主推者罗光达

罗光达离休之后“叶落归根”——重归摄影。

其实“重归摄影”不过是个说法，他的身份是中国老年摄影学会副会长、中国新闻摄影学会顾问，对他这样一个对中国摄影事业有过卓越贡献的人来说，这几个头衔并非有多么耀眼。通过以后的一系列成绩能够意识到，他并未介意自己在付出了全部青春的解放区摄影开拓事业中的地位，却是有着一系列未了的心愿要去完成。早在1980年初，便与一个新的“搭档”，中国新闻摄影学会的会长蒋齐生一起合作，开拓起改革开放后百废待兴的中国新闻摄影事业来。其中作为主干的，便是为他的老战友、中国革命摄影事业的开拓者沙飞平反。

据沙飞长女王笑利日记记载，1979年底新华社蒋齐生来信要给沙飞写传记，希望给予支

注 笔者尚未找到罗光达突然离开摄影界的确切原因，相关记载十分罕见，说法也不一。罗光达在《春蚕到死丝方尽——著名电影艺术家成荫勤劳战斗的一生》一文中说成荫1948年6月到达东影，不久他也去了，因有比较，此处以这个时间为准。1949年春，东北野战军改编为第四野战军，东北画报社记者一部分随军南下，一部分留在北京，汇合到石少华所在的中央人民政府新闻出版总署新闻摄影局，罗光达却再也没有回来，直到1984年从北京电影学院副院长任上离休。

持。她首先去找的就是石少华、罗光达。石少华认为关于沙飞的文章，由蒋齐生来写最合适，他没有见过沙飞，是研究者，他比战友、家人这些当事人更客观，写出来的文章更有力。石少华提出了解决沙飞问题的三步骤：一是写文章，通过文章使人们知道、认识沙飞；二是办影展，使人们在知道沙飞的名字后，进一步对其作品有一个感性了解；最后一步才涉及案子—— 一定要平反，只是时间问题。 罗光达马上表示全力支持。

顾棣近日对笔者说：1980年时，他的《晋察冀画报》大事记初稿就写好了。他拿去给罗光达看，罗光达很吃惊，认为这是一件非常重要的事。顾棣说：其实从那时起，罗光达就开始了为沙飞平反的工作。

附录：《回忆罗光达》（节选） 孙天元

飞球打碎玻璃窗

我们到达哈尔滨时，因各部队的学员路远尚未到齐，培训班还没有正式开课。

一天中午，我和同学们在后院玩足球，一下子用力过猛把球踢飞了。只听咣啷、哗啦一声，烧水房的一扇玻璃窗被打碎了。我自知惹了祸，便硬着头皮走进水房子去找球。屋子里很暗，我东张西望却不见足球的踪影。只见一位四十岁左右，身穿灰蓝色劳保服，像似勤杂工模样的人正在打开水，我问道："喂，烧水的老同志！您看见飞进一个足球吗？"

"噢，飞来一球，打碎了公家的玻璃……你是新来的学员吧？"那人有些责怪的口吻。

"是，都怪我们不小心！您把球放在哪儿了？"我心想：勤杂工倒是挺负责任的。

"啵，收在那个工具箱里了，你自己去拿吧。"

我匆忙开箱拿球，哎哟！一不留意右手被一块破玻璃碴刺破了……

老同志见我手指流血不止急忙凑过来："呀，划得不轻！上点药吧，免得细菌感染。"

我用手帕擦着血说："哪有药呀？就这么挺着吧。"

"不行，伤着血管了！你跟我来吧！给你上点药。"

我跟他去到一处洗照片的暗房外间，清洗伤口涂了红药水，然后他对一位女同志说："赵彩云，你送这位新同志找医生看看，他伤着血管了，要防止破伤风感染。"

赵彩云问："得给他开个医疗卡呀，用不用打针吃药？"

"让武耀强（秘书）给办卡，找大久保大夫（日本人）认真检查一下。"

那时，东北画报社驻斜纹街2号，东北日报社驻1号，两社是一个党委、一套后勤班子。我去医务所的路上，向赵彩云问道："那位穿劳保服的人，是个啥人物？"

"他是咱们画报社最大的官！罗光达社长。"

"哟，一点看不出来？穿得那样简朴，也没有官架子！"

"八路军的官和兵都一样，全穿二尺半大棉袄。"赵彩云说，"前年我从本溪参加工作，他就穿这套旧军装。"

"方才我太冒失了，以为他是烧开水的勤杂工哩！"

"他是去打开水，要配制显影液。没关系，罗社长待人宽厚，他不会责怪你的。"

错把领导当杂工

后来又经赵彩云和许多老同志介绍，我得知罗光达是老解放区几大刊物的创始人之一。

1941年他和沙飞同志创办了《晋察冀画报》，1943年沙飞同志负重伤后，他又创办了《冀热辽画报》，1945年日本投降他被派到东北创办了《东北画报》。在抗战最残酷的年代，他克服了重重困难组建印刷厂，在敌后根据地印发了大量马恩列斯毛朱的画像。编写出版过很多普及摄影的书刊和各类宣传手册。为党为人民的新闻摄影、文化宣传、出版印刷事业做出了卓越的贡献。

得知罗光达同志的光辉业绩，我内心非常激动，充满了对革命前辈的由衷崇敬！

反思那天玩球打碎玻璃，只因他衣帽朴素，便把他误认为勤杂工，确实反映出我自己以貌取人的旧观念。由此，我开始明白了自己的半斤八两。领悟到自我改造的必要性，今后立志要好好向老一辈革命家学习，将来我也要为党为人民多做贡献。

我这次冒冒失失，竟给罗光达社长留下了某种印象。

可能他看了我的考试成绩和学籍档案，知我出身工农、乃军属孤儿，竟把我排进了积极分子行列。有一次东北局请林彪作政治形势报告，向阳老师告诉我：是罗社长指名推荐我和李行素跟她去听报告（政治限制较严）。学习班开学时他又指派我和李行素为乙组的正副组长。我当时政治上很幼稚，只知共产党好，却不知党的性质，那时党员尚未公开，更不知怎样靠近组织。以为自己参加革命就是参加共产党。直到我加入了新民主主义青年团，才知要做共产党员必须达到共产党员的标准。初期接触革命生涯，感到一切都很新鲜，虽然不挣工资但一切按需供给，人人平等官兵一致，对比我在旧社会遭受的苦难，今日确实成了新社会的主人，心情愉悦决意要为革命事业奋斗终身。

生动形象的摄影课

1948年“红五月”，我们培训班早已开课十多天了。

哈尔滨全市人民欢庆“五一”劳动节之后，接着就是筹备“五四”青年节。有一天，朱丹副社长向大家宣布了三条消息：第一，著名摄影家、画报社长罗光达同志，近期将奉命调往东北电影制片厂去充实领导班子。第二，为了欢送罗社长将举办“红五月摄影展”，展出罗光达的作品100幅、画报社十几位专业记者和特约记者的作品200幅。第三，确定在“五四”青年节隆重开幕。并特邀罗光达主讲创作经验，其他记者作补充，要求同学们结合观摩座谈心得体会。

“五四”青年节上午，大家早早列队来到展览会现场。

开幕式因有东北局与“东总”的军政领导前来参观，我们等首长们进入展厅才紧随其后。展品开篇以十帧巨幅照片为序幕。图片是我八路军进军东北、配合苏军攻克日伪守敌、直至重庆谈判“双十协定”、美蒋挑起内战、我东北民主联军“让开大路，占领两厢”、在后方开展土地改革、剿匪除恶、人民支前、送子参军、“三下江南”、“四保临江”、“三大攻势”等战役的纪实新作。这个影展充分展现了中国民主革命阶段，东北解放战争的历史全程。那些真实生动的照片让我们大开眼界，受到了极好的艺术审美和政治思想教育。我尾随在罗社长身后，听到东北局一位首长说：“这些展出照片，是一部珍贵的东北解放战争史。”（据说他是彭真）另一位东总的军队首长指示说：“要复制几套送到部队、农村、工厂和新解放区去巡回展出。”（他是罗荣桓）我心想：这不是一个普通影展，而是一部“形象化”的东北解放史诗。我们这些摄影新兵，观赏这次展览，深深地理解到“摄影艺术形象化政论”的强烈震撼力。

形象化的政论课堂

看展览的首长走后，学员们立即把罗光达和朱丹等同志团团围住。

罗光达社长连忙把郑景康、陈正清、齐观山、戴铭章等人也叫住。让大家多多提出问题，请在场的老记者们向学员介绍拍摄经验。朱丹说："咱们这些记者中，罗光达同志革命资历最老，从事摄影工作年头最长，创作经验最多，而且他明日即将去'东影'走马上任，以后听他讲课的机会不多了。所以今天先请他主讲，其他老师可随时补充，大家如果同意，请鼓掌欢迎！"在一阵热烈的掌声中，罗光达笑着向大家招手致意！他拢了一下散乱的长发，瘦瘦的脸上透出坚韧和刚毅，接着他列举一些图片，讲述了许多我们从未听说的故事。

《国际歌》成为联络信号

当场有学员提问：八路军先头部队出关后，是怎样与苏联红军取得联系的？

罗光达笑着说："我们的先遣部队唱着'国际歌'，举着标有链刀铁锤的党旗，苏军一眼就看出我们是中国共产党的军队。"

学员又问：苏军对于我八路军收缴日军武器，是持怎样的态度？

罗光达解释说："实事求是地讲：不太顺利！遇到通情达理的苏军指挥官，确实把缴获的部分武器装备支援了八路军。但是碰上傲慢的'老大哥'却一毛不拔，认为'土八路'代表不了中国政府的军队。按国际协约，战利品应当归苏军所有。其实我们出关之后，从苏军手中得到武器还是较多的。"

附录：晋察冀的新闻摄影和画报出版工作

罗光达

抗日战争时期到过边区、抗日根据地的许多国际友人和大后方的朋友们，对八路军、新四军坚持敌后抗战，尤其是坚持在敌人深远后方的抗战，都惊叹不已，认为这是人类历史上的奇迹。而当他们看到我们在物质条件极度艰难，战斗异常频繁的情况下，能在抗日根据地印刷出版以照片为主的大型画报，更觉得惊奇，认为这是奇迹中的奇迹。这种赞叹，我认为有两重意思。第一是赞叹共产党、八路军在敌后建立抗日根据地，在战争环境和物质极度艰难条件下拍摄并出版摄影画报，这是高度发挥了人的主观能动作用和共产党人的高度改革创业干劲以及对人民革命事业的忘我献身精神；第二是赞叹中国的摄影画报发生了质的变化。这变化说明为少数人消闲遣兴的旧画报的历史结束了，为人民服务，为抗战服务，为人民解放战争服务的，人民自己的画报出现了。

现在让我们回顾一下晋察冀和冀热辽的新闻摄影和画报的出版工作，是如何在战斗环境中产生和发展起来的。

山沟里来了照相的

1938年12月，我从革命圣地——延安达到晋察冀模范抗日根据地之后，由于我爱好文艺、摄影，也由于革命工作的需要，中共中央北方分局将我分配到晋察冀军区司令部担任随军摄影记者。那时，沙飞同志已在军区做了一年多摄影记者。他在这一年多时间里，拍摄了很多珍贵的新闻照片，如《八路军铁骑兵通过平型关》、《平型关战斗缴获的战利品之一部》、《插箭岭上》、《八路军在喜峰口》、《收复察南蔚县》、《攻克涞源》、《收复浮屠峪》等。当时军区司令部驻扎在平山县西的蛟潭庄，那是一个有二三百户人家的小镇。我初搞专业摄影工作，没有照相机，沙飞同志把公家较好的一台魏尔脱法国相机（镜头是F2.8，自动对焦，是他经常使用的相机之一）慷慨地让给我使用。我就拿这台相机，开始在蛟潭庄和附近的村子拍摄一些有关部队生活、群众参加抗战勤务、生产等活动。晚上把睡觉的房子布置成简陋的暗室冲洗胶片。有时在白天用被子、毯子挡住门窗印照片。同时我和沙飞同志一起把他一年来拍摄的东西加以选择整理，洗印若干套并编写文字说明，送到延安给党中央、八路军总部，以及毛泽东、朱总司令等领导同志，供他们作对外宣传使用。毛主席在1939年3月18日给聂荣臻同志的信中说："送我的一本照片……正传观各同志。"这本照片是用聂荣臻同志的名义送给毛主席的。

为了扩大照片的宣传作用，由沙飞设计，我们想用土办法请木匠做一架横放着可前后移动，以日光为光源的放大机。但缺少聚光镜、暗箱、放大纸及药品等，只好请管理处的同志到阜平县、陈南庄、王快镇等地有过照相馆的地方去搜集。一时放不了，我们就只好选了一些主题较大较好的照片，贴在用白报纸裱好的马粪纸上，编排成版面，写上工整的说明文字，加上花边和简单的图案，然后将装饰好的马粪纸用针线把四角缝在一匹白布上。这样拉开来就是一长条，折叠起来只有四开报纸那样大小一摞，便于携带，到各地举行巡回展览。

我们在驻地蛟潭庄举行了晋察冀抗日根据地第一次新闻摄影展览。照片的内容有：八路军收复、攻克城镇；缴获敌军胜利品（枪炮、大洋马、军用品等）；群众参展、部队生活；

群众生产等。这次展出的作品大部分是沙飞拍摄的。当展出的照片在农村大庙两旁的墙上挂起来的时候，村里的驻军都整队来参观，老乡们也纷纷前来观看。我们从警卫连请来几个有些文化的青年战士，帮助做讲解员并维持秩序。前来观看的群众熙熙攘攘比赶庙会还热闹。由于大部分照片是120十六张的小照片，最大的也只有120八张的，参观的群众都想挤到前面去，好看得更清楚。年长的老大爷、老大娘也来观看，由妇救会的青年积极分子帮助照顾和解说。他们看得很认真，当看到照片上拍的缴获敌军战利品时，更为细致。画面上有几门炮，多少支枪，多少匹大洋马，都要数一数。有的边看边议论，指着照片互相交谈。前来观看的人们特别对攻克城镇、缴获战利品以及正规部队的照片和反映村子里群众生活的照片更加感兴趣。一下子"山沟来了照相的"便传开了。当天下午附近的李家岸等村的群众都跑了好多里路前来参观。山沟里的老乡有的人从来没有见过照片，就是到城里照过相的，也不知道照相是怎么一回事，所以观看的人群对展览感到特别新奇，展览场地也特别热闹。

军区司令员聂荣臻同志尽管已经看过这些照片，但他听说搞街头新闻摄影展览，还是亲自前来参观了现场，直接听一听群众议论。他高兴地对沙飞和我讲，你们这样做很好，不识字的人也能看懂照片。这样的形象宣传作用大，如果能放大一些，那就更好了。他听说我们正在制作土放大机很高兴，鼓励我们早日制成。

这次新闻摄影巡回展览，是军区开展新闻摄影工作的良好开端。大约在展出的两个月之后，我们的土法放大集制作成功，于是举行了放大照片的巡回展览，收到了更好的效果。从此巡回展览和对外发稿便成为我们新闻摄影的两项经常性工作。每年都要对外寄发很多放大照片，举行展览。据1941年上半年统计，由军区统一寄发到延安、重庆、晋东南、苏联、菲律宾、越南、暹罗、新加坡等地的新闻照片有三千余张。这就加强了对外宣传工作，扩大了我党我军的政治影响，坚定了全国同胞以及海外侨胞对抗战胜利的信心。在边区利用各种纪念大会或在街头、部队俱乐部中举行的大小展览会达五十余次，每次都收到很好的效果。

"幻想"变成了现实

利用照片对国内外发稿及在边区范围内举办新闻摄影展览，果然能起到较好的宣传教育作用，但这两种办法还是受到放大纸数量少，流动时间长等局限，不能更广泛、更及时地对广大群众和部队进行宣传教育，充分发挥新闻摄影应有的战斗作用。如果能像科学技术发达国家那样采用电波传送照片和出版以照片为主的画报，或把照片制成铜版刊登在报纸上，那就可以使成千上万的读者及时看到这些新闻照片，收到更好的宣传效果。

沙飞和我认真反复地研究思考了这两个问题，认为要用电波传送照片，那时农村没有电是根本做不到的。出版画报或将照片制版在报上发表是有可能的，但要解决照片稿子来源和制版印刷这两个问题。关于照片稿件来源虽然是个大问题，但这个问题到1941年已经不太突出。因为1939年春军区已经建立新闻摄影科，冀西的四个军分区的摄影组织已经初步建立。平西挺进军也于1939年10月建立了摄影科，有科长陈靖、摄影记者张绍村等。冀中在1940年初也成立了摄影科，科长石少华。这样就在军区范围内开始形成了一个新闻摄影网。这时分布在各分区、各部队的摄影记者和摄影员，基本上已经能够掌握新闻摄影这一工具，能及时把本地区发生的重大新闻，形象地记录下来，并经常向军区寄送新闻照片稿件和在本地区举办新闻摄影展览。为加强新闻摄影工作的统一领导和管理，军区政治部还制定了《新闻摄影暂行工作条例》，使军区的新闻摄影工作逐渐走向正规化、普及化。虽然，摄影网还需要健全和充实，摄影人员的工作、生活经历和战斗经验还不够丰富，新闻摄影的思想水平、艺术水平、摄影技术技巧等方面都还存在着很多问题，还需要在实践中不断提高，但是新闻摄影工作的发展，为筹建画报已开始创造了条件。

出版摄影画报的另一个大难题是如何在战争环境中建立一个有照相制版的印刷工厂，拥有胶版或凸版印刷机，具备各种必要的化学药品及铜版、锌版、木造纸、铜版纸、上等油墨，特别是要有能操纵，使用这些设备的专家和技术人员。上述机器设备和材料当时只有上海、北平、天津等少数大城市有。有些大城市的大报纸虽有照片制版设备，但由于战时原料、药品短缺。也只能制作很少的铜版。在敌后、经济文化都相当落后的农村里，哪里搞到这些机器设备、药品、纸张、油墨呢？又怎么能在战斗频繁的环境中制版印刷出版画报呢？又怎样能在敌人“大扫荡”中将这些设备、物资不遭敌人破坏而完好地保存下来呢？这些困难在有些人看来，几乎是难以克服的。所以当有的人听说我们要搞摄影画报，就说我们“天真”、“幻想”。他们说能用油印、石印坚持出版小型绘画画报已经是很不容易的了。

但是，事实出乎他们的意料。他们看不到我们的有利因素和主观能动作用。我们以革命的创业精神在党和军区的领导下，排除困难，得到了四面八方的支援，终于把“幻想”变成了现实。

1939年夏秋，我在平西采访时，听到区党委和挺进军司令部的有关同志谈到他们准备印制钞票，通过地下党的关系从北平动员了七八个照相制版和印刷技术人员，其中有何重生、王丙中、徐复生、高华亭、杨瑞生、周德缘、马化民等。还从北平运输了一架照相制版机和一架八开凸版机，一架八页铅印脚蹬机以及一部分照相制版用的药品和印刷用的油墨。但是，由于设备材料不够完备，加上经常处于战斗环境等原因，印制钞票的事一直无法进行。这些设备都坚壁在平西宛平县“野三坡”的一个小村子里。这些技术人员的工作，无法安置又不能再送他们回北平。

我向有关同志探询，是否有可能帮我们从北平搞印画报的设备，他们回答说，太复杂太困难了。

1940年8月，我随部队参加百团大战，在娘子关漠河滩战斗采访时，遇到了来前线劳动的五专署宣传队的康健，谈话中得知他过去在北京故宫印刷厂搞照相制版工作，我非常高兴，通过组织把他调到军区。后来又在华北联大周年纪念采访时遇到了边区政府搞摄影工作的刘博芳。他以前也在北京故宫印刷厂搞照相制版工作，和康健是师兄弟。我们设法把他也调来军区。我们向他们二人详细了解照相制版和印刷制版画报的情况，知道与用胶版（凸版）印刷钞票的设备有很多相似之处。因此我们向军区领导建议把闲置的平西准备印钞票的设备和人员调到军区来，以发挥这一部分人力、物力的作用。1941年初，由平西部队将上述人员和器材护送到一分区易县地区，我和康健等同志前去接运到阜平。经检查，照相制版机完好，但药品材料不全，数量也有限。尽管如此，对我们来说还是解决了很大问题，有了一个初步的物资基础。为了解决药品和器材，我们走遍了军工、后勤、卫生等部门，有关领导同志和技术人员对我们要出版画报都给予很大的支持，特别是军工部及各厂答应帮助我们制造难度很大的平面铜版、锌版、三酸（硝酸、硫酸、盐酸）、纯酒精，按照晋察冀日报社铅印机的样子给我们做模型、翻铸一架八页铅印机。冀中卫生部顾正均部长尤其热心，他除了将仓库中我们需要的药品和代用品全部拨给我们外，还要我们开出药品单子，由他们的采购员设法帮助从平津等地采购。晋察冀日报社的邓拓和出版部部长何纪云更是把我们看成兄弟单位，当做是他们自己的工作一样，熔化上千斤铅帮助我们铸了一付新五号铅字和各号标题用铅字，还调给我们一些铅印、排字、刻字技术人员，如铅印技师彭启亮、焦卓然，排字技术工人侯培元、吕红英，刻字刘春和装订张学勤等人。这样我们出版画报的筹备工作在四面八方的大力支援下终于凑合起来了，并在1941年4月胜利地完成了照相制版的实验工作。在完成实验之后，首先在《抗敌三日刊》、《晋察冀日报》以及其他刊物上发表了毛主席、朱总司令等领袖像和近百张铜版插图，继而出版了单张对敌伪军宣传的《解放》半月画刊两期。这对加强宣传工作和对敌伪的宣传攻势起到了良好的作用。由于报刊上刊登了新闻照片，使报纸刊物更加生动有力，使群众及部队更感兴趣。在地方群众中有因为印制版之出现而订阅报纸者，有从铜版插图中找自己在参展中的形象引以为无上光荣者。有人把陕甘宁的广播、晋察冀的铜版当做八路军的两大创造而加以称道。政府和分区报纸许多人要求为他们制版。《冀中导报》派专人前来商谈制版问题。更有要求开办制版训练班者。许多人认为铜版工作之完成，画报之出版，是敌后出版事业的新阶段和新纪元。

我们的“供给部”在北平

《晋察冀画报》能否出版，关键在我们能不能有足够的照相制版设备和印刷材料。我们唱的《游击队歌》里，有两句非常形象的歌词：“没有吃，没有穿，自有那敌人送上前。没有枪，没有炮，敌人给我们造。”我们所有的部队都会用这样的办法来解决自己的武器、弹药和给养的。我们出画报要照相制版印刷材料，同样也得靠这种办法。不过具体的做法有所不同，因为敌人的作战部队不会携带这些东西，一般情况下，敌人占据的城镇据点，碉堡里也不会有这类东西，所以在战场上是解决不了这种特殊物资的供给和补充的。平津有这类设备和物品，但敌人列为配给品，市场上不公开出售而且把它封锁得很严。在这种情况下，我们唯一的办法是进入平津想办法，我们必须把我们出版摄影画报“供给部”设在平津。

1941年夏天，我们了解到冀中军区地处平原，通往平津的水陆交通点比较多，敌人封锁得再紧也不可能像对西部山区那样严密，如果能设法从平津运东西到冀中，可能比冀西要容易一些，因此，我决定上冀中去。这个主意得到政治部和聂司令员的同意和支持，并由聂司令员将这一任务当面交给正在军区开会的冀中军区司令员吕正操和政治委员程子华。于是我就和他们一起前往冀中。我们在骑兵营的护送下，在一个漆黑的夜里越过封锁沟墙，顺利地通过了平汉铁路封锁线，到了冀中大平原。

那时正是青纱帐起来后的季节，黎明时分，太阳从地平线上冉冉升起。我们骑在马上很自然地唱出了“向前、向前、向前，我们的队伍向太阳……”整个骑兵营发出嘹亮的歌声振荡着冀中平原。我用侧逆光拍了我铁骑兵黎明中进军在大平原上的壮丽画面。过路后不久，正赶上日寇对我开始大“扫荡”，我随军区在七、八分区一带进行了一个来星期的反“扫荡”。敌人阴谋合击我军区机关，我们跳出了敌人的包围圈，粉碎了敌人的阴谋。我拍摄冀中军民在反“扫荡”中的斗争。吕正操司令员在青纱帐中指挥作战等照片就是那时候拍摄的。

冀中的反“扫荡”告一段落后，吕正操、程子华就把去平津采购照相制版印刷器材的任务当面交给了有关部门的负责同志，并向他们说明了这一任务的重要性和迫切性。我向有关人员详细交待了所要器材的规格、性能、数量、货源等具体情况和要求。

这时，我一面搜集新闻摄影材料、拍摄军区各种活动的照片，并随民兵夜袭安平县城等据点。民兵们用打水井用的钢管和自己土办法制造的迫击炮向敌人据点射击，射出的炮弹爆炸后引起城内敌人一片恐慌。日寇在混乱中向城外无目的地用大炮轰、用机枪扫射，一直打到拂晓。

神通广大的地下工作人员和采购员们，在群众的掩护和帮助下，通过各种交通渠道和运输关系（包括可利用的敌伪关系），将一批又一批的照相印刷器材，通过敌人封锁极为严密的平津地区水路、陆路运了出来，再从游击区转运到根据地。器材运到后，后勤部门和民兵就把它作为重要作战物质，坚壁在挖得最隐蔽最可靠的地洞里面，以严防敌伪军的突然袭击。

经过三四个月的努力，从北平和天津源源送来的器材已经和要求采集的数量差不多了，其中运来的东西中主要有照相制版用的药品，制版用的铜版、锌版，印刷画报用的木造纸、铜版纸、外国造的其中还有日本造的上等油墨等等。这些器材原料以及已经搜集到的东西加在一起，估计足可以出版好几期画报了。如果画报不定期出版的话，这些材料用上一两年也不成多大问题。这时，冀西的冬季反“扫荡”也已取得胜利，因此我准备返冀西，并把全部器材物资也随我一同运回军区。这个意见吕正操、程子华同意，他们派主力团的一个营护送我与这些器材物资通过平汉铁路封锁线，由团参谋长负责指挥。

部队出发前，营长和教导员召开了班以上的干部会及全营大会并做了战斗动员。会后把所要带走的全部器材分散给全营战士，战士们把分到的器材当做最珍贵的东西用衣服、被子、毯子认真仔细地包裹起来，以确保它们的安全。团参谋长向战士们传达了军区领导的指示，提出了“人在东西在、保证安全到达冀西”的口号。这些东西有的体积很大，如铜板、锌版、木造纸、铜版纸，有的分量很重，如油墨，有的很容易碎，如瓶装的液体药水等。战士们巧妙地把这些东西和背包捆扎在一起，还作了急行军实验。这无疑给每个战士增加了背包的重量，但战士们都能发扬吃苦耐劳、艰苦奋斗的精神，担负了一面准备战斗，一面运送器材的光荣任务。

在到达准备过路的村子时，正遇到唐凯也在这个村子里。他在冀中招收了几百个抗大附中学生，在一个营护送下准备过封锁线。由于他们的队伍中青少年多，缺乏作战经验，过封锁线时与敌人接触，一开战，看到铁甲车的照明灯四处照射以及大炮的时候，队伍不好指挥。他们连续三次都没能通过封锁线，而且有伤亡，长期唐凯自己也身负几处伤，无法行动，只好躺在担架上。这时我们决定联合行动，统一指挥，并且制订了通过封锁线的行动作战计划，如果敌人铁甲车阻碍我过路，就将它炸毁，包括碉堡里的敌人如果出动，坚决给予阻击或歼灭。并且选择在定县城南附近挖墙填沟强行通过封锁线。

半夜两点钟左右，掩护部队全部布置完毕，平墙、填沟工作在民兵的配合下也顺利完成，这时全体部队和附中同学开始跨越封锁线。估计敌人已知道了我们是大部队过路，因而他们不敢外出，只好龟缩在炮楼里无目的地打枪。敌人的铁甲车也沿着铁路线进进退退，与我们保持在一定距离以外，胡乱射探照灯，并随着探照灯无目标地打枪，打掷弹筒，炮弹在空旷的野地上爆炸。估计只用了半小时左右就顺利地通过了封锁线。我过路时是和侦察员们在一起行动，走在过路部队的最前面，唐凯的担架和我在一起过路。过路后我和参谋长一直站在路边，等待全部人马通过以后，才和后续部队一起前进。拂晓时我们到达了行唐口头镇附近，集中点收物资，送到的物资没有受到丝毫损坏。然后用大车和牲口转送到军区。

为了保证画报出版的连续性，为了能从平津源源不断地把照相制版印刷材料运出来，我们先后派徐飞鸿、张玉书二同志常驻行唐口头镇一带的边区采购站。这是抗战时期边区对敌经济战线上的一个重要堡垒。从那里把边区的核桃、红枣等山货运出去，再把作战物资运进来。我们有些器材就是通过采购站从平津运回来的。由于采购渠道和关系极为复杂，往往不能把货物品种、规格搞得很确切，使得有些东西长期找不到货源关系而买不进来，或者买的东西不合规格。为了使材料能及时准确地从平津运出来，经组织上和城工部刘仁同志的同意与支持，画报社特别派遣了一个熟悉北平照相制版和印刷行业情况的王炳中同志，秘密地常驻北平。还派了一个曾在保定照相馆工作过的李鸿年作为往返于解放区和北平王炳中之间的联络员，由李将画报社急需的货单直接送给王炳中，再由王炳中通过各种关系购妥后再由地下党组织设法通过敌人的层层封锁先运到边区来。这样，北平、天津名副其实地成了我们画报社物资器材的“供给部”。我们的工作能够顺利进行，和军区领导，特别是聂司令员的关心支持是分不开的，这是当时解决出版画报材料困难的很重要的一个原因。

奇迹终于出现了

关于出版《晋察冀画报》的编辑方针和任务，聂荣臻司令员等军区领导同志指示：“应该是把边区抗日军民的英勇战斗、光辉事迹反映出来，以鼓舞人民更勇敢地斗争。我们的画报不仅要面向边区，面向群众，而且要面向全国，面向全世界。”

按照上述指示，于1941年初由沙飞同志亲自抓画报的编辑工作，并调来了文学编辑章文龙、赵启贤，美术编辑唐炎等同志分头负责照片文字和美术编辑工作。他们从几年来收集的摄影作品中选择比较优秀的作品并向边区文联、美协、联大文艺学院、西北战地服务团等兄弟单位组织文艺作品和美术稿件。稿件经初步编选以后，再经过集体反复讨论修改，最后由军区领导审定。

画报创刊号以中英两种文字出版。请刘柯、李论等同志由中文译成英文，还请班威廉、林迈克等国际友人校正。

由于有些材料需要从北平运来，因此直到1942年5月1日才正式成立晋察冀画报社，由沙飞任主任，由我任副主任，同时决定把军区石印所和画报社合并，一切出版印刷任务都由画报社统一负责。我们也从平山的支角沟村迁往西面山区的碾盘沟村，为了争取《晋察冀画报》创刊号能够在敌人秋季大“扫荡”以前出版，全社紧急动员起来，以战斗的姿态，争取在抗日战争五周年时把画报印出来。

画报社搬进了碾盘沟这个小乡村之后，村子立刻变得活跃起来。当地老乡们尽量腾出房子让我们使用。就这样，建起铅印室、石印室、排字房、铸字刻字室、照相制版室、装订室等，一个当时看来比较现代化的印刷工厂，在这个小山村里建设起来了。

发稿时首先要求放大照片能符合规格，但由于是采用天然光放大，并受到放大纸型号不全的局限，其中一部分只好用洗相纸代替。因此有时放大一张照片仅曝光就需要个把小时才能完成。负责暗室工作的张进学为了保证放大和洗印的质量并在计划时间内完成任务，常常夜以继日地埋头苦干。

突击出版画报时正是在炙热的夏天里，在用羊圈改装成的照相制版的暗房里，闷热异常，加上空气不好，何重生、刘博芳、杨瑞生、康健等技术人员，整天在暗房里连热带熏，有的呕吐，有的甚至休克晕倒，但大家还是发扬高度的吃苦耐劳精神，坚持工作。这时正遇上自然灾害，加上敌人的“三光政策”及经济封锁，给我们边区经济造成很大困难。为了克服困难，救济受灾群众，我们只好节衣缩食，每人每天一斤半小米的粮食标准降低为一斤三两，每人节约出来三两小米，救济灾民。我们用黑豆、瓜菜来代替主食，这样就把轻体力劳动和工作人员的每日三餐改为每日两餐，只给摇大轮的重体力者维持每日三餐。因此，不少同志得了浮肿病。这种情况被军区聂司令员知道后，他破例地特别批准除应得定量外又给画报社发来一千多斤小米，帮助我们渡过难关。

为了赶时间，争取早日把画报印出来，画报社很多工作部门都在晚上点着汽灯或煤油灯加夜班，天天搞到深更半夜，有时还通宵地干，没有一个人叫苦叫累。大家看到画报一页又一页地印出来，看到自己的劳动成果，都感到很大的安慰和愉快。

晋察冀日报社为了祝贺兄弟单位晋察冀画报社的成立和出版《晋察冀画报》，特于1942年6月12日专门发表了如下消息：“为了加强对边区广大军民的宣传教育，开展对敌伪的文化思想斗争，扩大边区对国际国内的影响，建设新民主主义文化艺术堡垒，军区政治部画报社已于5月1日成立……现已开始工作，积极编印大规模的《晋察冀画报》。该期画报约100页，以五年创作所积累的优秀作品，全面地具体地反映我边区的斗争与建设，成长与壮大，内分照片、文艺、美术三部分，计刊铜版照片160张，漫画、木刻约20幅，文艺作品3万至5万字，说明文字为中英二种，内容充实丰富，实属少见。预料该刊将成为献给抗战五周年的艺术硕果。”

1942年7月1日在党的生日这个光辉节日里，工人们装订出第一本《晋察冀画报》创刊号，全社同志都感到异常激动兴奋。这个被某些人认为不可想象的奇迹，终于在我们眼前出现了，我们立即把第一本画报给聂司令员和军区领导同志送去，他们看了都很高兴，并给了我们很大的勉励。聂司令员说：“你们艰苦创业，出版了第一期画报，很好，希望你们继续努力，坚持下去出更多更好的画报……”

为了庆祝第一期画报的出版，伙房特意杀了自己饲养的大肥猪给大家会餐，还开了庆祝晚会。晚会上歌声、笑声振荡着这个小小的山村。多么激动人心啊！在晚会上同志们歌唱了由文字编辑章文龙作词、爱好音乐的指导员赵烈谱曲的社歌。歌词是：

我们是文化艺术的劳动者，
我们是思想战线的战斗员，
我们用双手大脑劳作，
我们用笔尖，机器作战，
生产精神的食量，
制造文化的枪弹，
开辟新民主主义的文化田园。
劳作呀，
从日出东山到星光满天，
战斗呀，黎明冲破了黑暗，
我们的歌声飞扬在太行山。

创刊号用晋察冀军区政治部名义出版，“晋察冀画报社”编辑印刷，印数为1000本。封面是彩色套版的八路军向长城外进军的雄姿，封底是英勇善战的铁骑兵，内页有毛主席、朱总司令等领袖照片及聂荣臻、宋邵文、萧克、朱文才、程子华等军政领导同志的题字。聂荣臻同志的题词是：五年来的抗战，晋察冀的人民究竟做了些什么？一切活生生的事实都显露在这小小的画刊里。它告诉了全国同胞，他们在敌后是如何坚决英勇保卫着自己的祖国，同时也告诉了全世界的正义人士，他们在东方在如何的艰难困苦中抵抗着日本强盗。

创刊号内刊的150多帧照片报道了八路军挺进敌后，收复涞源、蔚县、喜峰口、平型关、插箭岭、紫荆关、西斋堂、妙峰山等要地；八路军创建根据地、保卫边区所进行的各次战役——百团大战、大龙华歼灭战、黄土岭、雁宿崖战斗等，同时还刊登了狼牙山五壮士、子弟兵生活、群众参军、支前，边区的民主建设、妇女参政、优待俘虏、文化教育以及国际友人白求恩、林迈克、柯棣华的照片。

画报出版后，立即用各种方法送给延安党中央、八路军总部、大后方重庆和转送国外，同时分送边区党政军区各单位，及临近的兄弟解放区。此外，还由晋察冀边区新华书店、延安新华书店公开出售。画报送到各地后，引起了普遍的重视。首先是延安出版的《接访日报》发表消息，原文是："晋察冀军区政治部于今年7月创刊《晋察冀画报》，其装潢之美观，印刷之精致（洋宣纸，五色彩版），可与战前大城市的一等画报媲美，这在大城市虽是件小小的工作，但是在边区还是开拓的创举，在目前困难日增，经济更艰难的条件下，晋察冀边区能出版这样的刊物，这不能不说是我们自力更生的模范，晋察冀边区的光荣……"重庆的新华日报，看到了几期《晋察冀画报》后，发表了署名文章说："这样华丽的画报，竟是在敌后那样艰苦战斗的地方出版的么？……当我看到《晋察冀画报》的时候不能不大吃一惊……它叫我们珍贵，叫我们再三阅读，不忍释手。对着那五色套版的木制纸封面，一再凝视……两期画报共有300张铜版的画片，在制版的技术上都相当成功，即使在大后方也很难看到做得这样好的版子。我们已经久违了那些高贵的道林纸、瑞典木制造纸了，而这两期画报几乎全是用木制纸、道林纸、瑞典纸印刷的。自然这些纸张是战利品，敌后苦战的军队不但从敌人那里夺取武器来武装自己，而且夺取物资来充实自己的精神食粮，因为他们在艰难战斗的情况下也不忘记在文化上的教养与提高。"（与事实有出入。纸是由平津等敌占区购得。——编者注）同年在重庆的《国讯》上发表木新写的《钢铁是怎么炼成的——敌后报业散记》有如下的文字："……这是一种奇迹……到1942年秋，大型的《晋察冀画报》出版了，那精美的五彩封面，清晰而秀丽的图片，比之于战前上海出版的最好的画报也不逊色。而那活跃在纸上的人民的姿态，丰富的敌后斗争内容，更非那些兴趣放在"大腿"、"曲线"上的消遣品所能及……"

画报的出版是画报社工作的一个新的起点，各方面对画报出版的称赞和勉励，给了我们工作新的动力，全社同志更加斗志昂扬，决心把画报的出版工作在战斗中坚持下去，用出版更多更好的画报来回答来自各方面的勉励。

在战斗中前进

画报出版后，传到个解放区，也传到了敌占区，给敌占区的人民很大的鼓励，也给了敌人很大的震动。敌人开始以为我们的画报是在他们占领的大城市印刷的，所以就在大城市的印刷制版行业中侦查线索。之后他们发现了我们是在根据地印刷的，于是，他们一面加强对印刷制版物资更严密的封锁，同时他们把我们的画报社也作为突然袭击的重要目标，大"扫荡”中攻击消灭的重要对象之一，妄图破坏摧毁我们出版画报的物质基础。

处在敌人后方的画报社，无疑从出版那天开始，和其他敌后机关一样，一直处在战斗状态之中。我们的任务是战时能保证我们的器材物资不受损失，战斗间隙能够印刷出版画报。所以我们每到一个驻地，首要的任务之一就是察看地形，并计划好发生敌情时随时可以安全疏散转移，安排好人员如何疏散，机器如何坚壁清野，保证不受损失，敌情过去后如何迅速恢复生产继续印刷出版工作。关于这项工作在开始时我们组织了一部分忠实可靠的小同志，如曲子全、白连生、李文治、张文华等，到附近所有的山沟里、山顶上，各悬崖峭壁处寻找天然山洞。他们年纪轻、个子小、身体灵活、能爬山钻洞，加上他们的记忆力好，能够记住山洞的方位。到这些山洞去都是没有路可走的，遇到悬崖峭壁需要冒险攀登。他们找到认为可以利用的山洞后，就在晚上带我们去进一步察看。确定好地方后，把那个山洞坚壁什么东西，发生什么情况时，由那些同志负责背到山洞去，都具体落实到各人身上。把最重要的东西坚壁在最难发现最难攀登的地方。我们在支角沟和碾盘沟时，不知爬了多少山，钻了多少大大小小的山洞。

在第一期画报出版后，奉上级命令，画报社迁移到平山县的曹家庄。这个山村比碾盘沟要大一些，约有一百多户人家，我们在这里编印出版第二、三期晋察冀画报。仍和以往一样，我们又到各个山上去爬山找洞。可是这一带的山上很少有山洞，尤其是比较隐蔽的山洞，这时画报社的家业越来越大，给我们的战备工作增添了更大困难。如果战斗准备工作不充分，万一遇上敌人袭击或“扫荡”，就会遭受巨大损失，因此在找不到山洞的情况下，就只有以人工挖洞的办法来解决坚壁物资器材的问题。我们立即从全社抽调一些青壮年，自己动手挖洞。为了保密，这项工作必须在夜深人静时进行，把挖出的新土要倒在很远的地方去，为的是不留下挖洞的痕迹。我和指导员赵烈同志分别与青年们一起参加挖洞。九个人一班分成三个组，挖的挖，铲的铲，运土的运土，每一班干半个小时，轮流互相替换。大家干得满头大汗腰酸背痛，很多同志手上起了血泡。尽管这样，也没人叫苦叫累，大家一面劳动一面低声唱歌或者讲笑话，使现场充满着活跃和欢乐的气氛。我们一直干到鸡叫，收工后，打扫洞外现场，把掉在洞外的散土打扫干净，把洞口隐蔽好，严防泄密，最后回宿舍休息睡觉，第二天晚上再接着干。连续挖了好多天完成了第一个洞。这个洞里面还套了两个洞，每个洞的面积约有2平方米，大家对劳动的成果感到非常高兴。

由于我们缺乏挖洞的技术和经验，工作进度还是比较慢。这一情况向组织上反映之后，聂司令员下令调来了工兵班常驻画报社担负这个任务。这些战士一个个身强力壮、负责心强、能吃苦耐劳，又有工兵挖坑道的技术经验。他们按照我们关于洞中套洞、再套洞并在各个入口处可以埋设地雷的要求，很快完成了一号洞的任务。这一带山地，土质坚硬，比较干燥，有利于器材坚壁，是比较理想的地方。接着他们又完成了二号洞、三号洞……

另外，我们还找到了埋藏大件机器的沙子地。这种沙子地埋东西以后只要把表面的沙子随便平整一下，经过风一吹或大太阳一晒，就会毫无痕迹，这也是埋藏东西较好的办法。这样我们就做好了战备工作，随时准备粉碎敌人向我们袭击的阴谋。

1943年4月19日深夜，我们正在点着汽灯加夜班赶印第三期《晋察冀画报》的时候，突然从南面跑反（逃难）的群众中传来消息说，平山等地敌人已经到达南面的东黄泥村等地，并正向我们所在的方向进逼。由于这是突然袭击，司令部、政治部等首脑单位都已转移，因此电话不通，情况不明，加上当时没有战斗部队在我们身边，无法阻击敌人前进。于是，我们根据民兵群众提供的敌情，当机立断，马上紧急动员全社职工停止工作，拆卸机器，按预定分工计划装箱、搬运，实行坚壁清野。同时向南面敌人方向，派出警戒，如发现敌情，以鸣枪三声为号，年老体弱的同志和女同志立即向安全地区转移。沙飞同志要坚持战斗岗位，但因他体弱有肺病，经劝阻他也就同意转移到安全地带去了。正在我社整理照片、文字稿件的总政治部的前线记者兼冀东军区政治部组织科科长雷烨同志，也同时先向北转移。经过几个小时高度紧张的战斗，重要的机器物资均已按计划坚壁完毕，正在守卫搬运零碎物品的时候，听到"三声"信号枪声，这时敌人轻装前锋部队已经到达我们村口的山沟里，从村口的山坡上可以清楚地看见沟里的敌人，东面山坡上向前推进的敌人也已超越了我们的村子。村子已被三面包围，我立即和全体坚持工作的青壮年向西北山沟突围，这时敌人用密集的机枪和步枪向我们扫射，真是弹如雨下。由于我们动作迅速，利用复杂的地形分散目标，除焦卓然、张正、李明等同志负轻伤外，其他同志都安全撤离转移到西山后面。

敌人完全扑了空，他们进村后到处搜查，结果是一无所获。我们在山上向他们打冷枪，扰乱敌人，敌人怕遭我主力部队反击，不敢久留，中午即离开村子北去了。

我们侦察清这股奔袭敌人的去向和附近的敌情之后，下午就返回曹家庄，第二天就迅速恢复各工作室，继续完成第三期画报的印刷工作，并于5月1日胜利出版。

在这次敌人奔袭中，最不幸的是战友雷烨同志。由于他对地形不熟悉，在向安全地区转移的过程中，他和通讯员与尾随敌人遭遇。他们顽强抵抗，在紧迫情况下与敌人短兵搏斗。他负重伤后，又将随身携带的最心爱的照相机、望远镜、自来水笔打碎，饮弹自尽，壮烈牺牲。

画报第三期刊登了雷烨同志的摄影作品49幅、诗1首和文章1篇，其中有《滦河晚渡》、《熊熊篝火》、《塞外宿营》、《回旋在万山丛中》、《山岗晚饮》等杰出的不朽之作。这些是他四年来战斗在冀热辽地区，历尽艰辛，费尽心血所写作、收集和保存下来的珍贵资料。为了悼念我们亲密的战友雷烨同志，全社召开了隆重的追悼会。冀东军区领导人之一李楚离同志也写了一篇悼念雷烨同志的文章在同期画报上发表。

类似上述情况是经常发生的，但敌人始终不能实现消灭我们画报社之阴谋，相反我们在战斗中越战越强，不断壮大起来。我们不仅在战争中学会了战争，而且使画报的出版工作更适应战争环境。我们自己研究制作了轻便的照相制版机和轻便胶版印刷机，用木头制作，只有几十斤重，拆装、转移、坚壁都非常方便。即使万一被敌人损坏了还可以马上再制作一架。这项发明创造曾得军区领导和边区政府的奖励。边区政府认为："铅皮制版和轻便印刷机对于抗战文化贡献实非浅显，特发给该社自然科学研究会奖金两千万，何重生发奖状以资鼓励。"奖状上印有"匠心创造、贡献抗战"八个大字。

后来兄弟解放区派人来晋察冀画报社学习，我们也曾派人出去支援其他兄弟解放区筹建和发展画报出版事业，使我们的新闻摄影和画报出版工作在战斗中发展，在战斗中前进。

1943年《晋察冀画报》第三期出版的时候，画报社已经发展成为一个有100多人的战斗集体。这个战斗集体，既要冒着生命危险用形象实录军民英勇战斗的实际，又担负着出版照片、画报和对外发稿等繁重的宣传任务。这个战斗集体的每一个成员都忘我地为了一个共同的目标而战斗。什么工作需要就干什么工作，哪里有战斗就到哪里去。真是生龙活虎，充满不怕苦、不怕累、不怕死的革命创业精神。记得1943年5月晋察冀画报社成立一周年时，又由章文龙和赵烈二同志谱写了一首纪念歌，歌词是：

劳动一年了，战斗一年了，
勇敢的同志流了血，
辛勤的同志流了汗。
我们兴奋啊！
来纪念第一个周年。
大伙儿聚集在一起，
互相亲密像兄弟，
新的来，旧的去，
一年来，我们变得坚强而有力。
摄影的奔走在前线，
编辑的挥动笔杆，
我制铜版，你晒铅皮，
刻字的短兵相接，
排字的日行万里，
摇大轮的身强力又壮，
装订的手艺多精细，
运输员爬山过水，
采购员奔东走西。
快快乐乐的工作，
紧紧张张的学习，
生产了大堆的文化粮食，
创造了很好的劳动工具。
一年下来数一数我们的战斗，
算一算我们的成绩；
用战斗的果实来纪念，真值得骄傲，
用劳动的果实来纪念，是最大的光荣，
是真正的胜利！

这首歌深刻形象地描绘了当时摄影工作者和画报出版工作者的战斗、工作和生活的生动景象，唱出了内心的自豪和欢乐的思想感情以及大无畏的革命创业精神。

太行桃李吐芬芳

在人民军队中，有新闻摄影记者这个职称正式列入部队编制从事摄影工作，大概是从1937年底，沙飞同志从太原到达晋察冀参加八路军以后才开始的。可以说沙飞同志是人民军队的第一个新闻摄影记者，也是晋察冀新闻摄影工作和画报出版工作的创始人。我们是1938年底从延安到达晋察冀边区后，被组织上分配从事新闻摄影记者工作的。开始，我到各地收集材料和采访时，组织上很照顾，给我配备了一匹马、一支手枪和照相机，带着军区开的一封通用介绍信。单枪匹马，从平山到阜平，经一、三分区的唐县、完县、易县、涞源，又到平西的涿县、房山、宛平直到北平近郊，确是驰骋纵横千里，踏遍万水千山。一路上遇到部队作战就参加战斗拍摄战斗场面，遇到战斗间隙就拍摄部队休整时的情形。如果在地方，就拍摄群众参军参战支援前线、参加抗战勤务、民主政权建设、文化教育等等。由于仅只一人东奔西跑，往往是顾了东顾不了西，很多重要题材错过时机而无法拍摄。为此，我和沙飞同志商议，都认为有必要加强和发展新闻摄影工作并向军区提出建立摄影网的建议，在各军分区、各团都设立专业摄影人员。最早是一、三分区派人到军区学习摄影。开始是采取个别带徒的办法，但很快就发现这个办法远远不能适应客观形势发展的需要。缘故是有很多重要材料无法拍摄收集，各军分区看了照片摄影展览会以后也认识到摄影是宣传教育工作的一个很重要的手段，因此纷纷要求军区派摄影人员去。

为了适应这种形势发展的需要，于1941年冬在军区政治部所在地陈家院开办了第一期新闻摄影训练班，由四个军分区和平西调来学员二十余人，其中有齐观山、申曙、俞舒、曲治令、李峰、马德林、吕东阁等。训练班开学后刚一个多月，冬季反“扫荡”就开始了，只好把这些学员分散到各军区活动。反“扫荡”结束之后，又重新集中学习。训练班由沙飞同志担任专业课的教员，讲摄影常识、摄影技术，学员队的队长是由指导员赵烈同志兼任；杨国治、张进学、杨振亚同志担任实习和暗室辅导工作；章文龙、赵启贤讲文艺理论和学习课。学习期间，学员不可能每人分到一台照相机，只得几个人合用一架。由于胶卷、相纸等器材来源困难，实习时也只能用很少量的胶片进行。同志们都互相帮助，苦练基本功，如找各种目标反复进行目测练习，以求目测距离准确。学习期快要结束时，我因外出刚返回军区。我也根据自己对新闻摄影工作的体会向大家讲了新闻摄影的重要性，新闻摄影的任务和作用，以及新闻摄影应该注意的几个问题等。

训练班结业后，学员们大部分回原派遣部队担任摄影工作。

继这一期训练班之后，在抗日战争结束以前，这样的训练班又办过两次。由于不断地培养摄影人员，各军分区的摄影股（组）都陆续建立并充实起来。

冀中的摄影工作，开始得也比较早、比较快。1939年冬，石少华同志随抗大三分校到晋察冀之后被调往冀中军区担任摄影工作。冀中不久也成立了摄影科，由石少华同志担任科长。他在抗大学习时搞过业余摄影，曾拍摄过不少有关抗大生活的照片。冀中由于军区司令员吕正操和政治委员程子华的重视，很快在1940年6月开办了第一期摄影训练班。这个班只有八九个学员，其中有流萤、宋贝珩、李棫等；由石少华同志担任队长和教员；主要课程有摄影常识、新闻摄影、暗室技术、照片上色等。此外还有政治课和文艺理论课，由外面请教员担任。由于学习期间遭到敌人多次包围袭击，因此这期学习班没有正式结业，紧接着又开办了第二期，孟庆彪同志又参加了这期训练班继续学习，流萤等同志分别回到各部队从事摄影工作。训练班还编写了一支名为“我是摄影工作者”的歌。

冀热辽地区于1944年夏成立了晋察冀画报社冀热辽分社，由我担任主任（社长）。1945年初改名为冀热辽画报社并开办了新闻摄影训练班。这个班有二十余人，班主任是张进学，教员有刘博芳、周郁文、安静等同志。学员中有张醒生、曹星华、李瑞峰、王纯德、刘庆瑞、郭春瑞、葛力群等；由我担任主课教员，讲授新闻摄影常识，中心意思是如何提高政治、艺术业务水平，做一个能够胜任新闻摄影的记者，完成新闻摄影反映现实、推动现实、形象地保留现实的历史使命。那时新闻照片虽远远比不上现在的电视、转真那么快速及时，但是由于摄影网的形成，改变了过去只有少数几个记者疲于奔命的状况，也改变了很多重要题材错过拍摄时机的局面。加之我们是统一集中领导，采用底片集中到军区保存并统一对外发稿的办法，因此把各地的新闻照片集中起来，比较全面系统地向国内外介绍，晋察冀抗日根据地的全貌，同时使画报的出版工作也有了比较丰富的照片稿件来源。

由于各地区都不断培训摄影专职人员，建立和充实部队的摄影组织，到抗战末期不仅在各军分区，而且各团、各支队（相当团的编制）都先后有了摄影员，逐渐发展成为一个摄影网。全区从事专业摄影的人员包括暗室工作人员在内，已经有100余人。这些同志虽然仅在训练班学习了一两个月，但和不学习大不一样。他们结业之后，回到各地在摄影工作的实践中继续学习，不断提高，很快就掌握了摄影业务技术。不少同志拍摄了很多珍贵的照片，成为新闻摄影战线上的骨干力量，有的还用“带徒弟”的办法又培养了许多新的人才。

晋察冀新闻摄影网的逐步形成，标志着中国人民革命的新闻摄影事业走上了一个有领导、有组织、有计划发展的新阶段。朝气蓬勃的革命拍摄队伍，在抗日战争的烈火中，锻炼和壮大起来了。他们以照相机为武器，记录了民族解放斗争的光辉史诗，他们像太行山上的桃李结出了累累的果实。在《晋察冀画报》的影响下，各解放区又相继出版了自己的画报，在党和人民军队的支持下，在人民革命战争的烽火中，一支人民的革命摄影队伍建立起来了。这支队伍后来成为中华人民共和国新闻摄影工作的骨干。

光辉诗篇留人间

晋察冀的新闻摄影工作，从开始那天起，就注意对底片的集中统一保管，而且采取了当时可能做到的防污、防潮和防失散的措施。这种做法，是和晋察冀新闻摄影工作的开拓者和先驱者——沙飞同志有密切关系的。

1938年底，我开始认识他的时候，就看到他从国统区带来的一些底片。这些底片是他在上海时拍摄的，其中有鲁迅先生生前和年轻木刻工作者谈话与鲁迅先生遗容、葬仪、墓地等珍贵照片的底片。他把这些底片用防潮蜡纸保存得很仔细，并且放在一个夹子里随身携带着。他这种重视底片和认真保存底片的精神和做法，对晋察冀军区的摄影底片的保管工作有良好的影响。

最早我们在平山蛟潭庄的时候，只有几百张底片，沙飞同志就提出要想方设法找到防潮纸，自己动手制作底片套，把底片装入套内，编好号码，最后用油布包起来，装在小盒子里，随身携带。不久军区成立了摄影科，后又成立了画报社，加上各军分区也先后建立了摄影组织，这样底片就越积越多。我们配备了专人冲洗底片、洗印放大照片和保管底片，尤其是对于底片的冲洗和保管要求更严格，尽管当时的条件很困难，但要求将底片冲洗后，必须用醋酸将碱性药物去净，没有醋酸就用食醋代替，再用清水反复漂洗干净，晾干后按照画面逐个剪断，择取合格的底片装入防潮蜡纸套内，然后由洗印的同志将技术上合乎要求的底片每张洗印两张小照片。一张贴在按照片时间前后顺序排列的照片本子上，另一张贴在按照片内容分类的相片本子上，再按顺序逐张编上号码以便于查找。以后凡是编辑画报挑选照片稿子、对外发稿或放大展览照片都可以在相片本上挑选，记下所需照片的号码交给负责洗印放大的同志加印放大照片，选片人不需要与底片接触。这样可以防止底片的污染和损坏。凡装入防潮蜡纸套内的底片，都按照号码次序整理好，由专门人员负责保管。在行军作战时，把所有的底片都用双层油布包裹起来，把它装入缴获敌人的牛皮背包内，外面再盖上油布。这样便能防雨防晒，或者万一在涉水时碰上水浸都不会影响底片的安全。装底片的牛皮背包在行军时指定专人背着，并明确规定“人在底片在”，把底片看得和人的生命同样重要。万一背底片的人出现意外时，事先已指定好另一个接替的人。同时规定背底片的同志，必须和社领导同志在一起行动。这样，时间长了，底片的重要性和随人携带的做法就成了众人皆知的一种规定。我们在任何情况下都没有坚壁过底片，也从未将底片装箱由驴子驮运过。照片的样本由于体积较大较重，只好装箱，行军时由牲口驮运，也从未坚壁过。

1943年冬季反“扫荡”时，沙飞同志带一部分同志在阜平马兰村一带打游击。一天在柏崖村宿营时，半夜里突然遭到敌人四面包围，在黑暗中突围时，画报社的人被敌人冲散，并有伤亡，指导员赵烈、技师何重生等八个同志就在这次突围中英勇牺牲。仓促突围时，有四个装了底片的黄牛皮背包由赵银德同志背了两个，由另一个同志背了两个，随沙飞同志一起突围。这个同志牺牲了，接着由沙飞同志自己背这两个背包。他和赵银德二人在枪林弹雨中历尽千辛万苦冲出重围。但由于沙飞同志在爬山过河时丢失了鞋子，光着脚走了十来里路，脚冻坏了，加上体力不佳，行动很困难。幸好路上遇到李明，这才将背包交给了李明背带，就这样把四个包的底片安全无损地保存下来。这一事实充分说明，画报社的同志们对底片是何等的珍惜！

晋察冀的新闻摄影工作者在抗日战争的年代里，他们的足迹几乎遍及华北各地。他们冒着生命危险（有的献出了自己的生命），用照相机形象而生动地记录了华北抗日战争的光辉史诗。这批从抗日战争培养锻炼出来的新闻摄影工作者，随着革命形势的发展和工作的需要，分别跟随部队南征北战。他们的足迹几乎遍及全国，他们和陕北及其他解放区的新闻摄影工作者并肩战斗，又共同记录了全国解放战争的光辉历史。

很多新闻摄影工作者在战争中付出了血与汗的代价，留下了千万张珍贵的摄影作品。这些作品是抗日战争和解放战争历史的最好的见证。现在这些保存下来的珍贵的形象文献资料都分别珍藏在新华社、解放军画报社、革命历史博物馆、军事博物馆之内。它们还收藏了延安其他解放区新闻摄影工作者和渔业摄影爱好者的作品。现在已经出版和将要出版的《革命战争年代摄影作品选》，《中国人民解放军历史资料图集》（已出版三册，还有三册正在编印中），“人民战争胜利万岁”影展，《老战士摄影》等，很多是选自上述文献资料。

这些反映人民战争光辉史诗的摄影作品，由于它是忠实地反映了那个时代中国人民的斗争和生活，很多作品都具有强烈的战斗性和浓厚的生活气息，其中不少作品具有高度的思想性、真实性和艺术水平。因此这些摄影作品不仅在当时对人民起到了巨大的宣传教育和鼓舞作用，而且在今天已经成为革命历史的珍贵文献，今后仍将对人民起着深刻的教育作用，这些光辉诗篇将永留人间！

附录：抗日战争时期冀热辽地区的新闻摄影和画报出版工作 罗光达

冀热辽地区的新闻摄影工作是从1939年八路军总政治部前线记者团记者雷烨同志到达冀东后开始的。雷烨同志虽担任文字新闻记者，但他爱好摄影，兼作新闻摄影工作。后来由于工作需要，领导先后调他担任组织科长和宣传科长，可他仍利用各种机会，拍摄了许多珍贵的新闻照片。1942年雷烨被选为晋察冀边区参议员，到北岳区参加参议会，他把多年来拍摄的冀中广大人民英勇斗争和日寇制造潘家峪大惨案等珍贵照片，带到了晋察冀军区。我们看到这些生动的照片，都感到极大的喜悦和振奋，立即作为主要内容编入第三期晋察冀画报。其中有《冀东区子弟兵》、《日寇烧杀潘家峪》、《从奴役下战斗起来的冀东人民》、《滦河晓渡》、《篝火》等49幅作品。正当雷烨在晋察冀画报社整理文字、图片材料的时候，画报在平山曹家庄遭到敌人突然袭击，雷烨不幸光荣牺牲。我们擦干了雷烨同志身上的血迹，掩埋了他的尸体，召开了隆重的追悼会，并在报刊上发表了李楚离等同志的悼念文章。由此，可以说雷烨是冀东新闻摄影工作的开拓者和先驱者。

1942年7月初，晋察冀画报社派遣了张进学、陈明才等前赴冀东。他们到冀东后，由于战斗极为频繁和残酷，照相材料极为困难，所以，他们一面以照相机为武器，尽可能集中拍摄冀东人民英勇斗争的照片；一面以战斗员身份参加战斗。如张进学先后担任连长、指战员，在热河王厂沟的战斗中，表现了高度顽强勇敢的战斗精神。他在这次战斗中身负重伤，生命垂危，他在尸体与血泊中幸存下来。他坚决执行命令和忘我的献身精神，受到了军分区领导的表扬。1943年晋察冀画报社又先后派齐观山、申曙、于舒、钱义等前往，以扩大冀东的摄影队伍，加强新闻摄影工作。

为了大力加强“国防最前线”的新闻摄影工作，使晋察冀画报源源不断地得到冀热辽地区的照片稿件，争取在敌人深远后方出版以照片为主的画报，经军区领导决定，特成立晋察冀画报社冀热分社，并任命我为分社主任（社长），经过一段时候的筹备，选择了10多位身强力壮的专业人才，其中有编辑兼摄影记者周郁文，照片制版技师刘博芳，石印技术人员董寿延、李志书、马小锁，石印缮写武耀强，装订技术人员张学琴等，出发前军区领导同志交待了任务，画报社全体同志在阜平洞子沟开了欢送会。

分社全体人员于1944年6月10日从洞子沟出发，由武装交通队护送，经一、三区，通过长城沿线的紫荆关、马水关和南口附近的平张铁路封锁线，7月下旬抵达冀东的遵化地区。冀东军分区领导对我们表示热烈欢迎，司令员兼政委李云昌向我们介绍了敌我形势和特点，要求我们适应冀东敌我战斗频繁的环境，既要利用战争间隙积极工作，又要注意保存和发展自己的力量，为日后挺进东北，收复失地做好思想上、组织上和物质上的准备，政治部主任李中权也向我们介绍了政治思想和文化工作方面的情况，并和我研究了具体组建画报分社的步骤和有关问题，表示要积极争取画报早日出版。

在筹备出版画报这段时间里，所有的摄影记者都分赴各地去采访，如派齐观山、张进学，申曙、钱义到长城外“无人区”敌人制造“人圈”的地区，随同小部队或地方工作人员，收集八路军挺进塞外，解放“人圈”，收复失地，以及热南、辽西人民积极参加抗日斗争的英勇事迹；周郁文、于舒等同志到丰滦迁、遵玉宝等地区，收集老根据地军民抗日斗争的材料；我则到北宁路以东、秦皇岛以南的昌滦地区，收集渤海军民坚持新解放区，保卫祖国的事迹和渔民、盐民的生活等材料。

1944年10月初，我从渤海之滨返回军分区所在地，参加军分区政治工作会议，在会上我作了加强新闻摄影工作的发言，军分区于10月20日向各团各区队发出了关于大力开展新闻摄影工作的电报。

关于画报社的工作地址，经军分区反复考虑和实地详细考察，最后确定选择蓟县的盘山地区。画报社社部在芦家峪村，新闻摄影训练队住在田家峪，我住在两个村子之间的东窝铺村；同时选择盘山后山上的四王塔、五盆沟等无人居住的荒山，各盖了几间泥草房，作为照相制版、印刷、装订工作间。编辑、记者、总务人员住在芦家峪，以上述地方为根据地，利用战斗间隙印刷出版画报。这个地方离蓟县、平谷、邦均等敌人据点7.5至10公里，所以，我们经常处于战备状态。

1945年，为了适应对敌斗争形势发展的需要，冀东军分区奉命改编了冀热辽军区，冀热画报分社也奉命相应改为冀热辽画报社，仍任命我为主任（社长）。

为了尽快培养新闻摄影人才，扩大新闻摄影队伍，开展全区的新闻摄影工作，经军区同意决定在盘山开办新闻摄影训练班，由军区电令各军分区从各团、各区队抽调政治素质好、有初中以上文化程度、身体健康、有培养前途的青年参加学习。该班于1945年1月在田家峪正式开学，由张进学任队长，赵坚兼指导员，林采讲新闻采访，安靖讲美术；刘博芳讲摄影技术，由我担任主课教员，教授新闻摄影常识。主要讲授：（1）新闻摄影的重要性；（2）新闻摄影的任务与功能；（3）新闻摄影不同于普通照相和唯美主义摄影；（4）新闻摄影与其他文化艺术的异同；（5）新闻摄影记者应具备的条件；（6）关于新闻摄影的几个问题等。主课的教学目的是要提高学员的政治、艺术、业务能力，毕业后能做一个合格的新闻摄影记者，完成反映现实、推动现实，有形保留历史真相的崇高使命。张进学、周郁文、白景生也兼做学员实习和暗室的辅导工作。尽管当时照相材料极为困难，但由于师生的共同努力，克服困难，终于顺利地完成了教学计划，达到了教学目的。学员有张醒生、曹兴华、李瑞峰、王春德、刘庆瑞、郭春瑞、葛力群、赵勇、刘正华、李儿岭等三十余人，他们毕业后即分别到各部队随军采访，后来都成为新中国新闻摄影战线的骨干力量。

根据学员的需求和客观形势的需要，把我的讲授提纲，整理成册，名为《新闻摄影常识》，由军区政治部正式石印出版，政治部主任李中权特为该书写了序言，他在序言中写道："新闻摄影工作，是我们作战中的一个重要武器……改进和推动新闻摄影工作具有非常重要的意义……加强我们的摄影工作，首先从组织上加强，其次从技术上加强，实为非常必要的事情……我希望我们的摄影工作者及新闻摄影爱好者，都很好地来研究这本书，从这里来提高我们的技术，使我们的新闻摄影工作大踏步地向前推进。"

这时，出版画报的物质条件，经地方党政机关和敌工部门的负责人叶田、李光辉等大力协助，从平、津和其他敌占城市购买到了部分照相制版和印刷材料，使我们逐渐具备了出版画报的条件。我们先试编了两期单张的冀热辽画报特刊和群众大会专号，试刊出版以后，受到广大群众和战士的热烈欢迎。紧接着我们又编辑出版了大型的《冀热辽画报》创刊号，这是继《晋察冀画报》之后，又一本以照片为主的大型画报，在"国防最前线"出版，各方人士称为创举和奇迹。这期画报刊登的照片有毛主席、朱总司令等领袖像；冀热辽子弟兵战绩辉煌；坚持塞外斗争，解放东北同胞的子弟兵；保卫祖国领海，冀热辽八路军海上游击队；600万从斗争中武装起来的人民；民主建设；新解放区动态等89幅照片。此外还有冀热辽敌我形势图之一、之二及文字、漫画作品。创刊号除发表专业摄影工作者的作品外，还发表了业余摄影爱好者王文、袁耐冬、周奋、杨思禄等人的作品多幅，这是动员业余摄影爱好者把照相机为抗战服务的一个良好的开端。

这期画报为16开本，共印刷了500份，分发到各连队、区、县政府及临近的兄弟解放区，并由武装交通队送一部分给晋察冀军区和请转延安和大后方。李云昌司令员对出版画报一直很重视，专为画报写了《屹立在敌后的冀热辽抗日根据地》的文章，并为画报题了词；在画报快出版时给我们的信上写道："你们八个月的努力已成功，我很高兴，继续努力发展吧！"

1945年8月15日，日本无条件投降，画报社全部摄影记者都随军参加攻打城镇，收复失地；工厂印刷部门全力投入印刷宣传品、布告、毛主席等领袖像，以密切配合新形势发展的迫切需要。这时，司令员兼政委李运昌、政治部主任李中权、参谋长彭寿生等先后送来急函、急电，要画报社印刷"边钞"以代替伪币；印刷军用地图，以供部队挺进东北的急需。由于形势发展的迅速，印边钞任务未能全部完成。

随着冀热辽部队奉命向辽宁、吉林挺进，画报社也奉命前往东北，我们留恋地离开了盘山，经山海关抵达东北沈阳，我们立即成立了敌伪制版印刷物资接收委员会。接收了所有的制版、印刷工厂，印刷了大量宣传品，出版了《冀热辽画报》专刊和《中苏友好画报》等。为了适应形势的发展，经东北局同意，改名为东北画报社，属东北局宣传部直接领导。至此，冀热辽画报社完成了它的光荣历史使命。

附录：解放战争时期东北的摄影和画报出版工作 罗光达

1945年8月初，冀热辽画报社在驻地蓟县、盘山、芦家峪一带，编辑第二期《冀热辽画报》，并突击赶印冀热地区的军用地图。这时候，陆续从电讯中得悉8月8日苏联对日宣战，9日毛主席发表《对日寇最后一战》的声明，10日延安八路军总部命令各路八路军向辽吉热察绥等省挺进。第二号命令中第四项命令："现驻河北、热河、辽宁边境的李运昌部即日向辽宁、吉林进发。"因此，冀热辽军区八路军除留一部分部队继续解放冀东各县和热河各地外，主力部队由司令员兼政委李运昌亲自率领，在攻克天险山海关后，即向辽宁、吉林方向挺进。这是中共中央和毛主席一再指出的，冀热辽抗日根据地是收复东北的前进基地，现在是实现这种崇高任务的时候了。

我们得悉日寇无条件投降的消息以后，根据中央的电话精神和军区的具体指示，立即将全部摄影记者派往前线，参加解放三河、玉田、蓟县、平谷、顺义、山海关、秦皇岛、兴隆、喜峰口等城镇要地的战役，拍摄战斗和扩大新解放区情景的照片。后方编辑、出版、印刷部门则大量编印延安总部和朱总司令发布的限令敌伪缴械投降的文稿，以及其他文字图画等宣传品，送往部队和地方党政机关，分发到边沿地区和敌占区，广泛张贴散发。全社同志情绪高涨，精神振奋，加班突击赶印。9月初收到第十六军分区司令员曾克林、政委马力给我送来一封信，并捎来军区政治部主任李中权给我的一份电报，他要画报社将画报和宣传品大量送往国外，以扩大宣传。并要画报社东移到遵化县殊峪一带工作，以便和军区取得密切联系。接着又接到了第三军分区司令员舒行、政委李子光转给我军区发来的电报，要我缓行，并告知博山（指李运昌司令员的代名）已进沈阳，要我们也准备前往沈阳。舒行、李子光他们的意思是待他们部队到热河、承德一带安置就绪后，再派部队来接我们去承德再转沈阳。这时画报社摄影记者张进学随我军于8月30日解放了山海关。9月1日解放了重要港口秦皇岛。他拍摄了解放"天下第一关"和我军向塞外挺进等雄伟场面的照片。他将所拍摄的胶卷带回盘山洗印，使我得悉从山海关至沈阳的铁路已可通车。因此我决定带张进学、葛力群、赵贵江等三人先赴沈阳，其他人员待工作告一段落后立即赴沈。

我即于9月26日从盘山步行到山海关，转乘火车赴沈阳，抵沈阳后，即会见了司令员兼政委李运昌，他面示我尽快积极筹备出版画报和大量印刷其他宣传品等有关事宜。为了尽快出版画报，首先要解决画报的制版、印刷问题。我征得了沈阳保安司令伍修权和沈阳市市长白希清、副市长焦若愚的同意，成立了"敌伪制版印刷物资接收委员会"，由我任主任，以防敌伪物资的流失和损坏，并立即查封、接收了沈阳市的大小印刷厂和大量照相制版株式会社，其中最大的一家是"东亚精版株式会社"，有大小照片制版机和胶版印刷机等设备，仓库里还有不少木造纸、药品、油墨等制版印刷材料，据说印刷制版的水平以那时来看也比较精良。因此，决定画报社社部暂放在"东亚精版"，在附近临时借用的房屋内办公。接管的工厂中，有一家大型的铅印厂。在东北日报社成立之后，交给了他们接管使用。不久，由于国民党反动派准备发动内战，往秦皇岛等地大量运兵。我军为自卫反击，李运昌又奉延安总部命令，移驻锦州、葫芦岛一带地区。这样我与军区联系工作较为困难与不便。因此经请示东北局彭真、陈云等领导同志，决定将画报社改由东北局宣传部直接领导，并改名为东北画报社，仍由我担任社长。

东北画报社诞生时，只有原冀热辽画报社的文字、美术编辑、摄影记者，技术人员等20人，力量极为有限。所以，我们一进沈阳，就动员并接受日伪的爱国人士、日本技术人员、社会知识青年参加我社工作，凡符合条件自愿参加者一律欢迎。我们一边扩大队伍，一边开展工作，曾先套印了彩色毛主席、朱总司令等中央领导同志的大幅照片和画像，各种传单、标语等宣传品，编辑出版了对开单张的《冀热辽画报》增刊，后改为《东北画报》增刊，还用中苏友好协会名义，出版了对开的《中苏友好画报》。同时，开始编辑八开本的《东北画报》创刊号，计划彩色胶印，在规模与印刷技术上，力争能达到战前我国大城市或当时日本画报的印刷水平。正当东北画报创刊号进行照相制版准备开始印刷的时候，苏军准备根据中苏条约，将沈阳、长春、哈尔滨等大城市移交给国民党，要求我军撤出上述城市，同时国民党蒋介石撕碎双十协定背信弃义，美蒋反动势力联合向我东北解放区大举进攻。我军根据党中央和毛主席的“让开大路，占领两厢，建立巩固的东北根据地”的指示，我主力部队撤离沈阳等北宁铁路沿线的大城市，画报社也随即撤离沈阳。

记得11月中旬的一天半夜里，接到东北局指示。要我社立即撤离沈阳，转移到本溪市，并限令次日中午前要全部撤离完毕。接到指示时，我们的实际情况是：第一，身边没有战斗部队掩护我们安全撤离沈阳。第二，手头没有交通工具能为我社运输器材物资。第三，撤离期限又十分紧迫。我们没有别的选择办法，只有全社人员立即紧急战斗动员起来，发扬敌后抗战时的那种战斗作风，在天亮前派我们警卫队的“沈阳兵”，分头到各大车店去动员雇用胶皮轮大车。直到上午9时左右，大车陆续动员雇来，到中午时约有一百辆左右。全社人员整整奋斗了一个上午，有的拆除机器、有的包装钉箱、有的搬运装车，大家团结一致，什么工作需要就干什么，把所有的车辆都装得满满的，有些机器无法拉走只好把主要部件拆下来带走，使敌人占领沈阳接收这些机械后也一时无法利用。下午2时左右，我们这个浩浩荡荡的大车队，在我们自己的警卫队实弹护送、随时准备战斗的情况下，向沈阳南面的苏家屯方向进发。这时市内枪声四起，救护车在街上急忙奔驰，那是国民党的所谓地下军，开始搜捕我未能撤离的零星工作人员，和进行其他的破坏活动。但我大队人马备战中镇静而安全地撤离了沈阳，大批物资器材也都安全无损，顺利地经苏家屯到达了本溪。

到本溪后，我们立即把工厂的机器安装起来，继续印刷在沈阳已经编辑制好版的《东北画报》创刊号。于12月初正式出版，创刊号的主要内容是庆祝苏联十月社会主义革命纪念特辑，其中有庆祝苏联十月革命节向无敌的英勇红军致敬等照片共23幅，沈阳市庆祝会的照片是赵进学、周郁文和我拍摄的，其他反映苏联的照片是由苏军提供的；同时还发表了“冀热辽八路军反攻大进军的伟大胜利”的照片12幅，解放山海关等照片是由张进学等人拍摄的。封面：苏军阵亡将士烈士碑揭幕是我拍摄的。封底解放“天下第一关”是张进学拍摄的。此外还有介绍“延安木刻展览会”的木刻12幅，其中有江丰作的《冰天雪地中奋斗的东北义勇军》，古元作的《给炊事员祝寿》、《牛》，胡一川作的《雪地行军》，沃渣作的《抗战总动员》、《从敌人手里夺来的》，彦涵作的《八路军来了》、《肉搏》、《老百姓救护八路军》，力群作的《木筏》，安林作的《上山》，刘迅作的《文化鼓郎下乡》，除照片木刻外，还有戏剧、诗歌等文艺作品五篇。从篇幅内容看，《东北画报》仍保持了《晋察冀画报》和《冀热辽画报》为战争服务，为人民服务的方针，同时也保持了以照片为主，适当地发表一定比例的美术和文艺作品，具有综合性刊物的特点。

这时，朱丹从延安来东北调画报社工作，任命为副社长。由于战局的发展，我们又派人到南满的鞍山、大连等地收集照相制版材料和印刷机器，以充实印刷设备。不久，我们又冒着敌机的轰炸，从同化转移到哈尔滨，后到佳木斯。起初社部和工厂都住在佳木斯郊区，晚上乡下有土匪活动并经常到郊区附近捣乱，远近常有枪声，所以我社的警卫队和工作人员，一直处于紧急战斗状态，以防意外。之后剿匪工作有进展，治安情况日渐好转，在哈尔滨南面阻止了国民党的向北进犯。接着，我军三下江南和四保临江，取得了重大战果。因此东北局也移往哈尔滨，我们为了向东北局请示与联系工作上的方便，决定将社部和编辑部迁往哈尔滨。工厂这时已发展到一百多人，由刘博芳任厂长，他们仍留在佳木斯，坚持出版印刷工作。原冀热辽画报社的摄影记者张进学、齐观山、张醒山、王纯德、刘庆瑞、李瑞峰、申曙、于舒、曹兴华、郭春瑞、李九龄等同志先后到达东北，他们大都到前线去拍摄战斗材料。有时个别同志也在后方深入农村，收集土地改革或其他群众运动的材料。原在延安后到晋察冀画报社任摄影科副科长的郑景康，也经山东转来东北，在西北战地服务团搞摄影的陈正青等同志也都调到东北画报社工作，加强了摄影队伍的力量。美术工作者沃渣、王曼硕、古元、张仃、安林、施展、苏晖、赵域、刘迅等同志也从延安调到东北，在其他解放区从事美术工作的洪藏、丁达明、黄山定、夏风、黄铸夫等同志到东北后也都先后调到东北画报社工作。这样大大扩大了东北画报社的美术创作队伍，成为东北美术工作者的大本营。因此当时的东北画报社除了出版以照片为主的八开综合性画报外，还出版了四开的《东北画报》增刊、照片和绘画并茂的四开的《东北画刊》、《东北漫画》专号、《今年解放后第二个“九一八”专号》等号外，还出版了《木刻选集》、《李有才板话》、《王贵与李香香》、《小二黑结婚》连环画册等，又陆续创作出版了大批群众喜闻乐见的翻身新年画。

东北局宣传部凯丰部长对画报社的工作极为重视，从开始建社，就经常听取我们汇报，了解情况并及时给我们具体指示，要求《东北画报》适应战争形势发展的需要，坚持为战争服务，面向战地，面向战士和农村。按照这个精神，《东北画报》从1947年3月第五期起，改为16开本，发行量增加到四五万份。画报发到部队的排，并在各班传阅，使所有战士都能看到画报。画报送到部队后，有的部队把画报作为奖品发给战士，战士们也把能得到画报当做一件光荣的事，有的部队在订立功计划时，把“打个漂亮仗，争取上画报”作为战斗号召。可见画报对部队起到了很大的鼓舞作用和教育作用。为了保证画报社的用纸问题，东北局宣传部要求延边造纸厂，把画报社的用纸列入生产计划，不足部分或当时不能造的优质木造纸由外贸部门列入计划，以保证供应画报和其他刊物、丛书、年画等读物的需用。彭真、陈云、罗荣桓和政治部的周恒、萧向荣等领导同志，对画报出版工作也都很重视和关心，军区政治部对派遣随军记者培训部队摄影人员，制定画报的编辑发行计划，都给予大力支持和指导，甚至为了加强画报与部队的密切联系，政治部特在画报社召集了一次野战军各纵队及独立兵种的宣传部长会议，专门讨论加强部队摄影工作和改进画报的编辑发行工作。这对画报社贯彻画报为战争服务、为士兵服务的方针，起了极为良好的作用，使画报出版更密切地配合重大政治任务和军队的政治思想工作。

为了加强部队的摄影工作，扩大东北画报社照片稿件来源，必须尽快建立部队系统的摄影网。因此，四野政治部从各纵队和独立兵团，抽调有一定文化水平、政治思想进步、爱好文艺、摄影、有培养前途的青年干部，送东北画报社摄影训练班受训。从1948年4月开始，接连办了两期，共70余人。从训练班毕业后，学员基本上都分配回原部队担任摄影工作，如梁枫、王云阶、钱嗣杰、陶天治、任树云、臧德宽、李基禄、吕相友等同志，都是这两期训练班毕业的。此外有些美术工作者也先后学会了摄影，掌握了摄影技巧，结合他们的美术素养，也都兼做摄影记者工作，如安靖、施展、安林、苏晖、黄山定等也在前线或后方拍摄了不少作品。同时发动摄影业余爱好者李松涛等和东影的电影新闻摄影师钱筱章、吴本立、徐肖冰、张绍柯、杨荫萱、郝风格等为画报社特约摄影记者，还给他们提供胶片、洗印、放大等条件，使画报能不断收到专业摄影和业余摄影爱好者送来的稿件。

画报社还开办了两期美术训练班，培训了一批青年美术创作干部和编辑人才。

东北画报社还继承了老解放区举行巡回展览的优良传统，举行了许多次摄影展览、美术绘画展览、木刻展览、年画展览等。这些展览，观众都非常踊跃，起到了很好的宣传教育作用，收到了很好的效果。

由于摄影网的普遍建立，所有纵队和独立兵种都配备了摄影记者。摄影工作者和战士们一起，一边坚持摄影，一边参加战斗，有的甚至参加攻坚战和巷战，因此所有东北解放战争的重大战役和重要战斗，都留下了形象记录，如齐观山拍摄了《自卫反击大进军》、《俘虏》、《多消灭蒋军，多缴获武器》、《解放公主岭》、《解放沈阳秩序迅速恢复》，郭春瑞拍摄的《渡过松花江奔向怀德》、《自卫战大胜利》、《前线战士生活》、《战斗模范》等，葛力群拍摄的《运输大队长蒋介石送来的美国》、《88师的覆灭》、《一切为了前线，一切为了胜利》、《解放开原》等，张绍滨拍摄的《攻克义县战役》等14幅，王纯德拍摄的《攻克锦州》、《锦州攻坚战》等34幅、《前方军民》、《攻克彰武》14幅，安靖、徐肖冰拍摄的《长春解放前后》，安靖拍摄的《呈子街歼灭战》、《解放美国俘虏》，刘庆瑞拍摄的《沈阳战役》、《三下江南反击获胜》、《收复昌图》、钱嗣杰拍摄的《八十八师放下武器，官兵在松花江北岸集合》，《王牌军的崩溃》，张醒生拍摄的《威震吉林》13幅、《公主屯大捷》17幅，齐观山、安林、张醒生、王纯德拍摄的《四平攻坚战》16幅，王纯德、苏晖、张醒生拍摄的《秋季攻势伟大战役》37幅，东影和画报社记者联合拍摄的《零下四十度》、《沈阳外围作战》10幅，《收复吉林》9幅，齐观山、刘庆瑞、王纯德拍摄的《辽沈战役》20幅等等。

上述作品，都是先后在《东北画报》上发表的一部分稿件，同时还拍摄了后方支前、劳军、参军、参展、优抗、土改、分田、反霸、锄奸、生产建设等重大的政治活动照片，其中不少幅都及时刊登在东北画报上。

为了形象地记录东北军民英勇解放东北的光辉史诗，我们的摄影记者和特约摄影记者和战士们生活在一起，战斗在一起。在硝烟弥漫战火纷飞中冲锋陷阵，抓紧时间创作出战斗性很强、生活气息很浓的形象作品，他们把自己的生命完全置之度外；有的在战场上英勇牺牲了。如革命先烈王振东同志，不幸在开元前线光荣牺牲；郭春瑞在解放锦州的战斗中，正在拍抓俘虏时，被暗藏的蒋匪军用刺刀刺穿右腹，抢救无效，英勇牺牲了；第八纵队摄影记者任树云同志随大军参加锦州战役时不幸殉职；东影新闻摄影师兼东北画报特约记者张绍柯、杨荫萱在锦州义县战役中英勇牺牲。上述同志的光荣牺牲，体现了战时摄影工作者在前线勇敢顽强，不怕牺牲困苦不怕流血牺牲的精神，他们将永远激励着后继新闻摄影工作者奋勇向前。他们所拍摄的许多优秀作品曾经起到了很大的宣传教育作用，现在已成为珍贵的形象的革命文献资料，将永留人间。

东北画报社从1945年12月到1949年3月解放全东北前，共出版了46期《东北画报》和大量增刊、特刊、专号、版画、漫画、年画等。东北全境解放后，又迁返沈阳继续出版画报及其他书刊，除留一小部分记者继续在东北拍摄东北人民建设新东北外，大部分摄影记者都随东北大军南下入关，参加平津战役。美术工作者创作了十种大型招贴画，工厂突击赶印了40万份，随军队挺进带到关内。平津解放时，在街头很快看到了这些宣传画。接着东北画报社的摄影记者又随大军继续南下，和其他解放区的摄影工作者并肩战斗，参加"打到南京去，解放全中国"的战斗！

郑景康

摄影能『抓住动态』

摄影能『抓住动态』
摄影能『抓住动态』
摄影能『抓住动态』
摄影能『抓住动态』
摄影能『抓住动态』
摄影能『抓住动态』
摄影能『抓住动态』

一定要在“实事”（人或物）里“求是”（自然必然的经常运动），而不能主观自以为“是”，把人物的个性、特征、神态、习惯按摄影者的主观认为而加以矫揉做作，而把它改造。

——郑景康

摄影能“抓住动态”

口述人：卫元理（摄影史学者，郑景康学生） 章梅（郑景康学生） 陈勃（郑景康同事）
袁毅平（郑景康同事） ／ 采访人：尹晓菲 修桂芳 孙慧 高初 ／ 撰稿人：高初 尹晓菲
时间、地点：2010年4月至7月分别于北京马连道卫元理家中、北京黄亭子新华社干休所、北京安贞西里袁毅平家中

郑景康，广东中山人，郑观应之子，是20世纪中国最著名的摄影大师之一。1904年生，曾就读于上海美术专科学校，课余兼习摄影。1929年成为专业摄影工作者。1930年在香港开设景康摄影室，擅摄人像，兼拍风光、人民生活及新闻照片。1934年在北平（今北京）举办个人摄影作品展览，是中国较早举办个人影展的摄影家。抗日战争爆发后，从香港到武汉，任国民政府国际宣传处摄影室主任，拍摄了大量有关抗日救亡活动和揭露侵华日军暴行的照片，曾赴台儿庄战役前线作摄影报道。1940年底赴延安，在八路军总政治部宣传部等单位工作，拍摄了大量反映党中央和边区军民革命斗争、生产建设的珍贵照片。1942年起，在延安开办摄影训练班，培养了大批革命的摄影工作者。同年，作为摄影界代表参加了延安文艺座谈会，在会上发表了关于开展抗日民主根据地摄影工作等重要意见，举办个人摄影展览。1945年加入中国共产党。解放战争时期，先后在《晋察冀画报》、《山东画报》、《东北画报》担任摄影记者和报社领导工作。中华人民共和国成立后，历任中央人民政府新闻总署新闻摄影局研究室主任、新华通讯社人像室主任、摄影部研究员、中国摄影学会常务理事等职。1978年病逝。他为毛泽东、周恩来、朱德、叶剑英、齐白石、华罗庚、吴运铎等国家领导人、艺术家、科学家和英雄模范人物拍摄的肖像，形神兼备，具有很高的艺术价值，是中国摄影艺术的珍品。所拍照片，用光、构图等十分考究，是中国摄影事业中现实主义与浪漫主义相结合的典范。

◀毛泽东标准像。1944年

“他对摄影这种洋玩意儿感兴趣”

记者：郑景康的父亲郑观应是清末的维新思想家，郑景康在和您交往的时候有没有提到他的家庭？

卫元理：郑景康是全国知名的摄影家，新中国成立后长期在新华社摄影部工作，任研究室研究员。他很随和，亲切，乐于提携后进。在研究室，他喜欢与我们年轻人交谈，但很少提到他的过去。有一天，他主动找到高风同志和我，就他的经历、摄影历程，专门作了一次长谈。就是在这次谈话中，他提到他的父亲是郑观应，我听到后非常吃惊。

郑观应是清末著名的维新派思想家，积极倡导改良，实行实业救国，是资产阶级改良主义的代表性人物。清朝末年，社会腐败，列强入侵，国家民族的命运处于风雨飘摇之中。如何才能富国强兵，走民族振兴之路？郑观应提出了一整套主张，这些都体现在他的著作《盛世危言》中。这本书在思想界产生了很大的影响。毛泽东在陕北同美国记者斯诺的谈话中，提到他年轻时就曾受到这本书的影响。但是另一方面，郑观应是一个大买办，是一个爱国的民族资本家。他办工厂、办实业，发展工商业，做出了很大贡献。在澳门，郑观应有很多房地产，可称首富。郑景康就出身于这样一个显赫的大家族中。

郑景康的母亲叫何德贞，是郑观应的六姨太，很能干。郑景康出生时，郑观应已62岁，是郑最小的儿子，甚受疼爱。家庭富足，从小锦衣玉食。郑景康就是在这样一个优越的家庭环境中长大的。

记者：郑景康在青年时代，起初在一个商业学校就读，这个选择是否跟他的家庭背景或是他父亲的意愿有关呢？

卫元理：对。他中学毕业了，家里想让他走从商之路。这么大的家族和家业，总要考虑继承人的问题，比如说工矿、商业等。但是，郑景康对这些不感兴趣，他跟我说他就是爱玩，什么新奇的东西他都去摸。照相也是，他对摄影这种洋玩意儿感兴趣，照相机居然可以拍出人影来，这在以前是没有过的。

郑景康生于1904年，在上海长大。小学和中学时期，对那些被称为舶来品的洋玩意儿感兴趣，他的父母不干涉。中学毕业后，他进入商业学校，那是父母对他的期望。郑观应死得早，1921年便去世了，那时郑景康还在上学，约十六七岁。

记者：郑景康后来从商业学校转入了当时的上海美术专门学校，这是他自己的意愿吗？

卫元理：那是他自己的意愿。他跟我讲，他对从商根本不感兴趣。他跟老一辈不一样，不想去创家业挣更多的财富，他想完全凭自己的兴趣去做事。家里让他进商业学校，最初他没办法，只能去读。但读了一两年他不愿意了，自己就去考上海美术专门学校。

他进上海美专是1922年。上海美专创办于1912年，是刘海粟创办的，当时名称是上海美术专门学校，1930年改名为上海美术专科学校。建校之初仅有绘画一科，专攻西洋画，后改名为西洋画科。1919年成立董事会，聘请蔡元培等名流。同时增加四个画科，为中国画科、西洋画科、工艺图案科、劳作科，另设两个师范科。郑景康进入西洋画科学习，同学有潘思同等。潘后来成为著名油画家，新中国成立后为浙江美院教授。当时学摄影没有专门的学校，但他学绘画相当于通向摄影的一座桥梁。

记者：郑景康有没有跟您提到过他最早接触摄影是在什么时候，他最初对摄影的印象是什么？

卫元理：他小的时候就有接触，以前他主要是好奇，因为年轻，也好玩儿这个：那个东西一下就能拍出人影了，风景马上能够留下来了。他开始完全是从兴趣出发，还谈不到摄影的目的或者社会作用。

摄影跟着剧团演出走

记者：郑景康从上海美专出来后，经历了哪些工作？

卫元理：郑景康离开上海美专是在1924年末，尚未毕业。遵照母亲的意愿，进入上海新新百货公司工作。新新百货公司当时是上海有名的大公司。他在那里主要是当售货员，后来参与布置柜台、画广告宣传。时间不长，第二年就离开了，去了上海物品证券交易所，任经纪助理员。这些商业和金融工作的锻炼，都是他母亲所希望的。与摄影没有什么联系。

1929年夏季，他进入上海柯达公司，任职员。因为喜爱摄影，他常去柯达服务社，买胶卷等物品和冲洗，混熟了，人家看他喜爱这行，也初具一些常识，乐于吸收这样的人才，他便辞去新新百货公司的工作，加入柯达公司。最初是售货员之类的工作，当售货员他能接触到很多摄影器材，了解其性能。这段时间里，他慢慢熟悉了柯达公司，也慢慢掌握了摄影业务的基本知识，这为他日后的摄影创作打下了基础。

记者：郑景康离开柯达公司后南下香港，他为什么会选择香港这个地方呢？

卫元理：郑景康去香港是因为柯达公司。柯达在香港有分公司，在内地也有业务。香港当时处于英国的殖民统治下，外国人较多，他会英语的一般会话，业务能力也比较强，所以派他到香港去了。

1930年春到了香港以后，他这个人也有他的脾气，比较倔强。很快他就不愿意在柯达公司干了，他觉得那是寄人篱下，就想跳出来独立做摄影工作，因此他开设了景康摄影室，开始主要是做冲洗放大的工作，后来兼拍人像。在香港期间，摄影器材比内地多，信息比较发达，交流机会也较多。他观摩摄影沙龙，接触到更多外国摄影年鉴和和画报画刊，开阔了视野。这对他提高艺术修养和摄影水平无疑是有帮助的。

记者：郑景康在香港的景康摄影室算是挺顺利的，那么他为什么在1932年的时候又选择返回内地呢？

卫元理：这里面的原因他当时没有谈。我估计他在香港发展得也不算很好，因为要在这个圈子出名，不是一件容易的事。同时，他喜欢乱跑，到处闯荡，接触生活，香港地域狭窄，弹丸之地，有些憋闷。因此，他想家了，1932年初回到内地。

记者：在1932年的时候郑景康返回了内地，这时他是不是已经小有名气了？我看到有材料提到他去给田汉的话剧《复活》拍剧照。

卫元理：他回到上海以后，也是以摄影为职业，为上海的一些剧团、演员拍照片。他喜欢拍人像嘛，所以跟那些人都很熟。他还参加了唐槐秋注主持的中国旅行剧团，剧团到处演出，他就拍剧照、搞宣传。他还参加了田汉主持的中国舞台协会的演出。因此，他跟话剧演员、电影演员都很熟，跟文艺界尤其是戏剧界很熟。那几年，他基本上就是从上海、北平，再到南京，跟着剧团演出。

记者：1934年郑景康在北平举办了个人影展，反响如何？

注唐槐秋（1898—1954），湖南湘乡人，原名震球，中国戏剧活动家、演员、导演。早年赴法国学习航空机械。1925年回国，参加南国社及广东戏剧研究所。1933年组织中国旅行剧团，演出中外名剧，对推动演剧职业化，提高话剧演出艺术水平有较大贡献。新中国成立后担任中国戏曲研究院导演。

京汉铁路河南省某站——“国破家亡，流离失所”。1938年

花园口决堤后的灾区——待赈。1938年

注 刘宝全（1869—1942），河北深县人。京韵大鼓演员，刘派京韵大鼓创始人。

注 齐白石（1864—1957），湖南湘潭人，著名国画家。

注 陈三立（1859—1937），字伯严，号散原，江西义宁（今修水县义宁镇桃里竹椴）人。湖南巡抚陈宝箴之子，国学大师、历史学家陈寅恪之父，另一子陈衡恪为画家。陈三立为近代诗文名家，同光体赣派代表人物，被誉为中国最后一位传统诗人。陈三立与谭嗣同、丁惠康、吴保初合称维新四公子，但戊戌变法后，甚少插手政治，自谓“神州袖手人”。

卫元理：他到北平以后，除了剧照，还拍了北平的一些名人、民俗和花卉风光，他拍摄的题材很广泛。20世纪30年代的《良友》画报曾刊出了他的摄影专辑。

那个时候，鼓王刘宝全注在曲艺界是很有名的，郑景康拍过他的照片。此外还有画家齐白石注、张大千、诗人陈三立注等人的照片等等。陈三立，号散原，是陈寅恪之父，古诗写得很好，很有名气。郑景康也拍了很多反映社会和民俗的照片，比如北京的天桥，那时很热闹，是艺人卖艺的地方，他常去拍。还有春节期间的白云观等。

花园口决堤后的灾区——纤夫1938年

当时的画家、摄影家都想让自己的作品跟公众见面。但你举办展览有几个条件：一个是你要有一定的水平，你的东西拿出来人家看到说“哎！不错”，受到称赞，不能是招来骂声一片；另外一个你还要有点钱，主要用来租展览场地。

当时北平晨报有个记者叫冯华熙，广东人，对郑景康很欣赏，在他的鼓励下，郑景康把在北平拍的照片挑选了一下，在位于王府井地区的仁立公司租了一个场地办了个人摄影展。他这个展览照片不多，100余幅，大受欢迎，在报纸上登了消息。

这是郑景康第一次办影展，在摄影发展史上有里程碑的意义。影展时他弄个意见本放在注卫元理《漫记郑景康》："首次影展的成功，使郑景康深受鼓舞，1935年4月，由他发起，联合北平摄影界人士共同举办了《北平联合影展》。这次影展，参加作者18人，展出作品238幅。其中郑景康作品达一百余幅，占联合影展的半数。规模更加扩大，题材内容丰富多彩，轰动一时。"

注廖冰兄（1915–2006），原名东生，祖籍广西象州县，生于广州。著名漫画家，曾任美协广东分会副主席，连续当选中国美术家协会理事。

注王先生、小陈：叶浅予创作的长篇漫画《王先生》、《小陈留京外史》中的人物。

边上，那个意见本他后来给我看过，他一直保存着，那上面就是参观影展的人写下的一些称赞的话。北平艺术界的许多知名人士都去参观过他的这个摄影展，在当时很有影响。

记者：1935年的时候有了第二个影展，这次是一个联合影展。谈谈当时的情况？

卫元理：第一次影展以后，第二年还举办了一个联合影展。在北平的不少摄影界朋友也都参与。展出作品最多的还是郑景康，受到好评最多的也是他。这从当年报纸的报道中可以查得到。注

记者：解放前，郑景康出版过影集吗？

卫元理：没有。当时照片的出路，一个是通过画刊、画报发表；还有一个就是通过影展出售，但这种情况很少。当时上海和北平的画报发达一些，广州也有一些。但上海最繁荣，画报比较多。其中《良友》画报印刷精美，影响较大。当时的摄影作品得以保存流传，多赖以印刷和出版画册。郑景康在摄影界闯出名气之后，引起了一个人的注意，就是舒新城。舒新城是中华书局的编辑所所长，喜爱摄影，早年出版过《美术照相习作集》、《美的西湖》两本影集。他跟郑景康讲，你那些作品不错，你把它编一编整理一下，我愿意为你出一本画册，用"珂罗版印刷"。郑景康当时是很高兴的，也很愿意出版。但是他那一段时间生活动荡，居无定所，无暇整理，这件事情就耽搁了。1937年抗战爆发，形势发生了变化，这本画册最终没有编成。郑景康对此也很惋惜。他说20世纪30年代拍的一些照片，有很多反映当时的社会现实和底层人民的生活，这些照片都没能保存下来，随后散失了。

带着相机上前线

记者：抗战爆发时郑景康在什么地方？

卫元理：那时他还在香港。1936年他重到香港，又恢复了景康摄影室，主要拍摄人像。

1937年抗战爆发，全国人民热血沸腾，奔赴抗日前线。香港那时候是后方，他觉得他应该回内地参加抗日战争，便关闭了景康摄影室。他的朋友为他饯行，给他题词鼓励，那些题词郑景康给我看过，都记在一个小本上。

1938年春天，他从香港回来，与漫画家廖冰兄注同行。他回来的时候，北平、上海都已经沦陷了，他们就去武汉，加入了叶浅予主持的漫画宣传队。叶浅予从前在上海画漫画，是著名的漫画家，他笔下的市井人物王先生、小陈注，是社会人生的写照，极富讽刺意味。郑景康不算漫画宣传队的，但他们那段时间都在一起。

那个时候国民政府的国际宣传处在摄影方面缺人才，漫画家宣传队就推荐郑景康去做。而他自己也要工作，也要挣钱吃饭，因此就去了。

记者：郑景康在国民政府国际宣传处工作期间拍摄了哪些作品？他在国统区有什么见闻和感受吗？

卫元理：他在国际宣传处，处长是曾虚白，上级领导人为董显光。在抗日战争时期，国际宣传处作为国民政府的国际宣传的机构，任务就是对外宣传并接待外国记者。国际宣传处的外宣内容分文字和摄影两部分，有文字材料的介绍；另外就是图片，用摄影向外发布中国军民抗日的情况。

他告诉我，当时摄影室初建，他是主任，其实就他一个人，后来才增加了一个人。他在国际宣传处的时候，太平洋战争还没有爆发，亚洲主要是中国跟日本之间的战争，在欧洲主要是希特勒对其他国家的战争。那个时候中国尽量地扩大抗日战争的宣传，争取国际支持，

希望能获得其他国家在经济、军事各方面对中国抗战的援助。所以他接待了一些去前线拍照的欧美记者，郑景康也跟他们一起去拍照、去采访。郑景康能感觉到，国民党把欧美记者当成老爷，而对自己的采访活动却很多限制，所以他很气愤。他后来离开就是因为他觉得限制太多，拍不到真正有意义的照片，即使上前线也拍不到好照片。

所以他在武汉也没待多长，武汉失守以后，国民政府迁到重庆，他也随国际宣传处转移到了重庆。不久他辞职离开了国际宣传处。

后来我看到有一篇文章，刊登在2003年6月27日的《作家文摘》（文尾注明摘自5月30日《文学报》）上，内容是介绍当年延安文艺座谈会召开情况的。里面提到郑景康，原文如下："毛泽东走到郑景康跟前时，没等周扬介绍，郑景康激动得站起来自我介绍：'我是照相的，叫郑景康。'周扬还是补充介绍道：'这是从重庆来的摄影师，曾给蒋介石照过相。'毛泽东很礼貌地与他握手致意。"这段文字看似生动，但严重失实，不是那么一回事。蒋介石是国民党的"总裁"，又任"主席"，抗日战争爆发后，他又担任军事委员会"委员长"。那时根本没有"总统"的称呼。

抗日战争胜利后，内战已经打起来了，1948年4月蒋在连吃败仗，日暮途穷之时，仍召开"行宪国大"，才当上了总统。南京始有总统府。重庆为战时陪都，当时一般称蒋为"委员长"，没有"总统"一说。周扬当时对这些情况应该是清楚的，不会说出这类有违常识的话来。这只能是作者杜撰的。而且，郑景康隶属总政宣传部，不是鲁艺系统的人，周扬对郑历史也不一定了解，要由他来介绍吗？何况郑的直接领导人、总政宣传部长萧向荣也参加了座谈会。

郑景康跟我简单谈过，他参加延安文艺座谈会的情况。毛主席进场后大家站起来欢迎，毛主席与大家一一握手，到郑景康跟前问他名字，是干什么的。他说我叫郑景康，是照相的。他讲，我不说搞摄影工作，而说照相的，很通俗，并不丢人。由于他身材魁梧、高大，很引人注目，毛泽东专注地看了看他，微笑着点了点头。

到革命最需要的地方去

记者：郑景康在这个时候是怎么与共产党接触的？他的思想是如何转变，奔赴延安的？

卫元理：在重庆时，郑景康脱离了国际宣传处，生活困难，没有钱了，生活来源断了呀！他做过小吃摊，暂时维持生计。他住在中电公司注，电影场里他有朋友，所以他就暂住那里。这段时间他思想非常苦闷，没有工作，生活艰难，茫茫然有走投无路之感。

这时，他接触到了一些进步的艺术家。这里边有一个对他影响很大的人，就是电影演员温容。温容去过延安，跟郑景康介绍延安的情况，说延安抗日活动热火朝天，那边才是真正的抗日。听到这样的介绍，郑景康慢慢心动了。由此他就想去延安。延安不是你想去就能去的，需要八路军驻各地办事处的介绍。而且这个时候（1940年）去已经较晚了。1938年的时候国民党对延安的封锁还不严，后来去的人太多了，国民党就在去延安的路途上特别是从西安去延安那一带设关卡。当时不少去延安的青年学生，由于没有经验，途中被国民党抓走了。

郑景康是通过八路军驻渝办事处介绍的。那时候延安的摄影人才比较缺乏，尤其欢迎有名望的摄影家。办事处的徐冰、张颖都与郑景康谈过话，主要是由徐冰谈话，通过考察，把他介绍给周恩来谈了一次话，这些都是很隐蔽的。叶剑英当时也在办事处，他们都见过面。

注 中电公司：中央电影摄影场，当时位于重庆的电影制片厂。

日机轰炸后的汉阳鹦鹉洲——妈妈。1938年

毛泽东。1940年

注 郑景康自传："……我是在1940年12月离开重庆，由重庆坐商车经成都到宝鸡，由宝鸡搭火车到西安，到西安刚好是1941年元旦，董必武同志在西安办公处。我在西安住了大约十天，搭汽车到延安。对我来说，到延安是在我的生活和工作中展开了新的一页，也是我生活中的转折点。到延安并不是说我对共产党有了真正的认识，而只是因为延安能使我得到适合的工作，使我对抗战贡献出我的力量。但是和共产党接触以后，从接触到周恩来同志，我相信我是找到了真正的道路。革命的敌人是千方百计地蒙蔽群众，以便他们不能接触真理来维持他们的统治，我便是无数人当中的一个……"

注 萧向荣（1910—1976），抗日战争时期任八路军115师宣传部部长、中央军委总政治部宣传部部长兼《八路军军政杂志》主编、陕甘宁晋绥联防军宣传部部长。

周恩来跟他谈话之后就决定介绍他去延安。在办事处的安排下，郑景康秘密地离开重庆，人们都不知道郑景康上哪儿去了。他在西安八路军办事处住下等车。我方工作人员回延安的时候把他带回延安。注

郑景康到延安的时间是1941年1月，时年36岁。组织上对他很重视，享受专家待遇。当时伙食上分小灶、大灶，他吃小灶。当时有特长的技术人员吃小灶，而一般人吃大灶。分配工作时，萧向荣注那里需要会摄影的人，就把郑景康调到总政宣传部当摄影记者。他在2月份去的。

他到延安后，情绪很高，首先是办学习班、培训、指导，把培养人才的工作开展起来。

马术表演。1940年

当时延安搞摄影的专业人才很少，相机是稀罕物，胶卷也缺少。

1942年他参加了延安文艺座谈会，听了毛主席的讲话，还举办了一次个人影展，《解放日报》发了一条消息。有一天晚上，毛主席去看了他的影展。郑景康跟我谈过这件事。他说，那个晚上他不在。当时在场的有张仃和艾青，（展地为作家俱乐部）第二天他们告诉我，说昨天晚上主席来看过了。郑景康感到很高兴。问及主席谈了些什么话时，他们说主席印象最深的是他的摄影能"抓住动态"。

郑景康喜欢拍人物，特别是自然状态下的人物活动和表情、神态，揭示其性格特征，照片生动活泼，给人留下深刻印象。主席那句话他记得清清楚楚。新中国成立以后有时候他谈及主席对他的照片的评价能"抓住动态"，他深受鼓舞，印象很深。

在这一段时间，他把培训班的讲稿整理出来，这就是后来出版的《摄影初步》的那些内容。康生还帮助进行过修改。

1944年，他参加了美军观察组的接待工作。当时美军观察组到延安，同时还有一些外国记者访问延安，要抽调一些同志接待，接待工作由叶剑英负责，郑景康跟叶剑英很熟，都是广东老乡。郑景康懂英语，一般的会话没有问题。叶剑英指名把他调来搞接待工作，也包括摄影的活动。接待美军观察组的时候，他拍了很多照片。当时拍照很少署名，洗出来都上交给组织。他那时拍的很多照片被到处用，但因为没署名，也不知道是谁拍的。新中国成立后，这些照片用得较乱，编辑者也不了解情况，署名不准确，出现了张冠李戴的现象。

记者：郑景康在延安拍摄了毛主席的第一张标准像，就是开国大典时城楼上挂的那张。这张照片是在什么时候拍的？

卫元理：是1944年拍的，有人写成1945年，那不对。照片的原底我在郑景康那里见过，他拿给我看，照片上毛主席和朱瑞两个人坐在一条长凳上，在室外，似在和人谈话。

毛主席的神态很好，他后来做了剪裁。把毛主席肖像从胸部以上剪裁放大出来，效果很好。照片的原底很小，比徕卡片大，比120胶片小，放大后在质量上层次、色调都不错，要做到这点是不容易的，这就看出了功力，这也是真正的摄影家跟一般摄影爱好者有区别的地

毛泽东在延安高级技术干部季会上讲话。1942年

方。这些照片他自己冲洗，自己放大。

记者：在您写的文章中间还提到照片《花好月圆》，这里有什么故事吗？

卫元理：《花好月圆》照片上的两个主人公，就是田野注和他的夫人。田野原名叫田英魁，是20世纪30年代北京大学的学生，摄影爱好者，是北京大学摄影小组的成员。常拍照给报刊投稿，所以他那个时候跟郑景康认识。后来抗战爆发，田英魁去了延安，分配在总政治部宣传部工作，具体任务是给《八路军军政杂志》当编辑。他到延安后，就改名叫田野。后来没想到郑景康也到延安来了，老相识啊，他挺高兴的。

他们都在总政宣传部，住的窑洞也很近，经常来往。1942年9月，田英魁要结婚了。郑景康就拍了《花好月圆》作为贺礼。他们是十月结婚的。那张照片他们一直很珍视，保存到现在。革命战争时期，拍这种东西被认为是小资产阶级情调，有人会批判你，说你怎么拍那些花前月下，卿卿我我的东西？所以说，郑景康当时很大胆，冲破禁区，是很难得的。这是一幅很有人情味的、富有抒情色彩和美感的作品，在郑景康的作品中算是很另类的，他也从没把它看成是艺术作品，只是一幅送给朋友的结婚纪念照，一时兴起的游戏之作。新中国成立以后，郑景康也从来不提。注

注田野：原名田英魁，摄影家，直隶束鹿（今河北辛集）人。1934年后曾主持北京大学摄影学会的活动。1936年毕业于北京大学中文系。1938年入延安抗大学习，同年加入中国共产党。后任《八路军军政杂志》、《战士课本》、延安新华通讯社编辑，《冀热辽日报》副总编辑，前进报社社长兼总编辑。新中国成立后，历任《解放军画报》总编辑，国家科委副局长，中国摄影家协会第一、二届理事。

注卫元理在《郑景康在延安》中提到郑景康的一幅与众不同的照片。这就是1942年9月拍摄的《花好月圆》。它的题材不是革命和生产，而是含着柔情蜜意的结婚纪念照。画面上，夜色苍茫，一对革命青年并肩而立，站在山坡上，深情地眺望着祖国的美丽河山；天空一轮皎洁的圆月，清辉如水，映照这对新人，似在为他们祝福。摄影家别出心裁，构思巧妙，把革命和爱情和谐地结合在一起，散发出特殊的艺术魅力。

编筐。1940年

延安，打谷场上。1943年

延安，丰收。1943年

运南瓜。1940年

延安女干部在纺线。1942年

炼铁水。1940年

他就是一个老艺术家的形象

注郑景康自传："1945年冬我申请入党，讨论时是在总政宣传部和组织部合并的小组。介绍人是赵安博、李鉴、章良三同志，候补期一年。"

记者：解放战争时期郑景康去了各地战场，在战地摄影记者中算是地方去得最多的一位。请谈谈当时的情况。

卫元理：抗战胜利以后，由于形势发展，我党派出大批干部去东北。郑景康也在这个时候派出去了。这一年11月他解决了入党问题。延安时期他曾多次提出入党，但他在国民党的国际宣传处待了一段时间，这对他有一定的影响。到最后要离开延安时，组织上考虑到他在延安表现得不错，同意发展他入党注。由于历史较复杂，介绍人为三个人。

1945年11月9日，郑景康随胡耀邦率领的先行小组离开延安，12月9日到达张家口。他们原来打算是去东北的，但这时由于沈阳已被国民党军队占领，我军主动撤离长春，去东北的交通被阻，于是郑景康滞留下来，暂时分配到已迁移至张家口的晋察冀画报社工作，担任摄影科副科长。晋察冀画报社主任沙飞、副主任石少华，与郑景康同是广东老乡，虽然过去没有见过面，但彼此仰慕已久，这次一见如故，十分亲热，合作起来非常愉快。

在张家口期间，郑景康的工作是十分繁忙的。他的主要工作在画报社，但由于懂英语的缘故，还在军调部第五执行小组兼作英语翻译(当时英语人才奇缺)。他每天早出晚归，不辞劳苦，在张家口市采访，拍摄了大量的新闻照片，内容包括工厂、学校的生产和学习活动，铁路工人的生活，审判敌伪大汉奸，军调部执行小组的视察，以及抗敌剧社的演出活动等。这些照片大多曾在《晋察冀画报》及各种专辑中刊出。1945年12月，晋察冀画报社编印了一本《毛主席近影集》画册，16开本，铜版纸印刷，内收毛泽东照片12幅。郑景康积极提供了自己在延安拍摄的毛主席照片，其他照片的作者和提供者有吴印咸、徐肖冰和钱筱璋等。

郑景康对画报社的青年人非常关心爱护，在工作之余经常对他们进行业务辅导，讲解摄影常识，谈自己在用光、构图和抓拍中的经验与体会。1942年春他在延安写了一本名为《摄

伪蒙疆自治政府司法部长文画君受审。1945年

郑景康的两幅作品。

影初步》的小册子，是他为指导训练班而编撰的摄影教材，他就用来做讲义，每天早起为画报社的小青年顾棣等三人讲课。后来只剩下顾棣一人了，他仍坚持不懈，前后一个多月才讲完。最后，还送了一本打印稿给顾棣留作纪念。这份油印的打字稿本被顾棣珍藏至今，经历了半个多世纪的风霜，已成为珍贵的历史文物了。

1946年4月，山东军区来函，要求支援摄影干部。他被派到山东，在山东画报社工作，参加采访，并办摄影训练班，培养学生。

1947年9月，他在威海卫接到通知，渡海去大连，终于到了东北。后来到了哈尔滨，他留在东北画报社工作，参加采访，办训练班，带徒弟，培养摄影干部。

1949年4月，郑景康离开东北画报社，以四野政治部宣传部摄影记者的身份，跟随四野大军入关南下。5月，武汉三镇解放。在此期间，他拍摄了南下行军、沿途群众热烈欢迎、武汉江面上国民党军炮舰起义等历史镜头。11月，他还拍摄了武汉市民热烈欢送二野大军进军大西南的历史照片。在武汉，野政宣传部开始筹办《前线画报》，宣传科长那狄具体主持并任社长。郑景康参加了筹建工作。初期画报社人手紧张，郑景康既搞采访，又搞编辑工作，并进入暗房冲洗和放大。最初两期《前线画报》的照片，几乎全是他放大的。有时他还参加版面设计工作。不久成立了中南文联，参与者都是文艺界人士，郑景康在中南文联负责开展摄影工作。中华人民共和国成立的时候他没有在北京。新中国成立后，政府部门成立了中央人民政府新闻总署，新闻总署下面的单位，有新华社、广播事业局、国际新闻局和新闻摄影局等。注

新闻摄影局是国家统一发布新闻图片和管理摄影事业的部门，急需干部，要全国各方面的摄影力量来参加，而郑景康是党内知名的摄影专家，所以当时就调他进北京。新闻摄影局有个摄影研究室，他就任研究室主任、朱丹注是秘书长、石少华是副秘书长。新闻摄影局局长是由萨空了兼任，他是新闻总署副署长。摄影这方面的工作是石少华负责领导，朱丹是负责画报那一块，还有一位副秘书长邵宇，负责美术那一块。

“他对我们就像对自己的孩子一样”

记者：郑景康到新华社工作后，做了哪些工作？

毛泽东与李敦白。1940年

毛泽东与朱德等。1940年

朱总司令和延安中央保育院的孩子们。1940年

毛泽东主席、朱德总司令等和参加延安文艺座谈会的代表们合影。1942年

锯木拉板。1940年

延安鲁迅艺术文学院合唱队。1940年

献礼，延安 1943年

延安鲁迅艺术文学院王大化、李波（女）在延安的广场上为群众演出秧歌剧《兄妹开荒》。1943年

毛泽东（中）和朱德（左）在王震（右）陪同下于延安检阅整装待发的359旅南下支队。1944年

毛泽东在延安迎接赫尔利、张治中。1945年

邓小平（左一）、刘伯承将军（左二）途经汉口与第四野战军首长合影。1949年

在武汉附近江面上起义的国民党军炮艇，以及炮艇上的人员。1949年

在武汉附近江面上起义的国民党军炮艇。1949年

卫元理： 1952年新闻摄影局撤销了，合并到新华社成立为摄影部，石少华是摄影部主任。新闻摄影局下属的几个部门，如新闻摄影处、研究室、制作车间等，研究室的一批摄影专家，包括郑景康、张印泉、魏南昌等都过来了。

新华社新闻摄影部是1952年4月1日正式成立的，郑景康到新华社摄影部后，根据他的特长和形势的需要，摄影部在王府井大街设立了一个人像摄影室，由郑景康主持，前后时间约4年，拍摄了大量领导人、社会各界名流、演员和劳动模范等人物的肖像照片，为历史留下了宝贵的资料。1953年2月至3月，他在位于王府井大街的帅府园美术馆举办了个人摄影艺术展览，展出作品60幅。这是新中国成立后首次出现的个人展览，由中国摄影学会主办，深受好评。1958年起，他与张家骅注一起，辗转全国各地举办训练班，为各地培训摄影人才，时间约3年，可以说桃李满天下。这些学员后来大部分成为摄影事业的主力军和业务骨干。另外，他在中国摄影学会还兼任创作辅导部主任，经常到处讲课，辅导群众的摄影创作活动，还担任两届全国影展的评委，这些都为促进我国摄影事业的发展做出了重要贡献。

我1959年大学毕业分配到新华社摄影部，主要就是办摄影学习班。培训班主要讲摄影基础知识，讲课的人包括摄影部的石少华和陈昌谦。技术课由郑景康来讲。郑景康是摄影部的专家。他个子高大，而广东人一般都是比较瘦小的。当时摄影部研究室，像张家骅、卢学志注都是新中国成立后，大学毕业分到新华社摄影部研究室，作为接班人培养起来的。1960年的时候正是困难时期，所以杂志都下马了，我们那批人有的就被分到研究室搞理论研究。当时研究室没有理论研究，只是技术研究，技术研究的专家就是张印泉、郑景康。当时摄影部在业务工作中存在一系列问题，首先就是思想、意识上的问题，比如说对新闻摄影的真实性怎么看。我们去了研究室以后，工作内容就集中在理论这一部分。

记者：您对他存放底片的那个铁箱子有没有印象？

卫元理：印象很模糊了，我看过他保存原始小片的小本，有好几册，那是很粗糙的纸，那时候也没有什么好纸。小片他都贴在上面保存下来了。经过战争的风霜，那些照片和纸张都发黄了。

记者：据说林彪事发之后，郑景康因为给林彪拍照被批斗得很苦。

卫元理：我不清楚，在“文革”之前，他们很熟的，林彪从苏联回到延安的时候，郑景康有些东西还存在重庆，是林彪给他带回延安的。我不知道他为林彪拍照被批斗过。我们同在摄影部，这件事没有亲眼见过，也没听说过。但他为林彪拍过照片是有的。

记者：我听说他因为为林彪拍过照挨批斗后，自己不敢再保存这些照片了， 1972年夏天的一个下午，他带着平日里保存底片的那只铁箱子，装着他所有的底片、照相本，带到阳台上都烧掉了。

卫元理： 这件事我不清楚。

记者：郑克鲁注和朱碧恒夫妇后来讲给我听的。他们一起住在家里照顾郑景康。朱碧恒答应郑景康帮他烧，两个人一起把底片丢在火盆子里烧掉了。郑克鲁一直说不让他们烧，但他被锁在了阳台外面。

卫元理：林彪事件后，他保留有林彪的照片，心里有压力、怕被造反派趁机找麻烦，将底片毁去，这是可能的。郑景康长期一个人生活，没有子女，晚年是孤独的，也可以说是凄苦的。虽有克鲁夫妇的照顾，但他们工作很忙，在家时间也少，性格、兴趣也不同，因而他

注张家骅，中国老摄影家协会常务副主席，中日友好协会理事，北京电影学院名誉教授。浙江省人，高级编辑，享受国务院发给政府特殊津贴。1953年复旦大学毕业后，先后在新华社摄影部、中国图片社、人民画报社工作，曾任记者、采编室副主任、研究室主任、总经理兼党委书记、社长兼总编辑等职。

注卢学志，中国老摄影家协会副主席，著名摄影家。

注郑克鲁（1939— ），郑景康的侄孙，广东中山人，生于澳门。上海师范大学教授。

齐白石。20世纪50年代

备感寂寞，常常一个人在外面漂泊，到处走，黄昏时才回家。1974年，郑景康搬到社对面新落成的宿舍楼，朱碧恒是新华社的干部，他们住在一起，便于照顾。我也分到新居，就在紧邻的一栋楼里，相互很近。傍晚下班时就常遇到郑景康一人蹒跚归来。看到他年迈而孤凄的身影，我心里很不是味儿。后来他瘫痪在床，但头脑是清醒的，我常常去看他。老人常爱回忆过去，毛主席那张标准像原底小片就是那时拿给我看的。他还托我给他买了一本刚出版的《革命战争摄影作品选集》画册。他仍关心现实状况，不时提出些问题，发表自己的看法。粉碎"四人帮"后，他充满希望，对自己的病情也很乐观，期望病愈后在摄影事业还有所作为，但病魔没有给他机会，病情恶化，他话也说不清了，于1978年8月离世。新华社开了追悼会，时任副总理的王震同志和新华社、中国摄影家协会的负责人出席了追悼会，对他的一生作了高度评价。如果他九泉下有知，也会感到欣慰的。

顾棣谈郑景康在晋察冀的经历

顾棣：当时张家口只有两三辆公共汽车，交通很不方便，虽有人力车，但革命干部谁也不去坐的，他又不会骑自行车，外出采访全靠步行，有的采访点距画报社很远，他身体高大肥胖，行动不太灵便，但他早出晚归，不辞劳苦，总是圆满完成任务。他在张家口期间，重点拍摄了铁路工人的生活，工厂，学校的生产、学习活动，抗敌剧社演出的剧照，审判敌伪大汉奸和军事执行调停组到各地视察的重要新闻。所用的胶卷，一部分是在画报社领取的，一部分是他自己花钱买的，拍摄的底片，一部分交给画报社，一部分自己保存，他留在晋察冀画报社的底片已编入资料的约110张，是经我手整理的。

陈勃[注]谈郑景康在晋察冀与华东的经历

陈勃：我跟他认识还挺早，1946年他从延安到东北，路过晋察冀时在张家口停下来，大概因为东北方面过不去，他就留在张家口了，大概是住在晋察冀画报社。1945年下半年日本投降了，有一天单位发给我一个缴获的相机。我挺有兴趣，拿这个相机就开始学摄影，当时我们单位还有一个姓孙的年轻人，跟我年龄差不多，我们两个可高兴了。我记得一开始不知道从哪儿弄一个胶卷，就开始拍照。这个照片应该有多大光圈，应该用什么速度，距离多少，我们两个都商量好以后这才一个人按一张。照完以后就拿到《晋察冀画报》那儿冲洗，印一个小片挺高兴。

到了1946年4月份晋察冀工会想要出一本工人的图片画刊，16开的，二三十页。延安《解放日报》过来的一个搞美术的姓杨的同志负责编这个东西。当时收集的现场照片不多，怎么办？自己拍，我也参加拍。后来听说有个郑景康，就把他请过来，到1946年5月1日就出了《晋察冀“五一”工人画刊》。

记者：他当时为这本刊物拍了一些照片。

陈勃：对，后来他就离开晋察冀到东北去了。我1948年5月去东北参加在哈尔滨召开的第六次全国劳动大会，我跟晋察冀工人代表团参加那个会。我们从山东坐船到大连，从大连到朝鲜，再从北海道绕到图们江、牡丹江最后到哈尔滨这么一个路线去的。在大连停了几天，有一天我到大连一个卖照相器材的店里面去，看到有一个客人戴了一个礼帽穿了一件长衫，仔细一看是郑景康。我说你怎么在这儿？他说在山东待了一段时间才去的东北。

记者：您这次见到他，他穿一件长衫戴一顶那种英式的礼帽？

陈勃：对，那种礼帽。我一进这个店觉得这个人很特别，但是当时在大连戴这种礼帽算很普通了。

我们再见面，就是筹备成立摄影协会的时候，当时在北京王府井12号开会，一个两层的小楼，楼下空着；楼上就是郑景康的人像摄影室，我们开筹备会就在楼上，在他那儿开。所以就慢慢熟悉起来了。协会成立以后也没地方去，他就把楼下让给协会做办公室。所以我们有好长一段时间就在他那个地方的楼下办公。我每天骑着自行车跑到东城区房管所要办公地点。房子要到了，协会搬到无量大人胡同，郑景康每个星期到这边来开常务理事会，见面还

[注]陈勃，摄影家。直隶（今河北）阜平人。1942年加入中国共产党。曾任晋察冀边区《工人日报》、《石家庄日报》摄影记者。1948年参加第六次全国劳动大会。后任中国工人画刊社副社长。新中国成立后，历任中国摄影家协会副秘书长，《中国摄影》杂志副主编、主编，中国图片公司经理，中国摄影家协会第一、二届常务理事和第四届副主席。作品《金鱼》、《妙不可言》曾分别获国际摄影展览银牌奖和铜牌奖。著有《简明摄影知识》。

注 华君武（1915－2010），祖籍江苏无锡荡口，出生于浙江杭州，中国著名漫画家。1938年到达延安，在延安期间，华君武从事抗日宣传并为《解放日报》画时事漫画。1940年4月加入中国共产党，1949年12月起，华君武历任《人民日报》美术组组长、《人民文学》美术顾问。1961年起，华君武开始在《光明日报》的《东风》副刊上发表“人民内部讽刺漫画”；后因此在“文革”期间受到批斗。1979年，华君武当选中国美术家协会副主席等职务，曾任全国人民代表大会代表，全国政协委员。2010年6月13日上午9时因病在北京逝世，享年95岁。

是很多。郑景康在我的眼里就是一个老艺术家的形象。

记者：是不是和那个时候那些老画家，那种劲儿还挺像的？

陈勃：对。我印象里他和张仃、华君武注这些老画家都很熟悉，经常在一起聚一聚聊一聊。摄影界离他很远，就是说他有那么一种比较超脱的感觉。

记者：1957年郑景康出版了摄影集，是不是因为康生讲话惹了麻烦？他做了检查？

陈勃：我们也莫名其妙也不知道，光知道康生批了郑景康。没有说戴什么帽子，但那次把郑景康批了一顿。之后郑景康就不像以前那么活跃了。总而言之郑景康跟美术界那些老人交往多一些。

章梅谈郑景康在新中国成立后的经历

章梅：我1953年从上海复旦大学新闻系毕业后分配到新华社摄影部。那时候摄影部大概是想培养一批大学生摄影记者，所以就给我们这十几个人开了一个摄影训练班，请张印泉、魏南昌和郑景康来讲课，教大家摄影技术、照相机原理和暗房制作，学了大约三个月。我毕业以后就分配到人像摄影室，跟着郑景康。那个时候摄影室成立不久，主要是拍一些社会名流，没有什么定额的发稿任务。我去的时候郑景康已经拍了新凤霞、华罗庚、吴本立等人。而我基本上就是和他一步一步学习：学拍人像，也学暗房制作。那时候摄影记者们拍完照片大多拿到车间让师傅们冲洗，但是郑景康要求我们所有的照片都是自己拍、自己冲洗、自己放大制作，他就把暗房工艺手把手地教给我们。

郑景康的社会经历比较丰富，在美术界、戏剧界的老朋友很多，经常通过自己的关系请来一些艺术家，比如像齐白石就是他请来拍照的。拍照的时候主要是他拍，我在旁边帮他布光，他会讲光怎么样用、怎么样打。后来我也开始拍，有时候我拍几张，然后他再拍几张，等冲洗出来后就跟我讲解。就是这样一步步学，放大的时候怎么遮挡，怎么剪裁都是他手把手教。到1958年的时候我下放到农村劳动，摄影室也基本上搬到摄影部去了。后来我曾经回到摄影部和他短暂地工作过一段时间，那时候他的精力已经放在搞摄影训练班上了。

他对我们就像对自己的孩子一样，我们那时候年轻，什么也不知道，和他从日常生活到工作学习都在一起，他什么事情都带着我们。在摄影室的时候，我们除了拍人像以外，也去拍剧照。那时候没有现在这个条件，我们从王府井扛着三脚架、背着相机，走到剧场，有时会从下午一直拍照到第二天早上。他那时候也有五十多岁了，跟着我们一样扛着相机、背着三脚架在半夜里走回宿舍。他从不摆架子，很照顾我们。我有一两次做暗房把他拍的片子冲坏了，他从来没有说过一句。我打碎了暗房里的玻璃瓶子，他也从来没为此责备我。他这个人非常大度，我跟郑景康不但是学技术，也是学做人。他从不和人勾心斗角或是计较个人名利，他就是勤勤恳恳地做事情，一点也不怕吃苦。

袁毅平谈郑景康新中国成立后的经历

袁毅平：在“文革”期间，有人说康生对郑景康1957年出版的画册有意见，写了一篇文章批评他，郑景康为此被批斗，很多人写文章也提到过这件事情。

其实康生批判的是画册，不是郑景康。他主要是批评那个编辑没有把照片明确地分开编排，解放前的和解放后的照片混在一起编。康生讲“这样的编辑看不出两个社会来”。康生后来怎么样我们不管他，在1957年这个时候来讲，也没有江青，也没有四人帮，康生也不是反对郑景康。康生作为这个时期主管文化方面的领导，他是在批评编辑的业务水平；他最后还说了一下“我的书是郑景康自己送给我的”。“文革”中间这个事情被扭曲了，说郑景康被康生批判了。我当时也不敢讲这个事，因为我也是“文革”中的被批对象，没法跑出来帮郑景康说话。这件事情要恢复历史的本来面貌。这是一个误解，康生就是批评那个编辑。这封信的复印件我还保留着。

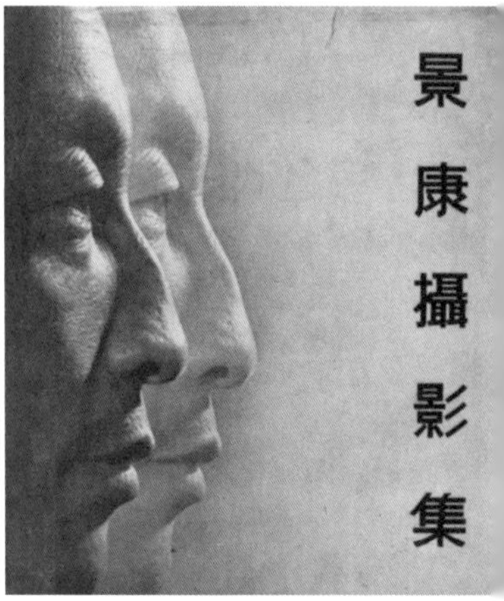

《景康摄影集》的封面。

王府井。20世纪50年代

送粪。20世纪50年代

《同甘共苦》剧照。20世纪50年代

天坛。20世纪50年代

天皇殿。20世纪50年代

写生。20世纪50年代

斜阳。20世纪50年代

北京的少年先锋队员们参加五一国际劳动节的游行。前面中间是即将前往天安门城楼向毛主席献花的两名北京市少年先锋队队员。1954年

国庆日在天安门观礼台上的印度、缅甸及印尼华侨回国观光团。1955年

金山。1960年

吴运铎。20世纪50年代

韩雪野。1956年

方成。20世纪50年代

郭沫若。1955年

苏尔科夫。20世纪50年代

萧三。20世纪50年代

欧阳予倩。20世纪50年代

林伯渠。20世纪50年代

张正宇。20世纪50年代

吴玉章。20世纪50年代

华罗庚。1954年

梅兰芳。20世纪50年代

冯乃超。20世纪50年代

倪贻德。20世纪50年代

王光如。20世纪50年代

孙维世。1960年

红线女。1956年

陈娟美。20世纪50年代

新凤霞。20世纪50年代

丹尼。20世纪50年代

刘美卿。20世纪50年代

张云溪。20世纪50年代

于蓝。20世纪50年代

塔吉古勒。20世纪50年代

附录：郑景康年表

1904年　生于广东香山（今中山市）。

1930年　在香港开办“景康摄影室”，从事人像摄影。

1938年　任国民政府军事委员会政治部国际宣传处摄影室主任。

1940年　赴延安，任八路军总政治部宣传部摄影师。

1942年　在延安开办摄影训练班，培养了大批的革命摄影工作者。同年，作为摄影界代表参加了延安文艺座谈会，在会上发表了关于开展抗日民主根据地摄影工作等重要意见。

1945年　加入中国共产党。调往张家口，任晋察冀画报社副科长。

1946年　前往山东，支援山东画报社工作。

1948年　任《东北画报》摄影部主任。

1949年　随四野政治部南下，后调中南文联。

1950年　任新闻摄影局研究室主任。

1952年　任新华通讯社人像室主任，并主持王府井大街上设立的一个人像摄影室，4年间拍摄了大量领导人、社会各界名流、演员和劳动模范等人物的肖像照片。

1958年　与张家骅一起，在全国各地举办训练班，为各地培训摄影干部。

1978年　在北京逝世。

附录：郑景康论摄影

外国人从照片上（大多是他们所拍的）看到的中国人，都是缠足女人，留着豚毛辫子的懦弱书生，容貌憔悴的女工，苦容满面生气毫无的劳动者，不文明的服装，无趣味的生活等等。我们应该负有竭力做点宣传中国美丽的使命，我们要把中国的名胜从美感的镜头上，骄豪地表现出来，我们要把中国历史上色泽犹新的建筑古迹、古物及富有东方美的风景，以美妙的章法宣扬出来，我们要把中国的诚朴可风的民俗，在欢悦中拍摄成相片，我们更要把中国一切如西人今日早已注意到的象征派戏剧，民间的巧妙的手艺，留影在相片上，以散布到欧美人士的脑海中，纠正他们往日的错误印象。

1934年12月18日《北平晨报》：《在时代上的需要从学影谈到宣传》

我们的领导有沾沾自喜的思想，摊子铺得越大越好，现在窝工的现象严重，我就是多少年没什么事做。淡季旺季，不能怪记者，因为即使记者主动拍的也不一定发稿。不发也不能怪编辑。我们所发的稿都不是记者所拍的最好的，记者有“私房”。有些不看所需要的我们恰好没发为何不彻底发挥记者的作用？不用说老记者，这次训练班来的新记者就说：我想拍活生生的，但为了完成任务就不能如此。框框和清规戒律不是编辑搞出来的。什么是好图片，什么是新闻，人云亦云，思想不明确，不能说领导不懂业务，但不够钻研业务，不很精通。今天在四面楚歌（发出去的照片没有被报纸采用）之时，这都是拼命和急于使用没有培养的结果。

1957年在中组部座谈会上的发言

目前，客观要求和摄影工作之间有矛盾。我们的现状和国际水平差很远，群众也不希望老看公式化的东西。这一切说明我们的摄影是有市场的，但是在摄影创作上是有障碍的，清规戒律使摄影家感到苦闷。由于现在的摄影记者不是职业化的，因此摄影家不能把自己认为最好的作品拿出来，而和群众见面的是送审后发了稿的东西，老一套的东西。

（摄影）学会应当帮助大家放手的创作，他们的作品可以给群众去鉴定，好的东西永远站得住脚。

（摄影）学会应该是个群众性组织，要让群众自己当家做主。对于发展新会员，不要关门太死，否则让一些人可望不可及，感到有了家（学会）反而无家可归，是不好的。

同样的，繁荣创作也要走群众路线，应当有行动，薛子江和齐观山的新作品为什么不可以展出一下呢？

某些出版部门对摄影作品的稿费一次一次地打折扣，把摄影作品当成货物去“折旧”，这是不公平的。

1957年在摄影学会座谈会上的发言

摄影是一门年轻的艺术，现在社会上对摄影是否可算艺术的争论还没有完全解决，这是急待澄清的。社会上对摄影工作者也还不尊重，一般摄影记者常常被叫做"照相的"。清规戒律也特别多，摄影器材也特别贵，这都是摄影艺术繁荣发展的阻碍。

1957年5月26日《人民日报》

以上摘自《郑景康在鸣放期间发表的言论和给组织的信》

摄影的构图总的来说是画面的结构和组织工作。它不能在作者心中有一定的规格和布局，然后将人物按照自己的意图来处理。摄影的构图首先是从现实生活中通过观察分析、找出能切合实际，突出主题，通过画面结构来反映主题思想，通过画面的艺术加工，使表现的题材鲜明生动来吸引观众和感动观众。

在构图中，我们要求做到准确、鲜明、生动。准确是从客观存在的现实为根据，用适当的形式把它表达出来。新闻摄影最大的特点是纪实性，纪实不是见什么就拍什么，也不是冷淡，刻板的记录现实，更不是根据自己的主观想象来改变和歪曲现实。纪实应该是把那些已经被自己所理解和肯定的事实确定构图和集中突出其主要的东西来表达思想内容的本质。作者如果自己思想上不明确，对事物没有认识和感情，就不可能做到准确、鲜明、更谈不上生动。

我所接触到的照片中，有些事宾主不分，甚至是喧宾夺主，把次要的或者是可有可无的东西过分夸大而主要的主题却降到次要的或者是陪衬的位置。比较显著的是"春耕"为题的照片。它们有些不是集中精力去表现人们在劳动， 春耕，而是设法把花枝、树叶加上，加上天空的前景。从画面上看来，春耕的标题，春是主要的而耕是次要的。当然，这不是反对用花来表现春天，用椰树来表现南方，问题在于如何处理，谁是主体。而且有的花枝是从别的底片上加上去的，目的是为了使画面更为美观。

进一步就是弃繁就简的问题。弃繁就简就是把不必要的东西，对画面有妨碍、容易引起矛盾的东西设法删除。画面里所包含的东西，不能贪多，多了就不易安排，就不能突出主题而主次不分。主要原因是贪多嚼不烂，觉得什么都好，什么都想要，因此就"和盘托出"。

从摄影来说，我们不是把所拍人物重新加以安排和摆布，而是从实际情况中从位置、从角度来选择和处理。布局没有一定公式，但不是完全没有根据。摄影没有固定的公式和处方，也不能硬搬火花的构图来代替。

生动并不是见到什么有动作的东西，能用照相机快速拍摄特性把动作拍下来就算成功了。光有动作并不等于就是生动。生动要求准确，是从连串的动作中选择最适当的一刹那。动感不是冻结，不是动到什么也看不出来。

我认为好的照片应该要求主客观一致，表里一致。主客观一致就是主观想象应符合客观存在的现实。好的照片只有从实际生活中选择和提炼，而不是生搬硬套。如果不是从实际生活中选择和提炼，而是用其他的方面去安排和摆布，就会显得牵强附会，失去真实性，即使有时会被画面上的表现技巧所迷惑，如果进一步接触到内容的本质和联系到事实的实际，即使是高超的艺术也会站不住脚。

以上摘自《山东省新闻摄影干部训练班教学讲义》

附录：郑景康资料节选

少华同志：

我从武汉调回北京工作已经七年余，从事人像摄影室工作亦有四年，当时因为工作需要所以坚持至今，目前已有其他的同志可以代替我工作，所以我希望领导上能考虑让我专门从事创作——脱产工作。如果不能脱产，创作就很难专一，同时目前对于这种工作是完全有条件的，同时对于繁荣摄影创作方面来说，也会有一些好处。我的情况已与有关同志作估计和商讨，希望能批准我辞去新华社职务，使我能在"百花齐放，百家争鸣"的号召下，能对摄影上多做一些实际的工作。

敬礼！

郑景康

1957年7月4日

何慧同志：

我认为群众所提的意见都很好，使我知道自己在思想上和工作上都有严重脱离群众的表现，而且是有很大的影响。在这次检查中，我已经开始注意和努力克服，来改变这种错误。除了自己的决心和努力，还需要组织的（和）领导同志的帮助和群众的监督，我相信是可以克服的。有些个别的问题，最好能知道事实因为这样可以帮助我检查和防止以后再犯。

所有的意见除了两个之外，都已填写。是否合适请告。关于财务组的意见"个展的材料是否是公物，为什么要这样做？"这次个展是部里经编委会决定和批准的。其中大部分是平时积累做研究和讲课教材的。因为我今年的任务是：1.开个展，2.写书，3.创作。所以要积累一些资料。人像室领的（相）纸是多一些，但是只用了一部分。章梅同志对这些情况是知道的。这个意见应如何处理，请考虑。第二个是XXX同志的意见，上次章梅已解答过，有些情况你也是知道的。我个展所放的东西，章梅和林慧同志都看过的，浪费是有的，但也不是"一张底放好多张"。关于"照单人像一下要照十几张"也是有的，但只是个别的情况，平时并不是这样；人像室所使用的底片，早由4寸原件改为2寸的，这样可以节省一半。平时我们拍人像只是照一种或两种的样子，每样照一张或两张；关于"一下送8寸或6寸的照片几十张"的事，可以向章梅和林慧同志核对一下……

我经过这次的检查，有决心改造自己，希望组织上严加管教，使我能更好地改造，并欢迎同志们和群众的帮助和监督，使我能更好地改正错误……

致

郑景康

敬礼

1957年11月13日晚

郑景康自传（摘录）

“最后，我想谈一谈我对党的认识和思想的转变。我在到延安以后才有了认识和逐渐的了解，是逐渐从直接的感性认识而到理性认识，从日常的工作和生活接触中，从文艺座谈会中，从整风运动中，从延安的大生产运动中，都使我认识到党的伟大，认识到真理。文艺座谈会使我由探索的道路而达到豁然开朗的境界。整风运动使我认识事物，改造自己有了明确的概念。大生产运动使我体会到‘丰衣足食，大家动手’的实践意义。从中外记者团和美军观察组的活动中得到一个和国民党的外交政策的鲜明对照。到延安不久曾有一个同志和我谈过对党的认识问题，我因为正在从无到有的阶段，还需要加强学习和改造自己，为自己创造条件来解决组织问题，后来就整风了，直到胜利后，我提出请求，因为我对党有了明确的认识，党和同志们也对我有一定的了解，就在出发以前我解决了组织的问题。在张家口离开胡耀邦同志时，他曾对我说我有一定的经历和技术，所差的就是党的教育不够。我认为是完全正确的。以后在张家口，山东，东北等地，我紧紧地依靠党，努力多做一些工作，并从实际工作中和群众的接触中来考验自己，改造自己。尤其是两次的出国，参加土改运动和最近的学习，更加深我对党的认识，党是把马列主义运用到中国的国情和每一个具体实际中而有新的发挥，党的政策是完全符合于社会发展规律而且是有计划的，全面的，细致入微的。我在党内曾任小组长，候补支委。”（1956年8月22日写作）

附录：同事、朋友、学生、后人眼中的郑景康

蒋齐生（1917—1997，新华社摄影部原副主任，中国新闻摄影学会原会长）

“写一本《中国摄影五十年》”

郑景康同志是我国摄影界的老前辈。他以摄影为终生的事业。在我们党的摄影记者队伍中，他是最年长的一个。他是我国许多中年的新闻摄影工作者的老师。

郑景康同志是在听到周总理逝世的消息而极度悲痛之后，一病不起的。不过，他人瘫痪了，思想却没有瘫痪，他无时无刻不在关心着党和国家的命运，关心着党的新闻摄影事业的未来。1976年2月中旬的一天，当我同几个同志去看他的时候，他已不能起坐，他的眼里已失去往日那样的炯炯神采，发音也已不清了，但是他一认出我来，就劈头给我提出一项“任务”：“写一本《中国摄影五十年》。把我们自己的摄影史写出来。我们的摄影，新闻摄影，是为人民服务的。我们要把自己几十年的经验很好地加以总结。我们的经验是很丰富的。”他一再说：“一定要把它写出来。”我一边努力辨听他的发音不清的话，一边心里想，他病成这个样子，生活不能自理了，却还想着我们党的摄影事业。可是，在当时，哪里有写这么一本大书的条件呢?为了不使他失望，我只好应付地对他说：“好呀，你赶快把病养好，我们一起来干。”

他似乎觉察到我的犹豫，他似乎想起来了：我们的研究工作被取消、被中断已经十年了，大批摄影资料被丢在一个所谓的“仓库”里，无人过问，有的还遗失了，要恢复研究工作，没有领导上的重视和集体的努力，《中国摄影五十年》是无法写出来的。于是，谈着谈着，像往日那样，他激动起来了，面红耳赤地嚷嚷着他那不大容易叫人听清的话，对当时的摄影工作状况，表示了极大的不满……

他对摄影工作状况的不满，很有一段时间了。在这之前很久，他已经向有的老同志以他特有的严肃的方式，发出过警告：“你们看现在发的是些什么样的照片。你们是革命战争时期培养出来的摄影记者，你们可不要丢掉摄影工作的革命传统！”

20世纪50年代中期，郑景康和我在全国各地讲课

时间太久了。我从二十多岁的小伙子变成了七十多岁的老头，我不能保证我还能记忆犹新。1953年我到新华社摄影部，是摄影部第一批比较正规的大学生，部里比较重视，给我们讲课的都是部里赫赫有名的那些人，郑景康、石少华、陈正青、魏南昌……没想到几年之后，我成为郑景康先生的助手，和他一起到全国各地讲课。

从1958开始，各省委宣传部要培训新闻摄影干部，摄影部把这个任务交给了郑景康和我。我们在三年多的时间里去了广东、湖北、山东、黑龙江、河南、云南、四川、安徽、广西、内蒙古、甘肃、辽宁、贵州等省份。学员都是在职的省地市专职或兼职的摄影记者。最少的1960年在贵州，学员40个，最多的1959年在河南训练班，来了134个人！三年我俩走遍大半个中国，带出一千好几百人的摄影队伍，后来这些人都成为新中国摄影的中坚力量。

训练班持续不断的，一个地方一个月，中间回来休整几天，又走了。学习班就郑景康和

我两个老师。主讲师郑景康，我是助手，我讲技术，他讲构图、用光、图片欣赏……教材是我们自己写的，去哪个地方哪个地方负责印刷教材。

按说郑景康是当时中国大师级的摄影家，他是摄影界唯一参加过延安文艺座谈会的人，在延安就记录了很多重要历史瞬间。天安门城楼上的毛主席像就是他拍摄的，但他为人不张扬，从来没有专家的权威的架子，也从来不讲他做过的事情。在训练班，郑景康讲，我听，我讲，他也坐在后面听。讲课中，我们还带着学员出去拍照，他也是不厌其烦。

那个时候条件真艰苦，吃的住的都是最普通的，郑景康没把自己当大师，请他的人也不把他当大师，记得1959年1月到2月在山东讲课，没有暖气，房间里滴水成冰，冻得我们睡不着。

后来我俩奉命还办了一个“阿尔巴尼亚摄影学习班”，阿尔巴尼亚派了两个摄影师来，也是由郑景康和我授课，半个多月呢。

郑景康的摄影观就是真实的、形神兼备地表现内心世界，不过分讲究技术技巧。他的作品强调真实，形式不华丽。他的人像独树一帜，不匠气，不矫揉造作，很朴实，用光简练，形神兼备。他的作品不是现在强调的所谓“吸引眼球”。

郑景康又高又胖，广东人很少有那么高大的。他性格开朗，人和作品一样朴素自然，衣着简单甚至还有些邋遢，我没见过他西装革履。但他讲究吃，爱吃黄鱼。我没见过他发牢骚，他们那一代人就是有什么不满也不会说出来。

20世纪50年代末，每逢开重大会议，郑景康、章梅、郑小箴、我等人，就支几个摊子在北京饭店大厅给来自全国各地的代表拍头像，一拍就是好几天。没有人知道这个高大的摄影记者就是给毛主席拍过照的人。

1978年郑景康去世前，我去他住的地方看他，他已经神志不清了，家里很乱，没人照顾，很可怜。他没有子女，也不见有其他亲人，我们都不大知道他的晚年是怎样度过的。

摄影早被他悟出来了

我16岁生日时，父亲从莫斯科回来，送我一台相机做生日礼物，6X5，大折叠。齐观山、陈正青、郑景康等常到我家来和父亲聊天，知道我学摄影，他们会经常给我讲讲，有鼓励有批评。那时候，没有放大照片，给他们看的全是印的小片。

在当时我的印象中，郑景康的东西是最棒的了，他拍的毛泽东标准像、齐白石肖像等代表作家喻户晓，画报上总能看见他的东西。我正上初中，放学经常到他那里。郑景康住在新华社院里3号楼1层，那时也没有电话预约什么的，有时间就直接去敲门，一去就缠他一个中午，中午还一起在食堂吃个饭。小孩对新闻没有什么兴趣，我就是听他讲故事，讲摄影上的一些道理。说请教谈不上，因为那些道理太高，我似懂非懂。他讲的东西也许非常重要，也许很新，而我想知道的是那些初级的东西，光圈啊、快门速度什么的。真正牵涉到摄影的东西我未必听得懂，他对我问出的一些关于摄影的幼稚的问题也从来不显出不耐烦。

有次他还给我拍过照片，是我要求他给拍的。我有个同学能画像，我想请郑景康拍了给同学去画。郑景康拍人像和我想象的有很大不同，我想象（这点对我是特别神秘的）、角度、姿势。这也是很多教科书里讲的。实际上他给我拍照，就在社里礼堂边上，没那么多事儿，没有灯啊反光板的，也没让我摆姿势什么的，拍摄者和被摄者都很自然。

在中国摄影史上，郑景康是非常重要的一个人，他搞摄影比较早，留下了很重要的东西。现在看郑景康的东西，水平非常高，摄影早被他悟出来了。他还培养了很多人。但在中国当时的环境中，这样一个大师经常不被信任——毕竟他在国民党做过事。我记得我很早向父亲侧面问起过这件事，我的感觉是，父亲很无奈。其实他们是老乡又是好朋友，郑景康也是父亲很尊重的人，但很多事情父亲无能为力。不过那时摄影部还有一个研究室，郑景康、张印泉、魏南昌这些人还能在那里做点事，这些人能在新华社这样一个重要的单位留下来就是不容易的。

现在还记得郑景康桌上堆着特别高的书，大部分和视觉有关。他没有家人，他的那些照片、那些书后来都不知道哪儿去了。

画报社的音乐家

画报社的音乐家
画报社的音乐家
画报社的音乐家
画报社的音乐家
画报社的音乐家
画报社的音乐家

赵烈

画报社的音乐家

今天我整理好了雷烨遗留下来的一个活页夹子。在这夹子上面有他在自杀时留下的血痕和混合着血的沙土。我就拿他这带血的遗物作为永远的纪念。当我整理这个小夹子时，对于他的牺牲的悲痛之情又油然而生了。于是我在这夹子的开头写下了这样几句作为这遗物的标志：“在这个册子上面，有你和暴敌遭遇决然自杀时所流下的斑斑血迹，当我每次翻开它，看到那已经变成紫黑色的血迹和铁夹上为血侵蚀而生成的铁锈的时候，你那年轻智慧的脸颜、沈毅而和蔼的神色、清晰而响亮的声音……都一一浮现在我的眼前。我抚摩着你那已经消失了温暖和热气的血迹，我便记起你所留给我的深刻的印象。雷烨同志！我就拿你这遗物作为对你不可磨灭的永恒的记忆底纪念品罢！”

——赵烈

画报社的音乐家

口述人：蔡尚雄 裴植 （赵烈战友）／ 采访人：张宇 高初 ／ 撰稿人：张宇
时间、地点：2009年12月至2010年2月于北京方庄（采访裴植）及北京车公庄（采访蔡尚雄）

赵烈（1920—1943），广东中山县人，广州知用中学高中毕业，1938年奔赴延安参加革命，入陕北公学、抗日军政大学学习，同年加入中国共产党。1939年4月，分配到八路军陕北留守部队工作后，又主动要求到战斗紧张、生活艰苦的抗日前线去经受锻炼考验。同年秋，他越过敌人层层封锁到华北敌后的晋察冀军区，分配到军区新闻摄影科当摄影干事。在沙飞的帮助指导下学会新闻摄影采访，他随即深入部队、农村拍摄军民并肩战斗、军民鱼水深情和抗日根据地民兵、妇女儿童活动的照片。1940年参加了百团大战的战地采访。1941年夏协助沙飞举办晋察冀军区摄训班，担任队长、指导员，担负部分课程，中途日军对晋察冀抗日根据地发动秋季大“扫荡”，他带领部分学员转移至外线，一面打游击，一面实习，又拍摄部分珍贵照片。反“扫荡”结束，回原地继续学习，这期摄训班培养出了齐观山、谷芬、曲治全、于舒、陈明才等优秀人才。1942年春，他全力以赴参加筹备《晋察冀画报》的工作，当年5月晋察冀画报社正式成立，被任命为政治指导员。他多才多艺，能写文章会作画，《晋察冀日报》、《子弟兵报》发表他多篇文章，与章文龙合作谱写了“晋察冀画报社社歌”、“晋察冀画报社一周年纪念歌”。画报出版后，发表他十幅新闻照片，还有不少作品后来被收入《晋察冀画报》丛刊。他的作品在新中国成立后仍经常被各种画刊画册影集录用或入选影展。《我们是抗日小兵》是他的杰出代表作，也是中国解放区摄影名作之一。1943年在历时三个多月的秋冬季反“扫荡”中，他和沙飞、石少华带领画报社战友一直坚持战斗在晋冀交界的花塔山上，当年12月9日在向外转移时，突遭日军奔袭包围，突围中他为营救战友，不幸壮烈牺牲，年仅23岁。

河北唐县稻园庆祝“四四”儿童节大会。1940年

注 《赵烈日记》为赵烈同志1943年7月6日至9月7日之间的39则工作、生活记录。

“他这个人很活跃”

记者：您好，这本《赵烈日记》注，您有印象吗？

蔡尚雄：他的日记呀！从哪儿找的？

记者：中国摄影家协会资料室收藏的，除这本日记之外，还有赵烈遗留下来的一本小相册，以及他在陕北公学、抗大的毕业证书等。

蔡尚雄：毕业证保存得真不错，我的都找不到了。我也在陕北公学读过，抗大也读过。

记者：您和赵烈是老乡？

蔡尚雄：是老乡。我们都是广东中山人。

记者：那您对他家里的情况了解吗？

蔡尚雄：他老家的情况我不了解，其实在晋察冀画报社时，我们在一起的时间很少，因为我都是下去采访、拍照片，赵烈那时候是画报社的指导员。他也是陕北公学毕业，也读了抗大，我们可能是一起从延安到晋察冀的，他应该是随着抗大总校过来的，抗大有5000学员呐。

记者：你们都是抗大第五期学员？

蔡尚雄：第五期，他一到晋察冀就分配工作了，在部队工作。我先是在地方工作，后来才去的晋察冀画报社。

记者：您到晋察冀画报社是哪一年？

蔡尚雄：1943年春天，三四月份去的。

记者：您还记得和赵烈第一次见面时的印象么？

蔡尚雄：有点儿印象。我进画报社时，大多时间都在外面采访。总共在画报社待了不到一年，不出去的时候很少，所以和他见面也不多。赵烈是指导员，就基本在“家里”，给我的印象就是他这个人很活跃。

记者：很活跃？

蔡尚雄：很活跃，他年纪和我差不多。他是1920年出生的，比我小一岁，他能拍照，能

染血的日记本。

赵烈的照相本。

写，又懂音乐，也爱参加体育活动，乒乓球打得很不错，总之，就是一个多才多艺的小伙儿。

记者：在赵烈遗留下来的日记里，记载了他从1943年7月26日至9月7日的生活和工作，我们从日记中可以看出，除了生病的几天，赵烈每天的日程都是安排得满满的，您能给我们说说他的具体工作吗？

蔡尚雄：那时候沙飞是画报社主任，赵烈做指导员，也就是沙飞的助手，他主要负责思想工作。另外，他懂摄影，也培养了不少摄影战士（记者）。早在晋察冀画报社成立前，他就从事摄影培训工作了[注]。沙飞对他很重视，所以就让他做了指导员。

记者：我看了赵烈的日记，他每天的工作，记得都非常具体，从日记中可以看到，他跟当时晋察冀画报社的不少摄影战士都有过思想交流，像杨国治[注]、孟昭师[注]等，我想知道，赵烈和您有过单独的交流吗？

蔡尚雄：没有。

记者：您可能没想到，赵烈在日记里曾经提到过您，大意是说，沙飞曾经在一次大会上批评了您和谷芬[注]，赵烈认为批评得有点儿太严厉了，在日记里给您鸣不平。您对那次大会还有印象吗？

蔡尚雄：太严厉了？沙飞没有批评过我啊。

记者：日记里确实有记载。

蔡尚雄：怎么说呢，赵烈平时是做思想工作的，思想上比较细腻，考虑的问题可能也比我们多。他日记里记下这个事，也说明他工作比较负责，特别注意大家的思想情绪和工作状态。

记者：赵烈也拍了不少照片，他就摄影技艺和您有过切磋么？

蔡尚雄：没有。他那个时候挺忙的，开支部会、各个小组会，我平时都在下面[注]，关于摄影技艺的交流，我和李鸿年谈得比较多。

记者：赵烈牺牲的时候，您在画报社么？

蔡尚雄：我不在，那是1943年底了，日军的秋季大“扫荡”快要结束了，参加大“扫荡”的敌人有四万多，那时我在阜平一带采访，回来的时候听说赵烈为了救战友牺牲了，太可惜了！

[注]1941年7月，在军区政治部所在地陈家院，赵烈协助沙飞举办晋察冀军区第一期摄影训练班，担任队长、指导员，并担负部分课程。这次训练班为各个军区培养了一批业务骨干，其中有齐观山、申曙、于舒、曲治全、陈明才、谷芬、马德林、吕东阁等。

[注]杨国治（1921－），河北清苑县人。1936年到保定照相馆学徒，在第一军分区政治部建立起摄影组，1942年参加《晋察冀画报》的筹建工作，画报社成立后，任摄影记者。

[注]孟昭师（1918－1990），河北高阳县人。1942年调晋察冀画报社做缮写和编辑工作，业余兼搞摄影。

[注]谷芬（1925－1971）河北曲阳县人。1941年入晋察冀军区政治部摄影训练队学习，毕业后留军区新闻摄影科《晋察冀画报》筹备组工作。后任《晋察冀画报》摄影记者。

[注]指外出摄影采访。

赵烈照片集内页（原件）。

他眼里总有做不完的工作

记者：您好，听蔡尚雄老人说，您和赵烈在一起待的时间比较长，我们想向您了解一些关于他的情况。蔡尚雄说印象比较深的是赵烈多才多艺，很有活力。

裴植：对。赵烈确实是个精神头儿十足的小伙儿。他劲头足，在他眼里，总有做不完的工作。我们在一起相处得很不错，他有什么事也愿意和大家商量。

记者：《晋察冀画报》创刊的时候赵烈就去了吗？

裴植：没，我跟赵烈接触也只有一年多时间，应该是从1942年（开始）。我过去是搞印刷的，这之前是印刷所的所长。1941年二三月份，晋察冀军区政治部主任朱良才把沙飞、罗光达和我找了过去，准备创办晋察冀画报社注。我们就做筹备工作，在这之前，沙飞跟罗光达已经做了很多工作，基本上筹备工作都做得差不多了。当时晋察冀政治部在陈家院注，我有时候去开会，经常看到有个人背着一台相机，这人就是沙飞，我们那时候没有什么接触。赵烈这个时候，应该是根据沙飞的安排，在组织摄影培训工作。1941年末，我们印刷所就并到画报社里面去了。1942年初的时候，我们搬到了碾盘沟，这个时候我就见到赵烈了。

记者：那时候赵烈在忙什么？

裴植：他那时候也是在筹备画报工作，沙飞让他协助办摄影训练班，不知是在陈家院还是在什么地方办训练班。

记者：还记得第一印象么？

裴植：那时候他还没怎么引起注意。当时正在合并，印刷所百十来人呢，我主要是负责介绍这一百来人的情况。因为到画报社，印刷所的指导员（吕席珍）、管理员都没去，就去我一个人。可能是我当时年龄大点儿，就指定我做画报社第一任支部书记。到1942年5月成立画报社的时候，画报社的指导员兼任支部书记，就改选为赵烈了。

注 司苏实《红影史中罗光达》：1941年5月，晋察冀军区政治部主任朱良才召集沙飞、罗光达、裴植、赵烈开会，正式宣布成立画报筹备组。沙飞全面负责，罗光达负责筹备设备物资，赵烈负责筹办摄影训练班，军区印刷所划归筹备组领导，裴植担任党支部书记，集中全力筹办画报。

注 章文龙1998年回忆：在陈家院，聂司令、朱良才、潘自力找沙飞及摄影科几个人一起谈过一次，画报起两个作用：鼓舞斗志、教育激励自己、建立信心、达到抗战胜利目的；还有一目的，照片给人民、历史留下真实的记录。画报创刊词是我写的，我向邓拓请教。沙飞兼编辑股股长，下边搞文字的是赵启贤与我，赵侧重资料工作，我侧重编辑。英文翻译是李伦。我们不懂编辑业务，从头学。编好写出说明，让编辑看校样，不会看，校对的一套符号不会，王秉中精通业务。赵启贤不会校对，大家管他叫大编辑，故叫赵大。

注 章文龙（1917－）笔名章长

石，安徽萧县人。1938年奔赴延安参加革命，在陕北公学学习。1939年随华北联大到晋察冀抗日根据地，任华北联大文工团文学创作组组长。1941年调晋察冀军区政治部，和沙飞、罗光达一起筹办《晋察冀画报》，任编辑组长、科长。

注赵启贤（1922—1965）湖北武昌人。1938年赴延安参加革命，入鲁迅艺术文学院学习。1941年调晋察冀军区政治部参加筹办《晋察冀画报》，任图片编辑。1944年起历任晋察冀画报社摄影股长（兼）、摄影科长，1947年起主编《晋察冀画刊》、《华北画刊》、《华北解放军画刊》。

画报社里的音乐家

记者：赵烈担任支部书记、指导员的这段时间，平时的主要工作都是哪些呢？

裴植：他是很能干的青年干部，很有朝气，很有干劲，待人很随和，多才多艺。真是多才多艺啊，尤其是他的作曲，他给画报社作了两个曲子，一个是社歌，一个是成立一周年的纪念歌，都写得挺快的。

记者：作词也是他么？

裴植：作词是章文龙注，他是晋察冀画报社的文字编辑，还有一位文字编辑叫赵启贤注。章文龙是主要的文字编辑，他后来在解放军报社做文艺处长，退下来好长时间了，他还活着。两首歌的歌词都是他写的。写得都还是不错的，曲子做得也不错。

记者：曲子是赵烈谱的？

裴植：赵烈谱的曲。我总感觉，如果赵烈真正搞音乐的话，肯定是了不起的有成就的音乐家，可惜呀，年纪轻轻就不在了。他不但谱曲，还教大家唱。晋察冀画报社的社歌就是赵烈教我们唱的，我们都学会了。

记者：他还教你们唱歌？

裴植：他谱的曲啊。他打拍子教我们唱歌，我们都学会了，可是我现在就是唱不出来了，我当时唱得还挺带劲儿的，这几十年就忘光了，现在不晓得章文龙能不能哼出一点儿来，我估计也很困难。哎，那个社歌没有谱子，词是有。现在有人起个头，我一下就能想起来。没有谱，非常可惜，那个歌还是有点儿气势的。

记者：除社歌之外，他还教大家唱别的歌么？

裴植：有很多抗战歌曲，当时我们唱的歌曲也挺多的，像《义勇军进行曲》，还有《到敌人后方去》、《保卫黄河》、《大刀向鬼子头上砍去》，他教了我们不少歌，一般教歌都是他。

记者：唱歌一般都是在什么时候？

裴植：有时候集合去背米，去背东西，我们烧的煤都是到几十里外煤窑自己背，弄个筐，一人背一筐，米也是，我们经常自己去背这些东西。集合的时候和开会前后也常学唱歌。

记者：这种背煤呀背米的活儿，赵烈也陪着去吗？

裴植：都去，恐怕就是沙飞去得少，另外一个是负责印刷的技术工人很少去。技术工人呢，我们是给特殊待遇呀，像何重生、杨瑞生、高华亭这些人，他们都是技术工人，对他们都是很照顾的，有优待，他们每月都配有细粮，大约有十来斤的大米、白面，开小灶，有肉食，每月还有二三十块不等的工资，我们一个人每个月只有一块钱，还时有时无。那时司令员才五块钱。

赵烈手写：《晋察冀画报》一周年纪念歌。

做思想工作很有专长

记者：裴老您和赵烈在一起待了一年多，对于赵烈的直观印象给我们讲讲，比如他大概有多高？

裴植：跟我差不多，前几天我找到一张小照片，当时用莱卡相机照的，从照片上看呢，他个头跟我差不多。

记者：拍这张照片，大概是什么时间？

裴植：我在照片背面特地记了，是1943年，地点就在曹家庄外面，具体时候应该是秋季反“扫荡”以前。我一米七三吧，他跟我差不多，比我稍微矮一点儿，有点儿书生气，一看就是青年知识分子。

记者：从照片上能看到，大家都还是很有精神的。

裴植：是的，虽然苦，但是对革命胜利的信心还是有的，虽然不知道抗日战争什么时候胜利，但是总是感觉到能胜利，还是有信心的。当时唱很多歌都反映这个情形，比如《太行山上》，好多歌都是当时唱的，当时就是那种思想，另外也是豁出去了，宁死也不当亡国奴，死也甘心了，当时把生死真是置之度外了。这不是说的，是做的，死了就是你的，活了就是我的。

记者：您平时见赵烈拍过照么？

裴植：见过，他有时候拍一些配图，帮着搞设计。别的采访活动我没大注意，因为他那个时候主要做指导员工作。

记者：做战士的思想工作？

裴植：对，这方面他很有专长。他挺有亲和力的，也平易近人，和一些同志关系搞得非常好，在支部里面，也很能听取其他人的意见，对我也挺尊重的。

记者：您的工作和赵烈的工作有没有什么交叉的，平时工作接触多么？

裴植：我跟他主要是在支部工作上有一点儿联系。大概也就一年多时间，不到两年。这一两年期间，他是支部书记，我是支部委员，我们就一直在一起工作。他比我小两岁，虽然只是两岁，当时感觉好像我比他大了不少的样子。

记者：赵烈在他的日记里面也提到了，那个时候摄影战士有白连生注呀、杨国治呀，赵烈都称呼他们为小孩，说明那个时候他们更小。

裴植：当年把他们看成小孩似的，其实都差不了几岁，但是可能所处的位置不同吧，所以总感觉自己年龄大一点儿，要负的责任多一些。

记者：他在日记里面提到过您，好像是找您咨询伙食问题？

裴植：他关心的事情挺多，我们都还是配合得很好嘛。当时大家的想法都很简单，什么都不计较，反正做事就行了。

记者：和赵烈一起工作，有没有一些印象深刻的片段？

裴植：这个我想不起来了。反正我们支部会经常在一块儿开。我感觉他工作是有章法，有计划的。比如说这一个月的工作做什么，有什么要点，重点抓哪几件事呀等等，大家一块儿商量，他也挺细心的，跟大家都挺合得来的。

记者：那他有没有发火的时候？

裴植：我倒还不记得。我印象深的是他对体育活动挺活跃的。

记者：在日记里提过，他的乒乓球好像打得不错？

裴植：是的，有时开会的间隙，会组织一些活动，就有乒乓球，他打得不错，但打得不多。他是挺爱运动的，早上跑跑步呀，做做操呀，都是有的。

注 白连生（1923—）河北满城县人，1939年参加革命，调晋察冀军区政治部新闻摄影科工作，在沙飞、罗光达指导下学习摄影。1941年参加《晋察冀画报》筹建工作，1942年晋察冀画报社成立后，历任摄影员、摄影干事、摄影记者。

“赵烈对沙飞的入党问题还是非常关注的”

记者：我仔细看了赵烈的日记，在这四十多天的日记里面，能看出他的思想有时候还是矛盾的。白天的赵烈是充满朝气和活力的，而晚上呢，他自己又有些思想斗争，好像有一种痛苦的状态，所以我一直不太明白，他在生活中有没有表现出有什么不快活，或者说对什么事情有意见之类的？

裴植：我倒也没什么感觉。

记者：没这个感觉？

裴植：当时也听到一点儿嘛，也不是什么大问题，就是他跟沙飞还有点儿不同的意见，没闹清楚究竟是什么问题，沙飞这个人对工作是很努力，很执著的，但是他有时候也很主观。

记者：怎么主观的呢？

裴植：他有时候不大能听进别人的意见，我估计赵烈跟他相处，这方面可能有一些不顺心，不过现在也不好说沙飞怎么样，反正他是执著，工作非常努力，但是有的时候相当主观，有很多的意见他不是都能听得进去的。这样呢，赵烈有的意见可能跟他有点儿冲突，究竟是什么我也不清楚，他也没跟我讲过，但是从表面上看处得还挺好的。因为大家都想干好工作，所以从这点上统一起来，有一些东西就可以放在次要的位置，但是心里面是不是不舒服呀，那也有可能，这我就不清楚了。

记者：那这种状态会不会影响工作？

裴植：不会，他挺勤奋的，除了工作，找摄影记者谈心，还亲自参加坚壁工作。就是白天工作晚上打洞，你看我们在曹家庄的时候，做坚壁工作，就打了三层洞。

记者：必要的时候，要藏一部分东西在里面是吧？

裴植：就是用来存放东西的。在曹家庄那个地方，有一条沟直通山外，大概三四十里地。中间高山很少，不像我们在支角沟的时候，支角沟后面山挺大的。敌人要进攻的时候，我们就把机器拆了。油墨之类的一些小件，晚上就背到山上。有一些大件，往山上背很困难的，就找一些沙地，把沙子刨下去，埋在里面，或者找有小苗的地，把小苗铲下去，然后把东西埋在底下，把小苗又种上去。小件、油墨什么的都放在山上的山窟窿里面，做上记号。

记者：当时的生活状态，大家白天工作，晚上做坚壁，的确是很艰辛的。赵烈在日记里还特别提及伙食问题，我想知道，那时候大家干这么多活，能吃得饱么？

裴植：生活的确很艰苦。吃的一般都是玉米棒子渣、棒子。就是自己推碾子，把玉米轧碎了，然后就煮成粥。

记者：只喝粥么？

裴植：对，吃这个多一点儿，有时候稀一点儿，有时候干一点儿。另外就是小米粥，主要是这两种比较多一点。白面大米吃得很少，白面只能是过年过节吃上一顿，平常吃不着，大米更少，很少吃。

记者：这个能吃饱吗？

裴植：一般的时候还可以，吃得差不多。刚才提到沙飞，我想起来一点。赵烈对沙飞的入党问题还是非常关注的。

记者：这个是党支部考虑的问题，属于赵烈的分内工作，对吧？

裴植：我们成立支部之后就考虑到沙飞入党的问题，在1942年画报社成立的时候，沙飞还不是党员，我们多少有点儿对民主人士的那个意思对待他，他是从大上海来的呀，国统区来的，高级知识分子，对他很尊重。但是他还不是党员，他入党的事情考虑过，当时出画报挺紧张的，又搬家、安家、收拾房子、装机器，都是紧张的筹备工作，大家都集中到这儿，也没有顾得上。沙飞也忙，他拍照片，又要抓画报的编辑工作、组稿，找章文龙、赵启贤研究编辑工作，精力也没太放在这个地方。后来，画报也出了，第一炮也打响了。大家都关心到他的入党问题。

记者：是不是对知识分子的入党问题，大家都很慎重？

裴植：赵烈是支部书记，考虑过沙飞的入党问题，对于知识分子的入党问题，政治部也很关注。所以对他的入党问题就很慎重，也不大敢多管，虽然也议论过一些，但是没有深入的考虑，他的入党问题主要是部里面做他的工作，审查他的情况呀，写材料呀，然后反馈到支部，支部当然也要做一些研究，表示同意，像这个事情，赵烈还是很关心的。

记者：你说的政治部是晋察冀军区政治部吗？

裴植：晋察冀军区政治部宣传部，宣传部部长是潘自立，后来是驻苏联的大使，他们对沙飞是比较关心的，先审查，然后把情况向支部做介绍，支部再讨论。

记者：那您也参加了？

裴植：我们当时都参加了，支部会研究呀，开支部大会呀，介绍情况呀，这都是赵烈跟我们做的事，当然还是统一政治部里面的一些意见，也咨询过他本人一些情况，这方面大概赵烈做的事稍微多一点儿。

记者：支部讨论完了就直接入党了吧？

裴植：是，不会拖得很久。

“他就是太负责任了，不然完全可以活下来”

记者：赵烈牺牲的那一段，您清楚吗？

裴植：我不清楚，赵烈牺牲是1943年了。这个时候，敌人的“扫荡”正猛烈。我们也搬到上庄注去了。那个时候，画报社也发生了比较大的改组。罗光达调到地方上去了，石少华从冀中调到军区了，接替罗光达成了画报社的副主任注。罗光达走之前，我们有过一个全体人员的合影。

记者：赵烈遗留下来的相册里，好像有这么一张照片。

裴植： 这不是赵烈嘛？

记者：就是最后排第四位吗？

裴植：我看不太清楚了。罗光达是比较清楚的，他头上包着个毛巾，比较容易认，别人就都不大好认了，但还是可以认出一些的。

记者：这么说，赵烈牺牲后您才知道消息是吗？

裴植：是的。我当时没在那儿。后来是听我们原来印刷所的一个工人叫李志书的跟我讲了一些情况。

记者：我们了解到的情况是，当时赵烈已经突围了，但是，他为了救战友，然后又重新冲回去了。

注位于河北省西部阜平县。1943年6月初，敌人的前哨据点又向曹家庄推进，画报社不得不再次转移，从曹家庄转移到阜平上庄，并开始紧张地筹备第四期画报。

注1943年7月，罗光达奉命带领孟昭师、刘博芳、李遇寅、吕东阁等二十余人，支援边区政府，成立“点滴”出版社，罗光达亲任社长。8月，冀中军区与晋察冀军区合并，石少华随冀中军区调到晋察冀，接任罗光达原职务，任晋察冀画报社副主任。

裴植：他就是太负责任了，不然完全可以活下来。李志书跟我说，他当时是和赵烈一起突围的。赵烈已经突围出来了，但他看到高华亭他们还没出来，不放心，又回去接他们，结果又重进包围圈，然后就牺牲了。李志书说，当时的场景是非常惨烈的。他是当面看见的，看见什么呢？就是跟他们一起突围的保卫部部长，他的夫人被敌人枪刺，把肚子挑开了，肠子都挑出来了，死在路边上。另外就是李志书进到房子里去，他要找点儿东西吃，看到屋子里的锅烧得挺热的，他揭开锅一看，里面煮着两个孩子。

记者：**就是赵烈牺牲的那一次？**

裴植：就是这一次，这两个孩子中一个是保卫部长的儿子，另外一个不知道是哪家的孩子，最后，李志书冲出来的时候，见到那个保卫部长，坐在路边上正号啕大哭呢。看了，使人愤怒，也使人心疼。

记者：**这次突围过程中，牺牲的人里还有你比较熟悉的么？**

裴植：有个叫李明的，是我印刷所的工人，平时表现非常好，是一个模范工人，跟群众关系非常好，事事带头，还有石振才，都是不错的工人。哎，都牺牲了。太可惜了。

赵烈啊，真是一个难得的人才，他有知识，又多才多艺，可惜啊，就是牺牲得太早了，要不然，他的发展要比我们好，他基础比我们好。

威武强大的炮兵。1940年

冬季反“扫荡”中，我晋察冀八路军收复冀西阜平城后，彻底摧毁敌军防御工事。1941年元旦

我军攻克阜平城后，从破毁之敌防御工事中抬回战利品。1941年元旦

左图：抗敌剧社游击区宣传演出——《放下你的鞭子》，由郑红羽、胡朋饰演。1941年

右图：挑粪。1943年

平山，军民一同插稻秧。1943年

帮老乡浇水灌溉。1941年

河北唐县稻园庆祝“四四”儿童节大会。1940年

“四四”儿童节庆祝大会，小主人讲话。1940年

阜平易家庄一带，农林局种的试验田，脚踏水车。1940年

儿童进行军事训练。1940年

附录：赵烈年表

1920年　生于广州中山。

1938年　奔赴延安参加革命，入陕北公学、抗日军政大学学习，加入中国共产党，分配到八路军陕北留守部队。

1939年秋—1940年　进入晋察冀军区担任摄影干事，深入部队、农村拍摄了大量根据地军民战斗、生活的照片。

1941年　任晋察冀军区摄训班队长、指导员。中途日军对晋察冀抗日根据地发动“秋季大扫荡”，他带领部分学员转移至外线，一面打游击，一面拍摄照片。

1942年—1943年　参加筹备《晋察冀画报》的工作，5月画报社正式成立，被任命为政治指导员。与章文龙合作谱写了“晋察冀画报社社歌”、“晋察冀画报社一周年纪念歌”。

1943年　秋冬季反“扫荡”中，他和沙飞、石少华带领画报社战友一直坚持战斗在晋冀交界的花塔山上，当年12月9日在向外转移时，突遭日军奔袭包围，突围中他为救战友，不幸壮烈牺牲，年仅23岁。

一辈子的前线记者

袁克忠

一辈子的前线记者
一辈子的前线记者
一辈子的前线记者
一辈子的前线记者
一辈子的前线记者
一辈子的前线记者
一辈子的前线记者

我是一个摄影工作者，也是一个战士，我的主要任务还是参加战斗。

——袁克忠

一辈子的前线记者

口述人：杜银秀（袁克忠之妻） 袁军（袁克忠之子）／ 采访人：汪莹 洪丹阳 高初 ／ 撰稿人：汪莹
时间：2010年7月 ／ 地点：北京皇亭子新华社宿舍

袁克忠，河北深泽县人，1938年参加革命，1940年入冀中军区第一、二期摄影训练队学习，从此一生未离开过摄影工作岗位。抗日战争时期在冀中第八、九军分区任摄影组长，在极端残酷的战争环境中，一直坚持斗争，拍摄了大批反映冀中军民对敌英勇战斗的真实场面，成为珍贵的革命文献。1945年调任《晋察冀画报》摄影记者，1946年2月调晋冀鲁豫军区支援筹办《人民画报》，1942年参与创办了《中原画刊》。解放战争开始，他一直跟随野战部队在战斗第一线进行采访，先后参加了出击陇海、定陶、巨野、鄄城、同蒲、临浮、滑县、巨金鱼、豫北、鲁西南、高山铺、大别山、洛阳、豫东、襄樊、郑州、淮海、渡江，进军中南（解放江西、广东、广西），进军大西南（解放云、贵、川），进军西藏等战役的摄影报道。晋冀鲁豫、中原、第二野战军和西南军区部队所进行的历次重大战役，他大都参加了，拍摄了大量优秀摄影作品和数以千计的珍贵军史图片资料。1949年在渡江前夕和进军两广途中还利用战隙，一连举办了三期摄影短训班，为部队培养了数十名战地记者。基于他参加革命工作后的成绩，他被评为二野模范工作者，记大功一次，并出席了1950年5月在北京召开的全国战斗英雄、工作模范代表大会，为全军摄影工作者争得了极大荣誉。1951年调任西藏军区高原战士画报社副社长、西藏军区政治部俱乐部主任。1957年转业，历任新华社辽宁分社、北京分社、西藏分社摄影组长、摄影部主任，新华社摄影部经理室副经理、研究室副主任，1982年离休。

袁克忠从事摄影工作五十余年，把大半生精力全部奉献给祖国的新闻摄影事业。他拍摄了上万张的照片，优秀作品达数百幅之多。《林堡伏击战》、《白洋淀的游击健儿雁翎队：轻舟飞桨水上进军》、《解放任丘》、《夜攻单县》、《夜渡黄河》等更成为画面精美的不朽名作。他是中国抗日战争和解放战争时期著名的前线记者。

步兵行进

他始终在前线拍照，哪里打仗就到哪里去

袁克忠（左）在绥远前线与老战友杨振亚合影。1945年冬

记者：您好。首先请您谈谈袁克忠老人（以下简称袁老）出生在一个什么样的家庭环境。

杜银秀：他的父亲是小学教师，母亲务农，家里很穷。有弟兄两个，他父亲把两个儿子都送出来参加八路军了。他的弟弟在1942年“五一大扫荡”中，为了掩护伤员撤退壮烈牺牲，年仅16岁。原本家里还有一个姐姐，后来得病走了。

记者：袁老走上革命道路跟他童年的经历有没有什么关系？

杜银秀：有关系，受他父亲的影响。他在当时特定的历史环境下走上了革命道路。

记者：袁老参加冀中摄影训练班[注]的时候，他的老师是石少华先生吗？

杜银秀：训练班的老师有石少华，石少华也是他们最早的领导。

记者：您对石少华或是袁老摄影训练班的同学有了解吗？

杜银秀：当时情况我不太了解。

记者：您听袁老讲过他战争年代的经历吗？

杜银秀：南下时的摄影工作非常艰苦，条件也很困难，什么摄影器材都没有，人员也没有。他在南下的途中召集了十几个学生，培养他们，这一路就是利用缴获的胶卷和拼装废旧机器，培养出十几个摄影记者。他们行军路上人困马乏，牲口倒下了以后抬都抬不起来了，人一倒下就都睡着，怎么都起不来，就那么艰苦。

记者：他在培训摄影学员的时候条件那么艰苦，他是怎么进行培训的？

杜银秀：他在南下途中就一路走着一路讲，部队整修的时候他就找机会讲课，带着他们拍照。

记者：袁老曾经参加了全军英模代表大会。您觉得他获得这个殊荣，除了培养了学员外还有其他的原因吗？

杜银秀：他也拍了很多照片。他拍的照片给部队发稿子，给新华社发稿子，他是前线记者。他始终在前线拍照，哪里打仗他就到哪里去。

记者：他在前线拍照有没有碰到一些很危险的情况？

杜银秀：他自己讲，有一次他冬天出去打仗，把自己做的大棉袍包了个卷背在肩头，敌人的子弹嗖嗖的，把他的大棉袍打了二十多个眼。那子弹是从他耳朵边穿过去的，要是打在脑袋上就没命了。

“五一大扫荡”的时候，鬼子来得很突然，我父亲两次被抓住，但是后来都没有暴露。他被抓了以后就被敌人灌凉水，灌了好几次，后来敌人以为他死了，把他跟死人搁在一块儿，他醒过来才逃出来了。[注]

记者：很多人都不愿意去参加这样危险的任务，但袁老还自愿报名，他为什么这样做？

杜银秀：每次任务来了以后他都走在前面，他不怕苦不怕死，就是这么一个人。他说虽然我岁数大了，文化程度不高，但是做什么工作都要争取做好。他上进心特别强，不怕吃苦。你看上前线，到西藏去，他去了六次，在西藏待了20年。危险的地方他都抢着干。他到大兴安岭去采访，零下四十摄氏度，刚刚采访完又回到了南方，零上四十摄氏度。他这个人特别能吃苦，我就说他是傻干。

注 1940年10月，袁克忠被调到冀中军区政治部学习摄影。

注 陈小波《袁克忠：我永远是一名战地记者》：“1942年，在日寇向冀中平原发动的“五一大扫荡”中，我们摄影组的宋义生身受重伤，刘殿魁壮烈牺牲。要完成任务，我只能穿便衣混在群众中。敌人在村民大会四周架起机关枪，我身高1.75米，在人群中很显眼，被指认为八路军。当时敌人抓了十余人，其中两人当场被刺刀挑死。我被日本兵押着，往鼻子眼里灌凉水，昏死了四五次。最后敌人以为我死了，将我扔在了死人堆里。”

注 河北省中南部。

记者：您是如何定位袁老的战地摄影记者身份的？

杜银秀：他的摄影就是在一线战场上进行如实的报道。掌握第一手的材料，照出真实的东西。一方面揭露敌人，另一方面反映战士们英勇作战的情况。

聚少离多的革命浪漫：相识三日，携手一生

记者：您前面说过您1949年之前没有出来，那时候您在什么地方呢？

杜银秀：我的老家在深泽县注。我家在城里，他家在城外，我们两家隔着四五里地。

记者：您和袁老认识的第三天就领了结婚证？当时很多女子都不愿意嫁当兵的，为什么您在这么短的时间内就决定把自己的一生交给他？

杜银秀：当时他们要南下了，他们领导就批了他一个星期的假回去。经人介绍，我与他认识了。因为我们都是党员，很谈得来。后来他急于南下，时间很紧，我们就登记结婚了。1949年我出来到南京找他，在那儿举行了结婚仪式。

结婚仪式后一个星期他们就南下了，我到部队学校学习政治、文化。

记者：你们在南京见面以后很快就分开了？

杜银秀：7月份我们在南京举行了结婚仪式。不到一个星期他们就南下。我们这些家属在河南学习，待到第二年2月份到重庆去。到了重庆后我打报告正式参军。他1951年进藏，而我留在重庆工作。

有一年把他调回来在一个中学上课学文化，我们在一块儿待了大概一两年。他又回到西藏了，我们就又分开了。后来他回到北京，我带着两个孩子也回到了北京，但刚把家安置好，他又调到东北辽宁分社，所以我们又分居了。过了一年西藏打仗需要人，他就又回西藏了，而我一直在新华社工作。

白洋淀雁翎队在芦苇荡中印刷宣传品。1944年

摄影记者之歌和西藏情结

记者：袁老曾说过，他想为自己编一部“摄影记者之歌”的书，这个愿望后来实现了吗？

杜银秀：没有，最后他病得不行了。2001年到2005年时，他作为副主编参与编辑出版《天下之脊》注，他拿出来一千多张稿子，最后用了287张，那就是他最后留下来的东西。

那时候他已经病了好几年了，但是在出这个东西的时候，他那个劲头就甭提了。当时他吃一顿饭要吐好几次，睡不好觉，走不了路。但是下着大雪他非要去送稿子，他自己走不了，就和我说你把我送到地铁下边去，我这稿子一定要送过去。有几次天气不好，但是他都要送。送稿子是在五环路外，还要倒车，他就背着包送去。

他得肺炎还发着高烧，西藏突然来一个信要出一个画报，请他去。他接到这个信高兴得不得了，说我一定要去，我说你这个病还没好，他说没关系，就去找医生说我一定要出院，马上要出院。医生说不行，你这肺炎没好出院以后很危险。他说就要去，有任务。他逼着我给他签字，我没办法，我对付不了他，我得给他签字。他去了以后大量收集资料和图片，在庆祝“川藏”和“新藏”两线通车之际出版了《金桥画报》，他高兴得不得了。他这人就是只要有工作，不管什么情况都要坚决完成任务。

记者：袁老自己很喜欢唱《雁翎队》之歌，他在家里面唱吗？

杜银秀：在家里面他高兴了就唱。他很乐观，在白洋淀的时候，他就跟战士们在一块儿编个词儿，弄个小调，就在白洋淀里唱，当时唱得可火了。

记者：这首歌是他自己写的词？

杜银秀：是他自己写的词，战士们就找小调配合着哼唱。

记者：袁老拍的照片里面有没有他自己很喜欢的？

杜银秀：有一张在前线拍的叫《夜攻单县》，正好借着战场上的光照的，他特别欣赏那张。他说这一张是最成功的。

注《天下之脊——刘邓大军征程志略》，全书约130万字，收录了3200余幅照片，共分四卷八册，全面记录了由刘伯承、邓小平领导的八路军第129师、人民解放军晋冀鲁豫野战军、中原野战军、第二野战军，在中国共产党领导的抗日战争和解放战争中，所经历的艰苦卓绝的战斗历程和为中华民族的解放和中华人民共和国的诞生所建立的丰功伟绩。

白洋淀的游击健儿雁翎队。
1943年

夜攻单县。1947年1月

“材料和我都是国家的”

记者：袁老怎么看待自己革命时期的摄影经历？

杜银秀：他从不谈这些，他觉得那是为国家干工作，有成绩也是国家给的荣誉，他觉得那是应该做的。他喜欢讲打仗的故事，他常常说生活上要往下看，工作上要往上看。他教育孩子要吃苦要锻炼。

记者：袁老在新华社摄影部工作的时候是什么情况？

杜银秀：他自1956年转业到新华社以后，做了几年的行政工作。后来去辽宁分社，西藏分社，“文革”时下放“五七干校”，后来又回到新华社工作。

记者：袁老在“文革”期间有没有受到冲击？

杜银秀：“文革”那时候他在西藏也吃了不少苦。这段事情我们不想多提。

记者：袁老在工作之余喜欢拍照吗？

杜银秀：喜欢。他退休后拍了很多风光照，他晚年学画国画，就拍了许多荷花、山水作素材。

解放昆明：第二野战军四兵团陈赓司令员在夹道欢迎中向市民举手敬礼。1950年2月

儿子眼中的父亲

记者：我还想请问您几个问题。袁老去了西藏以后把您也带去了。您是自愿去的还是因为父亲的要求去的？

袁军：因为我受父亲的影响比较多，我是中间插队过去的。我的父亲总是忘不了西藏，只要跟那儿有关的工作，他都会积极参与。

记者：袁老为什么对西藏有这么深厚的感情？

袁军：我这么跟你说，不只是我父亲，包括我，包括后来援藏的同志，只要在西藏待过几年的，都会有西藏情结。西藏是一个很独特的地方。

记者：您是怎么看待您的父亲的？

袁军：我父亲总是在一线，他的很多图片资料是很珍贵的，是绝无仅有的。那些资料真实地再现了当时的历史情况，而他发表出来的只是非常少的一部分。抗日战争、解放战争的几个大的战役他都参加了，千里挺进大别山的时候他也参加了各个方面的拍摄。后来他把所有的资料整理后，无偿地给了新华社、解放军画报社还有军事博物馆。他始终认为这些东西是应该交给国家的，他曾经拿着一张照片跟我说："孩子，我告诉你，这上面十来个人就活了我一个，他们都牺牲了。"他说我能活着是他们的牺牲换来的。

记者：您觉得您父亲是一个什么样的人？

袁军：我觉得他是一个脚踏实地，务实，无私，为这个国家奉献不计较个人得失的人。他把自己所有的资料整理出来交给国家，在国家需要的任何时候，他从不计较代价，不计较个人得失地冲到最前面去。他始终是在第一线的战地记者。

解放任丘。1944年

林堡伏击战组照之一。
1943年

林堡伏击战组照之二。1943年

林堡伏击战组照之三。1943年

刘邓大军在张秋镇至临濮集150余公里的地段上，强渡黄河，发动鲁西南战役。1947年6月30日

淮海战役中解放军战士坚守阵地。1948年

淮海战役中双集堆战场一角。1948年

雁翎队在白洋淀上开战斗动员会。1944年

敌军堡垒一角。1944年

王庆坨伪镇长代表日军来和我军谈判投降事项。1945年

我冀中某分区部队于保定南约50公里处的刘家庄设伏，击溃敌伪一个大队，生擒蠡县伪县长和伪正副大队长以下官兵百余名，缴枪百余支。1943年5月

羊山战斗我军缴获的汽车。1946年

大杨湖战斗中，战士们严守纪律。1946年

妇女担肥猪慰劳南下大军。

淮海战役中我军前沿指挥所。1948年

向黄维兵团总攻前，政工人员向突击队做简要动员鼓励。1948年

我军炮兵向黄维兵团阵地轰击。1948年

淮海战役中追击黄维兵团。1948年

附录：袁克忠年表

1921年　生于河北省深泽县。

1938年　1月，参加吕正操领导的冀中抗日人民自卫军，半年后这支队伍改编为八路军。后加入中国共产党。

1940年　进入冀中军区参加由石少华在河北定县主持的摄影训练队第三期摄影学习班学习。

1941年　任冀中第八军分区摄影组代理组长、《晋察冀画报》摄影记者。

1942年　任冀中第九军分区摄影组组长。

1945年　调《晋察冀画报》社当摄影记者，12月援建筹办《人民画报》。

1946年　任《人民画报》摄影记者。

1947年　6月，随刘邓大军南下拍摄了挺进大别山等专题摄影报道。参加创办《中原画刊》。1948年，举办了“千里跃进大别山”影展，任晋冀鲁豫第六纵队摄影股长，同年任晋冀鲁豫军区政治部摄影股长。

1949年　以随军摄影记者身份随第四兵团解放广东、广西、云南，拍摄了大量的战地摄影作品，参加了西南军区劳模大会。10月，任《西南画报》社采访股长。

1950年　记功一次，作为全国模范工作者在北京出席了全国英雄代表会议，任第二野战军《西南画报》社采编队队长。3月，以18军摄影股长身份随第二野战军18军进军西藏先遣支队出发。

1951年　筹建高原战士画报社，任副社长。

1953年　任西藏军区政治部文化部画报社副社长。

1956年　任西藏军区俱乐部主任。

1957年　加入中国摄影学会（中国摄影家协会的前身），是中国摄影家协会的首批会员，是西藏地区第一个加入中国摄影学会的摄影家。同年转业，任新华社摄影部经理室副经理、研究室副主任。

1959年　在北京新华社从事摄影工作。

1961年　任新华社辽宁分社摄影部主任，拍摄了反映辽宁工农业战线上的图片。

1962年　以新华社记者的身份拍摄了中印边境自卫反击战，并留任新华社西藏分社摄影组组长。后任新华社西藏分社副社长。

1966年　“文革”中，在西藏遭到冲击，受到不公正待遇。

1971年　在西藏举办袁克忠“和平解放西藏20周年”摄影展。

1972年　任新华社计划管理室副主任。

1978年　在新华社摄影部风光组工作。

1981年　参与老战士影展策划筹备工作。

1982年　离休。

1982年　被新华社风光图片部返聘为高级摄影师。

1983—1985年　主编西藏自治区交通厅《金桥——纪念川青藏公路通车30周年》画册、参与主编《天下之脊——刘邓大军征程志略》等大型图书。

1992年　袁克忠在他的老领导成都军区副司令员陈明义的支持下重走川藏线，采访拍摄，到西藏后，深入西藏各地拍摄了大量的人文及风光照片，历时三个月。

2007年　在北京逝世。

附录：袁克忠自传

我于1921年出生，小名袁桂森。祖籍是河北省深泽县南袁庄。那时，南袁庄是一个只有70户人家的小村。村南有一条从山西五台山发源，流入东海的滹沱河。从天津到石家庄的大小船只都在这条河上运输，航路繁忙，沿河地区也因此发展得非常繁荣。

父亲师范毕业，在村小学教书。有共产党员在村子里活动，父亲拥护共产党，让他们到学校里宣传，学校里经常有共产党员组织教课。我7岁时随父亲上小学，便知道了“列宁”、“苏维埃”、“共产党”。后来我父亲的学生中，很多人走上了革命的道路。我小学上了四年就初小毕业了，到县里上了两年高小。考上中学后，因家境败落，辍学后在家务农。

抗日战争期间的经历

1937年“七七”事变后，由于家中家境贫困，年底债主上门逼债，无法过年。为躲避追债，父亲想送我参军，我也愿意扛枪打鬼子。于是在当年的旧历腊月廿三，在去县城买年货的集上，我参加了当时驻扎在深泽县城、吕正操领导的“抗日人民自卫军”，当时我16岁。半年后，这支队伍改编为“八路军”。

1938年7月，我脱离部队，转到深泽县兵工厂当药工，制作手榴弹和地雷。工厂包吃包住，每月挣2块边区票，很快我成为药师，并加入中国共产党。

1938年12月，因兵工厂成绩显著，冀中地区决定与武强县兵工厂合并，成立冀中地区的大兵工厂。撤离时，工厂用了120辆大车，走了三天三夜，到了河北省饶阳县大曹庄耿山口村一带，遇上日寇的“大扫荡”。队伍失散，我个人东西全部丢光，便回了家，也与工厂丢掉了联系。

1940年5月，我考入冀中第八军分区的抗日军政大学，在学校里学军事、政治和文化，很快就成为一名抗日干部。在学校里，担任班长，后升为排长。同年10月，调到冀中军区政治部，新闻摄影训练队学习。当时我19岁，从此开始了我的摄影人生。

1941年5月，我调到冀中第八军分区政治部组建新闻摄影组，并任组长。当时为了打破日寇的蚕食政策，我第一次以战地记者的身份参加了八路军的“青大战役”，并独立地完成了新闻采访和摄影报道的工作。当时新闻摄影组只有一台照相机，维护时，我使用了“鸡”油，搞坏了相机，领导批评了我，我闭门三日细心研究，不但修好了它，还把大批缴获的日寇相机修好了，使得战地记者人手一台。另外制片干事李清怀也将报废的相机改装成日光放大机。此后，我们的摄影工作便开展起来，并举办了摄影展览，受到分区、军区领导的赞扬。

难忘的“五一‘大扫荡’”

1942年，日寇向冀中平原发动了烧光、杀光、抢光的惨无人道的“五一大‘扫荡’”。我们摄影组经历了一次残酷环境的考验。在这次“扫荡”中，宋义生同志身受重伤，被锯掉了一条腿。刘殿奎同志壮烈牺牲。只有孟振江和李清怀两位同志突围成功。

当时我与刘士珍到饶阳县第六区进行报道和拍摄志愿义务兵役制运动，遇上日本鬼子的“五一‘大扫荡’”。队伍突围了，我们因要完成任务，不能突围。所以只能穿便服混在群众中躲避敌人的合围“扫荡”。在转移到高柳枝桥村时，我被敌人捉到宪兵队，后由村里的地下党组织花钱营救出来。

救出的第二天，日本鬼子“扫荡”队又野蛮地包围了高柳枝桥村，我被困在村民中，敌人在村民大会四周架起机关枪。我身高1.75米，在人群中很显眼，很快被指认为八路军。当时敌人抓了十余人，其中两人当场被刺刀挑死。一人在敌人刺刀下承认是八路军后，敌人用尽残酷刑法、逼他交出枪和子弹，交不出就打死他，最后他死得很惨。那时，我被几个日本兵用刺刀押着，逼我躺在炕上，头在炕沿下，由几个人按住，用毛巾盖住脸，上面用水壶往毛巾倒水，一吸气就会从鼻子眼和嘴里灌入凉水，我很快就昏死过去，后又缓和过来，不承认，再灌，又昏死过去。被敌人灌了四五次，也晕死了四五次。最后敌人以为我已经死了，将我扔到死人堆里，等我慢慢苏醒过来时，敌人已经走了。这时，刘士珍从死人堆里找到我，抱着我放声大哭，大叫：“我们怎么办呀？”他的哭叫惊动了村维持会会长。村维持会会长给我们吃了敌人剩下的白面饼，并把当时周围的敌情告诉我们，建议我们向西突围。我们分析了敌情，当夜，我带着刘士珍，在敌包围的空隙中，越过封锁线，躲过鬼子的哨所。天亮后，我们躲在麦田里，观察周围敌情，才知已经突出了敌人包围圈。刚缓过神来，又发现北边不远处，日本鬼子压着1000多名群众在修公路，我带着刘士珍借助青纱帐一路向西撤离。

西边是过去我打游击时的抗日根据地，很熟悉，我把刘士珍送回家。回来的路上，我又被民兵当作汉奸捉到区政府，很巧，遇上老战友，才解除了误会。我想暂住到大陈家庄舅舅家，但刚往下，又被日本人从舅舅家将我抓出来，村里的老百姓将我保出。保出后听说弟弟也突围出来回家了，我就悄悄返回父母家。途中路过城南关时，不经意间正好走入日本人的作战演习圈，吓了一大跳，定住神后，镇静自若从鬼子的机枪控制中走了过去。当时身上没有良民证，如果盘问起来就会被捉，当成八路军枪毙。

回到家中见到了弟弟袁时中，弟弟小名叫“胖蛋”，长得高大漂亮，也见到了姐姐。姐姐因婚姻不幸福，患精神病不久就去世了。当时父亲不愿意为日本人当教员，在家与母亲一起务农。

弟弟14岁就参加了八路军，在县大队当警卫员。16岁时学医在连队当卫生员，17岁时就遇上了这次“大扫荡”。听弟弟说，在这次突围中，他所在的部队在前面用刺刀杀开血路突围，他在后面负责收容照顾彩号。前面部队突围出去了，后面追赶的日寇把他们包围住，他率领伤号抗击敌人。战斗中，还击毁了敌人的坦克。后部队化整为零后突围成功，他就回家了。弟弟讲的时候很兴奋，他年轻身体又好，我为他骄傲。在家没几天，由于父亲的一个学生向鬼子告密了我们，我和弟弟得知后便从家里跑出来，随后我参加了县大队。继续寻找自己的部队。

在参加县大队的游击战中，我找到了冀中军区政治部负责收容失散部队干部的负责人石少华同志，他当时已经收容了二十多人，大部分是原冀中军区火线剧社的演员和军区干部及部分摄影记者。人员分成两个班，我率一班突围到了白洋淀地区，在那里找到了原政治部机关，才知道在这次战役中，我所在的第八军分区常司令员和王政委都牺牲了。司令部和政治部的二百多人，现只剩下二十余人。后为保存力量，我和集中的人员一起随部队突围进了河北燕山晋察冀边区的根据地。

弟弟也找到了第六分区，分配到了分区的警卫连当卫生员。1943年，六分区在反扫荡中取得了重大胜利。但日寇很快进行了报复，将六分区的领导机关包围。警卫连为保卫机关突围，杀开一条血路，突出去了。弟弟在后面收容伤号，被敌人围在村里的一个老财家。他组织伤号与敌人死拼，敌人用机枪顶着老百姓用秸秆烧老财的房子。不去的人就被敌人用机枪射死。弟弟他们只能停止反击，最后全部被烧死。解放后在深泽县城关北亟台烈士陵园刻有他的名字，但刻的是弟弟自己改的名字，为南袁庄人，在记载家谱时他却成了无名烈士。

1942年10月，我调到九军分区政治部任摄影组长。1943年，因为当时牺牲的人太多，找不到1938年我入党的证明人，故1943年又重新入了一次党，直到1945年抗日战争胜利。

在抗日战争中我报道过的有记载的战事有：

青大战役

1941—1942年，青大战役中，我任八分区摄影组长。在这场反蚕食的战役中，我拍摄了《军民关系》、《报名参军》、《回民支队》等一系列珍贵的战斗新闻照片，并且办了几次摄影展览。可惜所有资料在“五一‘大扫荡’”中丢失。

打回冀中去

1943年3月，任九分区摄影组组长，“打回冀中”的战役是收复根据地并保卫根据地的地方武装战斗。为报道战事，我来到42区队。先报道了42区队“化装袭击桥城铺”的战斗。当时我随部队化装成日军“扫荡”队，我本人化装成特务。战斗拔掉了敌人的桥城铺据点。俘虏了伪军二十多人。

报道了42区队“蠡县战斗”的伏击战。我随一中队配合蠡县人民武装在蠡县刘家庄一带设伏。击溃伪军一个大队，生俘伪军100多人，俘虏伪县长等人，缴获机枪2挺，长短枪100余支，战马10余匹，自行车10余辆。

报道了42区队“林堡伏击战”的战斗。战斗中歼灭日军“衣存”中队一个加强排40余人，缴获机枪2挺，步枪30余支，烧毁汽车2辆，歼、俘日伪工作人员20余人。

三次战斗共报道和发稿百十余张。解放后，照片《化装袭击桥战铺》、《活捉蠡县伪县长》、《林堡伏击战》等系列摄影作品作为珍贵的历史资料多次参加摄影展览、收录出版画册、收入历史回忆录。现存国家军事博物馆、解放军画报社、新华通讯社等。

白洋淀人民的抗日战争

1943年8月，我来到白洋淀，报道白洋淀人民的抗日战争。先后报道过雁翎队打保定船的战斗、白洋淀人民群众的抗日生活、军民关系和攻克任丘县城、占领安新城等战斗。白洋淀解放后，追踪报道了白洋淀人民的生活。

战斗中我收集当地乡村小调和战士们的语言，创造了《雁翎队之歌》，拍摄并发表了六十余张摄影作品，其中《雁翎队打保定船》、《攻打任丘县城》、《攻打安新县城》、《雁翎队轻艇前进》、《开战前的动员大会》、《缴获的战利品》、《俘获的日伪军》、《给俘虏治病》、《冰上捕鱼》、《儿童团演出》、《妇女生产自救》、《妇女认字班》等系列摄影作品成为抗日战争的珍贵历史资料，均被国家收存。

那首《雁翎队之歌》至今我仍然能哼唱。

拍摄日军保定机场

1944年深秋，美军观察组到了冀中，冀中军区司令员杨成武亲自接待。美军杜伦上尉提出要配合我们反攻，需要保定机场的照片，限三天完成任务。我独自受命执行这项任务，在保定武工队的配合下，我独自一人混入机场。两日后，将机场跑道、停机场、指挥塔和战斗机的清晰照片送到司令部。杜伦上尉非常吃惊，诙谐地说：“我真后悔没有要求你们把日本驻保定空军司令官的照片也拍下来。”当时，全套照片洗印了两份，一份留给延安的美军观察组，一份送史迪威将军转交美军空军司令部。

在这期间，我真实地记录了战争，也记录了我的摄影人生。

解放战争期间的经历

1945年9月，我随八路军转战到张家口，调到晋察冀军区政治部，《晋察冀画报》摄影科，任新闻摄影记者。同年10月，绥远战役，配合八路军120师作战。第一次参加了两大兵团保卫胜利果实的大战役。10月回来后，晋察冀画报社为支援晋冀鲁豫军区政治部建立人民画报社，调我和其他三位同志过去，建立了人民画报社，仍任摄影记者。

1946年，部队给了一个月时间，回家解决婚姻问题。回家后，经人介绍认识了杜银秀。我与银秀的堂哥杜银灿是同学，对杜家大院有一些了解，杜家是深泽县城内的旺户，前后街是杜家人的门户。银秀当时已经是共产党员，她的姐夫王书行是地下工作者，在“五一‘大扫荡’”中牺牲。银秀当时是深泽县城关村村政权的生产干事，负责组织生产。她很愿意出来参加革命工作，就同意和我结婚。认识的第三天就领了结婚证，第四天，我就上了战场。

1946年，我随刘邓大军南征北战，作为随军战地新闻摄影记者，我参与了“三下陇海”、“九战九捷”、“千里跃进大别山”、“襄樊战役”、“淮海战役”、“渡江战役”，以及“解放两广”、“解放云南”、“解放四川”、“解放西藏”、“把红旗插上了喜马拉雅山”等系列报道，留下了大量相关的新闻摄影资料，为国家留下了珍贵的历史资料。

陈赓部队进军大西南，解放两广和云南

1950年3月，我从昆明乘飞机到重庆。到西南军区政治部，西南画报社，任摄影股长。在这期间，部队因我在大西南战斗中立了大功，选举我出席全国英雄模范大会。

1950年，银秀从河南女子大学毕业，回到了重庆西南画报社工作。

1951年3月，四兵团司令员陈赓调我去朝鲜，报道抗美援朝的战事。18军宣传部长夏川要我到18军工作，任摄影组组长。我最后还是选择随老领导与18军一起进藏了。入藏采访报道后，我留在西藏军区政治部，任高原战士画报社副主任，1956年任军官俱乐部主任。

军民掀起向王克勤学习的运动

1946年12月10日，中共中央机关延安《解放日报》发表社论“普遍开展学习王克勤运动”，王克勤是二野的一个班长，运动中的主要照片是我拍摄的。这些照片成为解放战争的珍贵历史资料，被国家收存。现在南京军区仍然有王克勤连，王克勤仍然是军事训练的标杆人物。

出击豫皖五边战役（二下陇海）

为配合鲁南我军作战，晋冀鲁豫野战军于1947年1月25日分两路向陇海路以南、以北地区出击，连克柘城等十余座城市，歼敌9000余人，我作为战地摄影记者，随刘邓大军的第三纵队全程报道了战事。拍摄了著名的《夜攻单县》、《攻上单县城墙》、《缴获的榴弹炮》、《俘虏的敌军兵官》等战地系列照片，成为解放战争的珍贵历史资料，被国家收存。

鲁西南战役（三下陇海）

1947年6月解放战争从战略防御转入战略进攻阶段。6月30日，我随刘邓大军在张秋镇至临濮集的150多公里地段上，强渡黄河，发起鲁西南战役，歼敌4个整编师部和9个半旅共计6万余人。我是随军记者，拍摄了著名的《刘伯承的总动员》、《夜渡黄河》、《羊山战役》、《占领敌人制高点》等战地系列照片，成为解放战争的珍贵历史资料，被国家收存。

千里跃进大别山

刘邓大军在鲁西南战役结束后，于1947年8月7日挥师南征，横跨陇海铁路，涉越黄泛区，强渡涡河、沙河、颍河、洪河、汝河、淮河，跃进千余华里，粉碎了敌人的沿途阻击，于8月底到达了大别山。我随军拍摄了《夜渡沙河》、《行进中的榴弹炮部队》、《解放安徽立煌县》、《占领霍山县》、《解放舒城县》、《张家店战役》等战地系列照片，发稿二十余张照片，成为解放战争的珍贵历史资料，被国家收存。

襄樊战役

当我军发起豫东战役正在围歼区寿年兵团时，白崇禧部主力企图北援。刘伯承率部队于1948年7月2–16日，进行了襄樊战役。歼敌两万一千余人。我当时是二野的摄影记者，到六纵临时担任摄影股长。拍摄了著名的《六纵司令员王近山战地动员会》、《渡汉水》、《攻上襄阳城》、《巷战》、《活捉国民党第15绥靖区中将司令康泽》等战地系列照片，发稿十余张，成为解放战争的珍贵历史资料，被国家收存。

淮海战役

这是我军同国民党进行战略决战的第二个战役，当时华东、中原两大野战军和华东、中原、华北军区部队各一部，于1948年11月6日–1949年1月进行决战。此时我拍摄了《突击队员》、《冲向敌人阵地》、《遇水搭桥》、《敌人搭成的死尸桥》、《战地火海》、《扎紧袋口》、《战场指挥所》、《军事民主》、《战士写决心书》、《敌人的汽车工事》、《对空射击》、《战地指挥所》、《南集团战地指挥员》等战地系列照片，发稿100多张，成为解放战争的珍贵历史资料，被国家收存。

解放南京

1949年4月，我随刘伯承部队的二野政治部参加了解放南京的战役。拍摄了《人民欢迎解放军》、《学生的欢送活动》、《七七阅兵》、《南京市民欢送二野部队进军大西南》、《解放后的市民生活》等系列照片，发稿二十余张，成为解放战争的珍贵历史资料，被国家收存，当时还参与出版了《百万雄师过大江》的大型画册。

解放两广、云南、四川

1949年7月11日，我奉命到四兵团随部队到达井冈山，拍摄了一组《井冈山革命老区人民欢迎解放军》的摄影照片，发稿近30张，成为解放战争的珍贵历史资料，被国家收存。

1949年10月1日，为解放中南广大地区，中央军委决定四野和二野四兵团向中南地区进军，至1949年12月中旬，先后解放了鄂、湘、赣、粤、桂五省，共歼敌40余万人。我拍摄了《过五岭》、《顺北江南下》、《通过唐江》等组照片，发稿近300张，成为解放战争的珍贵历史资料，被国家收存。在此期间，还为部队培养了二批学员，为14军建立了摄影组。

解放西藏，将红旗插上喜马拉雅

为成就统一祖国大陆的事业，1950年3月，我随二野进军西藏。10月进行了昌都战役，打开了进军西藏的大门。我拍摄了《进军修路动员大会》、《过雪山》、《过金沙江》、《18军先遣部队进拉萨》、《民主改革》、《成立政府》、《部队进驻边防点》、《生产粮食》、《修川藏公路》等组照片，发稿100多张，成为和平解放西藏的珍贵历史资料，被国家收存。

从部队转业到新华社

1958年，从军队上转业，调北京新华社摄影部，任经理室副经理和研究室副主任。1961年，又回到新闻摄影岗位，任辽宁分社摄影部主任。1962年，参加了中印边境自卫反击战军事报道，后留西藏分社工作。1970年“文化大革命”中，到山西省永济县的“五七干校”劳动三年。1973年，又回到北京新华社工作，一直到1982年离休。

建设西藏

中印边境反击战之后，我留在新华社西藏分社工作，任摄影组组长。

从1963年开始，西藏开始建立人民公社，发展生产，我到农区和牧区报道了“百万农奴站起来后”的一系列生活和生产的新闻资料，每年发稿百十张，最著名的有《人民代表大会》和《筹备建立自治区》等系列新闻照片，为记载西藏解放后的建设留下了宝贵的资料。

攀登珠穆朗玛峰

1975年，体委调我去报道西藏的民间体育项目，遇上我国组织运动员第二次攀登珠穆朗玛峰。军区司令员负责这次登山活动，他是我在18军时的直接领导，就派我去报道登山活动和边防哨所。后又报道西藏体委组织的民间体育大会，先后发了100多张新闻稿。

我离休后，始终没有放弃摄影工作，离休二十多年中有记载的事情有：

1984—1986年，用了两年时间，先后进藏四次，走遍了青藏公路和川藏公路，作为主编，出版了《金桥》画册，其中收集了我三十多张照片。

1982—1987年，在秦基伟、康克清、朱霖等人的大力支持下，用了五年时间，收集资料，1987年在北京美术馆和昆明分别举办了“刘邓大军战斗记”大型展览。我是解放战争资料的主编，用了我个人在解放战争中拍摄的照片三十余张。中央领导杨尚昆、秦基伟和康克清等人出席开幕式，徐向前、宋任穷、黄镇、杨尚昆、聂荣臻等领导人为展览题词。

1991年，为纪念西藏和平解放40周年，我带着照片，联合五个记者，进藏举办了“和平解放西藏40年”大型展览，展览了我的五十余张照片，西藏军区司令员，政委和自治区领导参加了开幕式。

1955年，我作为编委之一，出版了《邓小平军事活动图集》，收录了我的二十多张照片和资料。

2001年—2005年，我作为责任副主编，编辑出版了《天下之脊》摄影画报，编辑了130万字，3200多张照片。共分为8册：抗日战争上下册、解放战争1—5册、抗美援朝。一共采用了我287张照片。

一辈子没有离开画报

高帆

一辈子没有离开画报
一辈子没有离开画报
一辈子没有离开画报
一辈子没有离开画报
一辈子没有离开画报
一辈子没有离开画报
一辈子没有离开画报

摄影艺术要达到强烈逼人、激动人心的效果，所摄取的应当是生活激流中最富有概括和集中性的一个片段；是斗争浪花里最富有典型和代表意义的一个场景。这就要求摄影艺术作品在欣喜形象地反映生活的同时，还能深刻地揭示生活的本质和美的特性。

——高帆

一辈子没有离开画报

口述人：牛畏予（高帆之妻） 高腾（高帆之子）高陵（高帆之女） 顾棣（高帆战友）
采访人：张向荣 ／ 撰稿人：张向荣
时间、地点：2010年6月于北京魏公村（采访高帆家人） 2010年4月于山西太原（采访顾棣）

高帆（1922—2004），我国著名的画报工作专家，摄影艺术理论和军事摄影报道工作的组织者。1922年12月出生于浙江省萧山县赭山镇的一个贫民家庭，早年曾就读于浙江省立蚕桑学校。1938年秋，赴延安投身革命，初进陕北公学，后转抗日军政大学。在抗日战争时期，曾长期深入敌后，转战太行山区，先后在129师先遣支队政治部，129师政治部宣传部从事《战场画报》编辑、美术、摄影工作。解放战争时期，先后在晋冀鲁豫军区政治部、十八军团政治部和华北军区政治部从事画报、美术、摄影宣传的组织领导工作。战争年代随军参加了北流寺战斗，上党战役、陇海战役、临汾战役和进军大西南、平津战役等摄影报道，新中国成立初期任西南军区《西南画报》社主编，1951年2月调入中国人民解放军总政治部，参加了《解放军画报》的创建工作，曾任副总编，总编和社长职务。1956年中国摄影学会成立时，他是发起人之一，第一到第三次会员代表大会常务理事，1957年《中国摄影》创刊时为首任主编，第四次会员代表大会被选为副主席，第五次会员代表大会当选主席，第六次会员代表大会被推选为名誉主席。

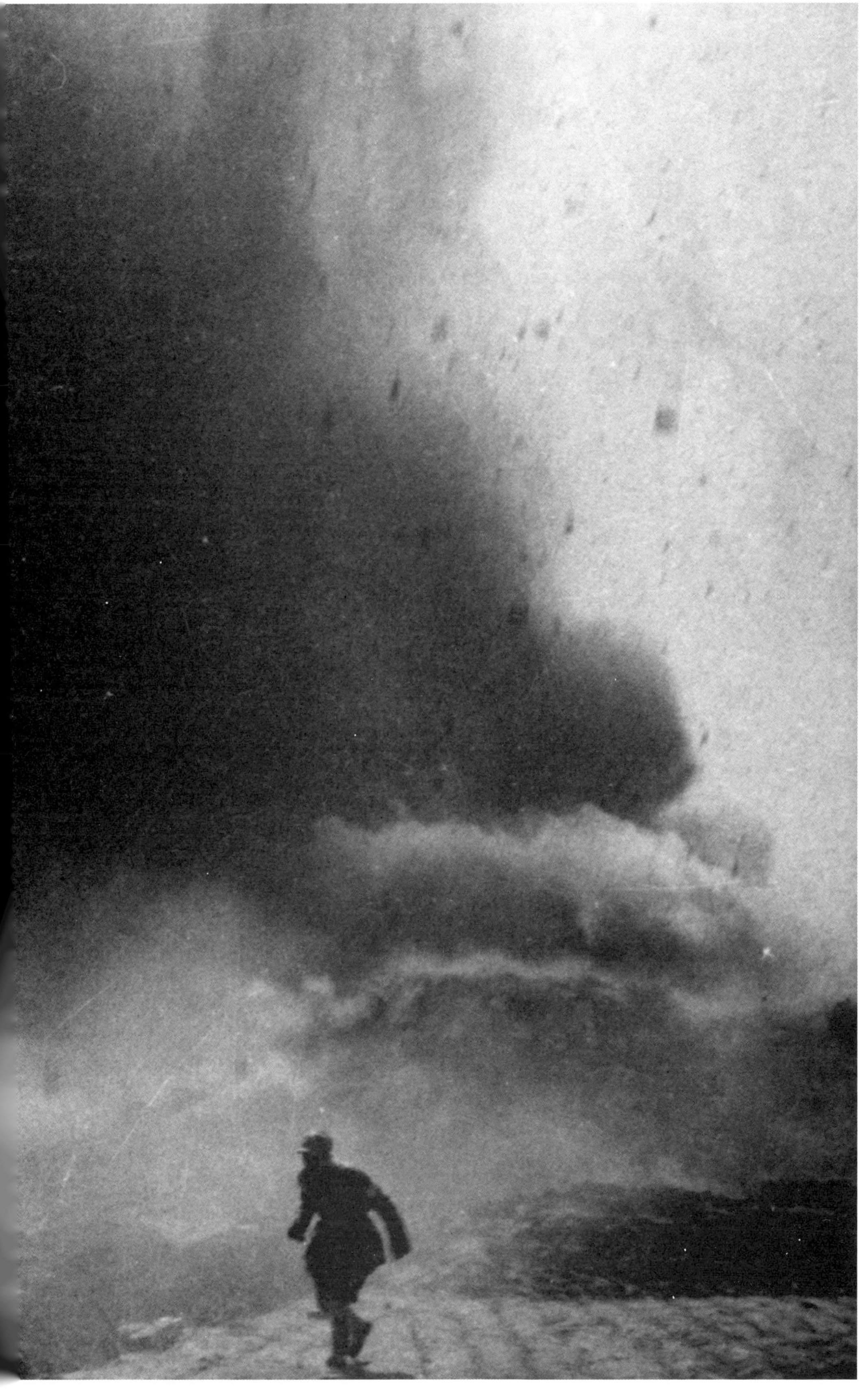

临汾战役中，我军爆破手执行任务。1948年

从小自尊的意识很强，勤劳节俭

记者：我们采访的中心话题是“高帆是一个怎样的人”。作为女儿，您有没有听您的父亲谈起他的童年？

高陵：我的父亲并不爱表露自己内心的想法，加上他那让人听不太懂的浙江话，使他跟家里人的交流很少。在2004年他到了癌症晚期住院的时候才开始回忆他的童年。

他们学校位于杭州郊区一个叫古塘的地方，是蚕桑技术学校。父亲是孤儿，只能住在学校里面。那个时候他大约13岁。他回忆的时候讲到他的文章写得好，上过榜；他的成绩名列前茅，从来没有被老师打过手板。

我父亲小的时候没有钱，有次不知道哪个亲戚给他五分钱，他买个烧饼在西湖边一边走一边吃，他觉得特别快乐、特别满足。我们知道他那时候很苦，但我的父亲很少说怎么苦。我们回老家时听亲戚讲，他有次从学校回到他姐姐那儿，他不进门，躲到柴草堆后头，等到天黑了才进屋。他怕人家瞧不起，从小自尊的意识很强，勤劳、节俭。

记者：高帆有一位姐姐？

高陵：他的亲姐姐，比他大十几岁。他姐夫是农民，他们特别朴实，非常照顾这个弟弟。我的父亲上延安，他姐姐听说了以后就到处找，但战火连天找不到，她就烧香磕头，保佑他的弟弟别出什么意外。我父亲非常怀念他的姐姐，甚至多年来的除夕夜，饭桌上都要多添一副碗筷，病榻上，我父亲动情地说，看来我要这样和姐姐回家了。

只要和宣传拍片有关，都是“找小高”

记者：那高帆有没有谈起他的父母？

高腾：他的父亲很早就不在了。他的母亲在萧山一个有钱的人家做针线活，她有点儿文化，人非常好，不吭声的。后来她病了，在帮工的人家里死掉。我父亲的姐姐，就是我的姑姑，带着我父亲把她领走。高帆本姓冯，但是办丧事冯家却没有人参与，我父亲的姐姐就把她埋在我姑父戎家的坟地里。父亲一再和我们讲戎家有恩于他。

实际上我父亲姓冯，叫冯声亮。他的母亲姓高，父亲就改名跟着母亲的姓。我父亲非常痛恨他的父亲。冯家以前是个殷实的家庭，就让他的父亲抽大烟把家败光了，败得很惨。我的父亲铭心刻骨，所以把姓都改了。在我的父亲最后的日子里我陪着他，我曾对他说，你就不原谅你的父亲吗？他仍然说了一句：“我的父亲是一个混蛋。”他是这么一种性格。他不能够原谅他的父亲，但也对帮过他的人记一辈子。

战乱将起的时候，我的父亲曾流浪到上海。他腿脚好，可能在上海也转了不少地方。他听说上海有个“大世界”，里面梦幻奇特，想进去但又进不去，就在门口观望着。有个国民党部队的伤兵进门的时候看到了我父亲，他伸出手拉着我父亲的小手大摇大摆地进去了。那时候上海滩都怕伤兵，谁要敢欺负伤兵没准能把场子砸了。就这样我父亲进入了上海“大世界”，圆了他的这种向往。他直到晚年都很怀念这个伤兵。

记者：高帆后来是怎样离开家乡的？

高腾：日寇打到杭州以后，他的学校迁到金华，而我的父亲要去抗日。他的学校有个女同学叫孙传织，在他临走的时候给了他六七块钱。他就和几个同学去长沙，从长沙到了延注王克勤（1920—1947），安徽阜阳县人。1939年7月被国民党军队抓壮丁，1945年10月在邯郸战役中的平汉战斗中被解放，参加中国人民解放军。1946年9月加入中国共产党。作战勇敢，战绩显著，九次立功。1947年刘邓大军挺进中原，在鲁西南战役中，受命担任定陶北门的攻坚任务，负伤后仍坚持指挥战斗，因流血过多，于7月11日凌晨英勇牺牲。

注成仿吾（1897—1984），今湖南新化县人。新文化运动的重要代表、无产阶级教育家和社会科学家、文学家、翻译家。1937年抗日战争爆发后，大批革命青年从全国各地奔赴延安。中央决定成立陕北公学，成仿吾任校长。

注《战场画报》：1943年1月在晋冀鲁豫根据地创刊，高帆和熊雪夫、梁坤生等创办。

注黄镇（1909—1989），1930年到冯玉祥部队当兵。1932年加入中国共产党。1934年为了庆祝中华苏维埃第二次全国代表大会召开，黄镇创作了巨幅油漆画《粉碎敌人的围剿》，受到毛泽东和与会代表的称赞。1934年随军开始长征。抗日战争时期，参与创建了晋冀鲁豫边区革命根据地。1943年后，历任豫北工作委员会书记，太行军区副政委兼政治部主任等。

高帆站在太行山自绘壁画前。1939年

安。一路上有个山东的同学名叫汉清，我父亲一直怀念着他，他在路上为高帆打过一双草鞋。汉清是齐鲁大学的学生，后来也到了八路军总部，有一次被派到敌占区搞粮食时被敌人包围了，再也没能出来。爸爸提起这件事的时候总是泪汪汪的。

他对战场上的战士，尤其是牺牲的战士有很深的感情。他总是想发表这些战士们的照片，能让后人知道他们的事迹。他照过一组模范战士王克勤注的照片，在他整理他战争年代的作品时就拿着那摞王克勤的照片从这屋走那屋，从那屋走这屋，嘴里一直念叨着，但又不知道去哪里发表。在他最后的日子里，他总是在怀念身边牺牲的人。他有一张照片拍的是临汾战役中的突击队员，这些战士马上要冲上去了，临行前就喝一碗酒，高帆陪着他们，为他们照了一张合影。高帆讲起这张照片，就说了一句："他们谁都没有回来"，就再也说不出话。

记者：高帆的摄影事业是从什么时候开始的？是如何开始的？

高腾：卢沟桥事变后，我父亲那些热血青年就准备去延安。先到长沙，再去武汉办事处，党安排他们去延安。

到了延安以后就在延安抗大，他先读陕北公学。毕业的时候校长成仿吾注见到高帆，就问："你要毕业了，你的志愿是什么？"高帆说："我要到前线去"。成仿吾就在高帆的小本上写了一句话："前进，中国的青年！"这给高帆的印象非常深刻，也激励他一步步到了太行山、到了漳河边上。他在八路军129师政治部、宣传部当宣传干事。后来从日军缴获了照相机，他就慢慢开始照相了。

记者：他的第一台相机用了多久？高帆在拍摄之外，还做哪些工作？

高腾：这架相机他用了很久，拍了很多战斗的情景和缴获的武器。那时候胶卷稀缺，八路军129师是在太行山深处，也没法像其他根据地那样派人去城市里买胶卷。用当时的话讲，晋察冀在山北，晋冀鲁豫在山南，山南的条件更差些。那时候想要获得胶卷，多留一些战争的记录是一件很困难的事。即使留下了战争的记录，很多底片也在坚壁和行军中遗失了。也恰恰因为如此，高帆的才华充分展现出来。宣传标语、雕塑、壁画、木刻，用现在的话说叫"全活儿"，他一个人就能承担了。那个时候129师的画报是《战场画报》注，上面多是漫画和木刻，摄影作品也印不上去。刘伯承在战斗间隙出过一本《军事教程》，就是叫高帆去给画的插图。

记者：那么，高帆又是怎么走到编画报的工作岗位上的呢？

高腾：那时候战斗部队都知道，有一个搞摄影的高帆，有一个编画报的高帆。卓琳很多年后听到高帆的名字就会想起"是那个编画报的吧"。这是因为他负责的是宣传工作，既要报道战场上的英雄事迹，还要组织编辑画报、办展览。抗日战争的时候太行山里没有太多同志搞摄影、搞美术。刘邓有什么事，又要是和宣传拍片有关的事，都是"找小高"。

单纯搞摄影的话条件太艰苦了，胶卷都搞不到。宣传工作怎么做？就想要出一个画报。当然，编画报要有人支持，谁支持？他的领导黄镇注。当时黄镇是八路军129师政治部副主任，喜欢画画，红军长征路上还画过速写。晋察冀有个画报，黄镇看到过，他觉得我们八路军晋冀鲁豫部队应该也有这么一份画报，才能更好地宣传胜利、鼓舞士气。高帆主动要求去晋察冀求援，这就有了高帆怀揣一个手榴弹跨越封锁线去晋察冀求援的故事。他带着自己拍摄的照片走了几百里、上千里的路进入山西，到达河北阜平，在晋察冀那里把版拷好了再背回来。这样，《战场画报》后期就有了摄影作品。

高帆厉害的是他的腿。比方说，他现在跟你说着话、唠着家常，一会儿工夫高帆已经在十里开外了。穿越封锁线的时候他就住在老乡家里，他睡觉时很机敏：狗叫声、脚步声等周围细微的动静，他都会跃身跑掉。他说要时刻保持警惕，遇到突然情况要懂得应变。

画报里头有他的摄影，摄影又得集中成为画报

记者：做画报是如何跟他的摄影结合在一起呢？

高腾：摄影是图片，变成一本画报就是把图片印在画报里。画报阅读起来和单张的图片不一样，可以表现出一组战斗、一个故事，可以把事情说得更生动。1944年，高帆揣着手榴弹去制版，把那一期编成有摄影作品的画报。整个画报里有十几个名字出现，实际上全是他的化名，他提到这是和沙飞学的，表示我们的摄影队伍很强大。

《战场画报》改成《人民画报》，是因为晋察冀派来一支队伍帮忙，有记者了，也有很多制版工人，大家能一起开拓晋冀鲁豫这边的画报事业，《人民画报》就真正成了一份摄影画报。有了制版机，就可以把摄影作品印在画报上，没有制版机就只能登美术和木刻。《人民画报》是晋冀鲁豫后期的画报，后来和《晋察冀画报》合并之后为《华北画报》，我们一般也认为它是《解放军画报》的前身。也就是说，高帆从《战场画报》开始就和画报结下了不解之缘，一直到临终还在编画报。画报事业贯穿了他的整个生命。

解放后办《解放军画报》，高帆也有自己的想法。他也从国画、连环画、水彩画里面汲取养分，充填到画报里面来，使画报宣传更具有多样性，更生动、更感人；他跟很多画家是好朋友，从他们身上汲取养分，这都是在为了编好这本画报。

129师政治部在涉县王堡村自己动手挖窑洞。1944年

北平解放前夕，真觉寺（又称五塔寺）被国民党部队作为防御工事，在四周修了碉堡群。1949年1月

记者：那高帆自己是如何把摄影和画报这两个事业连在一起的呢？

高腾：最初是战地摄影，拍一些照片鼓舞士气，留住战斗记录。后来就想编完整的小册子或者是画报，让更多人看见。他画过一本小人书《战斗英雄李海水》，在战场上、在堑壕里让战士传看。共产党的干部组织纪律特别强，尤其是在军队里，听党的号召，听上级的命令。你当主编就得把这份工作做好，这对他也是一个任务，他作为军人当然要完成得很好，所以他这一生都是搞画报。但是，他也离不开摄影，他从年轻的时候就热爱摄影、钻研摄影。所以摄影和画报是相辅相成的，画报里头有他的摄影，摄影又得集中成为画报。

战友顾棣和高帆的交往

记者：顾棣先生，您好。您能谈谈您在战争年代和高帆的交往吗？

顾棣：好的。当时好多搞摄影的同志都来到了晋察冀或晋冀鲁豫解放区。他们这些人，文化水平高。沙飞算是大学毕业吧，高帆是高中文化，人聪明，长得也漂亮，领导很喜欢他。在晋冀鲁豫129师，高帆以搞美术为主，当时还没有搞摄影的条件。高帆第一次从晋冀鲁豫到晋察冀画报社是1944年6月，当时画报社正在神仙山底下的洞子沟，他去的时候我还没有参军，我9月才去。

高帆那时候和沙飞、石少华等人关系非常好。他和章文龙等文字编辑很谈得来，他到晋察冀的时候也帮着编稿子。但是我们当时并没有见面，我跟他见面是1945年10月以后，他从邯郸第二次到晋察冀，在张家口住了一段时间。我当时的任务之一就是接待一些摄影界的客人。高帆过来就需要给他专门腾出房子，安排他住下。高帆比我大几岁，但平易近人。我们就这样熟悉了。

记者：您了解他办画报的事情吗？

顾棣：高帆在晋冀鲁豫创办《人民画报》，担任总编辑，具体就是做绘画、摄影、以及画报的出版等事情。我记得《人民画报》第二期登出和国民党的一次战斗，俘虏了敌人的一些高级将领的新闻。画报印出来之后赶紧送到南京，当时周总理正在南京同国民党谈判，有了这期画报，就揭露了国民党假和谈真内战的虚伪面孔。《人民画报》第八期是刘邓挺进大别山的专辑，比较大，内容也比较多。后来，晋冀鲁豫和晋察冀解放区都撤销了，合并为华北军区，《人民画报》和《晋察冀画报》也合并为《华北画报》。1948年5月25日正式成立华北画报社。画报社主任还是沙飞，石少华是第一副主任，高帆是第二副主任。

高帆这一来，已经不是一个人了，还带了一个漂亮的女孩，就是牛畏予，他的未婚妻。结婚后不久，邓小平又把高帆给要走了，因为刘邓大军转战大西南，要高帆去办《西南画报》。这个时间他们到了重庆，干到1951年。1951年2月，高帆又从西南调回，担任《解放军画报》第二副总编。《解放军画报》刚成立的时候，陈沂[注]是社长，他是副社长兼总编。我在编辑科。此后高帆再没有离开画报社。高帆是多面手，又是美术家，又是编辑，又是摄影家，还是领导，后来又当了摄影家协会的主席，他比较全面，不简单！

[注]陈沂（1912–2002），贵州遵义人。1929年参加革命，1931年加入中国共产党。解放前曾任八路军晋南军政干部学校校务部主任、冀鲁豫日报社长总编、八路军115师宣传部长、中共中央华东局宣传部长、东北军区后勤部政治部主任等职。中华人民共和国成立后，任解放军总政治部文化部首任部长，兼解放军画报社社长。

“动势强，威势壮，气氛足，感情真，有余味”

记者：有人说高帆是个有才气的人，作为他儿子，您怎么看？

高腾：从高帆的性格来说，他是一个勇士，战争年代“高帆的腿”就能验证高帆是一个怎样的青年，很坚强，不服输。而且，他身上又有从江南水乡、西子湖畔来的一种灵气，他在艺术上是一个悟性很高的年轻人。

高帆才气的来源，也包括他在西子湖畔的那些日子。八卦田、玉皇山的七星缸……风景极其优美。玉皇山我上去过，真是像仙境一样。我也曾住过八卦田的宾馆，那是一个开放的公园，旁边全是湖，泥鳅、小鱼、小虾都有。高帆那时候小，到处跑，一会儿上山，一会儿来湖边。这些自然的灵气，对他的艺术是一种滋养，是一种意境的熏陶，奠定了他对艺术追求的悟性。而且是无形的，一个孩子在童年、少年感悟到什么，他一辈子都不会忘的。

记者：那您觉得高帆才气最主要体现在什么方面？

高腾：当然是摄影作品了。抗日战争时期，一场战斗过后清理战场，战士们在教堂里找到一些精美的画报，还有一些日本鬼子杀中国人的照片，都交给高帆，高帆都贴在本子上。那些照片，高帆都注意保管为历史文物，很珍惜，把它们一张一张贴在卡纸上，完了打两个窟窿，拿绳子穿起来。那些教堂里的画报，高帆则是剪裁成图片，剪裁得非常好。他很注意从这里学习光线明暗的对比，黑白灰度的变化。

记者：您能谈谈高帆拍摄的一些作品吗？

高腾：那就说说五塔寺。在解放北平之前，解放军有一部分人先进北平城，最先进来的就包括摄影人员。高帆一下就奔五塔寺去了，在动物园后门正北方。当时五塔寺坚固的塔基上都是碉堡，还驻扎着国民党傅作义的部队。但是那个时候国民党士兵也都知道，他们肯定是要投诚的，因为解放军已经把整个北平城包围起来了。所以他们也没有开枪，就是说点儿威胁话之类的。但是周围的老百姓一看到解放军来，就拎着驴腿出来了，说：“国民党兵杀了我们的驴，吃我们的驴肉，你看看我们只剩下驴腿了”。这些照片都有，高帆还拍了五塔寺附近的几棵树和香炉，他关注的是这些内容。五塔寺这组片子是我父亲在解放军进城之前拍的组照，能看到一些他的审美在里面。

毛泽东主席、朱德委员长乘敞篷车在西苑机场检阅高炮部队。1949年3月25日 ▶

记者：西苑机场阅兵的照片有什么故事么？

高腾：那是1949年3月底。阅兵的时候高帆边跑动边抓拍，他跑到汽车前头，在站住的一瞬间拍下来。高帆在拍摄的时候总是要重复一句话，就是"要机敏、要快"。当你抓拍一个场景，要先找好位置，叫"虚位以待"，那边才是你真正要拍、要站好的位置，但那个位置你先虚着，等要抓拍的时候，"啪"到这儿来，拍一张，走人。这是高帆拍东西的方式，拍片子要手快、脚快、脑袋快。他每到一个场景拍的照片数量都不多，但每一张都能看出他的思索。高帆的老同事回忆起他来，讲过高帆总结军事题材摄影就是几句话："动势强，威势壮，气氛足，感情真，有余味。"我觉得，不光是军事题材的片子，实际上任何片子都适用，这也是高帆几十年摄影生涯总结出来的。

再比如打临汾，这是高帆拍照片最多的一次。他跟着部队冲，挖壕沟，运炸药，一直挖到阎锡山部队守着的城墙下。爆破炸出缺口，部队冲进去。其中有一张敢死队员的照片，有十几个人准备去当突击手，全副武装。这张照片里的突击手，父亲说一个活着回来的都没有。我觉得这张照片真是悲壮。

其实他后来拍王克勤，也是通过照片的形式宣传一个英雄人物。爱兵模范王克勤，他最初是国民党，被俘虏过来后加入了解放军。后来他也成为干部，他爱兵，打仗非常勇敢，最

临汾战役总攻开始，突击队员突破爆破口。1948年

后牺牲了。毛泽东在延安发动全军开展了学习爱兵模范王克勤的运动。高帆拍的王克勤，我觉得也起到很好的烘托作用，这组照片在战斗部队起到了很好的宣传作用。

二野部队涉水向冀鲁豫平原进
军。1947年夏

太行山区军民在129师政治部驻地涉县召开军民联欢大会。1940年春节

太行山区王堡村警卫连战士集体读报，了解天下事。1941年

太行八路军出击晋中攻打祁县。1942年

平汉战役（邯郸战斗）中，缴获国民党自动武器装备的我军部队。1945年10月

上党战役中，晋冀鲁豫部队粉碎阎锡山部队对解放区的入侵，攻克屯留城。1945年

定陶战役大杨湖战斗中的防空哨兵。1946年9月

滑县战斗中的俘虏群。1946年11月

刘伯承（左四）、邓小平（左一）、薄一波（左三）在陇海反击战役前的动员大会上。邯郸磁县南郊马头镇，1946年6月

滑县战役后，刘伯承（前排左一）、邓小平（后排左一）接见被我军俘虏的敌军104旅旅长杨显明（前排中间）等。1946年11月

临汾战役中，我军突击队冒着炮火奋勇冲锋。1948年

定陶战役后，我军将大批俘虏押下战场。1946年

陇海前线的民兵担架队行进
在黄河堤上。1947年夏

刘伯承与邓小平两家合影。
赤岸，1946年

定陶战役中我军在大杨湖（天爷庙）缴获的敌军坦克。1946年8月

向前！向前！向前！临汾旅奔赴前线。1948年

我军爆破手在临汾战役中实施爆破。1948年

第二野战军部队进军西南，从南京下关码头分批乘船。1949年10月

第二野战军进军西南，政委邓小平在郑州火车站与送行的人握手道别。1949年10月

群众涌上街头庆祝北平解放。1949年

北平市民在东长安街三座门看形势图。1949年1月

北平和平解放后，从德胜门入城的解放军部队。1949年2月3日

庆祝北平解放大会在天安门广场召开。1949年2月9日

北平各界群众聆听叶剑英市长在庆祝北平解放大会上的讲话。1949年2月9日

中共中央和中国人民解放军总部由西柏坡进入北平。毛泽东在西苑机场亲切接见民主人士。1949年3月25日

附录：高帆生平

1922年　生于浙江省萧山县赭山镇。随母亲在叔祖父、外祖母的关照下度过了童年。在家乡读完小学后，考入浙江省立蚕桑专科学校。

1937年　投入全国人民的抗日大潮当中，和一批热血青年告别了钱塘江，越过层层封锁线，闯过道道盘查关，次年到达了陕北黄土高原的古城延安，进入革命圣地。

1938年　先后在陕北公学、抗大学习。年底，和抗大的部分同学一起奔赴华北抗日前线。后被分配到太行山区由刘伯承、邓小平领导的129师任宣传干事，随部队活跃在平汉铁路线上。

1939年　得到了部队缴获的一架照相机，冬天开始，八路军总部组织华北地区各部队发起了“百团大战”，进行反“扫荡”反蚕食的斗争。

1941年起　运用手中的相机，拍摄了《到敌人后方去的黎城县大队整装出发》、《拆炮楼》、《涉过河，向敌据点奔袭》等珍贵照片，极大地鼓舞了太行军民的抗战热情。

1943年　编辑出版《战场画报》。初期的画报是单张石印，不能照相制版，只能刊登木刻和线条简单的美术作品。

1944年　前往晋察冀画报社制版，往返40天，带回摄影制版材料，《战场画报》开始发表摄影作品。

1945年　抗日战争胜利，再次到晋察冀画报社考察学习，带回了制版等方面的设备以及晋察冀军区支援的摄影师裴植、袁克忠以及一些制版工人。《战场画报》改名为《人民画报》，高帆任画报社负责人。

1946年　解放战争爆发，高帆紧紧跟随晋冀鲁豫军区战斗部队拍摄了上党、邯郸、定陶诸战役等。后被火速从前线召回，组织人员连夜把在前线拍下的照片迅速印制成画片、画报，及时发到上海、香港等地，揭露了敌人发动内战的罪行，有力地粉碎了敌人的各种谣言，宣传了我军自卫战的胜利。

1948年　任华北画报社副主任。

1949年　随着辽沈、淮海、平津三大战役的胜利，紧随中国人民解放军的胜利步伐进入了北平，记录了北平市民欢迎解放军入城的热烈场面。新中国成立后，又跟随第二野战军拍下了向大西南进军的胜利场面。后任西南军区西南画报社主编。7月，作为摄影界代表，参加中华全国文艺工作者代表大会，与石少华、吴群等摄影界代表在会上提出成立全国全军统一摄影机构，并创办全军摄影画报。

1951年　2月，参加了《解放军画报》的创建工作，并出任副总编辑。他和社里的同事精心设置和调整组织机构，建设各种业务部门，研究规划各项报道栏目，有力地丰富了画报报道内容，也为画报后来的发展奠定了坚实的基础。之后，高帆先后出任《解放军画报》总编辑、社长长达三十余年。

1956年　12月，以石少华为首筹建的中国摄影学会（中国摄影家协会的前身）正式成立，高帆当选为常务理事，负责编辑与出版工作。

1957年　《中国摄影》杂志创刊，任首任主编。对贯彻党的文艺方针、办刊思想和编辑方法、编辑人员与读者和作者关系，编辑人员自身的艺术修养等等，都提出具体的指导意见。

1958年　全面主持《解放军画报》工作。他下大力气抓好编辑部的采编工作，制定出各项工作方案。他提出的“十六字”成为记者的座右铭：深入生活、调查研究、比较选择、现场抓取。他要求军事摄影要达到“动势强、威势壮、气氛足、感情真、有余味”。

1978年　粉碎“四人帮”后，中央决定恢复中国文联及所属各艺术协会的工作。参与了恢复中国摄影学会的筹备工作。

1979年　10月，在第四次全国文代会期间，中国摄影学会也召开了第三次全国代表大会，会名改为“中国摄影家协会”，当选为副主席。之后几年，他多次担任了全国影展及国际影展的评委和评委主任。率代表团先后访问了阿尔巴尼亚、法国、韩国等国家，增强了中外摄影家之间的友谊与合作。

1981年　为了更好地发挥珍贵资料的作用，国家批准成立长城出版社，任社长。在任期间，他亲自主持编辑了《中国人民解放军历史资料图集》和共和国元帅系列画册。

1983年，出席由中国摄影家协会、人民画报社、解放军画报社、民族画报社组织召开的“全国画报工作座谈会”，与各地摄影家、画报出版界的同仁交换了画报出版工作经验，展望了画报出版工作发展前景，会后出版了《新中国画报记程》。

1991年　在中国摄影家协会第五次全国代表大会上，当选为中国摄影家协会第五届主席。

2001年　任中国摄影家协会名誉主席。

2002年　在中国摄影家协会第六次代表大会上，高帆被推举为名誉主席。

2003年　年届81高龄的高帆在卧病期间，不顾年高体弱，仍承担了主持编辑记录第二野战军征战全貌的大型图文集《天下之脊》的任务。

2004年　在北京逝世。

摄影伉俪，他对底片的观念比我先进

记者：您好，您和高老是如何认识的？

牛畏予：我1945年去解放区。当时延安正在往外撤，我就跟着部队到太行山的抗日军政大学。1946年参加“土改”，1947年经过军事训练后分配到晋冀鲁豫军区政治部宣传部工作。在宣传部我跟高帆认识了，他那时候也在宣传部编《战场画报》。

记者：那时您对他有多少了解？

牛畏予：了解不多。在一块儿就是同志了，不存在信不信任的问题。1947年攻打太原、解放临汾的时候，我们都二十多岁了，就在临汾前线结婚了。到1948年形势发展很快，就从前线调了一批人到石家庄做北平解放的准备。我当时对战局不太了解，反正领导说什么就做什么。我在1947年底从宣传部调到画报社。北平解放后，我们随着部队就进了北平，住在辅仁大学旁边。

记者：那时高帆拍照的机会多吗？比如他拍摄了毛泽东西苑阅兵。

牛畏予：北平解放的一些活动他都参加，像解放军入城式、学生运动、工厂劳动等。毛主席检阅部队当然是摄影记者的重点。

1949年10月刘邓大军进军大西南，要从华北军区抽一部分干部日夜赶到南京去。我们就随军南下。高帆在部队，他不光搞摄影、编画报，还制作小卡片，贴上战斗英雄的照片，再写上打油诗发到连排。他到部队最前沿给战士照相。你想，到战壕里给人照相，战士是什么心情？

进重庆创办《西南画报》，他是主编，随后部队进藏。画报编了不到一年，又调他回解放军总政治部，筹备创办《解放军画报》。

记者：后来您也走上了摄影道路，在您的摄影工作中，高帆有没有帮助或指导过您？

牛畏予：也讲过一些，要我多注意人物的神情，多观察。总之就是速度要快，眼睛要灵，手和思想都要跟得上。我每次采访回来他都问我有没有什么难题，对我的工作很支持。但一般来说我们有各自的任务，我是在地方，他是在军队，属于两个系统。

他对底片的观念比我先进。在新华社，退稿的废片都会扔到废品箱烧了。他就说“你别烧，都拿回来”，他让我把发稿剩下的废片子，不管好赖都拿回来。拿回来后他细细看，把它们剪剪裁裁贴到一个本上。所以我拍了几十年，照片和底片都没有扔掉，到现在看起来还有点价值，可以留给后人做参考吧。其实烧了也就烧了，但是高帆让我把这些废片都留存了下来。

记者：“四五运动”的时候，您和高帆还去过天安门？

牛畏予：那是1976年，我从西藏回来，因为低山反应在家休息。“四五运动”时规定不让去，但我们还是偷偷去了。那是春天，但天气还很冷，我就把照相机藏在衣服里头。他是军人，他服从纪律不拍，他让我拍。他就扶着我站在自行车上拍，往里面挤的时候，他就给我开路挤到跟前拍。拍完的胶卷怎么办呢？高帆想了个办法，胶卷拿回来后卷起来。我们那时候的椅子腿中空，他就把胶卷用石膏封起来，放在椅子腿里面。一直等这事儿过去，才拿出来冲洗。

记者：他平时在工作方面跟您有什么交流？

牛畏予：工作的事情他和我没有什么交流。总之他工作兢兢业业，编了三十多年画报，这些很多文章都介绍过。他组织观念很强，凡是工作方面的事情都是先请示组织。

他一辈子没有为自己出过画册。后来知道他快要走了，才准备给他出一本，那本画册很仓促，只算是给一个一辈子搞摄影的人的一个安慰。他生命的最后两年在编二野战史《天下之脊》，这是很好的一部二野军史书，是刘邓大军战斗历程的图文并茂的历史。

“人生得一知己足矣，斯世当以同怀视之”

记者：解放后，高帆拍过什么照片吗？

高腾：高帆访问阿尔巴尼亚时拍了一组相片。1966年中苏已经交恶，高帆去阿尔巴尼亚时要从莫斯科转机。他怕苏联人找麻烦，就把胶卷到处藏，包括三接头的皮鞋里面也塞了胶卷，怕被苏联人搜出来。阿尔巴尼亚人民对我们是很热情的，用毛泽东的话说就是“兄弟般的友情”。高帆那时候眼睛是好的，他在阿尔巴尼亚拍的这一系列，比如阿尔巴尼亚的少先队员、老游击队员等，我觉得是他最好的肖像片子。

他不仅有才气，还是一个勇士、一个战士，他活得很坚强。他一生铭记鲁迅先生的话：“横眉冷对千夫指，俯首甘为孺子牛。”并把这幅字挂在家中墙上。1976年周总理逝世，“四五运动”使北京地铁变得人潮拥挤，记得父亲在站台上大声说：“挤上去，大家都去天安门！”一个当年奔赴延安的热血青年形象又跃然站台上。

在战争年代他不是光派记者去前线，身为社长他更得要到前方去。他对我们也是这个要求。有一段插曲，我在部队的时候赶上对越防御作战。我是他唯一的儿子，当时有个说法，家里有一个儿子可以不上前线，我父亲却说，万一怎样，我们全家光荣，送儿子上战场是义不容辞的。我当时住在黑石头，上前线的日子是冬天的一个早晨，他从城里坐第一班336公交车来为我送行，这就像当年下火车走了8里路把我送入军营一样。

他癌症晚期住院的时候，白天说什么也不肯躺在床上，他要腰杆挺直地坐着。

记者：高老和谁交往多一些？我曾经采访过吴印咸的女儿吴筑清，她提到过高帆和吴印咸的交往。我看到材料讲高帆和郑景康也有一些交往？

高腾：高帆对吴印咸非常尊重。论年龄高帆和吴印咸几乎是两代人，他把吴印咸当长辈、当老师。

“人生得一知己足矣，斯世当以同怀视之”。高帆的一生中，郑景康和他就是这样的关系。他们见面是在1946年解放后的张家口。郑景康见到他非常高兴，就说：“小老弟，咱俩下馆子去！”高帆兜里空空的，说没钱。郑景康把手一伸，指着手上的金镏子说：“当了这个就有钱了！”这是他俩在张家口的第一次见面，也是他们友情的开始。

新中国成立以后，郑景康送给高帆一本非常精美的西方油画册。高帆几次搬家，都问这本画册在哪里，只要没丢，父亲心里就特安稳。

记者：那高帆和沙飞、石少华的关系呢？

高腾：他和石少华话都不多，但彼此默契。石少华是一个组织者，有领导才能，他是新华社摄影部主任，还是中国摄影学会的领导者。高帆一般都是做一些具体工作，比如《中国摄影》首任主编是高帆。“文革”的时候石少华也得罪过一些人。但中国的摄影史上石少华的名字是抹不掉的。

在晋察冀的时候，沙飞像兄长一样地照顾高帆。沙飞后来的事情我就不说了，但是高帆为沙飞做过一件事情。沙飞曾经拍过一组照片：晋察冀时期聂荣臻与日本小女孩。照片上八路军战士挑着筐子，筐里头坐着这个日本小姑娘，把她送到日方去，意思是你们的遗孤还给你们。当时沙飞的图片是禁用的，但是高帆在解放军画报上用了这个照片，题目是《日本小姑娘你在哪里？》，照片登出后，影响很大，《解放军报》等很多报刊都做了跟进报道。这对日后沙飞图片的解禁起了一些作用。

记者：高帆还喜欢和艺术家们交朋友？在那个年代和艺术家交往，是否也在政治上给他带来了一些不利影响？

高腾：高帆文艺界的朋友不少。像画家黄胄、王雪涛等，他们是至交好友。反右的时候，王雪涛也划成了右派，他的画就没有人敢用，一家老小的日子过得有一些艰难。高帆以《解放军画报》的名义买他的画并且刊登出来。

高帆受牵连，主要是邓拓。邓拓自杀了，高帆也受到牵连。

记者：最后一个问题，还是回到我们这次采访的中心话题来，您觉得高帆是一个怎样的人？无论在别人眼中，还是在您和家人的眼中？

高腾：在我父亲最后的日子里，有很多人去看他。七十多岁的画家董辰生[注]来看我父亲，一坐下来就问“有本子吗”，他想最后给高帆画张速写。这张速写后来登到《大众摄影》上。董辰生还讲了一些话，他说高帆成绩很大，从前是一个好领导，他说高帆是个很好的人。有些话他只有到一个人生命的最后才来讲，这不是恭维，是发自心底的。这些话此时不说，还等到什么时候说呢？我们坐在旁边，看见父亲眼泪就下来了。历史上芸芸众生至死不忘的是友情，我看到了高帆与董辰生的友情。

所以，高帆是个怎样的人？他就是这样的人，一辈子没离开过摄影，没离开过画报。他是一个有才华的战士；更是疾恶如仇的勇士。

附录：图片的文字 高帆

一本画报所以受到广大读者的喜爱，首先是因为它所选登的图片主题鲜明、形象生动、构图新颖、画面清晰。但是，如果忽略了图片的说明文字，也不能达到应有的效果。一张好的图片，再有好的文字说明作配合，将会增加它的积极意义，增强它的艺术表现力。

在《解放军画报》上，图片说明的编写有些是较好的，但也有些还有着不少缺点。一般的通病是：对图片的积极意义点得不透，说得不深，字句冗长，文字缺乏表现力，少感情、少含蓄。特别是成组的专题图片说明，缺乏统一的格调，显得文体很乱。

那么，怎么才能称得起是好的图片说明呢？或者图片说明应该具备哪些要素呢？这里，先让我们重温一下毛主席早在第二次国内革命战争时期，在古田会议决议案上提到的关于编写宣传文字的精辟意见："宣传文字要简短，使他们顷刻间能看完；要精辟，使他们一看便起了一个印象"。作为画报图片说明的编写，也应该遵循这一原则。要准确——使读者能更好地了解图片的积极意义；要简洁——用少量的语言说明更多的东西；要精警——使每个说明都能在人们的脑子里留下一个鲜明、深刻的印象。一句话，就是要准确、鲜明、生动。

画报是通过图片来说明事理，依靠形象来表达思维感情的。所以，配合图片的说明文字，必须采用精炼、生动的语言。这不只是对某几张图片，而是对刊登在画报上的所有图片的共同要求。由于图片的内容各异，对图片说明的要求及其所起的作用也不尽相同。所以画报图片说明的编写一定要紧紧结合图片的不同性质和特点，用不同风格的多样文本，充分反映出图片所包含的鲜明、强烈的内容，真正起到画龙点睛的作用。

下面准备对一些图片说明分别作些分析，以便从中找出编写图片说明的方法和规律。

不仅要告诉读者是什么，重要的是告诉读者为什么

在解放战争时期，陇海前线的战斗很激烈，部队兵员需要及时补充，这时，在我们编辑的画报上就选用了一张反映后方人民踊跃参军的图片。

图片原说明是这样写的：

晋冀鲁豫解放区翻身农民踊跃参军，保卫胜利果实。图为：刘伯承司令员于前线某地欢迎新战士大会上讲话之情形。

在画报付印前的审查中，领导同志看后认为这幅图片的说明写得太淡没有力量，更不能引人注目发人深思。随即指出图片说明的编写，必须做到不仅要说明"是什么"，还要说明"为什么"。为什么群众的政治热情那样高？为什么在短短的时间里有那么多的人投入前线杀敌立功。

说明经过修改后，就另有一种新鲜的、激发人心的力量。改写后的说明是这样的：

晋冀鲁豫解放区土地改革已基本完成，被压迫的农民从两千多年的封建压迫下解放出来。他们对保卫土地改革的爱国自卫战争抱有无限热情和胜利信心。今年春季在中共中央局号召之下，不满一个月即有两万翻身农民投入爱国自卫战争中立功。这是刘伯承司令员于前线某地欢迎新战士大会上讲话。

这类政论性的图片，当然不同于一般的专题图片，它必须独立地、明确地提出图片所记

述的事件和它的政治意义。这类图片，通常是放在画报的首页，以独幅或专栏登出，属于这类重大题材的图片说明不妨详尽些。

深刻挖掘图片的积极意义，给予有力地阐发

一张看来似乎很平淡的图片，往往由于说明编写真切生动，给人以强烈的印象和深刻的感受，引起人们的同情和共鸣。

在抗美援朝时期，有这样一幅图片，一个被美国侵略者散布的细菌杀死的朝鲜婴儿。

说明是以深沉、悲愤的笔调写成的：

一个胖胖的、可爱的婴孩——一个应当睁着她那对天真的眼睛向人憨笑的婴孩，凄惨地躺下了。她再也不会笑，再也不能伸着小手向你叫“叔叔”、“姑姑”了，留下的只有母亲的眼泪、悲痛和愤怒，这个婴孩是被美国侵略者杀死的。

这个说明充分运用了比衬的手法。它不是就图论图，而是首先从孩子的这一概念下手，点出“孩子”是一个多么可爱动听的字眼——孩子，在人们的眼里是一种希望；孩子所特有的天真的笑容、灵活的眼睛和向你伸来的小手，总是给人以亲切幸福之感。但是，现在展示在人们眼前的图片，完全相反，是一个收起了笑容、闭上了眼睛、再也不能摆动小手的死去了的婴儿的遗容。这就不能不使人深感痛切和悲愤。通过图片的说明，使人们真切地感受到这个婴孩是在不久前才从我们手上失去的，不，是刚从我们手上被夺去的——被美国侵略者罪恶的黑手杀死的！

也有一些图片，一眼看去，画面上并没有什么“出奇”的东西，可是它恰恰包含着强烈的政治内容和深刻的含意。有这样一幅图片，上面展现的景象是一片荒漠的沙地，可是仔细一察看，却有着无数钢铁履带的痕迹压印在这块土地上。

就是这幅图片，由于配合了有力的说明，使人明白了这原来是一片满有生机的麦田，但曾经在这里辛勤耕种的人们早已“无权过问”它的命运了。图片的说明是这样写的：

这并不是一片海水退后的沙滩，而是罗四（法国）平原。过去这里生长着小麦，而今被拾垃圾的机器和推土机铲平了。不久，将在这上面铺上一层洋灰，为了放置美国飞机。

不论什么时候，作为一副有说服力、有鼓动性的图片，它的强烈政治倾向性，总是凭借深刻的内容、深刻生动的形象表达出来的。上述这幅图片，就是由摄影记者以尖锐的摄影眼力和高度的艺术概括手法，从刚刚开过推土机的土地上拍下的。尽管是尘雾弥漫，但在强烈的侧光下，钢铁的履带痕迹却清楚地印在土地上。通过形象的真实感受和含意深刻的说明，就会使人自然而然地得出如下的结论：制止侵略战争！美国帝国主义的军事扩张计划是欧洲人民的祸害。

抓住不同画面中的内在联系，使图片与说明有机地结合，便能使报道思想加深；并能产生新的意境和新的格调。

有一些稿件，从表面上看只是记录了一些零散的生活片断，画面之间缺乏联系。但是，当我们配上说明，点名生活的内在关联，就结合成为一个有意义的整体，它的意境也就大不相同了。

处理这类题材，要求记者必须具有高度的政治热情和广博的生活知识。这样也才能透过生活外表的多种多样的形式，找出事物内在的关联，概括出它们共有的属性，才能在整个采访过程中，做到胸有成竹，即对将要完成的选题，从立意到手法，从组织结构到形象表现，

都有一个缜密的思考和周详的安排。

编写这类题材的图片说明，并不是轻而易举的。它要求记者将事先对于生活的思考和知识的积累，通过深入生活的过程——即采访实践，首先加以丰富和印证，然后面对素材，进行严格的选择和提炼。这类题材是常常借助于编辑的精心细选才最后完成的。

有这样一组说明——五"草原生活散记"（《解放军画报》1961年11月号）：

摸鱼。战士们都说："草原上的鱼，战士们已摸透了它们的生活特性，没费劲就'集合'了这么一堆。"

采蘑菇。草原上的雨季，遍地盛产既大又嫩的鲜蘑菇，战士们对这种营养丰富、味道又好的食品，很感兴趣。

打场。红军在长征中走过的茫茫草原，如今已变成肥沃的良田。战士和藏胞并肩携手，用辛勤的劳动换来了青稞的丰收。

亲如一家，在欢腾的牧场上，藏胞拿出最好的酥油和糍粑，款待战士们。草原上军民之间的友谊，比炉火还热，比海水还深。

这组图片，显然来自生活片断掇拾。但是通过缜密的构思，找出它内在的逻辑关联，进而运用鲜明生动的语言加以连串和点化，它就在比现实生活更高的角度上，焕发出战斗生活的光彩。虽然图片只是反映了草地战士生活的几个侧面，但它却具有草地的风貌和特色。虽然图片只是记录了草地战士生活的一鳞半爪，但它却处处反映了战士们热爱生活的精神面貌和乐观主义性格。而这种情与景的交融，人和物的结合，是通过说明才达到的，是凭借说明的作用才使各不相关的生活画面联结成一体的。而说明的亲切有力和风趣横生，又是作者深入到生活中去摄取和提炼的结果。

画报是经常运用历史图片的。但是，它的说明文字常常编写得比较平淡，只是就事论事，既没有幽默的风趣，更少辛辣的讽刺。下面所举的例子，虽然是电影画面的解说，但对我们编写历史图片说明是很有借鉴作用的。

在《中国人民的胜利》影片上有这样一个镜头：北京的一个巨大广场，广场上密集着庆祝节日的人群。

说明词是这样的：

这个狭小的广场容纳不了所有参加大会的人们。

从"广场"与"狭小"这个字眼的显然矛盾中，产生了一种新的观念与意境，它造成了这样的效果：引导观众通过巨大广场里欢腾的人群，联想到举国的欢腾，这就无限地扩大了这个"广场"的规模，增强了画面的气氛及其表现力。如果说明只点出了"广场"的巨大，相反会使这个画面变得有限了，它的表现力就反而贫乏了。

影片《击败日寇》中，有这样的一个画面：被苏军击溃的、衣冠不整、服装褴褛、神情沮丧的日本帝国主义者的关东军。配合这个画面的出现，解说词辛辣地说：

关东军也就是日本帝国主义的近卫军，它是一支以不可以征服的精神，以骄傲的武士道传统教育出来的军队……

说明和影片画面可视形象之间的尖锐对比，产生了一种新的极富表现力的概念，它引起人们的丰富联想。加入解说词只是就事论事地讲：关东军现在已经变成一批狼狈不堪的被击溃了的、军纪破坏的乌合之众。那么，这个画面给人的印象将是比较狼狈的。

说明对于画面，无论是解释、论述或是渲染，其作用都是点明画面的深刻意义，启发人们丰富的联想，使有限的画面形象产生无限的艺术感染力量。

同类性质图片，有时可采用总说明来做全面介绍，而每张图片的说明只要扼要点明各自的特点与全组图片的关联作用就行，

这里，我想举《迷人的草地》（《解放军画报》1961年12月号）作为例子。

这组材料的总说明是这样的：

岷山脚下，是一望无际的草地，二十六年前，长征红军经过草地，曾在这里种下了永不熄灭的革命的火种，使藏族同胞在无边的黑暗里，看见了光明；如今，这火种已经变成奔腾于整个草地的建设热情和力量，在这里，到处是黄金灿烂的青稞，雪白如云的羊群；在这里，到处飘荡着藏族同胞的欢唱，今天的草地，正显露出最迷人的青春……

由于有了总说明的介绍，草地的历史背景和现状都得到了比较概括的描述，每张图片的说明便可以尽量简短，只要点明每张图片本身的特色，整组材料便光彩夺目，浑然一体了。

下面是各张图片的说明：

1.“更喜岷山千里雪，三军过后尽开颜”（引自毛主席诗《长征》）

2.草地的兰花——藏民称它为“红军花”。

3.草地上的新一代。

4.农业社社员。

5.羊群像白云，在草地上飘荡、飘荡……

有关地理风光的报道，主要是靠图片的美丽景色来感染读者。但是，图片总是有局限性的，如果没有文字的适当配合，背景材料交待不明白，报道便很难获得发人深思的效果。这类题材的文字，更应当注意简短、精辟；在格调上应与图片的表现手法和韵味相适应。

《苏联》画报专栏“苏维埃国家广阔的疆土上”曾经有过一组介绍捷列茨科耶湖的专题，它的文字编写，在手法上是很值得我们学习和研究的。

这组专题报道，劈头就是一篇二百来字的综合简介，它用简洁、鲜明的笔调，把这个湖的地理环境和特色，描述得引人入胜，一下就把读者紧紧地抓住了：

阿尔泰山东北部的捷列茨科耶湖在西伯利亚享有盛名。当地居民称它为金湖。高出海平面473米，长达78公里，深达325米。每到夏天，就有许多旅行家、高山运动员和猎人，从全国各地，有的甚至从几千公里以外的地方来到这里（由莫斯科到捷列茨科耶是4000公里）。在这里往往能碰到研究阿尔泰山区动植物的科学工作人员和西伯利亚各大学的学生。

在这个湖沿岸繁殖有6000多种哺乳动物和300多种飞禽，植物学家估计这一带生长有1000多种植物。由此就可看出这里的植物是多么丰富了。

这组专题选用了各有特点的耐人寻味的八张图片，图片说明简洁、朴素，文体统一。与综合简介相互呼应，自然吻合，构成了一组优美动人的游记专题。

画报必须以形象取胜。画报的排版艺术也就是为了达到这个目的而存在的。排版设计的艺术处理，使图片形象更加鲜明突出的例子是很多的。排版，有时可以省略掉不必要的说明文字。但这不是说，说明文字因而就无足轻重了，恰恰相反，图片的说明文字必须全面考虑到图片本身的形象和排版艺术，而做到“惜墨如金”；要取消的是无足轻重的那些画蛇添足的叠床架屋的说明文字。

在一本介绍人民波兰的画册上，有两面黑色衬底的页子，上面展列了两幅触目惊心的图片。

第一幅图片上所展示的是在纳粹铁蹄下被毁坏的波兰人民的幸福生活。父亲在一间被炸毁的屋子里痛苦地沉默着。两个孩子在他身边，像在发问：妈妈哪去了？这张图片并没有作另外罗嗦的解释，只简明地写道：

波兰青年记得……希特勒法西斯在这里——波兰土地上已经经过了。

另一幅图片是：千千万万个瓦砾堆，千千万万个朝鲜儿子失去了母亲的惨景。图片突出表现了一个在美帝国主义轰炸下侥幸活着的朝鲜儿童，头部已被炸伤，缠着纱布。这个苦难孩子的形象，是有力的控诉，是侵略者的罪证。图片说明是这样写的：

波兰青年知道……美帝国主义在这里——朝鲜的土地上行进着。

有时集合同类题材的图片，通过版式艺术处理，是可以只加一个总标题，省掉图片说明的（如1961年11月号《人民画报》“秋收”、“在阳光下”）。这种简化是从内容出发的，必须在图片形象丰富、主题意境鲜明的情景下可以采用。绝不能把它简单地理解为“不要说明”，须知在省略之前，作者已花费了许多创作劳动，省略，只是艺术上成熟的结果。

图片说明的编写，绝对阈图片展示的主题内容。是政论性质的宣传，是行动的昭示，是要求图片说明使用强烈的政治语言，以加强政治宣传效果和号召力量；是一般生活的报道和对于新人新事的宣扬，这便要求图片说明使用准确生动活泼的语言，用富有风趣的笔调来点染；抒情意味较浓的图片，更要求用诗一般的语言来引申和美化画面的意境。艺术上是没有捷径可走的，每一分成就，都是艰辛劳动的结果。每个从事采编工作的同志都必须进行严肃认真的劳动。

好的图片说明，都不是一挥而就的，甚至也不是仅仅花费了一个人的劳动。它常常是记者和编辑共同努力、反复琢磨的结果，有时，还是编辑部人员集体研究的结果。作为一个编辑，必须根据原稿内容和当时的宣传方针政策，对每一组、每一张图片的说明都进行仔细研究，反复推敲，反复加工。但是，编辑加工的基础仍在原稿，一切素材和感受，主要来自记者。因此作为一个记者，不仅要拍好图片，充分发挥图片的影像效果，同时，又必须积累丰富的文字素材、材料，并尽可能地经过初步整理，一并提交编辑部。具体点说，即要求记者在提供每组或每张图片原稿时，必须同时提供文字材料，交待出图片所反映的事物的性质、时间、地点、经过和结果，以及记者本人的感受和认识。这是编辑进一步加工并编写出生动、有力的图片说明的主要依据。

附录：他从太行来 刘铁生

高帆（1922—2004），浙江萧山人。1938年参加革命，曾任八路军129师政治部宣传干事、晋冀鲁豫军区政治部宣传科科长、华北军区华北画报社副主任。参加了上党、定陶、临汾、晋中等战役的战地摄影。新中国成立后，历任西南军区《西南画报》主编，解放军画报社副总编辑、总编辑、社长，《中国摄影》主编，中国摄影家协会理事、副主席、主席、名誉主席。

战争是革命军人生命价值的最高体现，记录战争是战士生命价值的最高体现。从太行走来的高帆经历战争，记录战争，他的一生与中国革命战争和中国军事摄影事业紧密联系在一起，他的足迹闪烁着一个军事摄影工作者的光辉。

1938年，年仅16岁的高帆，似一团火从钱塘江畔奋勇投向全国抗日大潮当中，投奔太行而来。

半个多世纪后，高帆饱含真情实感的战地摄影集出版了，这斑斓的革命战争画卷，展示了太行山抗日斗争可歌可泣的光辉业绩。深知太行山抗日斗争艰苦卓绝的卓琳同志欣然为之题字：他从太行来。

“他从太行来”，多么豪迈的历程，沿着不凡的经历，我寻觅高帆走过的足迹。

高帆奔赴太行，途径武汉八路军办事处，他得到一本《西行漫记》。此书1937年—1938年在伦敦和纽约出版时称《红星照耀中国》，高帆如获至宝，他从中了解了中国的红都——延安，了解了中国共产党是中国人民的救星。在书中，高帆特别珍爱斯诺拍摄的《毛泽东在保安》的照片，照片中人物的着装、神态、姿势、光线都非常好，高帆一直把它珍藏在自己身边。斗转星移，在纪念中国工农红军50周年时，一张毛泽东头戴八角帽的照片刊登在《解放军画报》上，成为家喻户晓的毛泽东红军时期的代表形象。这张照片就是高帆从珍藏的《西行漫记》上翻拍、整修而印制的。人们说，这是他首次和摄影结缘，并从此与摄影结下不解之缘。

1939年，部队从日军手中缴获了一台照相机，部队交给高帆使用，高帆从此以照相机为武器开始了他的战地摄影。“近些，再近些”的战地摄影信条，让他的摄影作品成功地再现了战斗的场景，他拍摄了《八路军在反“扫荡”中》、《武工队奔赴敌占区》、《破坏敌人封锁线》等珍贵镜头。

1944年6月，抗日烽火愈烧愈旺。高帆受命通过日伪封锁区，从晋冀鲁豫军区到晋察冀军区，带着刘伯承司令员、邓小平政委给聂荣臻司令员的信件，要求晋察冀派人帮助晋冀鲁豫创办摄影画报。他带着照片和手榴弹，穿梭于封锁线，在人民群众的帮助下，历尽艰辛在晋察冀把照片制成铜版，圆满地完成了刘、邓首长交给的任务，使太行地区有了第一份印有照片的《战场画报》，摄影在根据地成为鼓舞人民，打击敌人的有力武器。

这一时期，他拍摄的《转入外线作战》和《北流寺战斗》等作品，都是反映人民战争的实录。

20世纪40年代初太行山区的艰苦岁月里部队开展了大生产运动，一面战斗，一面生产，做到手不离枪，也不离锄，得以排除万难，度过了三年多的艰难日子。高帆拍摄的《开展大生产运动》、《自己动手挖窑洞》等作品，反映了晋冀鲁豫军民亲密团结和战胜困难的坚强意志。今天重温这些作品仍然十分亲切。

抗日战争胜利后，高帆又开始了新的征程。1945年，他的战地作品为战争服务作出了特殊贡献。这一年，蒋介石为了抢占抗战胜利果实，一面邀请毛泽东赴重庆谈判，一面调兵遣将进攻解放区，搞假和谈、真内战，妄言要在三个月内消灭共产党。晋冀鲁豫的自卫反击并大获全胜。高帆紧随战斗拍摄了大量激烈的战斗场面，战火中拍摄的《上党战役、攻克屯留城》、《缴获战利品》、《把俘虏押下战场》、《爆破》等一批战地摄影作品，有力地揭露了敌人发动内战的罪行，实录了我军的胜利。高帆从前线被火速召回，党组织要求他组织人员及时把前线拍下的照片迅速发到上海。经过紧张的工作，很快这些照片通过上海地下党办的《群众》周刊以《人民解放军的胜利——晋冀豫解放区之辉煌战果》为题发表，《群众》周刊广泛发至沪宁和香港等地，照片粉碎了敌人各种谣言，宣传了我军自卫战争的胜利。由于这期画报编印及时，高帆得到了周恩来同志的称赞并受到了上级的嘉奖。

1947年冬，徐向前率领晋冀鲁豫军区部队攻克运城，攻占临汾以及攻取太原，高帆在这些战役中拍摄了《小民兵护军粮》、《临汾旅开赴前线》、《徐向前在前线》等照片。

高帆正如同志对军事作品要求的："每一幅有意义的军事历史照片，都应该是壮美的，来自战斗的、让人难以忘怀的典型瞬间形象。"高帆战争时期的作品具有这一品质，它们为中国战争史留下光辉篇章。

尤其值得一记的是，1949年1月22日，北平和平解放，2月3日举行雄伟的入城式，高帆作为首批入城的战地记者，拍下了人民解放军昂首入城的英姿，也记录了北平人民欢迎子弟兵的热烈场面。3月25日下午，党中央和中国人民解放军总部进入北平，高帆在西郊机场拍下了毛泽东主席、朱德总司令检阅部队的历史性图片，凝固了中国革命战争胜利的瞬间。从太行山走进北平城，高帆的镜头里留下了毛泽东、朱德、彭德怀、刘伯承、邓小平、徐向前等老一辈共和国缔造者为新中国的解放事业奋斗的光辉形象和风采英姿，也留下了中国现代战争的烽火硝烟、壮举雄风。

高帆的摄影实践始终与画报工作结伴同行，自从在太行129师《战场画报》工作始，又先后任华北军区《华北画报》副主任，西南军区《西南画报》主编，总政治部《解放军画报》副总编辑、总编辑、社长，担任解放军画报社社长30余年。长期的画报工作实践和摄影实践，使高帆成为一名颇具艺术造诣的军旅摄影家和摄影评论家，并且是我国一位资深的画报工作专家。

在长期的画报工作中，高帆认为："军队画报是部队政治工作的一个组成部分，是政治思想工作的一种工具和手段，是为巩固和提高战斗力服务的。"他还强调画报宣传始终要把表现英雄模范人物作为拍摄的重点内容。1946年，他拍摄的《杀敌爱兵模范王克勤》，开创了我军以专题形式宣传英雄人物的范例，至今仍闪闪发光。对于英雄人物的宣传，他说："英雄模范人物最富时代精神，又有各自的个性特色。拍摄他们能让英雄可敬、可爱、可信、可学。"在他办画报的几十年中，成百上千的我军英雄模范人物，就是这样跃然刊物上，成为广大指战员学习的榜样。

在我军军事摄影工作中，他倡导军事摄影工作"动势强、威势壮、气氛足、感情真"的创作原则，一直为军事摄影工作者所遵循。在其影响下，我军军事摄影工作者创作了一大批反映人民军队火热战斗生活作品，它们气势如虹，真实感人，动人心弦，作品中的铁马、冰河、铜雕、铁塑，展示了波澜壮阔的军事生活，壮阔的军事摄影作品张扬了军人的志气，形成军事摄影威武雄壮的物质和韵味。

《解放军画报》资料室保存了大量的战争年代拍摄下来的军史图片资料。岁月已逝，那一幅幅充满火药味的军事图片凝固了硝烟弥漫的战争瞬间。从战争中走过来的高帆，更知它们弥足珍贵，军事历史图片资料，一直让他牵肠挂肚。

1981年，为了发挥珍贵历史图片资料的作用，国家批准成立长城出版社，高帆出任社长。在任期间，他亲自主持编辑了《中国人民解放军历史资料图集》和《共和国元帅》系列画册。

《中国人民解放军历史资料图集》，分成中国人民解放军诞生的历史条件、土地革命战争时期、抗日战争时期、抗美援朝时期、社会主义革命和社会主义建设时期，由于他和编辑们的缜密工作，1986年，一部《中国人民解放军历史资料图集》巨著诞生了，中国人民革命斗争形象的历史画卷得以永存。

高帆还重视革命时期的历史图片的集合运动，曾多次组织人员赴井冈山、油山、湘鄂西等革命根据地、拍摄军史图片资料；在画报采编工作中他高屋建瓴，运筹帷幄地启用军史图片资料，常常从历史图片中洞察和发现其深刻的内涵，使许许多多战争时期的优秀摄影作品成为光荣传统的形象教材。1980年6月号《解放军画报》发表了题为《日本小姑娘，你在哪里？》的专题报道，同时发表了已故摄影家沙飞拍摄的一组照片。这组专题成为运用历史图片的典范，专题发表后，立刻引起了中外人士的关注，经历战争磨难的日本小姑娘找到了。1980年7月14日上午，在人民大会堂，聂荣臻副委员长亲切接见了当年的日本小姑娘——美穗子，笔者目睹了将军与孤女的重逢，并留住了这震撼人心的瞬间。接见时，聂荣臻副委员长说，“干戈化玉帛，愿中日两国人民世世代代友好下去，永不兵戎相见。”一组以战争为题材的摄影专题报道，引发了一段中日友好的佳话，军史图片的生命力是无限的。

2004年6月25日，高帆同志走了。高帆的骨灰撒入故乡的钱塘江中，流入浩瀚的大海。

高帆没有走，他的名字将永远留在如钱塘江潮头奔涌的中国摄影艺术里，留在我军军事摄影的史册中。

一手拿枪，一手握相机

高粮

一手拿枪，一手握相机
一手拿枪，一手握相机
一手拿枪，一手握相机
一手拿枪，一手握相机
一手拿枪，一手握相机
一手拿枪，一手握相机
一手拿枪，一手握相机

好记者要具备四个条件：想当官的不能当记者；身体不好、弱不禁风的不能当记者；脑子不灵活不能当记者；怕苦、怕累、怕死的不能当记者。

——高粮

一手拿枪，一手握相机

口述人：李祖慧（高粮夫人） 高红鹰（高粮之子） ／ 采访人：姚桐 高初 ／ 撰稿人： 姚桐
时间：2010年6月 ／ 地点：北京呼家楼（采访高粮家人）

高粮（1921—2006），又名高良玉，笔名高峰等，河北易县人。1936年在读中学时参加革命，加入了中华民族先锋队。1937年12月转为中共党员。早期师从沙飞，成为八路军中最早的军事摄影记者。1944年由于抗日形势的需要，任晋察冀第一军分区涞源支队副政委时奉命调到晋察冀军区政治部担任战地摄影记者，从此开始了他作为优秀摄影家的一生。在此期间历任股长、科长、晋察冀三纵8旅73团政委、晋察冀军区政治部特派记者等职，拍摄了大量的、宝贵的历史照片。解放战争期间，既是新闻记者又是战斗指挥员，曾在晋察冀野战军第三、第四纵队多次代理团政委。1955年调人民日报社任摄影组长，负责中央新闻报道工作。历任《人民日报》高级记者，中国老摄影家协会理事，中国老摄影记者联谊会理事。享受国务院特殊贡献政府津贴。1996年中国摄影家协会授予其“有特殊贡献荣誉奖杯”。主要作品有《扑向敌阵》、《突入敌军部》、《大王庄巷战》、《春到故都》、《天安门前升起第一面五星红旗》、《上甘岭反击》、《周总理与群众共欢乐》、《我们的市长》、《草原之晨》等，出版了《高粮通讯选集》、《高粮回忆录》、《历史的脚印》、《高粮摄影作品选集》、《高粮诗影集》等著作。举办过“历史的脚印——高粮摄影作品展”等。

栾城之战，扑向敌阵。1947年4月

从“我要上学”到“我要抗日”

记者：您好，请您介绍一下高粮老先生（以下简称高老）的家庭背景。

高红鹰：父亲1921年12月4日出生在一个农民的家庭，是在河北省易县注裴山乡注 的辛旺村。当时家里比较穷。我父亲7岁时就给地主打短工，8岁时看见有钱人家的孩子上学，他也要上学。有一个远房亲戚在当地开私塾，说可以不收他钱。这样他就跟家里商量一边上学一边给地主打短工。这样半工半读，念了私塾。到了1931年，他考上了当地县立第一完小，插班生，仍然半工半读，就这样在完小读了大概三年。学校里有一个老师姓唐，同情这些穷孩子，经常帮助他们，我父亲跟他比较亲近，后来知道这个人是共产党员。

记者：在那时候就接触到共产党员了？

高红鹰：对。在这个老师的帮助下，1935年他小学毕业，考入河北省省立第八中学，就是省八中，当时刚改为农职专科学校。当时在河北，共产党的力量是比较强的，党领导了很多学生运动。1935年父亲到学校后，年底就是“一二九”学生运动，他参加了。在学生共产党员的帮助下，他参加中华民族解放先锋队，参与了抵制日货、抗日宣传活动。

记者：那会儿他就做宣传活动了吗？

高红鹰：对。在学校写标语、发传单。还因为这事被反动学生报告给学校，校方要开除他。家里头托人送礼，学校里几个地下党老师也帮他疏通，最后没开除，给了一个处分。

他看到在河北地区有东北溃退下来的国民党部队，知道国民党并不抗日，就想去找红军。中共保定特委给开了介绍信。他和同学从易县出发，往西走，通过灵寿注走到晋南侯马注一带，在山西禹门口注正好遇到中国工农红军改编的八路军115师杨成武注独立团。

当时国民党部队都逃跑，都想往黄河南边跑，而这个部队却要北渡黄河。父亲他们也要过黄河。父亲说这个部队不寻常，一打听是从陕北过来的红军，就把介绍信交给了当时杨成武独立团的总支书记王道邦注同志，然后道邦同志就把他安排在部队里当文书。

记者：没有直接参加战斗？

高红鹰：当兵就是为了打日寇，他到部队后积极要求上一线，参加战斗。部队一看他是学校过来的，又有地方党组织的介绍信，就准备培养使用，所以安排他在团里面当文书随部队参加战斗。父亲随独立团参加了“平型关大战”，打的是“腰斩”战斗。杨成武带的这个独立团只是115师的一部分，115师在打完平型关以后从山西向河北发展，在涞源组建了游击支队，叫涞源支队注，父亲就在涞源支队当文书。

1937年底他转为正式党员，杨成武独立团后来发展扩大成了八路军晋察冀军区的第一军分区。他就在第一军分区第3团2营5连和3营当文书、当支部书记。后来到3营12连当指导员。因为杨成武部队是红军部队，跟现在解放军连队的编制不一样。红军部队在每个连专门设一个支部书记，这个支部书记在日常工作中受连长和指导员指挥，在战时这个支部书记干什么呢？就是带领所有共产党员组成“敢死队”，也就是敢死队队长。

记者：要冲锋陷阵，很不简单。从一个没有战斗经验的学生，成长为带头冲锋陷阵的角色。

高红鹰：杨成武的部队因为是红军的老部队，所以这个传统一直延续下来。在战争年代，部队把党员骨干组成敢死队，就是共产党员冲锋，伤亡虽然多，但是坚强的战斗作风却

注易县，位于河北省中偏西部，隶属保定。

注现为裴山镇。

注灵寿县，地处河北省中西部，西依太行山，东临大平原，石家庄市管辖。

注侯马市，位于山西省南部、汾河与浍河交汇处。

注禹门口，在山西省河津市西北和陕西省韩城市北部的黄河峡谷中，为黄河晋陕峡谷的南端出口。

注杨成武（1914—2004），上将军衔。抗日战争爆发后，任八路军第115师独立团团长，独立第1师师长兼政治委员，晋察冀军区一分区司令员兼政治委员。

注王道邦（1911—1959），江西省永新县人。中国人民解放军高级指挥员。1930年参加中国工农红军，同年加入中国共产党。土地革命时期，任红十二军特务营班长，红一方面军司令部警卫连政治指导员，红一军团第1师2团总支部书记，第2师5团代政治委员，军团政治部巡视组组长，第1师政治部组织科科长。参加了长征。

注1937年10月11日创建涞源支队。

延续下来了。

记者：高老在部队做支部书记，为什么后来1938年时到“曙光社”注当书画组长呢？这是怎么回事？

高红鹰：当时在晋察冀一分区就是杨成武这个独立团，有一个刊物叫《抗敌三日刊》，就是咱们抗日部队自己的战地小报。因为他有点儿文化功底，在战斗间隙，他就开始给《抗敌三日刊》写一些小豆腐块的文章。

1937年底到1938年，赵玉昆注以抗日为名召集了很多流亡学生、知识青年和当地农民组织抗日武装五支队，实际上他这个部队的基础是土匪。为了改编赵玉昆部队，杨成武第一军分区就组织了一批干部去改造这个部队。父亲又脱下军装以青年学生的名义加入赵玉昆部队，意思就是我到你这儿参军抗日来了。

记者：参加到这个剧社里面吗？

高红鹰：赵玉昆部队当时不是招了好多青年学生嘛，也学八路军创建了一个剧社，这个剧社就叫“曙光剧社”。

记者：高老在里边就一边宣传一边以这个为掩护，改造赵玉昆的部队？

高红鹰：对，第一就是说要把这个部队改造成共产党的部队，然后就是发展党员。他在剧社当书画组组长，广泛联络群众，建立党的组织。在这个部队待的时间不算太长，也就是一年左右。后来赵玉昆带少数人投降日寇，五支队部队在党的领导下编成八路军25、26两个团。《狼牙山五壮士》电影里头，跟日本鬼子一块儿骑着大马到狼牙山根据地“扫荡”的那个伪军官就是赵玉昆。

沙飞成了高粮的摄影启蒙老师

记者：他之前上学，后来参加战斗都跟摄影没有关系。但他参加“曙光剧社”还是书画组组长，您知道那会儿高老有没有摄影、绘画方面的功底？

高红鹰：绘画这方面功底，他是在八中的时候打下的。后来搞宣传画一些东西。小报头什么的他自己都能搞。

记者：抗日战争年代，学习条件很简陋，像对美术、音乐这方面的训练非常少，师资也不够。他是怎么培养这方面的能力的，包括美术、绘画、摄影？

高红鹰：后来在战斗过程中，你要搞战地宣传，就得自己刻蜡版，逼得你自己动手自写自画。后来晋察冀军区文化人也比较多了，也就有了更好的学习和交流的机会，但是摄影工作他当时应该是没有接触，直到在1939年打“黄土岭战役”注的时候。雁宿崖战斗注消灭日寇一个大队后和敌人增援部队打第二阶段战斗，这就是“黄土岭战斗”。这时候沙飞同志来了。他是军区摄影科长，到下边随同战斗部队执行战地拍摄任务。你看沙飞有好多照片，照的都是他们的连队。有一张八路军战斗在古长城上，还有一张我军站在娘子关上欢呼胜利的，1940“百团大战”的时候解放井陉煤矿的照片。部队首长让当时做战地指挥员的父亲做好沙飞同志的安全保卫。可那时父亲觉得打起仗来沙飞是个累赘，让司务长在后方照顾。

记者：就是不想让他参与正面战斗？

高红鹰：对。沙飞说：“我也是八路军，我也可以跟你们一块参加战斗啊。”

记者：他那会儿对摄影记者有什么认识，有什么看法，会觉得他们是累赘？

注1938年5月，孟庆山领导的河北抗日游击军和吕正操领导的人民自卫军，根据晋察冀军区的提议，两只抗日武装合并。编为冀中军区三纵队。1938年10月，三支队的宣传队，已经改称为曙光剧社。

注赵玉昆，曾是屠夫，土匪出身，抗日战争爆发后拉起一千人马，自封华北抗日第七路军司令。后被八路军改编为晋察冀军区冀西分区第一军分区第五支队司令。1940年清明前后叛变投敌、当了汉奸。1941年9月24日，带领日军进攻狼牙山。新中国成立后，被押解回易县枪毙。

注黄土岭战役战场位于涞源县银坊镇的深山沟里，东临易县，是涞源通往易县的要道，自古以来为兵家必争之地。1939年11月，震惊中外的黄土岭战役发生于此。1500多日军毙命，包括“蒙疆驻屯军”总司令、山地战专家阿部规秀，是中国抗战史上最辉煌的战役之一。

注1939年11月，在抗日战争北岳区反“扫荡”战役中，八路军晋察冀军区部队在河北省涞源县雁宿崖三岔口地区对日军进行的作战。

高红鹰：部队冲锋陷阵那多危险啊！这么一个军区摄影科长又是知识分子，出了问题怎么办？不让他参加战斗是为了保证他的安全。

记者：高老那会儿不知道摄影记者是要跟着去战场，才能拍到一些东西吗？

高红鹰：对，不叫一起去冲锋陷阵，就是为了保障他的生命安全。

记者：就是打完仗你再拍，是这意思吧？这是不是表示那时高老对战地摄影还不了解？

高红鹰：不了解。后来沙飞跟着他们部队战斗结束后宿营的时候，父亲看着沙主任拿着一个小方盒子就能拍照片，他很奇怪，就说："沙主任你背那个小盒子怎么玩啊？"

记者：高老很感兴趣是吧？

高红鹰：沙飞就讲这是什么牌子的照相机，各种部件起什么作用，怎么调焦距，怎么拍照片。老头觉得挺神奇的，从那时候开始对摄影有了兴趣。

沙老就告诉他，"你再打仗缴获这个玩意，看准这个东西啊，别扔了，特别是胶卷你别给拉出来。"从此沙飞同志成了高粮的摄影启蒙老师，知道了摄影是具有特殊宣传作用的战斗武器。

记者：那时候他懂些摄影了，有没有试着拍过一些东西？

高红鹰：当时没有。那时缴获照相机、胶卷，要按部队规定上交的，缴获要一律归公，然后团一级首长批准说这个东西发给你使用，你才可以使用。缴获一个照相机很不容易的，自己也不敢瞎弄。

记者：高老最开始跟着沙飞学，等于是摄影扫盲，只是理论上的探讨，他有没有用沙老的照相机，试着拍一张？

高红鹰：那时候胶卷很紧张，像我妈妈参加过摄影训练班，每人照一张就毕业。以缴获敌人的胶卷为主。买胶卷很不容易的，因为根据地买不到，在敌占区也很不容易，所以主要靠缴获，非常的宝贵。

记者：高老跟沙飞第二次见面应该是1940年的时候吧？

高红鹰：是百团大战。

记者：井陉煤矿攻坚战注是吧？

高红鹰：对。

记者：这会儿他就知道摄影记者得跟着冲锋？

高红鹰：那也得专门保护他，不能让他受伤。所以摄影记者在前线，我军官兵从来都是要专门保护的。

记者：他跟沙飞有一个合作的故事，就是智斗美国特务，当时上级想拍他的一个正面，但是这个特务很机灵，从来不让照相。然后沙老和高老两人合作，沙飞和这个特务聊天，高老就拿过来一个相机说这个相机是坏的，还特意给这个特务看，趁着特务不注意把这个相机换了一下，然后就趁机给抓拍了，你知道这个事吗？

高红鹰：当时在军调部的时候，有个美国记者是联邦特务，情报部门就一直想照他的一张照片，一直拿不到。沙老会一点儿英语，跟美国记者也算同行。高粮同志就把一个做了手脚的照相机镜头卸了，说这怎么不好使了，调不准焦距了，沙老说："我看看，这个相机不能用了。"说让美国同行看看，美国人一看说："你这个相机不行，赶紧换新的吧。"美国人没想到他又换了镜头，趁其不注意给他照了两张照片。

注 井陉煤矿（煤矿）位于正太铁路以北，滹沱河以南，东靠微水、获鹿，西邻娘子关，与开滦、中兴煤矿并列日占华北三大煤矿。1940年8月20日，中央纵队在杨成武指挥下，攻打井陉矿区。矿工和井陉矿区地下组织负责人李玉、刘万选等带领攻矿部队消灭日伪军，破坏矿井设备，对日军造成了沉重打击，使敌人损失3千万元之巨。

注 刘峰（1923—1979），河北新城县人。1939年参加八路军，同年入党，1940年开始从事专职摄影，历任晋察冀军区一分区摄影干事、晋察冀野战军4旅摄影组长、二纵队、北岳军区、察哈尔军区摄影股长。《晋察冀画报》、《华北画报》、《解放军画报》摄影记者、组长、社长助理等职。

沙老和父亲后来关系一直很好，他是父亲摄影的启蒙老师和亲密战友。父亲喜欢枪，从前线回来沙飞总是问："你在前线缴了什么好枪吗？"

记者：沙老在中国红色摄影史上特别有名，沙老对高老有哪些影响？

高红鹰：当时沙飞给他灌输了一个观念，就是"你拿着枪是作战，我拿着照相机也是作战。你在一线我也在一线，我不在前线，我照不下来，所以流血牺牲的不一定是你的突击队，也可能是记者"。后来父亲在涞源支队当副政委，当时军区招摄影记者，沙主任给他写了封信。

记者：信的内容是？

高红鹰：大致意思是军区摄影科招记者，建议你来当摄影记者，一样是为革命做工作，一样杀敌，并不是你从前线跑了，当了逃兵。

记者：沙主任邀请他？我很好奇，他一直做着指导员，指挥战斗很出色，为什么会转行当了摄影记者？

高红鹰：这个事我们专门跟他探讨过，说："你在前线打得挺好的，怎么到后方去了？"他说："我跟着突击队，突击队在阵地最前沿，他们在哪儿我就在哪儿。等突击队开始冲锋时，我就跟着战士们冲锋拍照。在冲锋的人群中敌人能马上发现你是个记者，非常危险。所以，我实际上不是到后方，而是到了战斗的最前线。"

记者：在战场上做军人和做摄影记者还是性质很不同的两种角色，他做出这种选择，他自己本身有没有其他的原因？

高红鹰：他自己是个青年学生，在具有老红军传统的部队里头得到了锻炼，他们部队许多干部战士都是参加过两万五千里长征的，给他灌输了一些革命英雄主义思想。他说一个部队整体作战是群勇，一个人单独作战是孤勇。

记者：他觉得做摄影记者，单枪匹马作战更能显示英雄本色，更能为革命作贡献是吧？他开始从事摄影是哪一年？

高红鹰：应该是1943年到1944年，因为1943年他是涞源支队的副政委，后期他在抗大二分校深造班学习，1943底到1944年他到了画报社。

记者：当时是哪个画报社？

高红鹰：就是《晋察冀画报》。沙老是晋察冀军区摄影科长兼《晋察冀画报》的主任。《晋察冀画报》就是现在的《解放军画报》。

记者：是晋察冀举办的第一期摄影训练班，那高老从事摄影算是比较早了？

高红鹰：不算早，1937年、1938年就有李鸿年、刘峰注同志开始照相了，好多人都比他早。但要说从级别比较高的战斗岗位到摄影岗位的人，应该就他一个。当时涞源支队是个团级单位，父亲是从一个团的副政委直接去当摄影记者的。

记者：等于高老是放弃了一个还比较不错的政治地位？

高红鹰：战争年代不讲这个。革命需要你干什么，就干什么。

初试锋芒，遭遇不顺

记者：1945年，就是抗日战争结束前，高老作为摄影记者有哪些经历？

高红鹰：1944年底1945年初，父亲作为晋察冀军区的特派记者，参加涞源战役，打仗的

解放涞源县城。1944年

部队是他自己战斗和生活过的部队，从领导到下边部队都很熟，所以准备比较充分，照了很多。他把胶卷冲完以后，挂在老百姓窗户底下就睡觉了，然后太阳一照，胶卷给毁了。初试锋芒，就遭不顺。

记者：当时挺受打击吧，但也吸取了不少教训。1944到1945年抗日时期高老有摄影作品留下吗？

高红鹰：有，比如《八路军战士保护文物古迹》，《保定外围神八路》、《白洋淀水上武工队》、《青纱帐里聚英豪》、《八路军掩护群众秋收》、《解放涞源县城》、《攻入霸县》、《大反攻》、《向东北进军的队伍过古北口》，《河北武清县王庆坨战斗》，《参加扩大根据地》，《减租减息》等等。注

因为到1944年1945年准备反攻了，需要组建野战兵团，这时就要将地方部队升编成为主力部队，组成野战部队。应该是1945年8月吧，他参加整编，在43区队代理政委。

记者：身兼两职是吧？做摄影记者兼政委？

高红鹰：就像魏巍同志，当过教育科长，也在某个团兼任政委什么的。注

记者：当时他跟魏巍同志有过接触是吧？

高红鹰：有接触。他们那儿知识分子还挺多的，有诗人田间注、有画画的李恕注、曹振峰注、做文章的钱丹辉注、魏巍等。

抓拍“战来城”

记者：在军调处执行部注时期，高老参加第五执行小组的工作，为周恩来、邓颖超同志

注曹学海《他从战火中走来》（《历史的脚印》p221）：“高粮告诉我，他有一段时间是在冀中平原度过的，拍摄了许多冀中军民团结战斗的珍贵照片。诸如《青纱帐里》、《保定外围神八路》、《水上武工队》、《进入王庆坨》、《担架队救护伤员》、《保北阻击》、《在泥泞中作战》等等，这些是战后无法补拍的镜头。”

注该处说法不准确。“1949年北平解放后，为改造傅作义的部队，魏巍被任命为晋察冀野战军骑兵第6师第16骑兵团政委，不久即进军陕西、宁夏，参加到解放大西北和剿匪的斗争中……1950年5月，魏巍从宁夏奉调回京，任解放军总政治部学校教育科副科长。”
《世界文艺》编辑部：《魏巍——伟大的诗人、作家与战士》，世界文艺，2008（4）

注田间（1916—1985），安徽省无为县人，著名现代诗人。诗形式多样，信天游、新格律体、自由体都有尝试。在新诗的民族化、大众化方面，做过一些探索，以平朴的描述和激昂的呼唤形成了明快质朴的风格。其诗作《假使我们不去打仗》传遍全国，被闻一多称为“擂鼓诗人”、“时代的鼓手”。

注李恕（1926— ），山东黄县人。1939年2月参加八路军，后入胶东鲁迅艺术学校学美术。1940年夏到八路军山东纵队五支队政治部搞新闻美术。1944年春参与创办由鲁萍任社长的《胶东画报》。历任胶东军区政治部《胶东画报》、山东军区政治部《前导报》、《山东画报》编辑，以美术工作为主，兼搞摄影，对日大反攻前后绘制了不少优秀的宣传画。

注曹振峰（1926—2006），1938年在晋察冀军分区工作，主编《战士画报》。

注钱丹辉（1919—2007），江苏金坛人。抗战时期著名诗人。1938年参加革命工作。20世纪40年代任新华社察哈尔分社社长。

注1946年，共产党、国民党和美国代表组成军事调处执行部，简称“军调部”。

八路军保护文物古迹。1945年

神出鬼没。1945年

白洋淀水上武工队。1945年

青纱帐里聚英豪。1944年

攻入霸县。1945年

解放王庆坨。1945年

减租斗争。1945年

投入解放栾城的战斗前，大家严肃聆听纵队首长下达的政治动员令。1947年4月

拍照，现在还有这个照片吗？

高红鹰：他从军调部回来的时候，过拒马河注时，发洪水把给他驮行李的军马冲走了，致使一些文件和照片损失。他参加了第五执行小组的工作，他调查古北口事件注、安平事件注、集宁事件注。抗战刚胜利，国民党就抢地盘，在古北口跟我们打了一仗，却说我军向它进攻。父亲作为军调部记者做事实报道，老百姓说古北口是八路军把日本鬼子打跑的，在这儿已经好长时间了，国民党前几天来打仗，让八路军给打跑了。

记者：高老在这个事件中起到一个发现事实、进行宣传的作用。这个时候记者的见证作用，非常有权威性。在解放战争期间，高老摄影作品特别丰富是吧？有没有他本人特别喜欢的？

高红鹰：他最得意的是拍摄栾城战斗注。1947年，他在野战第四纵队当摄影股长，参加正太战役。打栾城时，他用了一架德国蔡司的照相机，每个胶卷能照16张。他一张没浪费，从部队开始组织，到攻城，到最后收缴战利品，整个过程全照下来了。注

记者：他怎么做到这一点的呢？

高红鹰：他带着警卫员跟着突击队，先趴在城底下。等部队一开始突击、开始冲锋的时候，从炮火准备到架梯子爬城他就在那儿开始照。爬上去以后，他就跟着突击队进城，打开城门，然后冲进县政府。他的警卫员为保护他牺牲了。主攻部队一个副营长又过来保护他，也身负重伤。

记者：拍摄很连贯，内容很全面。

高红鹰：别人都以为是战后补拍的。其实是他事先了解那场战斗的部署以后，根据作战部署自己做了拍摄计划。

记者：这是他拍摄成功的原因所在？

高红鹰：“凡事预则立，不预则废”，这是中国的古话。他说：“当摄影记者，你要照

注 拒马河，河北省内唯一一条长年不断的河流，为北京市五大水系之一，大清河支流。

注 1946年，我军控制古北口，蒋介石令94军、62军在停战令生效前占领古北口，我军冀晋纵队将敌人打退。

注 1946年7月29日，驻天津的美国海军队第1师的巡逻队以及国民党军一部在事先有所预谋的情况下，秘密向位于香河西南安平镇(天津东北约70余公里)附近的冀东解放军驻地集结，并突然向驻守此地的解放军发起进攻，人民解放军被迫自卫还击。

注 1946年1月13日，傅作义命令手下猛将、国民党军队第十二战区骑兵总指挥孙兰峰从旗下营向集宁方向推进，实力悬殊情况下，时任绥蒙军区司令员姚吉吉决定先撤出集宁城。1月17日姚吉吉率晋绥军区27团从卓资山回援集宁，骑兵旅、冀晋纵队马龙部、陈仿仁部也支援参加战斗。根据贺龙的指示，于17日18时30分向集宁发起总攻。18日晨，晋察冀军区和晋绥军区部队收复集宁。

注 栾城县城位于石家庄东南24公里处，是一座重要军事据点。1947年4月10日的栾城战斗是正太战役的一个重要组成部分。

注 高粮回忆录《历史的脚印》pp.111—112：“1947年，我晋察冀人民解放军发动石东和正太战役，栾城之战是战役第一阶段的重要环节。我是晋察冀军区政治部和晋察冀画报社的前线记者兼任野战第四纵队的摄影股长。多次战地新闻采访使我感到，要在战场上进行摄影采访，首先深刻领会战略意图，掌握报道中心，选择重点，然后才是灵活抢拍代表性镜头，否则很难抓住瞬间即逝的战斗场面。为此，我事先根据战役意图和具体战斗要求草拟了一个拍摄计划，包括：一、向栾城进军；二、战地生活；三、接敌；四、炮火掩护；五、冲锋；六、登城；七、摧毁敌伪政权；八、我军英雄人物；九、俘虏与缴获；十、被解放的人民欢迎我军……等。

解放栾城战斗是4月11日进行的。我为实现拍照计划，首先说服团、营、连三级指挥员，跟

随尖刀排一起战斗。从战斗打响到拿下敌人的警察局、县政府前后经历两个多小时，计划中的镜头都拍下来了。那时我使用的是蔡司依康折合式120相机，一卷拍16张，整个战斗我只用了一个胶卷，除拍摄冲锋与登城的有两张重复外，共记录了14个不同场面。遗憾的是战斗结束时，天黑了，没能拍到群众欢迎解放军的情景。”

什么，要了解事件发展的全过程，就得先列个提纲，做到心中有数。要参加作战会议，了解清楚领导的作战意图。作战意图是什么，就要用照片反映出什么，不是乱照啊。”

记者：高老以前的作战经验，对他的摄影有很大帮助，没有战争经验的人不太了解这个过程吧？

高红鹰：他从参军打仗就在晋察冀军区，所有的部队他都很熟，好多部队他都工作过，很多部队首长都是他的领导或战友。对各部队比较了解，哪个部队战斗力怎么样，能打什么，他都比较清楚。有些画报社的同志，从其他军区调来的，不具备这个优势条件。他下到各部队去，基本都有熟人，沙老一直用他去前线拍照，也是这个原因。

参加作战会议也得分级别的，不是说任何一个摄影记者都能参加。他作为野战军政治部的特派记者，到前线带的介绍信是野战军政治部给开的。只要拿政治部的介绍信，参加会议、了解情况都通行无阻。

记者：说明党对宣传工作非常重视，对摄影记者的工作也非常支持。能不能给我们看一下当时的介绍信？

高红鹰：这个介绍信上有政治部主任副主任的印章，主任潘自力注，副主任是蔡树藩。

1947年解放石家庄，父亲准备跟着三纵队8旅24团采访进攻石家庄的战斗。然后纵队首长胡耀邦同志命令他到四纵队31团指挥战斗。

记者：临危授命。高老有几年没指挥过战斗了吧？

高红鹰：他一直在指挥战斗，1947年年初的时候还在打，包括解放集宁的时候。又是记者，又是指挥员。咱们倒回去讲，他从1945年10月，就在三纵队8旅73团当政委，打到年底。1946年从军调部回来以后，到1947年就一直在前线跟着三纵队63团、四纵队64团打，不是在这个团就是在那个团。

记者：解放石家庄这次，他在战场上起主要作用是吧？

高红鹰：这是一个主攻方向，原来的主要指挥员看地形时触地雷，团长、政委一个牺

栾城战斗之战前休息。1947年4月

栾城战斗之12团某连战场上的文娱活动。1947年4月

栾城战斗之第二轮炮击。1947年4月

栾城战斗，趁着硝烟冲上去。1947年4月

栾城战斗之战后总结，敌人工事特写。1947年4月

栾城战斗之1团1营1连全体合影。1947年4月

牲，一个重伤。他来做这个主要的指挥员。石家庄外围有几道封锁沟，他这个部队是首先通过市沟的，打得很不错。

在这个战斗中，他拍了《冲进敌军部》，还有一张，是一面墙上写着"有匪无我，有我无匪"，旁边一个交枪投降的国民党兵。

记者：用墙上的标语做背景，对敌人是一个讽刺是吗？

高红鹰：对。

记者：那一次是抓拍还是摆拍的？

高红鹰：抓拍的，因为他最反对摆拍。

记者：这次战斗，高老指挥很成功，摄影也特别成功。但据说有人为他请功，上边的领导却不是很认同？

高红鹰：他当时是《晋察冀画报》的特派记者，画报社给报功，同时四纵队也为他请功。然后报到野战军政治部的时候，有的人说你一个记者不务正业，怎么跑去指挥战斗了。有些同志可能是说了点儿不大好听的，报到政治部首长那去。当然还是给他记功了，画报社给他记功了。

记者：高老在1949年的时候拍了活捉陈长捷的那个镜头。

高红鹰：对。

记者：高老有没有提过这一次的经历？

高红鹰：他跟我妈等于是1948年12月结婚，刚闹完洞房，就来了命令，跟聂荣臻司令员到平津前线了。在平津战役期间，他基本上作为聂司令员的随员。

记者：这个随员是个什么角色？

高红鹰：秘书，当时调了几个人。一个就是后来《北京日报》的总编周游注，跟着聂司令当新闻秘书。我父亲是晋察冀画报社的采访科长，是摄影秘书，主要采访平津战役期间，平津前线指挥部的重大行动，天天跟着指挥部他又闲不住。所以就跟攻击天津前线的总指挥刘亚楼说要上一线参加战斗。

记者：本来跟着聂司令，拍摄比较安全，但他不想在安稳的地方待着，还是想跟着先头部队。

高红鹰：对，本来是把司令部活动记录下来就可以了。可是战士离不开战场，经刘亚楼参谋长同意，他随北线突击部队，就是著名的塔山英雄团注，从宁园注打开突破口到大王庄巷战，一直拍到金汤桥会师，又和部队冲进日本花园，现场目睹并拍摄了抓获陈长捷这一重要时刻。

记者：去抢拍。

高红鹰：对，就是把陈长捷从地下工事带上来，他就拍了这个镜头。

记者：打下天津之后高老跟着部队进入了北平？

高红鹰：对，他跟着聂司令的指挥部进入北平注。天津是1月14日打下来的，之后他们就去北平了。2月3日的入城式他拍了很多照片，在我的印象里，1月底接管北平的时候有他拍的一张照片。

注 周游，《北京日报》第一任总编辑兼副社长。

注 中国人民解放军广州军区某团的荣誉称号。该团于1940年组建，初为八路军山东纵队第5支队第16团，后为东北野战军第四纵队第12师第34团。辽沈战役中，参加塔山阻击战，全团指战员浴血奋战六昼夜，和兄弟部队一起，粉碎了敌人11个师的疯狂进攻。随后参加了平津战役、衡宝战役、广西战役。

注 宁园，又名"北宁公园"，前身是1906年袁世凯委派周学熙辟建的种植园，建于1931年，面积19.8公顷，坐落在天津北站东北侧。1949年1月14日，东北野战军34万军队对拒不投降的天津国民党军发动总攻，仅用29个小时，便攻克了被国民党警备司令陈长捷称为"固若金汤"的天津城。

注 高粮回忆录《历史的脚印》p140：北平解放后，我奉命采访了：军事接管、建立基层政权、恢复社会秩序，欢迎各地民主人士前来协商建国大业，大军的南下和部分领袖活动。1949年10月1日，我参加开国大典，拍摄了天安门前出现的第一面五星红旗。上午10点开始，连续拍摄了伟大领袖毛主席庄严宣布中华人民共和国成立，毛泽东主席、周恩来总理、刘少奇同志、朱德总司令等党和国家领导人检阅人民解放军陆、海、空三军，以及首都各族各界六十万人民载歌载舞的游行庆祝场面。这一天，不只是我激动万分，我的同行、战友陈正青、齐观山、郑景康等同志也无一不是这样。他们的照相机取景框上同样沾满泪水。

党史军史与宣传政治

记者：这是解放战争时期，说说朝鲜战争时期吧，那个时候高老主动请缨率领摄影团去朝鲜战场。

高红鹰：1949年3月，父亲跟着第二十兵团解放太原回来，驻防天津，负责沿海岸线警戒保卫中央。后期二十兵团改编制为天津警备区，他就到了天津警备区，司令是杨成武。1950年军委在天津开了个军事会议，就是后续部队入朝问题。会上决定重新恢复二十兵团建制，叫做志愿军第二十兵团，由杨成武司令员带着第二十兵团入朝，我父亲参加了会议。

然后就开始组织记者，他又把过去画报社熟悉各野战军的记者往回招。一个军里头有7个摄影记者，师里头有5个摄影记者，每个团里还有一个摄影记者。二十兵团三个军及后来在朝鲜配属二十兵团另三个军所有摄影记者都归他指挥，他是第二十兵团摄影科长。

记者：在朝鲜战场，他把各个部队的摄影记者组织得特别好。各个军摄影记者把自己的绝活都拿出来了，用来鼓励战士进行战斗。宣传部队的胜利场面，您讲讲这个。

高红鹰：当时他当摄影科长还管着电影队，也叫放映队。所以他们拍完照片，做成幻灯片。电影队下去给各部队放电影的时候，比如给66军放电影，放电影前先放的是66军作战的幻灯片。这个部队的英雄模范事迹马上就传播开来了。

记者：这样就起了一个表彰、宣传作用。

高红鹰：他们还做土画报。当时我们有些原来国民党的被俘人员在朝鲜战场被俘，美国人训练完了以后回来当特务。父亲他们就做土画报、幻灯片教给部队怎么样防奸反特。还有细菌战期间，教他们怎么搞好卫生、防止传染。

记者：高老在朝鲜拍照片了吗？

高红鹰：他自己拍了一部分，拍得不多。有《用祖国人民捐献的高射炮打下美国飞机》、《冒雪进军》、《反坦克作战》、《上甘岭反击战》、《夜袭》、《大炮发言》、《坚守阵地》、《咱们的银燕来了》、《在三八线附近与朝鲜战友会师》、《东线部分高级指挥员会面》等。

捉陈长捷。天津战役，1949年

记者：在朝鲜战场的时候，我觉得高老对摄影记者的角色认识特别深刻，他说摄影记者是党史军史的记录员，政治工作的宣传员。

高红鹰：对，因为从沙主任搞《晋察冀画报》的时候，画报下发到晋察冀部队就能起到很好的宣传鼓动作用，提高部队的士气，及时掌握方针政策，同时又把我军的战史用画面记载下来。高粮作为战地指挥员出身的摄影记者，当然对此会有更深刻的理解和体验，并化为自觉的行动。

我们真正开始系统地记载我军战史，就是从抗日战争开始。红军时期的片子很少，只有聂荣臻元帅照的一些片子，还有一些外国记者照的，照片很少也不系统。

记者：高老拍照片的时候，喜欢抓拍，他不太喜欢摆拍是吧？

高红鹰：他一直在前线，作战期间摆不出来，有些你不参加作战的后方部队你可以摆去，你前头作战哪有时间让你摆啊，你摆不出来啊！

记者：在朝鲜战场发生一件事，有一个人故意烧了民房然后拍了一张照片，应该是属于高老的部下吧？

高红鹰：是。

记者：当时高老对这件事怎么看？

高红鹰：后来部队政治部处理了。他根本就不喜欢这个。而且后来搞中央新闻，更没法摆拍了。总不能“毛主席你站这儿，再重新握手”？

记者：所以敏锐度非常需要。

高红鹰：对。

记者：后来在“左”倾思潮影响下，中国摄影出现一些浮夸的照片，也涉及导演摆拍的问题。

高红鹰：他在“左”倾思潮里也没有什么浮夸的照片。他有一个摆拍的照片，就是“文革”后期批邓的时候，他对批邓很不赞同，弄了一帮小孩，然后打了个标语，意思是批邓如同儿戏。

“摄影，最重要的是真实”

记者：高老是因为沙飞的影响才从事摄影工作的吧？

李祖慧：沙飞在上海搞过画报和影展，跟鲁迅关系挺好的，拍了好多鲁迅的照片，留下来的都是绝版的。老高为什么对他佩服？说一个大知识分子，那么有名望，放弃了优越的生活条件，到解放区来参加革命，这在当时是很了不起的。老高很敬佩他。

记者：高老的摄影理念是什么？

李祖慧：要求有思想性，真实，能抓住事物的特点。他得到现场去，还要有一定的政治敏感性，抓住事件发展的瞬间不能有任何摆布的东西。

记者：那就是说高老拍东西，他是想反映政治层面的东西？

李祖慧：对，就是。

记者：不是拍拍玩玩，风花雪月？

李祖慧：他是搞中央新闻的。新闻是党的喉舌。你得维护党的利益，得有政治性、思想性、新闻性、真实性。你看我们摄影界老前辈吴印咸，他就有风花雪月的东西。

记者：是，我觉得这也是一个风格，各有风格。高老是不欣赏不喜欢这种风格吗？

李祖慧：不是不欣赏不喜欢，在战争年代他没那个闲工夫，你要说他不喜欢也是假的，他年轻时就有一张爬到杏花树上的照片。

记者：高老也喜欢那种富有情趣的。

李祖慧：在战争年代现场记录的就得是真实的东西，解放以后，他在《人民日报》搞中央新闻，记录的也是真实的东西。

记者：高老对摄影的美感重视吗？

李祖慧：他也注意拍摄的角度、采光、构图，但更看重的是照片反映的内容跟思想。他的摄影作品朴实无华，充满生活气息，把政治性、真实性和艺术性完美地结合在一起。战争年代突击队可以选择有利地形，这摄影记者就不好选了，他得考虑我这个地方是不是背光，然后部队冲上去我能不能照到，所以他比突击队还要艰难。

记者：您看摄影本身是个艺术，但是在战争年代，战地摄影要服务于政治，服务于革命工作，您觉得高老在两者之间怎么平衡的？

李祖慧：艺术是为革命战争服务的。爱美之心谁都有，但是你的责任就是用手中的相机去记录人民军队可歌可泣的事迹。

记者：1958年对外发稿，有领导说咱们新中国的照片不能送到国外去展览，因为拍的都是革命、战争、国家建设的政治性东西，到外国只能选送那些风花雪月的照片，是吗？据说当时高老很不同意。

李祖慧：参加国外影展，要迎合人家的标准，所以就是送风花雪月的东西。父亲觉得，我们作为一个社会主义的国家，共产党政权的国家，反映人民生活建设的照片为什么不能参加影展，他对这个有意见。

记者：高老晚年有一些作品集，包括文字的和摄影的，还写了一本《摄影基础知识》，是吗？

李祖慧：那是人民日报社搞函授班的时候，他写的一个讲义。他在《人民日报》时兼任中国社会科学院新闻研究所摄影研究室的主任。他带研究生，写了《新闻摄影》作为新闻研究生的教材。他还写了一本摄影的书——《摄影基础知识》，可惜还没来得及出版就被天津科技出版社一个编辑给弄丢了。

记者：对于高老战争时期的作品，有哪些是您特别欣赏的？

李祖慧：《青纱帐里聚英豪》拍得不错，《白洋淀水上武工队》拍得挺生动，《冲入敌军部》、《大王庄巷战》、《打开宁园突破口》等，这些照片真实生动，有激烈的战斗气氛和战争场面，很有特点。

记者：这是内容上，那从摄影的技巧上？

李祖慧：从美学构图角度来说也都是不错的。

记者：那个年代，摄影器材特别简陋，高老在摄影技巧方面运用得怎么样？

李祖慧：他一直对那个能拍16张的蔡司相机念念不忘，他使惯了。不像现在主要是自动光圈，自动快门的。这个光照度，用什么光圈距离多远，你是用无限远，还是用调焦距，还是用近景，需要一定的技巧。

记者：这些技巧经验高老都怎么来的，自己摸索的？

李祖慧：在实际工作当中摸索锻炼的。我们那时候在摄影训练班，照一张照片就算毕业了，一个照相机十多个人用，主要是在实际工作中学习提高。

记者：高老后来举办的作品展“历史的脚印”，举办得挺成功是吧？

李祖慧：“文革”结束后，1979年，父亲在胡耀邦和耿飚注同志的关怀下落实政策回到北京，恢复工作。人民日报、解放军画报社、中国摄影家协会，这三家联合给他搞个人展览，第一就是对这个老同志整个摄影业绩的一个肯定，再一个拨乱反正也需要一些老的东西，传统的东西不能丢。

记者：有一种恢复历史的味道是吧？

李祖慧：高粮摄影作品展览“历史的脚印”，好多抗日战争的老将军、老首长都去了。其中有一张是抗美援朝前线十位高级指挥员会面的照片，照片上有的人已经不在了，他们的老战友和家属看了以后都掉眼泪，觉得这张照片很难得，太珍贵了。

记者：这个时候，照片的历史记忆价值真是显现出来了。我冒昧问一下，那个年代的很多摄影作品现在出现了版权争议。高老的作品有没有这些问题？

李祖慧：现在北京市档案馆出版的《解放北平》那本画册，其中有二三十张图片是高粮

注 耿飚（1909—2000）湖南醴陵县人。无产阶级革命家、军事家、外交家，中国共产党第十一届中央政治局委员，国务院原副总理，中央军委原常委、秘书长，原中共中央顾问委员会常务委员，第六届全国人民代表大会常务委员会副委员长。

拍的，但都没有老高的署名。我就叫解放军画报社资料室写了个证明，证明照片是高粮摄影。档案馆也觉得挺对不住的。我说："我们不图稿费，因为这是我老头的作品，你也不写名字。"他说："我根本不知道是谁的作品。"因为过去的制度，照完相以后就都交给画报社了，或者是管理底片的机构。

"文革"以前，我们搞摄影的，底片都交给原单位，自己不能保留，你好比这12张胶卷，你选上四五张保存资料，其他废的都烧毁。"文革"以后拍的照片有的人自己拿着，不交了。

记者：毁掉，这是一个管理制度？

李祖慧：你给公家工作，是公家的人，不能把照片当成你自己的。你是国家工作人员，国家供给你器材给你胶卷，拍了以后哪能自己保存啊，都得交公。

纪念战友改名字

记者：高老原名叫高良玉，听说改名高粮是为了纪念战友？

李祖慧：他有一个战友是东北的，叫王九成，因为掩护他牺牲了，为了纪念他，就改成高粮了，因为东北出产高粱大豆。

王九成当时是晋察冀一分区3团的侦察连连长。父亲在12连当指导员。他们经常一块儿战斗、开会，那时候我父亲年纪也不大，王九成一看见他，就逗他，"大豆高粱在我们那儿有的是，就像你这样的。"

1943年的5月，冀中"五一'大扫荡'"的时候，团里说："有个任务你们两人谁去？"原来高粮同志说他去。王九成说："你那部队不如我，我这儿都是双枪。"侦察连是每个战士一长一短，一支长枪，一支短枪。这样王有成去执行任务了。王九成带着一个排45人，最后全部战死。他为了纪念王九成，跟团里申请改名叫高粮。

记者：看得出来，高老很重情义。您能讲讲和高老的认识经过吗？

李祖慧：1946年我到解放区以后，在白求恩医院学医，高粮正在住院，就认识了。后来1948年我在晋察冀边区中学毕业时，他们搞摄影训练班，招人参加，他就推荐了我。

记者：所以您从事摄影，其实是受高老的影响？

李祖慧：对，1948年画报社要几个学生充实他们的队伍，到他们那儿是参军，我就去了。

记者：高老会教您一些摄影方面的东西吗？

李祖慧：高粮告诉我采访的时候一定要深入实际，要到第一线；灵活机动地把握摄影时机，迅速抓住精彩的瞬间；要抓住事件和人物的特征，使自己报道的新闻做到新、真、活、情、意；要抓拍，不要摆拍；反映一个主题，得有特点；讲究光线，考虑构图，既要有思想性，又要有艺术性。

记者：您介绍一下高老的性格特点吧。

李祖慧：他这个人特直爽，特耿直，有什么说什么，脾气比较急。

记者：高老被打成右派之后，虽然受到的待遇挺不公正的，但是本人很乐观，他是怎么看待前后待遇不一样这种落差的。

李祖慧：他被打成右派以后，情绪也是不怎么好，觉得自己这么信任中央的一个人，居然成了右派，这对谁都是一个很重的打击。但是他说，我相信党相信毛主席，早晚有重见天日的一天。

记者：高老在他传记里边还有一段自我的反省，说自己以前参加战斗很顺利，基本上没有什么失败跟挫折。

李祖慧：他是有一些个人英雄主义，但是他的确勇敢不怕死，指挥战斗冲在前，参加大小战斗百余次。他负过三次伤，是伤残军人。

记者：高老后来提到劳动改造那会儿，那时候他还有机会摄影么？

李祖慧：他基本没什么参加新闻采访的机会了，老老实实参加劳动，和农民打成一片。

他自己有照相机，就是那个蔡司老式照相机，他自己想照什么照什么，照完自己看，但是大部分是免费给农民照相，然后自己做暗房给人家洗出相片送去。在他下放的地方，许多农民家里都有他给照的相片。

记者：后来高老结束了20年不白之冤重回新闻战线，他都做了什么？

李祖慧：他自己本身就是农民，所以他在那个地方生活了那么多年，看不得欺负农民的事。有一个农民成立一个公司，后来被骗了几十万块钱去。跟他一说，他就给省委书记打电话，为这个被骗钱的老农民讨公道。后来把这个骗子逮住了，把钱追回来一部分。对一些侵害群众利益的事情，他都能挺身而出，不考虑自己的得失。

写《河套农民怕"六虎"》那会儿，我就跟他说，"你刚平反恢复工作，还没过几天安平日子，这又捅马蜂窝了。"还好这个事中央出头了，给农民撑了腰。他下去采访的时候，碰见一些老红军待遇不好，他就写内参，因为中央记者都有写内参的任务可以供给中央领导看，所以他就写了好多，都是反映下边的一些不正之风，违法乱纪，群众的呼声。

这个内参就是给中央看的，一般的人是看不到的，作为党报的喉舌你就有责任向中央反映群众的疾苦和呼声。

记者：最后，李老您对高老做个评价吧！

李祖慧：高粮虽只有初中文化，但他很好学，出了六本著作。说话太直，对一些错误的东西看不惯。嫉恶如仇，他是一个硬汉子，天不怕地不怕。可以为了维护党的利益，什么都不顾，对党的事业忠心耿耿。

沿着大清河进军。1945年

火线救伤员。1946年

新闻记者到古北口采访，左二为蔡尚雄。1946春

解放霸县。1945年底

八路军大反攻。1945年

去东北的干部途经古北口。
1945年

石家庄战役中冲入敌军部。
1947年

石家庄战役中冲入敌军部。
1947年

栾城战斗，俘敌之一部。
1947年4月

栾城战斗中，被俘敌军的家属。1947年4月

解放天津，打开宁园突破口。1949年

解放天津，大王庄巷战。1949年

解放天津，开始总攻。1949年

庆祝太原解放。1949年

北平入城式。1949年

东北野战军秧歌队的游行队列。北平，1949年

附录：高粮年表

1921年　出生于河北易县一个农民家庭，7岁开始给地主打短工。

1929年　就读于远房亲戚开办的私塾读书。

1931年　考入县立第一完小插班读书。

1935年　考入河北省立第八中学（农职专科学校）半耕半读，同年投身“一二九”运动并加入民族解放先锋队参加革命。

1937年　经中共保定特委介绍从河北易县出发去陕北找红军，行千里后在山西河津禹门口遇上东渡黄河的八路军杨成武部。

9月参加平型关战役中的“腰斩”战斗，在杨成武独立团任文书，后又在涞源支队任文书。

12月转为共产党员；年底晋察冀军区第一分区新三团成立，任3营12连指导员。

1938年　为了改造土匪赵玉昆部队受组织委派以青年学生身份打入该部队，先后任该部曙光剧社书画组长、3营营部指导员，秘密发展我党组织争取群众；其间参加大龙华、定兴战斗，后在白石口战斗中消灭日军一个小队和伪蒙疆军黑马队一个连。

1939年　年初回到晋察冀军区第一分区新三团任3营12连指导员。后在雁宿崖消灭日军迁村大队的战斗中负伤，雁宿崖消灭日军迁村大队战斗后，延安电影团到战场拍纪实影片。在雁宿崖后的黄土岭战斗期间结识了沙飞同志，接触摄影工作。

1940年　百团大战，第一阶段打井陉煤矿再遇沙飞同志，开始对摄影感兴趣。第二阶段攻打东团堡消灭日军士官大队，撤出战斗时负伤被组织送回家乡养伤，归队后组织上鉴于伤未痊愈安排在第一分区政治部战线剧社帮助工作当指导员，此时参加华北联大文学班学习，几个月后回原部队。

1941年—1943年　在抗日战争前线参加战斗。

1942年　争得阻击敌重兵任务的侦察连连长王九成牺牲，从此申请改名为“高粮”。其间调任涞源支队副政委，后进抗大二分校高级班学习；

1944年　参加整风运动，后接沙飞同志来信参加军区摄影训练班当摄影记者，12月开始摄影工作。

1945年　开始作为晋察冀军区画报社记者在涞源前线采访。参与冀中军区减租减息运动、扩大根据地工作的采访、地方部队升主力的整编、冀中军区大反攻等采访工作。9月任晋察冀画报社采访科长，随晋察冀军区政治部副主任蔡树藩去张北县与苏联红军会师；其间主要作品有《光复涞源城》、《青纱帐里聚英豪》、《保定外围的神八路》、《轻装出击》、《白洋淀水上武工队》、《大反攻中向日寇盘踞的地方进军》、《进入王庆坨》、《减租减息》、《八路军保护文物古迹》、《二克霸县》等。

1946年　参加军调处第五执行小组工作，调查古北口事件、集宁事件、安平事件，军调部马、张、周视察张家口。

6月全面内战开始，作为晋察冀野战军特派记者参加绥远自卫战、涞源保卫战、张家口保卫战。

7月参加晋察冀军区摄影工作会议。

1947年　任四纵队摄影股长，参加石东、正太战役完成晋察冀与晋冀鲁豫解放区的联通；参加栾城战斗、韩通战斗，打元氏、娘子关、平定、寿阳等。6月参加青沧战役；胡耀邦政委特别交待保护文物沧州狮子；7月参加保北战役；9月调回野战军政治部任特派记者，参加大清河北战役，参加其中吴家台战斗；10月参加清风店战役；11月参加解放石家庄战役并代理31团政委攻入市区；12月参加平汉路破击战役；在"解放石家庄战役"中，指挥部队突入敌军部，并拍摄了著名的"突入敌军部"的历史画面，成为享誉一时的"双枪将"。

1948年　参加察南战役、绥东战役；7月再战保北；8月作为华北军区政治部和华北画报特派记者采访华北临时人民代表大会和华北人民政府的成立；9月随华北三兵团进军绥远；12月11日结婚，次日奉命随聂荣臻司令员赶赴平津前线。

1949年　作为聂荣臻司令员的随员参加解放天津战斗；2月被任命北平军管会与平津卫戍司令部记者，采访我军北平入城式；3月随第二十兵团参加太原战役；10月作为华北军区政治部华北画报社采访科长组织政协大会和开国大典的摄影工作。

1950年　随聂荣臻总参谋长检查沿海国防工事；后调天津警备司令部任摄影科长，参加部队海防建设和生产劳动。

1951年　被华北军区任命为军区战友报社副总编辑；5月杨成武司令员奉命组建志愿军第二十兵团，参加志愿军任第二十兵团摄影科长，率全兵团3个军、1个炮师和1个机动队300余摄影工作者赴朝作战；该年7月入朝作战，参加粉碎美军秋季攻势、坦克劈入战、细菌战和上甘岭战役、金城反击战，用手中的相机真实地记录下许多重大的战斗场面，如《上甘岭反击战》、《用祖国人民捐献的高射炮击落美国飞机》、《金城反击战》等。

1953年　朝鲜停战后回国任北京军区政治部战士文化读物社副总编（副师职），编辑出版了《战友报》、《战友杂志》、《战友丛书》，为部队正规化建设，提高指战员文化水平，丰富军营文化作出了自己的贡献。

1954年　调入人民日报社负责中央新闻采访。

1955年　任人民日报摄影组长，负责中央新闻的报道工作。由于勤奋好学、刻苦钻研，长期生活战斗在火热的斗争第一线，因此，具备了较高的政治敏感性和敏锐的新闻洞察力，以娴熟的技巧和艺术构思，用镜头忠实地记录下我国领导人在各个重大政治活动中感人的场面，如《毛主席接见苏加诺总统》、《邓小平会见伏罗西洛夫》、《周总理在群众中》、《宋庆龄的风采》、《毛主席接见女青年代表》、《我们的好市长彭真》等。

1957年　正当高粮年富力强之时，被错划为“右派”，受到极不公正的待遇，被迫离开了自己深深热爱的新闻事业长达二十多年。在“下放”到内蒙古农村期间，他始终对党无限忠诚，无怨无悔，坚持共产党员的坚定信念。

1979年　在胡耀邦同志和耿飚同志的亲切关怀及胡耀邦同志直接过问下，历经沧桑的高粮同志不图权贵，谢绝了军委的工作安排，重新回到了人民日报社。他在花甲之年重新背起相机，在宣传改革开放的岁月里又拍摄了大量的新闻照片，以百倍的热情为党和人民的新闻事业不辞辛劳地继续奔波。体现了一个老共产党员对党的无限忠诚。

1983年　在内蒙古自治区党委书记周惠同志和《经济日报》总编辑安岗同志的支持下，在《经济日报》第1版发表了《河套农民怕“六虎”》的文章，文章发表后引起中央的重视，在全国开展了查处“六虎”的活动。顶着极大的压力为农民伸张正义，得到了河套农民的衷心爱戴，农民们高兴地说：“有共产党撑腰，咱农民再也不怕这虎、那虎了。”高粮同志以无私无畏的革命精神，维护了党在人民群众心目中的威信，再现了一名老共产党员高尚的情操和无私的奉献精神。

1984年　出版《高粮通讯选集》。在京举办了个人影展，收入40年间所拍代表作150余幅。

1989年　出版《高粮摄影作品选集》。

1993年　出版《历史的脚印——高粮回忆录》。

1996年　中国摄影家协会授予“有特殊贡献荣誉奖杯”。

2006年　在北京逝世。

把照片变成图册传下去

舒宗侨

把照片变成图册传下去

把照片变成图册传下去

把照片变成图册传下去

把照片变成图册传下去

把照片变成图册传下去

把照片变成图册传下去

把照片变成图册传下去

1948年8月14日，也就是“八一三”十一周年的次日，是我感到无比快乐的一天。这天国民党国防部军事法庭在虹口市参议会开庭，审讯日本侵华军总司令冈村宁次。想不到在审判长石美瑜的审判台上，竟然放着我们编印的《“二战”画史》和《抗战画史》。我的心似欢快的旋律，跳动起来，那是用来控诉和证明敌人在华暴行的。就在《联合画报》第220期上把冈村宁次受审照片作为封面，内刊五张图片和详细的文字报道。在审判战犯时使用这些材料，是对新闻记者的我最大的奖赏和鼓励。

——舒宗侨

把照片变成图册传下去

口述人：舒似茵（舒宗侨女儿） 谢恩光（舒宗侨同事，复旦大学教授）／ 采访人：洪丹阳 ／ 撰稿人：洪丹阳
时间：2010年8月 ／ 地点：上海

舒宗侨，原籍湖北蒲圻，1913年10月24日出生于江苏南京。1932年至1936年，在复旦新闻系求学。1935至1937年任上海《立报》记者，1937年10月抗日战争爆发后任苏联塔斯社记者。1940年任重庆《中央日报》国际新闻编辑、重庆《扫荡报》编辑主任， 1943年起为同盟国家在重庆创办与主编《联合画报》。抗日战争胜利后，《联合画报》移沪出版，由他独资经营，改出月刊，任主编兼发行人。1946至1949年陆续编著出版《第二次世界大战史》、《中国抗战画史》（与曹聚仁合编）、《二次大战照片精华》（与魏守忠合编）。1942年起即在重庆复旦大学新闻系兼职任教，解放后全职任教。1954年负责建立该系新闻摄影教研组及实验室。1956年任中国摄影家协会首届常务理事。1978年后参加复旦大学新闻系新闻学研究室工作，除讲课外，还担任《世界新闻事业》季刊的主编与《新闻大学》编委。1992年获国务院表彰为有突出贡献的专家学者，享受政府特殊津贴。2007年在上海逝世，享年94岁。

聯合畫報

他希望成为爱国、公正无私的人

记者：您好！您能先谈一谈舒宗侨老先生（以下简称舒老）早年的经历吗？

舒似茵：我的祖父是南京铁路局的一个小职员，有一次我的祖父以我父亲的名义去买了一个彩票——据说那个彩票是美国花旗银行发行的——后来中了大奖，我祖父就把这一笔钱作为父亲的学费。中彩票时父亲正好读高中，因为有了这笔钱，他才能从高中一直读到大学，家里才能够负担他就读复旦大学的费用。父亲也觉得这机会来之不易，他将心思都投在学习上。他读大学的时候（即1932—1936年）表现出新闻工作者的特质，很有组织能力，比如说他发起并组织了复旦大学第一届世界报纸展览会。他还参加英语演讲比赛得了一等奖。

记者：舒老在大学时代，是以黄远生[注]、邵飘萍[注]为偶像？

舒似茵：对，他非常钦佩这些老一辈的报人，这还包括主张"国有国格，人有人格，报有报格"的史量才，还有戈公振，1935年刚从欧洲回来，父亲以学生身份邀请他来复旦演讲，他答应了，不幸数日后患急病去世。弥留之际他对邹韬奋讲："国势垂危，我是中国人，当然要回来参加抵抗侵略者的工作。"我的父亲希望成为他们那样的人，爱国，公正无私。

记者：但这些人都以文字见长，舒老是什么时候开始接触摄影的？

舒似茵：在他读大学的时候就对新闻摄影非常感兴趣。在办世界报展时，他还是个学生，许多人都笑他说办不成，他说："你们越是这样说，我越是要把它办成。"从联络各国报界，搜寻当日报纸，并将最新的图片传真件用来布置陈列室，没日没夜，身体力行，结果办得很成功。

记者：有一个说法是舒老在复旦上了三年学就提前离校了？

舒似茵：有不少人都这样认为，但我认为这是一种误解。他1932年进入复旦，1936年正式毕业。在1935年父亲就把学分修满了，之后他在上海的《立报》做记者，我理解就是相当于我们现在大四学生实习。他的毕业文凭在"文革"中被抄家抄去之后就没有再找还回来，中英文两本文凭都没有了。

记者：在塔斯社期间，舒老有一次死里逃生的经历。舒老跟您详细说过当时的情况吗？

舒似茵：1935年到1937年他在上海《立报》工作。1938年他去了苏联塔斯社，在塔斯社工作了两年多。1938年10月，父亲随塔斯社搭乘新华社专轮"新升隆"号从武汉撤退，途中，船被日军的飞机炸毁了，许多人跳江，伤亡很大。父亲因为停船后没来得及上船，死里逃生。

记者：舒老在重庆曾被关押了5个月？

舒似茵：1939年父亲被国民党关押了近6个月[注]。因为父亲在塔斯社中国机构工作，国民党特务就怀疑父亲是共产党方面的人，可能觉得父亲是国际间谍之类的，就把他关押起来。

父亲复旦的同学很多，包括复旦的校长、新闻学院系主任等等都出面保他，说他绝对不是特务。毕业后一些学生加入了国民党，可能是因为他们的保释，父亲被放出来了。

我父亲出狱后的半年到一年当中没办法找到工作，因从监狱里出来的人会被不信任。当时邵力子[注]等复旦的校友是国民党里面比较高层的人。有人就建议他在国民党里找两个像邵力子这样的高级官员签个字，即拿到一个国民党特别党证。父亲因此找到了工作。

我父亲为了找工作，确实拿了国民党的党证。解放以后在历次运动当中，他多次说：

[注]黄远生，原名为基，字远庸，远生是他从事新闻工作时的笔名。被称为"中国第一个真正现代意义上的记者"，新文化的先驱者。

[注]邵飘萍（1886—1926），原名新成，革命烈士，中国近代新闻史上著名报人、《京报》创办者，中国传播马列主义、介绍俄国十月革命先驱者之一，杰出的无产阶级新闻战士，是中国新闻理论的开拓者、奠基人，被人称为"新闻全才"。

[注]包括舒宗侨回忆文章在内均写5个月。

[注]邵力子（1882—1967）：近代教育家、政治家。清末举人，早年加入同盟会，并与柳亚子发起组织南社，提倡革新文学。1921年加入上海共产主义小组，同年加入中国共产党，1926年退出中国共产党，但其一直主张国共合作，1949年国民党政府拒绝签订和平协定后，脱离国民党政府。解放后任多届全国人大常委、全国政协常委、民革常委。

◀报道国共谈判的上海《联合画报》封面。

“我从来没有参加过国民党的任何组织活动，也没有交过一次党费，只不过因为和邵力子的关系，他们给了我这样一个证件让我可以找到工作。”但是没人相信他。

在抗战结束以后，国民党又进行了一次党员统计，国民党党员在一定时间里不来登记的话就视作退党，我父亲也没去登记。他根本就和国民党没什么关系，但许多人不相信。他在那个时候两头不讨好，国民党说他是共产党，后来历次政治运动中，共产党又说他是国民党。他自己说：“我什么党也没参加，没参加共产党，也没参加国民党。”他忠实于他的新闻工作，但他讲不清楚。

《二次大战照片精华》中的一页，《开罗会议》。

一定要把这些珍贵的照片变成图册留下去

记者：舒老是如何进入美国新闻社，并开始在重庆创办《联合画报》的呢？

舒似茵：我父亲从监狱出来后，在国民党《中央日报》工作。我在父亲写的回忆文章[注]里读到他对《中央日报》里的派系斗争很不习惯。他觉得他是做新闻的，不愿意介入政治。他因为在塔斯社工作过的缘故，比较倾向于共产党。

一年后，他因为工作的关系和美国新闻处联系多起来。1942年他就离开《中央日报》到在重庆的美国新闻处幻灯供应社[注]工作，后来美国新闻处让他主编《联合画报》。是当时最早以时事政治为主的画报，宣传反法西斯战争。

记者：美国新闻处把《联合画报》交给他，是不是因为舒老的新闻从业经历？

舒似茵：我觉得主要是看我父亲在新闻职业的各个方面有一些实践经历。他在《中央日报》做过国际部的主任；他在塔斯社工作后与包括英国的路透社在内的国外各新闻机构有非常密切的往来；1936年西安事变以后，他和武汉的八路军办事处也有良好的合作关系。

父亲在工作上非常投入。他与方方面面新闻相关的人士处得很好：美国、苏联、国民党、共产党。他得到的信息就比较多一点。

记者：抗日战争结束后，舒老是如何从重庆回到上海继续办报的？

舒似茵：1945年8月抗战结束，他大概是8月底[注]即从重庆回到上海。父亲说他当时的行李只有两个箱子，一个小箱子放随身换洗的衣服，另一个箱子就是他保存下来的胶卷、胶版、照片，这为他以后主编《联合画报》及编撰两册“画史”做了准备工作。

《联合画报》这个牌子是他从美国新闻处买来的，1美元，就相当于送他的。[注]他和美国新闻处有良好的合作关系。而国民党对美国还是依赖的，觉得他是为美国人办报纸，所以相对而言，对父亲办画报看得不是特别紧。但是能在其中穿插一些共产党方面的东西，也还是冒着很大风险，受到国民党的管制。

记者：《联合画报》里面，有没有独立的摄影记者？

舒似茵：没听说过摄影记者。在上海独立办联合画报和出版“画史”期间，他在经济上也是很困难的，没有雇很多人，在出版印刷方面他委托上海的《大美晚报》。没听说他那里有多少记者，只有少数几个工作人员。包括我母亲也在那里，做一点资料的工作。

记者：《联合画报》是从别的渠道拿到照片？

舒似茵：对，照片大多数是他多年来在工作当中积累的。 这和父亲的个性有关系，他对工作特别投入。我觉得这也和他处的时代有关，青年时期还是国难当头的战争时代，他有那种使命感、责任感。他在重庆的时候能够接触那么多的照片，他都视作宝贝一样藏起来，就

[注]“…两年官报编辑生活给我的体会，官报恰如我初学新闻学时了解到的，官方报纸不可为。尽管我孜孜不惜，全力以赴；没有政治后台，在报馆里站不稳，最后要被人赶出编辑部。”
舒宗侨：《新闻出版圈内六十年》，上海文史，1991（4），9

[注]1942年夏天，由中美英三方联合组成的摄影宣传机构“联合国幻灯供应社”成立，该社主要发行展览照片、放映幻灯和出版画报，为同盟国进行战时宣传。1943年正式改名为“联合国影闻宣传处”，处长是温福立，处内分编译、摄影、美术、组织四科，影闻处的工作是把从各盟国征集来的照片，编成展览照片和幻灯片，并从美国运进大量的幻灯机和卡通片、幻灯片，组织放映点，轮流放映。

[注]“我抱着这两大期望于1945年8月下旬，在极其激动的心情中，搭乘美国新闻处的包机回到了阔别整整八年的上海。”舒宗侨：《新闻出版圈内六十年》，上海文史，1991（4），10

[注]“美国新闻处原属美国战时宣传机构‘战时情报局’（OWI）。当日本无条件投降后，美国决定取消‘战时情报局’，并将一切宣传工作交给驻外使馆文化参赞办理，不再出版《联合画报》。美国为了感谢舒宗侨为出版《联合画报》和对日宣传作出的贡献，决定将画报商誉权转让给他。按照美国的法律，国家财产是不能无偿转让给私人的，所以最后以1美元的代价将画报商誉权出售给舒宗侨。”
沈飞德：《舒宗侨：再现历史烽火的摄影家》，浦江同舟，1995（7），40

注曹聚仁：著名作家、学者、记者和杰出的爱国人士。1900年出生于浙江浦江县。1922年至1937年在上海各中学大学任教，其间奋发投稿并创办进步报刊《涛声》。1927年与鲁迅相识后成为文友 。1937年起为战地记者，1941年受蒋经国委托，创办《正气日报》等。1945年至1950年在上海各大学任教，“拒台留陆”迎接解放。1947年出版与舒宗侨合编《中国抗战画史》。1950年至1972年在香港有关报刊谋职，并创办《新生年代》、《热风》、《循环日报》等刊。1972年病逝于澳门。

是为了今后做些事情的。

记者：舒老后来在上海独立出资办《联合画报》，您觉得他是精通媒体运作的人吗？

舒似茵：他不属于特别会经营的人，但是在上海办《联合画报》的时候，有人就说他还是有一点经济头脑的。他在重庆办《联合画报》时，因为依托于美国新闻处，他是有一些收入的。但是回到上海以后，除了住房的租金以外，父亲把自己所有的积蓄都投入到办画报中去。甚至租《联合画报》办公室都还是挺困难的。他不是很有钱的人，我觉得在他的骨子里就是一个中国的穷知识分子。我母亲一直说家里没什么钱，几个孩子都没有新衣服，穿得像“小瘪三”一样。父亲在家庭生活上无暇照顾。

记者：舒老花了这么大心血在《联合画报》上，后来被迫停刊时，他觉得遗憾吗？

舒似茵：解放前夕，因为通货膨胀，他没办法承担在印刷过程中昂贵的费用。他走得很累，也没赚什么钱，一切都是他自己承担。画报停刊实在是无奈。

《第二次世界大战画史》介绍八路军将领的页面。

这是1949年末上海市邮政管理局写的一个说明。告知如果他还要继续办画报的话，就要来登记，如果不办就放弃。那时刚好他有机会到复旦去教书，画报社就在那个时候结束了它的历史使命。

记者：您能谈一谈舒老出版《第二次世界大战画史》和《中国抗战画史》这两本书的经过吗？

舒似茵：他编画册是有备而来的，他在1945年到1947年这三年时间里拼命工作，得益于在战争年代他把能找到的图片资料都收集起来，他觉得今后一定要把这些珍贵的照片变成图册留下去，以史为鉴，警示后人。

父亲在编《第二次世界大战画史》和《中国抗战画史》的时候，承受着很大的政治和经济上的压力。从政治上来说，1946年到1949年国共两党纷争不休，他要把这两种关系融合在里面不容易。《中国抗战画史》的文字部分是曹聚仁注先生写的，曹聚仁对整个战争过程非常了解，是国民党战场报道的行家，我父亲提供并进行编辑图片。我父亲在“文革”中写“交待”的时候说过，他曾经跟曹先生建议把文字修改得客观一些、中性一些。我在《中国抗战画史》中多次看到这样的表述：“我们作为记者，有的时候不知道该怎么对一些事情进行评断。但是我们希望作为一个新闻工作者，要握直手中的笔。”注他们配合默契，夜以继日，一面编著、审稿，一面发稿、付印，争取在最短的时间内出版画史。

在经济方面，那个时候通货膨胀很厉害。父亲因为出《联合画报》在重庆有了一点名气，所以他到上海以后在画报上做广告宣传他编的画史，一下就有数几千册被预订了。他就拿预订的钱去购买纸张，在通货膨胀前买进大量便宜的纸。稍微减轻一些通胀压力，为了印刷得更好一点，他把《二战照片精华》一书拿到香港去印刷。

记者：后人对这两本画史最多的评价就是客观公正地还原了历史面貌，肯定了共产党在抗日战争中的历史地位和作用。您觉得是这样吗？

舒似茵：对，我认为我父亲是一个忠实于新闻理念的人。他是在上海国统区编的这两本书，但是他秉承新闻工作客观真实的原则，对国民党军队和共产党军队在抗战中所起的作用都做了力所能及的介绍。书里面国民党战区的图片相对多一点，但共产党的也不少，有100多张共产党方面抗战的照片，这在当时已实属不易。他没在延安待过，不可能有太多的共产党抗战图片。

他在《新闻摄影是历史的眼睛》里写道："1948年8月14日这一天，'八一三'11周年的第二天，是我感到无比快乐的一天。"这一天他参加了国民党国防部军事法庭对冈村宁次的审判会，他说："想不到在审判长石美瑜的审判台上，竟然放着我们编的《二战画史》和《抗战画史》，我的心里欢快的旋律跳动起来，那是用来控诉和证明敌人在华暴行的……是对新闻记者的我，最大的奖赏和鼓励。"

记者：《联合画报》也用过冈村宁次受审的照片做封面，那张照片是舒老拍的？

舒似茵：第220期《联合画报》用冈村宁次受审的照片做封面，内刊五张照片和详细的文字报道。照片是否是我父亲拍的不详。我在一篇文章里面看到他是同和他在一起编《照片精华》的魏守忠[注]一起去的审判庭采访的。

行进在上海八仙桥的解放军（今淮海中路普安路）1949年5月25日

欢迎上海解放（今九江路四川中路口，沙市二路附近）1949年5月25日

学生游行队伍庆祝上海解放（今淮海中路茂名南路口古今内衣店）。1949年5月25日

溃败的国民党军队遗留在上海马路上的装甲车（今延安东路成都路）1949年5月25日

上海民众眺望尚未解放的苏州河北岸（今四川中路北京东路口）1949年5月25日

上海解放日的街头（今淮海东路陕西南路口北）1949年5月25日

附录：舒宗侨年表

1913年　生于江苏南京。

1932年至1936年　在复旦新闻系求学。

1935至1937年　任上海《立报》记者。

1937年　10月，抗日战争爆发后任苏联塔斯社记者。

1940年　任重庆《中央日报》国际新闻编辑、重庆《扫荡报》编辑主任。

1943年起　为同盟国家在重庆创办与主编《联合画报》。抗日战争胜利后，《联合画报》移沪出版，由他独资经营，改出月刊，任主编兼发行人。

1946至1949年　陆续编著出版《第二次世界大战史》、《中国抗战画史》（与曹聚仁合编）、《二次大战照片精华》（与魏守忠合编）。

1942年起　在重庆复旦大学新闻系兼职任教，解放后全职任教。

1954年　负责建立该系新闻摄影教研组及实验室。

1956年　任中国摄影家协会首届常务理事。

1978年后　参加复旦大学新闻系新闻学研究室工作，除讲课外，还担任《世界新闻事业》季刊的主编与《新闻大学》编委，曾三次担任过上海市国际影展的评委。

1986年　退休。

1992年　获国务院表彰为有突出贡献的专家学者，享受政府特殊津贴。

1993年　被英国剑桥传记中心收入《世界名人录》。曾任中国摄影家协会名誉理事兼《中国摄影史》编委，中国老年摄影学会理事，上海市老年摄影学会副主席。

2007年　在上海逝世。

附录：把照片变成图册传下去（续）

"到复旦去教书，也是我心目中向往的。"

记者：您好，您和舒老在复旦大学时曾在摄影教研组一起工作过，能谈谈和他一起共事的经历吗？

谢恩光：我和舒老师1956年的时候就在一个教研组工作，当时舒老是摄影教研组组长。复旦50年代初就开摄影课，最初是舒老师讲。当时讲新闻摄影是以技术为主，讲操作技法、相机原理这些方面。

1957年舒老被打成"右派"以后，从美国回来的郑北渭[注]当教研组组长，舒老就不讲课了，主要搞摄影资料整理。教师不可能全部用自己拍的照片去教学，舒老就根据我们讲课的需要从摄影刊物找资料做简报，按人物、风光、肖像、花卉等等做分类。他也编过教材，但后来是郑北渭编。他的资料工作做得很认真。

学校里面所有活动的照片都是我们教研室里拍的，比如李政道、华罗庚到复旦讲课。照片拍了很多，但没有人搞资料，我拍完冲出底片给他，跟他讲情况，由他写图片说明、做分类工作。外宾来访、各个系、各项运动都分得很清楚。他做了一个本子贴满照片，编号、分类的工作做得很细致。

记者：他是为新闻系还是为学校整理这些照片？整理好的这些照片现在还有吗？

谢恩光：为新闻系，为我们摄影教研组。整理好的资料有一部分在，有一部分已经删掉了。

记者："文革"中舒老被批斗得很厉害，就没有办法继续做照片的整理工作了吧？

谢恩光：大家相处都很好，我们也不当他是反革命、右派。我跟他还是比较随意的，他常常跟我说："老谢，我们一起学英文。"我们到农村去的时候，也有学生一本正经批斗他"反革命"。"四清"的时候我们都在乡下，而他在上海，我就不是很清楚他的情况了。评定教授级别时他评了四级教授，有260块钱工资，他当了右派以后工资降了一半，到了"文化大革命"，他的生活费降到每月只有40多块。

"文化大革命"的大部分时间里他都在牛棚干活，除草弄花什么的。他是由学生管。他很听话，一般叫他做什么就做什么。学生拿着棍子打，他求他们，学生就打不下去。

到了"文化大革命"末期，舒老又回到摄影教研室，在暗房帮忙配药水，组织叫我监督他。一些年轻的工作人员对他凶得不得了，拉他大衣领子。我就跟年轻的同志讲："他的问题不是通过外部来解决的，他是思想问题。你应该好好地跟他谈，不能动手。"我这么说以后，有的人觉得我思想也有问题。舒宗侨有时跟我抱怨右派帽子一直戴到现在，我就跟他说："你不要急，慢慢来。"后来工宣队给他摘掉帽子，那时他也老了。到底什么问题大家也没搞清楚。摘了帽子以后，他提出要补发工资。比如说，他的标准工资是120块一个月，实际只给他40块，其他那些钞票就不知道谁拿了。我帮他跟工宣队说，后来舒老的工资也恢复了。

帽子摘掉后，他心情非常愉快，也开始参加一些翻译工作。他再参加教学就主要是外国

[注] 舒宗侨、曹聚仁：《中国抗战画史》，中国书店出版社，1987，200

[注] 魏守忠：摄影记者。1904年生于北京。1924年开始给报纸、杂志投稿。后受聘为《世界日报》和《晨报》的摄影记者，又兼任《新光画报》编辑工作。被称为当时"旧都名摄影记者"之一。1937年参加战地服务团从事摄影工作，后调重庆工作，不久到美国新闻处任摄影部主任工作直至抗战胜利。1946年在上海与舒宗侨合编《二次大战照片精华》。1947年负责筹建上海《大公报》摄影部。1956年任中国摄影学会（中国摄影家协会的前身）理事，1984年中国老年摄影学会理事。1987年在北京逝世。

[注] 郑北渭：上海复旦大学教授、上海市文联委员。1921年生于浙江省定海县。1946年毕业于金陵大学外文系。1949年至1952年就学于美国衣阿华大学新闻学院获硕士学位。1952年回国在复旦大学任教。1956年加入中国摄影学会。1960年任中国摄影学会上海分会常务理事。1980年任上海分会副主席并任中国摄影家协会理论评论委员会委员，曾出席全国第二、三次文代会和全国摄影理论年会。

注“1989年，台湾一位出版商将这两本画史分别改名为《第二次世界大战大画史》和《中国抗日战争大画史》，并署上自己的名字，在台湾出版后以高价出售，赚取暴利。这场跨海峡的侵权官司，历时数年，最终以出版商向舒宗侨先生公开道歉和赔偿经济损失而了结。”沈飞德：《舒宗侨：再现历史烽火的摄影家》，浦江同舟，1995（7），42

注舒似茵的说法是两人分四万美金，舒宗侨大概拿到两万美金。

新闻史。当时专门讲外国新闻史的少，他比较了解就能讲一些。到80年代他也带研究生。我看过舒老耐心地比较国内外报纸的图片使用的区别，把报纸放在一起慢慢比对。

记者：听说舒老退休后，您经常陪他参加学校活动？

谢恩光：对。我记得有一次，他台湾的朋友告诉他，他之前出版的两本书被台湾的出版社把他名字去掉重新出版了。后来，台湾那边过来赔礼道歉，说给四万美金。注他把一万美金给写文字的曹聚仁，自己留了三万美金注。我们开玩笑说请客，他就让我帮他准备。那天我陪着他到学校，我们在学校餐厅摆了大概十桌，请了全体教授，花了一千多块钱。学校当时理解的是舒老的退休活动，而这实际上是对他名誉的平反。

图片能说话，应该是真实的

记者：后来舒老去复旦大学教书算不算是无奈之举？

舒似茵：我看到他写过文章说：“到复旦去教书，也是我心目中向往的。”他毕竟是老复旦人，和复旦的那些老校友也有比较好的关系，欣然地接受了这样一个工作，其实早在1942年复旦在重庆的时候，父亲就在复旦兼课了。

后来从“知识分子改造运动”就开始审查他的历史，反右加上“文革”，一下子就是二十多年。是对他精神上一种极大的打击。父亲是一个很坚强的人，也有一些同事和校领导庇护他。但是他在工作上不能够发挥作用了，那二三十年是他生命中最黄金的时间。

记者：解放后，舒老收藏的那些宝贵的资料还在吗？

舒似茵：说到这些资料真是非常遗憾，我现在能够整理到的东西并不多。为什么呢？我父亲在反右斗争的时候出于无奈，捐献了数以千计的他第一手的资料与图片。剩下的一些也在“文革”中毁了。他曾经说过：“如果我的这些东西不是在反右的时候捐掉，更有可能会在‘文革’的时候全被烧光。所幸现在还有一些资料保存在北京军事博物馆和上海历史博物馆这些机构里。”去年复旦新闻学院校庆80周年的时候，学校想要搞一个片子，他们也想去找一找舒老先生捐献给博物馆的资料，但是这是挺困难的。博物馆方面说不能随便被外人浏览拍摄，一定要家属同意。后来我就写了个委托书，他们又说拍一张要40块钱。新闻学院觉得要出这么多钱，就没做下去。

记者：“文革”的时候，舒老是不是也被没收了几台相机？

舒似茵：对，说出来真的很可惜。我们小的时候，父亲都不让我们去碰一碰他那些视为宝贝的相机，就怕我们弄坏了。我们都有点生气，我母亲也有点生气，说：“你不给他们玩，他们怎么学？”照相机是德国徕卡什么的。

后来“文革”的时候就给抄掉了。我姐姐记得，当时工宣队叫父亲第二天把照相机上交，他前一天整晚就捧着照相机。他平时是从不流泪的，我们也没看见他流过泪，我姐姐说把照相机拿出去的时候，他哭了……

记者：还好舒老坚强地挺过来了。

舒似茵：他总算能够看到改革开放，看到了光明。我也看了“文革”中造反派怎么样虐待我父亲的一些材料，很伤心。他们用一种电线编起来抽打他，用各种方式批斗、侮辱他，但他不肯乱说任何一个人。我觉得我父亲能活下来很不容易，还是幸运的，是得益于他相信真理，他没有被压垮，他挺过来了，他是一个历经过大历史的人，他明白这个时期要坚强地度过。

他认为他没有做错什么，也不肯承认莫须有的罪名。我们弄堂有一个老太太，现在还在。她说："那个时候我教给你父亲一个办法，让他把自己的罪行说得很重，给自己多带几个帽子，人家就认为你认罪态度好。"父亲说其实他不是不知道，但他不愿意那样。他率真、耿直，他有点傻。

后来他曾经照这个老太太的说法，写思想汇报说："我那个时候对国民党忠心耿耿。歌功颂德……"果然就被认为认识深刻了一点。那时候的事，年轻的一代可能不太理解。

记者：舒老回忆蒙受冤屈的二十多年，他有没有什么感慨？

舒似茵："文革"结束以后，他对一些事情、一些人的做法非常不满意，包括曾经打他，抢、烧他的东西的那些学生。有一些学生后来写了道歉的信，他会非常宽容地讲过去了也就算了。但是也有一些人，造反派变成了改革派，在那个位置上做得好好的，我父亲很无奈。

记者：我们了解舒老，更多围绕他办画报、编画史、整理资料等经历。舒老自己拍照多吗？您有没有对他拍的哪些照片印象比较深刻？

舒似茵：他拍了很多照片，甚至包括他戴上右派分子的帽子以后。我觉得他对摄影是非常痴心的。他在1961年自然灾害时期到嘉定社会主义学院进行思想改造，劳动的时候还拍了一些照片，是农村里非常宁静的风光这种，我觉得还挺有意思的，表达了他内心对美好生活的渴望。

还有一些照片是父亲在上海1949年5月25日解放那一天拍的。那天一早，父亲以欣喜心情，背着照相机，从陕西南路家中一直走到外滩。当天上海南边已经有解放军贴的布告，就是已经解放了；但在苏州河北面还有国民党军队的冷枪放过来。那一天他拍的照片有十几张在纪念上海解放60周年时刊登在《新民晚报》上。

记者：那舒老对于解放后的宣传式的新闻摄影有没有自己的看法？

舒似茵：他还是比较偏重于西方的新闻观念，觉得应该客观、真实地反映生活、反映事实。他自己拍照时也是这样做的。他认为图片能说话，图片应该是真实的。

记者：我看到舒老晚年的照片很多都背着照相机。是不是到了年纪大的时候，舒老反而以一种摄影者的姿态出现？

舒似茵：是的，"文革"结束后，他好像又找回了年轻时的感觉。喜欢拍照。晚年他主要是拍风光，父亲钟情于祖国的大好河山。

我有印象的是在春夏之交的那场运动中，看见那些学生后他也很激动，他拿个照相机到马路上去拍，他站在马路的栏杆上面拍。我母亲说："你发疯了，你不要命了。"

1986年的一天，凌晨三四点钟下暴雨，他听见窗外有抽粪工人在抽粪。因为暴雨来了，粪坑满溢出来。父亲很感动，就为他们在黑夜中拍了照片，当天晚上就被刊在《新民晚报》上。他喜欢拍反映生活现实的照片。

记者：这些都是舒老自己感觉比较满意的照片，是吗？

舒似茵：对，他办过一个影展，他自己觉得挺自豪的。他在黄果树瀑布、黄山、九寨沟、张家界……也有不错的照片。有的照片我们现在看也就一般。现在技术发展了，照片像画一样。

《第二次世界大战画史》封面。

最引以为荣的还是那两本画史

记者：很多人都说舒老的脾气特别温和，生活中的舒老也是如此吗？

舒似茵：其实我父亲的脾气是这样的：他能够容忍的就不会跟人家多计较；但是如果这个事情他觉得过了头，就会一下子爆发出来，很愤怒地据理力争。也可能由于这种性格，戴上右派分子的帽子后，他就说，“你们对我这样不信任，太过分了，我已经说清楚了。”他会一下子爆发出来。一般情况下他是不会发脾气的。

到了晚年的时候，我们觉得他脾气变好了，觉得他晚年的照片没有一张是不笑的。不知道是年龄关系，还是他走过的路多了，他始终微笑着。

记者：作为父亲，舒老又是如何和子女相处的呢？

舒似茵：他的爱不大流露在外面，但是内心还是非常爱孩子的。家里小孩多，他们工作也忙。我小的时候家里是有保姆的，1957年后，工资少了一半，我们就请不起了。在压力很大的情况下他还是会表现出对我们的爱，比如说他喜欢旅游，暑假或者寒假我们可以轮流跟着父亲出去玩。我们小的时候可能也比其他同学多跑一些地方，多看一些东西。

还有一件事我印象也很深。1962年，我和姐姐、弟弟三个人同时考初中、高中、大学，我们三个人都考上了。我考上重点高中，我弟弟考上重点初中，我姐姐考进上海科技大学，我父亲挺高兴的，请我们到外面吃了一顿从来没有吃过的西餐。

记者：他有没有给家里人拍一些合影类的照片？

舒似茵：有。家庭生活的照片他也拍了不少。上海解放的那一天，他一早把我们拎起来，让我们在花园前面拍照，照片里我们都还是没睡醒的样子。他在照片背后写，“某年某月上海解放，一早我把孩子们叫起来在花园里拍照。”

记者：舒老的资料是由您整理吗？您在整理过程中有没有遇到困难？

舒似茵：我从小到大跟我父亲一起。我们兄弟姊妹七个，“文化大革命”的时候，到新疆的去新疆，到西北的去西北，有的插队落户，有的到农场，他们全都到外面去了，只有我分配工作留在了上海。父亲留下的资料杂乱而多，我仅将其分门别类，能够整理的就整理整理。

记者：舒老一生办画报，出画册，后来在复旦教书育人。通过重新整理他的资料，您觉得他在哪个方面的成就是最值得肯定的？

舒似茵：父亲最引以为荣的还是那两本书。他1986年73周岁时正式退休，以后还经常到各地去讲学。我们就觉得他讲来讲去都是那两本书，讲他当年怎么样收集资料，怎么样顶住经济和政治压力，渡过难关，编成这两本书。

在高等教育方面，他觉得他也没做成什么。当然他主张搞摄影教研室等等，也算是尽力做他可以做的工作。我的父亲觉得编了这两本书，让他心欣慰，他觉得这一生总算做了件想做和应该做的事，教育后人，不忘战争给人类带来的伤害，希望社会和谐，世界和平。

附录：为盟国创办重庆《联合画报》 舒宗侨

……

出狱以后，我在山城流荡了几个月。因为生活关系，我进《中央日报》和《扫荡报》干了两年编辑工作。1942年，我的记者生涯有了大转变，一方面我到重庆北碚复旦大学新闻系任教，一方面我为同盟国创办了战时影响很大的《联合画报》。

《联合画报》是一份报纸型的新闻性画报，以报道战事新闻，争取盟国共同胜利为目的。创办时适处于太平洋战争爆发之后，中国抗战正处于艰苦阶段，《联合画报》的创办告诉世人同盟国阵容强大，反法西斯侵略的战争必然胜利，它在鼓舞斗志，振奋士气上起了相当大的作用。图片的形象性、真实性是战时宣传最有力的武器。

初办画报时，只有7000份销路，第二年改为周刊，每期印4开两张，第一期4版全是图片，第2版有通讯、论文、地图、漫画、小说。名作家老舍、茅盾、叶浅予均为画报写稿作画。图片方面，既有国外寄来的照片、胶版，还有无线电传真，这些图片尽可能与战时新闻紧密配合，起到世界战场瞭望台的作用。画报的销量直线上升。

在重庆出版画报，由于物资缺乏，不得不用一种经过漂白的改良土纸，因印数增加到5万份，用平版、米勒机印要三四天才可以印好。印好后用人工从乡下挑到市区保卫路联合画报社，然后再分发到销售点、报贩和邮局。外埠像昆明、成都、印缅则是通过美国空军免费代运的。那时，我们做了一件很有意义的工作，就是每期以一定数量的画报折叠成卷，由盟国飞机在执行战斗任务时带往江浙皖各大城市投掷，作为“心理作战”的“纸弹”，也算是对敌斗争的一部分。这种“纸弹”在德意已崩溃集中力量打击日本时，和原子弹一样对敌人的威慑力量是无法估计的。

重庆《联合画报》一共出了154期。1945年8月15日，日本宣布无条件投降，《联合画报》10月12日用红色报头印出第154期，庆祝反法西斯战争的胜利，完成了在二次大战中的历史使命。

转移到上海滩开始新的战斗

就在日本投降后没几天，我乘美国新闻处的包机回到阔别八年的上海滩。那时正是金黄色的秋天，上海人民陶醉在胜利的喜悦中。我和八年前被迫离开上海，情绪完全不一样，兴奋已极。我准备在上海办一份类似美国《生活》杂志式的画报。

经过短短几个月的筹备，新的上海《联合画报》在外白渡桥百老汇大厦（现上海大厦）安了家，并于11月20日正式出版复刊创刊号。这期是以重庆谈判，蒋介石、毛泽东、赫尔利合影做封面，引起读者注意。这期内容重庆谈判、军队到各地接收、战俘回国、战时后方生活等等都是读者要看的。

到上海以后，正值美国政府将战时体制改变为和平体制，收缩各种战争机构，把美国新闻处改归为大使馆领导（原来属负责战时宣传工作的美国战时情报局）。于是由美国和我在沙逊大厦美国新闻处签订合同，写明“为感谢舒宗侨对二次大战战时宣传工作所作的贡献，美方同意将《联合画报》让给舒宗侨个人经营，从此与美新闻处无涉。”美方代表为新闻处长康乐斯，证明人费正清文化参赞。由此，我以1元美金的代价取得了《联合画报》发行人的合法地位。

在抗战胜利以后的上海办一份独立性的时事画报，与战时相比要复杂得多。在政治上没有特殊的依靠，经济上要应付物价飞涨的局面，我们靠着十多位职工艰苦努力和广大读者的支持很快站稳脚跟。我们在新闻图片、漫画、文字各方面紧紧地配合时代进步运动，把握住人心所向，得到社会的认可。

上海《联合画报》与其他画报相比，一大特点是选材翔实、理性客观、大胆泼辣，勇于做一般报纸和画报不敢做的报道，例为昆明“一二一”惨案，李公朴闻一多被暗杀，重庆较场口事件，学生反内战、反饥饿、反美暴行，南京下关事件以及上海物价波动、抢购黄金、商贩舞女请愿等等，都以大量和巨幅照片报道。对于民主运动像李闻被害、反美暴行，我们不断地追踪。又为张学良在台湾被蒋介石幽禁的生活，是我私自找莫德惠取得的。日本侵华总司令冈村宁次1948年受审是魏守忠和我一道前去采访的。1946年陈公博、汪精卫在苏州受审判处死刑，也是我与魏两人去采访的。同年，德国纳粹战犯戈林等22人被处绞刑的照片，我们以数万美元的高价，从美联社购得发表权在画报上发表。

我们很重视新闻图片的时间性，在1949年国共和谈期间，我们以最快速度取得北平和谈照片。1月间北平解放，解放军入城的照片，收到后立刻印成插页，作为“号外”夹在画报里发行，配合上海市民的逃难和江亚轮事件，无异给国民党的崩溃一次又一次敲响了丧钟。我们的新闻照片，时常被一些学校和团体剪下作为壁报材料，证明图片宣传的影响是很大的。加上联合画报有个《漫画之页》，由张文元主持，各地著名漫画家为朱谷、沈同衡、叶浅予、洪荒等人均向画报投稿，为画报增色不少。这几年里，我们也时时受到外界的压力，说我们“左倾”等等，我们自问不属任何党派，独立办画报，也就应付过来。

《联合画报》从1945年11月到1949年4月，在上海共出版了42期。

《大战画史》、《抗战画史》留下战争记录

我从1942年经营重庆《联合画报》时起，就萌发了一个念头：这次反法西斯战争，是人类保卫真理、和平、民主的战争，是文明与野蛮相搏斗的战争，希特勒、墨索里尼、东条英机之类是侵略者，是杀人魔王，全世界不知有多少善良的人在战斗中牺牲。战争过后，我一定要用图片和文字编写一本书，记述战争的经过，把这般杀人魔王的形象记录在绞刑架上，让子子孙孙明辨是非，永远要珍惜和平，不再发动侵略战争。这个志愿，由于我主编《联合画报》的便利，一步一步积累材料，撰写文字，加上胜利后他人的配合和协助，我终于出版了《第二次世界大战画史》、《中国抗战画史》、《二次大战照片精华》三本书。

这三本巨型画史，第一本为《第二次世界大战画史》，近400页，包括近千幅照片，35万文字，81幅地图，是1946年9月抗战胜利一周年时出版的。这本书出版后，《申报》于11月14日评论说：“舒宗侨编著第二次世界大战画史，可以说开画史界的先锋。”《大公报》10月27日对该书评论道：“文体通俗，明快流畅，可做资料参考，可做战略敌情研究。”本书初版是采取预约征订方式，未正式初版，已预约一空。1947年以后，跟着出二版、三版、四版，并加上纳粹战犯处绞刑的照片。解放以前，就出版了五万来册。

在1946年《大战画史》编印过程中，我和名记者、文学家曹聚仁合编了以中国抗战为主要内容的《中国抗战画史》，这本书有1200张图片，40万文字，60幅地图，共450页。此书因为两位编著者早已积累了资料，一面编著，一面发稿，花了不到一年时间在1947年5月初出版，出版后接着再版。《申报》自由读者专刊评论这本书说："抗战画史是一部包括中国抗战八年的诗史。"北大名教授朱自清写信称道此书："书中取材翔实，图片更为珍贵，一定费了很大的心力。"南京《中央日报》，上海《前线日报》均认为"《抗战画史》是胜利后一大巨著，是无数军民用鲜血铸成的。"

两本书出版是在国共关系紧张的解放战争和国民党掌握政权的时期，如何摆平两者的地位是一个复杂的难题。我当时出于一个新闻记者应尽量客观公正的角度，还是从中国共产党方面搜集到一定数量的图文材料放进去，这在今天来看，许多人都认为是难能可贵的。可是从发展观点来看，那点材料远远不够。基于当时的具体环境，又不能不说是一种冒险。

两书在政治上是"冒险"，在经济上也是冒险。当时物价一天三变，应付纸张印刷费非常吃力，《抗战画史》在英文《大美晚报》印刷厂印，单单印价就是黄金十条，这对一个个人经营的出版社来讲是负担沉重的。所以，后来到1948年要继续出版第三种画史《二次大战照片精华》时，不得不送到香港去印。

我在抗战胜利以后，在上海出版《联合画报》和《大战画史》、《抗战画史》、《照片精华》等书，可以说出自于新闻出版事业的"职业本能"，没有考虑到名利或风险问题。要从上海生意人的观点，老早应该收摊了。我整天想的都是"事业，事业……"，其他均极少考虑，生活享受从未想过。

时至1948年8月14日，也就是"八一三"11周年的次日，是我感到无比快乐的一天。这天国民党国防部军事法庭在虹口市参议会开庭，审讯日本侵华军总司令冈村宁次。想不到在审判长石美瑜的审判台上，竟然放着我们编印的《"二战"画史》和《抗战画史》。我的心似欢快的旋律，跳动起来，那是用来控诉和证明敌人在华暴行的。就在《联合画报》第220期上把冈村宁次受审照片作为封面，内刊五张图片和详细的文字报道。在审判战犯时使用这些材料，是对新闻记者的我最大的奖赏和鼓励。

童小鹏

『摄影游击队』

『摄影游击队』
『摄影游击队』
『摄影游击队』
『摄影游击队』
『摄影游击队』
『摄影游击队』
『摄影游击队』

我是“业余摄影记者”，是摄影界的“游击队员”。

——童小鹏

“摄影游击队”

口述人：童丹宁（童小鹏之子，学者）／ 采访人：郑祎宁 高初 ／ 撰稿人：郑祎宁
时间：2010年6月至8月 ／ 地点：北京万寿路

童小鹏，福建长汀童坊镇人，1914年生。1930年6月参加红军并入党，在红四军、红一军团政治部、政治保卫局任秘书。1934年参加长征，到陕北后，曾任毛泽东秘书。1936年12月“西安事变”后，一直随周恩来在西安、南京、武汉、桂林、重庆等地八路军办事处负责秘书、机要工作，任机要科科长，中共中央南方局秘书处处长，中共中央驻重庆、南京代表团副秘书长，重庆中共中央南方局副秘书长。1947年3月后，在中央城工部、中央统战部任秘书处处长、副秘书长、秘书长。1958年到1966年任总理办公室主任、国务院副秘书长。“文革”初任中央办公厅第一副主任，“文革”中下放干校。1973年回中央统战部，1977年任中央统战部副部长。后任中共中央党史资料征集委员会副主任。1982年退居二线，1987年离休。是全国政协第五、六届常委。2007年7月18日在北京病逝，享年93岁。

1936年，童小鹏跟随周恩来处理“西安事变”起开始从事摄影，拍摄了不少具有历史文献价值的重要照片。解放后，在北京进行了公开展览。1990年，出版了个人摄影集《历史的脚印——童小鹏摄影资料选集》。

周恩来在机场。在谈判期间，他曾几次乘此种飞机往返于延安与西安之间。1937年3月

“当红军是最光荣的”

记者：您好，能请您介绍一下童小鹏（以下简称童老）参加红军之前的求学经历吗？

童丹宁：我父亲1914年9月20日出生在长汀童坊镇[注]，是闽西客家人，大家族传到我父亲已经是第22代了。他的父母是贫农家庭，他的父亲叫童继善。我父亲原是名叫童大鹏的。

记者：那为什么改成小鹏？

童丹宁：因为个子小啊。1930年6月参加红军的时候，负责登记的人说：“你个子这么小，叫什么童大鹏！”所以他参军登记的时候就改成童小鹏。

记者：童老以前念过私塾？

童丹宁：客家传统的教育方式是既要读书又要劳动，他住的地方就叫“耕读居”。他上私塾时边劳动边读书。到了6岁，他就去童坊镇附近上小学。小学毕业后他在新桥念农村师范学校，就相当于现在的初中。

记者：读师范学校的时候，童老开始接受进步思想？

童丹宁：师范学校有地下党，有国民党左派。红军到过长汀两三次，这里留下了很多关于红军的书。1930年红四军到长汀扩编的时候，我父亲就参加红军了，在政治部工作。他1930年6月入党，入党介绍人是红四军政治部的中队长高传遴[注]。他读过师范，在红军里面算是个知识分子；入伍后表现很积极，有领导找他谈过话，第二天带他到队部在党旗下宣誓入党了。当时的入党誓词也很简单，就六句话：严守秘密，服从纪律，牺牲个人，阶级斗争，努力革命，永不叛党。

记者：童老在长征时坚持写日记，当时是怎样一种情况？他的日记又是怎样保存下来的呢？

童丹宁：父亲参加红军后，头两年身体不好，反围剿的战斗也很紧张，就没写日记，从1933年1月1日他决定开始写日记，坚持着写到1936年的12月26日。那时他跟随周恩来到西安处理“西安事变”，不能再写日记了。他就把六本日记交给毛主席的秘书叶子龙[注]保管，并一直保留了下来。

记者：他当时写日记的动机是什么？

童丹宁：他自己在日记中写“当红军是最光荣的”。红军中的生活就是最光荣的生活，那就是他写日记的动机。他选1月1日开始写日记也是因为是新年第一天，他可以坚持着写一整年的日记。

记者：童老曾经和您提起过长征途中最难忘的事情吗？

童丹宁：长征最难忘的，实际上有几个方面，一个就是国民党的前堵后追。我认为长征就是个胜利大逃亡，怎么逃亡呢？根据地被蒋介石捣毁了，你不得不跑了，跑到最后才到达陕北。那么国民党蒋介石就追，前面又堵，有时候一天行军最多走120里地。湘江战役死了好几万人[注]，这里面很多是从闽西过来的战士。他说其中有一次一个炸弹下来，他周边二十多个人都给炸死了，他刚好躲在身边的一个小窝窝里幸存下来。第二个就是自然地理、天气的恶劣，在云南时候根本就没路，原始森林，踩着泥地，就那么走。爬雪山、过草地等等，条件很艰苦。很多红军就是在恶劣的自然条件下牺牲了。第三个就是他的身体，我父亲牙齿不好，有时候吃不了东西。第四个就是粮食，最困难的时候要煮牛皮带吃，连雨水泡过的黑豆都拿回来重新煮着吃，所以就这么过去的。

[注]福建省龙岩市长汀县，是闽、粤、赣三省的边陲要冲，是福建的边远山区，是客家首府。

[注]高传遴（？—1933），江西遂川人。曾参加创建井冈山革命根据地的斗争。1933年6月，率部在福建邵武地区蒋学街活动，遭反革命分子暗害。

[注]叶子龙（1916—2003），湖南浏阳人。参加了长征。曾任中央军委科长、中共中央书记处办公室副处长。

[注]湘江战役红军损失4万多人。

注 红军大学全称“中国工农红军大学”，简称红军大学、红大。第二次国内革命战争时期，苏维埃政府培养军事干部的学校。前身是1931年前建立的红军学校。1933年11月7日改为红军大学，1934年10月随红军长征，改名“干部团”。到达陕北后，于1936年6月改名“中国抗日军政大学”；1937年初，更名为“中国人民抗日军事政治大学”。抗日战争胜利后，改建为中共中央党校。

注 戴镜元（1919—2008），福建永定人。共产党第一代无线电侦听人员，情报专家。

注 李质忠（1915—2002），福建省上杭县人。1933年加入中国共产党。1934年调到中央军委机要科工作。1937年至1949年历任中央和中央军委机关副科长、科长、处长、副局长。

记者：到了陕北之后，你父亲写了七篇《长征记》，当时的写作经历是怎么样的？这段时间他在红大[注]学习，你能具体说说他在红大学习的经历吗？

童丹宁：“长征记”是在红大写的，就是一方面军先到陕北，以后跟着毛主席东征山西，他从山西回来以后，1936年5月17日，收到通知让他上红大，红大是1936年6月1日开学。他按规定就上的红大一期，上了半年，结果他两进两出。

记者：为什么？

童丹宁：因为刚上了半个月，6月15日军委二局就给他调出去了，让他搞译电码，跟戴镜元[注]他们，我父亲一看那个电报、密码就头疼。他很珍惜在红大的学习机会，他就说还是边学习边工作，他就这样来回跑，又搞译电、搞机要，又去学习。后来他跟领导说，“我还是学习吧，要不然两头都耽误了。”所以到7月份的时候，军委二局就同意他回去了。可是到了红大没有几天，8月13号的时候，林彪就通知他：“毛主席找你，你去吧。”毛主席让他去当秘书。第二次出来，又住到毛主席、叶子龙、李质忠[注]他们那里，可以说他又是一边上学，一边工作，他这段时间去五里地回来五里地，来回走。一直到“西安事变”的时候，他主动要求跟总理去搞译电，总理同意了，另外他也要看看牙。12月底他跟总理到西安，等于他半年的红大学习两进两出，年底时候到西安去了，这样就结束了在红大的学习。

记者：童老在红大的时候写了《长征记》？

童丹宁：是杨尚昆、陆定一要求他们写《长征记》，所以他就写了七篇，还拿了五毛钱的稿费。这些《长征记》说要拿到外国出版，跟斯诺来延安也有一定关系。后来这些红军写的《长征记》解放后都发表在《红旗飘飘》里面。

酷爱摄影，走到哪儿就拍到哪儿

红军联络处处长李克农。他1936年1月曾代表红军去洛川同张学良、王以哲秘密会谈。1937年

记者：童老参与了“西安事变”的和平解决工作，他的摄影生涯也是从那个时候开始的，您还记得他拍的第一张照片，使用的第一台相机是什么吗？

童丹宁：他到西安以后在红军联络处工作。1937年3月，李克农从上海办事处回来，到西安当办事处长。他从上海带了个照相机，德国的折叠式的120照相机，带三脚架，而且还可以自拍，就给了我父亲，教他怎么拍。所以他从那以后才有照相机，最早拍的是1937年3月西安红军联络处的那几张照片，包括李克农坐在办公室的那一张。

记者：当时谁算是他的启蒙老师？

童丹宁：李克农。之后也就自己在实践中学习了。

记者：他从李克农那里学到了哪些摄影技术？

童丹宁：基本摄影技巧都是从他那里学的，包括光圈、快门速度什么的。

记者：童老是从哪里学到的冲洗技术呢？在战争年代，他是怎样冲洗照片的？

童丹宁：他们机要科一般在最顶楼，就用机要科的办公室当暗房冲洗相片。当时相片都是自己冲洗，也是机要保密工作的需要。自己去买药水来冲洗，还更省钱些。

记者：童老是怎样平衡工作和摄影的呢？

童丹宁：当然以工作为主了，摄影是业余爱好，只要有时间就照。

记者：那有的时候有没有为了工作上的需要去照一些照片？

童丹宁：肯定有，有时候派他去照相，像张冲这些照片，谈判的照片也是，这也算是任务。

记者：童老接触摄影不久，就在八路军西安联络处工作，您能给我们讲一讲当时在联络处工作的主要内容是什么吗？他也拍了很多有关联络处的生活照，您能描述一下当时的生活状态吗？

童丹宁：在西安的生活工作是既紧张又活泼的。这段时间八路军驻西安联络处是以杨虎城的17路军教导队通讯训练班的牌子挂出来，基本工作是协助周恩来等和国民党谈判，第二个是他作为机要科长抓跟延安的通讯。那段时间很忙，跟延安联络，搞情报，还为延安购置军委三局通讯机要设备，负责各类的技术、思想、保密教育。精神也比较紧张，一个是“二二事件”，王以哲被杀，17路军内讧，当时总理正在谈判，这件事情对中共代表团有很大影响。还有就是“四二五崂山遇险”。当时大家都很担心周总理怎么还没回来，后来知道在崂山被政治匪徒伏击，后来他们才脱险回来的。第三次比较紧张的事情是6月17日周恩来回延安，结果由于天气不好往回飞，延安说没到，这边也没见到，当时他们很紧张。这段时间西安和延安电报很频繁，工作任务也很重。活泼的一面就是办事处的职员都是小青年，林老、李克农几位老同志带他们上街看电影，教他们吃西餐，教他们礼仪；还有学习、郊游、文体活动、打乒乓球、写打油诗。这在父亲的照片里都有。

记者：您父亲曾经在延安待过一段时间，给毛泽东、朱德等领导人照过照片，其中也有一张青年红军将领张爱萍、刘亚楼、莫文骅的合影，请您谈一谈当时的情景。

童丹宁：1937年5月国民党中央考察团要到延安考察，我爸爸作为叶剑英、陈赓的秘书随他们回延安。延安考察团到了陕北以后，他也跟着走了一圈，照了很多照片。毛主席和朱德的相片就是那时候照的。斯诺几个月前刚走，他拍的照片实际上比斯诺拍的还多。他也当过主席的秘书，大家都认识，到哪拍照也没什么困难，而且大家都爱照相。你提到的那张照片，张爱萍、刘亚楼、莫文骅都是他在红军大学一科的同学，分别半年多了，同学相见就一块儿照相。

记者：那也是您父亲的同学。

童丹宁：对，就是红大的同学，他们一科36个人。

延安古城南门高挂欢迎中央考察团的标语。1937年5月

记者：童老在延安的时候，除了拍过一些领袖照片外，也拍过一些延安风景和风土人情。

童丹宁：延安的那个城门现在都没了，他拍过一张。也不是就他一个人拍，国民党考察团也有好几个人带照相机。

记者：在“卢沟桥事变”以后，您父亲就一直跟随周恩来在南京、武汉、桂林等地开展工作，当时他们在八路军有自己的办事处。我记得有一张照片是您父亲拍了一张夜景，当时这张照片是怎样拍的？

童丹宁：夜景他没具体说过，我估计就是他晚上在机要科值班（拍的）。他有三脚架，又有B门，用慢门照的。

记者：从1937年到1938年，童老在南京、武汉、桂林、重庆先后工作过，几乎跑遍了半个中国，这对他的摄影产生了什么影响呢？

童丹宁：他1936年底到1938年是在西安、南京、武汉、桂林；重庆是从1939年3月到1946年5月。然后国民党返都南京，他又随中共代表团到南京，直到国共谈判破裂。于1947年3月7日随董必武最后一批从南京撤回延安。他因为酷爱摄影，就带着相机，走到哪儿就拍到哪儿，没有任务都是自己拍摄。照了很多历史照片，有些也成为历史的见证。1937年5月他回了趟延安，拍了不少红军照片。10月时在南京编辑出版了一本红军的影集。这本影集被苏联杂志社驻上海的记者用1000块钱买走了，他说也不知道后来出版没有，其实这是他的第一本影集。

记者：那这本影集里面主要收录延安的那部分照片？

童丹宁：对，就是跟中央考察团回去的那次，包括主席、总理。第二个影集是1945年8月他编辑了一本中国共产党抗日战争的影集。那时候董必武[注]要出席联合国大会，他就把这个给了他们带去出版，结果据说是给丢了，也没出成。解放前实际上他就已经编过两本。解放后，1985年3月，他出版了一部摄影集《第二次国共合作》，1990年2月出版了《历史的脚印》。2001年他开始编辑《历史的脚步声》，但是他得脑梗就没编下去。实际上是解放前两本，解放后两本，真正留下来的也就是解放后这两本。

记者：他的照片在战争年代是怎样保管的呢？

童丹宁：战争期间的底片他都自己保管着。有的底片和冲洗的照片交给叶子龙保管，所以都保存得很好。

记者：童老的照片在新中国成立后也得到了很好的保护吧？

童丹宁：新中国成立后你想问的就是“文革”时期吧。当时是因为住在中南海内，工作在西花厅[注]，所以不像其他老首长那样，相机、相片、底片全给抄家抄走。陆定一不是还在我父亲影集的前言里面写下自己的相机“文革”的时候不知所踪了。我父亲的相片倒是保存下来很多。

记者：您父亲在重庆中共中央南方局的经历应该是一生中最难忘的，他拍摄了很多和工作生活有关的照片，请您跟我们具体说一说他当时的经历。

童丹宁：在重庆南方局的时候比较紧张。在第三次反共高潮时，重庆办事处疏散了很多同志，留守的同志要准备坐牢、杀头，进行革命气节的教育。最紧张的时候就留下了他们机要科的几个人，后来情况好转了，很多同志也回来工作。另外是工作条件艰苦，重庆很热，他们机要科在阁楼最顶上，这利于保密。阁楼很热，还不能开窗户。他在重庆结婚，生了两个孩子。那是他一生中最成熟最光彩的阶段，解放后他回去了九次，我父母两人的骨灰也都埋在红岩村。

记者：中共中央南方局的地址是叫曾家岩50号，那里曾经被日军轰炸过，您能给我们讲一讲当时的情形吗？

童丹宁：日寇大轰炸的时候是1939年，被轰炸那两天是5月3日、5月4日。5月3日轰炸的时候，机房街70号还有棉花街30号的工作人员全都搬到红岩去了，曾家岩50号给炸毁了。5月4日又一次大轰炸，把棉花街30号也给炸了。为什么后来都搬到大有农场了？需要在那里重新盖房子。

记者：后来搬到大有农场。对吗？

童丹宁：最开始在市内两处办公，因为地方很小，安排不了那么多人，大家也比较分散，后来通过廖志高介绍认识了刘太太，选中一块在郊外的地，地方很大，盖一个办公楼大家能比较集中，就这么选到那儿去了。

记者：童老当时还拍了一张大有农场刘太太的单人照片。是这样吗？

童丹宁：红岩村是1939年2月开始开工的，1939年秋天盖好的，在这个过程当中办事处长是钱之光[注]，我爸爸也去了几次。他们也讨论房子怎么盖，跟农场主人都很熟悉，就给她也

爱国民主人士刘太太——“大有农场”主任饶国模。1939年。

曾家岩50号“周公馆”被日机轰炸后的场景。1939年5月。

注 钱之光（1900—1994），浙江诸暨人。1939年初，八路军重庆办事处成立，以少将军衔担任处长。在周恩来、董必武直接领导下，为发展抗日民族统一战线和国统区地下斗争，为抗日根据地输送军需民用物资做了大量工作。

照了几张相。

记者：您的父亲和您的母亲在重庆是怎么认识的呢？您还记得您小时候在重庆的生活吗？

童丹宁：到重庆以后，爸爸因为工作的需要经常要从延安调来机要人员。我母亲是1938年从湖南到的延安，先上陕北公学，之后就到了中央办公厅当译电员，在机要科。1940年7月的时候，我父亲回延安调来了一批机要人员，其中就包括我妈妈。在工作过程中他们就比较熟了，都在一个科，她搞译电，我爸爸当科长。到1943年的时候，他们决定在3月7日，也就是“三八”妇女节之前结婚。我是1943年12月生的，我的弟弟是1945年10月生的，他们在重庆生了两个孩子。那一阵重庆办事处的孩子有二三十个了。

记者：这么多孩子怎样照看？

童丹宁：最开始没托儿所，都是母亲自己带着，这样又影响工作又影响别人。后来在邓妈妈的提议下办托儿所，把小孩集中起来，专门从机要调张德碧任所长，母亲们轮流值班。邓妈妈很关心小孩子，发动大家做玩具、做轮子车，做椅子、秋千。我那时上小班，印象不太深了，这都是后来从照片上看的。

记者：当时您父亲也给您拍照吗？

童丹宁：是，拍了很多，你的本子上没有，你看我给你准备了几张。个人的照片多得是，编辑影集的时候也不能收录全，这个是总理，这是我，这是托儿所的一个阿姨，可能是会计。这个影集里面我的照片很多，这是我跟周伯伯照的第一张照片，也是唯一一张合影。

记者：当时您多大？

童丹宁：可能三四个月！这个是刘久洲，在崂山遇险时候把腿给打伤了，解放后在北京饭店当老板，这张就是他抱着我。警卫员他们给做了很多椅子。为什么他老包着个头，有一天他哄我睡觉，在走廊里走，一不小心从那楼梯里咣当咣当滚到一楼。当时他抱着我，我一点儿事没有，他脑袋磕破了，包了个头巾。我们家里的照片很多，编影集的时候不可能登那么多。

记者：您的名字也跟红岩有关？

童丹宁：这个红岩不是有个“红”字，说是孔原给起的，还翻列宁著作。“丹”就是红的意思，所以我叫丹宁，宁就是和平。在红岩出生的小孩名字好多都有丹：丹娜、丹坡、丹宁、丹妮，好几个丹。

记者：抗战胜利以后，童老跟随毛泽东赴重庆谈判，也有一些外事活动，有和国民党人士的接触。比如说有宋庆龄、王安娜和毛泽东的会谈，还有毛泽东接见美国航空部队的士兵等等，这些照片您父亲是怎样拍下来的呢？

童丹宁：大多是抓拍的，跟美国兵的接见是专门给他摆的。这是怎么回事呢？1945年有几个美国航空兵来华参加对日作战，他们对共产党有好感，反感国民党的腐败无能。毛主席到重庆以后，这三个美国兵就想见毛主席，总理先跟他们谈过话，毛主席也就同意见他们。大概是9月16日下午这三个人就在龚澎他们的带领下和主席见面，还送给毛主席一包小礼品。他们知道毛主席爱抽烟，送了几盒烟什么的。之后就是照相，爸爸就选择办公楼西门口的芭蕉树前照的。

记者：他在会场拍摄签订整军方案的照片又是什么情况呢？

周恩来（中）和张治中（右）、马歇尔（左）签订了《整军方案》。1946年2月16日

童丹宁：是总理叫他去的。签整军方案的屋子里比较暗，他这边没有闪光灯，所以他就用B门按着，在美国记者用镁光灯一闪的时候就拍下来了。他那几张签字照片都是这么拍的，借美国记者的闪光灯拍的。

记者：那他当时是作为中共方面唯一的摄影记者去参加的？

童丹宁：对，他作为秘书去的，又是业余摄影者。

记者：解放战争时期，您的父亲还拍了毛主席和机要科同志的合影，还有毛主席来机要科看战报的照片，这几张又是怎么拍下来的？

童丹宁：那是1947年7月，解放战争的第二年。当时中央在陕西靖边县小河村开两个会，一个是前委扩大会，一个是机要工作会。爸爸参加机要工作会，去了以后要等周恩来参加前委会，他们就先在那儿住下。这一年形势比较好，毛主席也很高兴，每天早晨都要去看电报，这一张就是主席早晨去看电报时拍下的。那时候他的面貌跟红军时期不一样了，不像以前那么瘦。那张集体合影是机要科有个叫高智的，他跟叶子龙讲："我们机要科是不是跟毛主席照个相啊？"主席来看电报的时候，叶子龙跟他们说，"毛主席来了跟他一块儿照个相去。"就把我爸爸也带过去了。这些机要科的同志就很高兴地一块儿照相，因为那阵多是胜利的消息，主席心情很好，大家都为解放战争的大好前景高兴。

记者：所以在战争年代给中央领导人拍照应该是童老摄影生涯的一大亮点？

童丹宁：是的，因为他是周恩来的秘书，身份比较特殊，与中央各位领导人也很熟悉，给领导人照相也没有遇到什么困难和阻力。其实同志们都挺爱照相。

记者：都爱照相？

童丹宁：当时搞摄影的人也不多，苏静、耿飚照过一些，之前在延安的时候斯诺算一个。红军都爱照相。

记者：您能讲一讲国共和平谈判会场的那个照片吗？

童丹宁：那是北平和平解放后，1月31日北平和平解放。1月21日，蒋介石就隐退了，当时是李宗仁[注]代理。以张治中[注]为代表的国民党代表团和以周恩来为代表的中共代表团参加和平谈判，4月13日晚上在中南海勤政殿举行正式会谈。中共代表团的秘书长是齐燕铭[注]，我爸爸跟齐燕铭说到里头照个相，经过同意后我爸爸进去照了几张。室内灯光不好，他是借着拍电影的灯光照的。

记者：当时您父亲还在用他的第一架相机吗？

童丹宁：具体不知道，我知道他有好几部，不知道哪个照的，有德国120的，有徕卡135的，也有大座机，我见过的就有三四台。

记者：您能讲一讲您父亲参加开国大典的时候拍的照片吗？

童丹宁：我爸爸开国大典之前就让香港那边华润公司的袁超俊[注]给他买了彩色的反转片，他拿着彩色片去拍照的。所以16000张的开国大典照片，就他一张是彩色的。照了以后，又通过外贸局拿到香港去洗，洗了以后再送回来。

记者：那当时他好像还照了一些黑白照片。

童丹宁：对，也有。

[注]李宗仁（1891—1969），广西临桂人。字德邻。黄埔军校南宁分校总负责人。国民党高级将领，军事家，抗日名将，爱国人士。曾任中华民国副总统、代总统。

[注]张治中（1890—1969），著名爱国将领。安徽巢湖人。黄埔系骨干将领，原国民党陆军二级上将。中国国民党革命委员会领导人之一。1949年4月，作为国民政府谈判代表团首席代表，率国民政府代表团赴北京与周恩来为首的中央代表团谈判。当和平协定被国民党拒绝后，张治中留在北京。

[注]齐燕铭（1907—1978），蒙古族，北京市人。1949年4月1日，作为中共和谈代表团秘书长并负责对张治中等人的接待以及谈判时的秘书工作。

[注]袁超俊（1912—1999），贵州桐梓人。1936年加入中国共产党。1946年11月后，经周恩来安排赴上海从事秘密工作和到香港组建华润公司并开展贸易工作，先后任华润公司党支部书记、华润公司副经理、华润公司(含招商局、三联书店)党总支书记，同时承担电台机要工作直至解放。

毛泽东主席宣告：中华人民共和国中央人民政府成立了。后排右起：陈叔通、林伯渠、马寅初。1949年10月1日。

风雨同舟：童小鹏与周恩来

记者：我注意到您称呼邓颖超女士为“邓妈妈”，童老在周恩来身边工作了40年。您能说说童老和邓颖超女士是怎样认识的吗？

童丹宁：父亲和邓妈妈第一次接触就是在1936年6月1日红军大学的开学典礼，那天晚上演文艺节目。我爸爸是文艺积极分子，邓颖超当时也很大方地唱歌，这是他们第一次见面。邓颖超当时是中央机要科的科长，我爸爸给毛主席当秘书的时候是跟叶子龙、李质忠在机要科，所以他们也有机会接触。1936年9月30日中秋节的时候，爸爸虽然还在红大读书，但也在毛主席那里当秘书，邓颖超就送来了两个月饼，一个月饼给叶子龙小弟，一个月饼就是给我爸爸，说送给小妹妹。我估计是因为爸爸演戏的时候都演女角，她就说送给小妹妹。从西安开始，周伯伯和邓妈妈都在代表团联络处工作，一直到南京、上海、重庆，所以他们比较熟悉。

记者：您父亲在周恩来身边工作40年，拍了很多总理的单人照。您能说一说您父亲给周恩来拍肖像，或者给周恩来夫妇拍合照的事情吗？比如1937年周恩来在延安，以及周恩来夫妇在西安办事处的照片。

童丹宁：他后来随着八路军联络处，周恩来、邓颖超来，他都照一些留影。有的就是纪念性的，还有一种就是工作需要抓拍的一些。这些照片比较多，几百张上千张。

记者：周恩来夫妇他们在西安办事处的那张照片是怎么拍的？

童丹宁：没说具体情况，我估计就是来往人很多都照了，不光是他们的。就是作为纪念，作为留影。

记者：在解决“西安事变”的过程中，你父亲也曾经和国民党代表张冲接触过，也给他拍过照，当时的情形是怎么样的？

童丹宁：那是1937年2月9日的时候，周恩来、叶剑英跟国民党代表张冲谈判，商讨解决“西安事变”及余波。国民党给他发了电报，张冲没带译电员，他就跟叶剑英说：请你们译电员给我译。叶剑英就叫我爸爸去张冲那儿。国民党有国民党的密码，张冲就把密码本给我爸爸，我爸根据国民党的密码给它译出来，张冲表示感谢。这就是他们的第一次接触，我爸爸觉得张冲这人还是比较平易近人的。

3月份，周恩来、叶剑英、张冲到西安南郊游玩，我爸爸跟着他们照了好几张相。他也给张冲照，张冲还跟我爸爸单独照了一张。

记者：您了解一些周恩来在崂山遇险？

童丹宁：从延安到西安，土匪他们也不知道是周恩来，就埋伏了，后来开枪就打。周恩来两边的司机打死了，旁边的警卫也打死了，死伤了二十多人。总理他们跳下车隐蔽起来。周恩来的警卫参谋叫陈有才，他大衣里有周恩来的名片，土匪们来翻出一看怎么有周恩来名片，吓得都跑了。后来附近的部队过来护送他们回来。

记者：1946年，周恩来在梅园和邓颖超的合影，这几张又是怎样拍的？

童丹宁：在南京梅园这张是接待外宾，接待完了在院子里休息，他就连续照了几张。

记者：还有一张是1946年廖承志获释以后和邓颖超的合影，也是很有历史意义的，那张是怎样拍的？

周恩来、邓颖超送走了客人之后在梅园留影。1946年

童丹宁：到了南京以后，国共谈判的一个主要问题就是释放政治犯，廖承志就是在那一批释放的，周恩来专门去迎接他。廖承志到了驻地以后，大家都热烈欢迎。廖承志刚从监狱出来，穿个破西服，胡子拉碴的，但精神很好，手里拿着一个他在监狱里自己做的竹子烟筒，邓妈妈把他拉过来说一块照个相，就留下了这一张照片。

颖超与廖承志合影。照相，廖承志须发未理，手中拿着狱中使用的竹烟斗。46年1月22日

周恩来、邓颖超在被日军轰炸后的红岩十八集团军办事处门前留影。1939年5月

周恩来在签署作战命令。1948年冬

十八集团军驻桂林办事处。1939年2月

新四军军长叶挺（左三）、副军长项英（左四）、参谋长张云逸（左二）和东南局政治部部长曾山（左五）、副参谋长周子昆（左一）在武汉。1938年1月

周恩来、邓颖超在武昌珞珈山寓所接见美国记者埃德加·斯诺（左一）。1938年

中共代表团、中共长江局负责人王明（中）、周恩来（右）、博古（左）在会客室。1938年

中共代表博古（中）、八路军参谋长叶剑英（左）和办事处处长李克农（右）。1937年

国共双方代表同游西安南郊终南山时合影。右起：周恩来、张冲、叶剑英。1937年2月

参加六届六中全会的全体人员。1938年9月

王明（前排左一）、周恩来（前排左二）、博古（前排左三）、徐特立（后排左一）从武汉回到延安参加六届六中全会，毛泽东（前排右一）、朱德（前排右二）到延安南门欢迎。后排右二为罗瑞卿、右三为滕代远。1938年9月

宋庆龄（右）和王安娜到桂园与毛泽东会谈。1945年9月

红岩托儿所的娃娃。（左一为童小鹏的二儿子童利宁。）1945年

张治中陪同毛泽东由重庆回延安。陈诚（右二）、陶行知（右一）、于立群（左一）到机场送行。1945年10月11日

军事调处三人小组张治中（右三）、周恩来（左一）、马歇尔（左二）到达延安，受到毛泽东（右二）、朱德（右四）、林伯渠（右一）的欢迎。1946年3月4日

周恩来在梅园新村30号。
1946年

傅作义（左三）、邓宝珊（左二）乘上海人民和平代表团飞机到石家庄转西柏坡，受到周恩来（左一）的热情接待。右一为傅作义秘书阎又文，右二为傅的医生。1949年2月

毛泽东和周恩来，在解放战争取得决定性胜利和发展的时刻，畅谈形势（于西柏坡）。1949年1月

毛泽东、周恩来在主席台上。后面为张奚若。1949年10月1日

1914年　生于福建长汀童坊镇。

1930年　6月，参加红军并入党，任红四军、红一军团政治部、政治保卫局秘书。

1934年　参加长征，到陕北后，任毛泽东秘书。

1936年　进入红军大学学习。

1936年　12月，跟随周恩来到西安，任机要科科长，中共中央南方局秘书处处长，中共中央驻重庆、南京代表团副秘书长，重庆中共中央南方局副秘书长。

1947年　3月后，任中央城工部、中央统战部秘书处处长、副秘书长、秘书长。

1958年到1966年　任总理办公室主任、国务院副秘书长。

1977年　任中央统战部副部长。后任中共中央党史资料征集委员会副主任。

1982年　退居二线，1987年离休。是全国政协第五、六届常委。

1985年　3月，出版了摄影集《第二次国共合作》。

1990年　回到福建漳州定居，出版了个人摄影集《历史的脚印——童小鹏摄影资料选集》。

1996年　出版了以回忆周恩来总理为主要内容的回忆录《风雨四十年》。

2007年　在北京病逝。

“口述影像历史”丛书前两卷《透过硝烟的镜头——中国战地摄影师访谈》、《跨越时空——西藏摄影往事》，以口述的方式、亲身的经历、影像的集结，留存了新中国摄影史上诸多鲜活的文本。作为“口述影像历史”丛书的另一种形式，《穿越历史的回声——中国战地摄影师》以已故摄影师亲朋好友及研究人员口述的方式，辅以摄影师年表、代表作等完成，即将出版。

新中国摄影诞生于革命战争年代，在艰苦卓绝的岁月里，老一辈战地摄影师用青春、热血与智慧，拍摄了共和国浴血而生的珍贵影像。遗憾的是，他们中很多人已牺牲在战场，无法亲自向我们讲述那段真实又精彩的往事。时光飞逝，如今这些已故战地摄影师的亲友们也都年事已高。因此，记录与留存战地摄影师的经历与影像，成为新中国摄影史最具迫切性的选题。

出版社组建采访团队，历时一年多，走访了近20位已故战地摄影师的亲人和战友，听他们讲述自己与摄影师的故事。与此同时，我们幸运地从这些亲友手中收集到了许多珍贵的影像资料。

这些战地摄影师的亲友们大多已入耄耋之年，这使采访不论对于记者还是被采访者来说都具一定难度。我们十分感激此次受访的已故摄影师的亲友们，感谢他们对于“口述影像历史”丛书的支持！感谢他们对新中国摄影史的贡献！

由于被采访者年至高龄，我们能力所限，这些访谈也许还不足以展现那个时代战地摄影师独特的风采。但我们希望这仅仅是一个开始，让我们共同努力，让“口述影像历史”丛书展开更加丰富的画卷。

摄影术自1839年公布，其短暂的发展与浩瀚的人类历史相比，可谓沧海一粟。但其影像的价值与力量，却会随着时间的推移，闪现出无与伦比的穿越时空的璀璨光芒。

感谢所有关心、支持、帮助完成这部独特摄影史丛书的志士，因为在这“功德无量”的富有开创意义的“口述”史的工程中，闪耀着大家智慧与仁爱的光彩。

图书在版编目（CIP）数据

穿越历史的回声 ：中国战地摄影师 / 中国摄影家协会编. -- 北京 ：中国摄影出版社，2014.8
ISBN 978-7-80236-936-8

Ⅰ. ①穿… Ⅱ. ①中… Ⅲ. ①摄影师－生平事迹－中国－现代 Ⅳ. ①K825.72

中国版本图书馆CIP数据核字(2013)第130802号

穿越历史的回声：中国战地摄影师

中国摄影家协会 编

主　　编：高　琴

副 主 编：赵迎新

责任编辑：高　扬　张　璞

装帧设计：杜红霞

校　　对：郭　军　钱玉良

编　　务：孙　慧　宋　元　洪丹阳　李亚坤
张向荣　王剑锋　达红玉　程彦子

出　　版：中国摄影出版社
地　址：北京市东城区东四十二条48号　邮编：100007
发行部：010-65136125　65280977
网　址：www.cpph.com
邮　箱：distribution@cpph.com

印　　刷：北京画中画印刷有限公司

开　　本：787×1092　1/16

印　　张：36

字　　数：1030千字

版　　次：2014年11月第1版

印　　次：2014年11月第1次印刷

ISBN 978-7-80236-936-8

定　　价：168.00元